精品调研报告是这样炼成的

吕东升◎编著

中央党校出版集团　大有书局

图书在版编目（CIP）数据

精品调研报告是这样炼成的 / 吕东升编著. -- 北京：大有书局，2024. 9. -- ISBN 978-7-80772-195-6

Ⅰ. H152.3

中国国家版本馆CIP数据核字第2024X5X892号

书　　名	精品调研报告是这样炼成的
作　　者	吕东升　编著
出版统筹	严宏伟
责任编辑	李瑞琪　李江燕
责任校对	李盛博
责任印制	袁浩宇
出版发行	大有书局 （北京市海淀区长春桥路6号　100089）
综 合 办	（010）68929273
发 行 部	（010）68929805
经　　销	新华书店
印　　刷	北京盛通印刷股份有限公司
版　　次	2024年9月第1版
印　　次	2024年9月第1次印刷
开　　本	710毫米×1000毫米　1/16
印　　张	24.5
字　　数	352千字
定　　价	79.00元

序　言

亲爱的读者，今年是我从事政策研究与决策服务工作40周年。讲心里话，自己先后主笔和主持服务五位省委书记文字工作，在“择岗”方面有一定的机缘。然而，我始终秉持农民孩子的本心和入党时的初心，忠于事业、倾心竭力，在研究的田野里辛勤耕耘了一辈子。至今，每天仍在“以研促学”。我同战友们并肩调研取得的一大批成果均相继转化为湖北省委有关决策部署；本人“以研促学”，二三十年前取得的一些成果契合党和国家现行有关方针政策、文件精神，近年来在中央媒体平台发表的《百年大党缘何风华正茂——学习习近平总书记重要讲话暨“四史”的系统思考》《在全党大学习中练就高强的本领能力》等几份长篇研究报告均获得广大读者的赞誉和好评。

去年5月，出版界的一位朋友与我畅聊：全党大兴调查研究之风，建议我结合40年实践的经验感悟，就怎样提升调查研究能力，特别是如何撰写精品调研报告，以著述奉献读者。此意引发了我论证其必要性的一些思考。依本人40年的实践及长期处在省级智库龙头枢纽地位的全方位观察之管见，调查研究作为中国共产党的世界观和方法论的重要实现形式，“浅层实施”——摸摸情况、用文字报告反馈一下似乎不难。但是，若要“忠实践行”、达到预期目的，尚需回答和解决好：如何更好地恪守和坚持实事求是这个“最大的党性”，无私无畏、对党和人民负责，全面、准确地掌握和反映实际情况？如何系统深化感性认识，善于总结、把握和遵循客观规律，拿出切实、有效的解决问题的对策和办法？在社会科学理论界和社会智库组织，如何摆脱“经院式研究”，真正“把论文写在祖国大地上”，提升作品的生命周期？如何观察“梳杆”，使建言富有前瞻性、创新性、精准性，受到本级和上级组织乃至党和国家的重视？在“后理论”（特指马克思主义中国化、时代化、大众化）和“多媒体”时代，如何改革写作方式、善用修辞手法，改变语言文风“骨化”面孔，使读者爱看、愿看、看得下去？回答和解决好这“五个如何”，对于深入践行党的世界观和方法论，具有重大而深远的意义。这就是笔者动意编著本书的缘由和初衷。

顾名思义，本书是侧重介绍“方法论”的。全书分上、下两篇。上篇为“综合篇”，是我近年来应邀在湖北各地、省直机关、党校、高校（包括兄弟省份）所作辅导报告的基础上修改完善的，也是对调查研究方法论的“集大成”，约有5万字。写好精品调研报告，不仅要掌握方法，还应多看一些范文。下篇为“分类阅鉴”篇，选编了六类15篇获奖调研报告（注：笔者独立调研撰写9篇，主持与战友们联合调研撰写6篇）,每一篇的前面均写有“导读”。其中“阅鉴”（1）和（12）两篇的“导读”总结较为系统，读后对调研报告乃至整个公文、理论文体的写作会有所裨益。通观全书，在介绍方法上体现了“三个结合”。

第一，阐述调查、研究与写作相结合。本书名虽定为《精品调研报告是这样炼成的》，但不能只谈撰写。因为善于调查掌握实际情况是“基石”和“前提”，善于研究厘清思路、把握规律是思想的“升华”。马克思正是作了终生的调查研究并投入实践斗争才写出无产阶级的“圣经”——《资本论》这部巨著的，毛泽东同志正是作了45天深入的调查研究才产生探索社会主义建设道路的开篇之作——《论十大关系》的。凡公文、理论文体“大家”或者“大格局”的笔杆子，都是调查研究的大家！离开调查研究去单讲写作，出不了思想，那只是“文字匠”“爬格子”而已！因此，本书在上篇“综合篇”中，先谈怎样调查，再谈怎样研究，最后以主要篇幅谈怎样起草精品报告；在下篇“分类阅鉴”的每一篇精品报告“导读”中，也大体以此思路择要阐述。

第二，共性与个性阐述相结合。这里言及的是矛盾的普遍性与特殊性的关系。共性指不同事物的普遍性质，个性指一事物区别于其他事物的特殊性质。调研报告作为一种独立的文体，相对于文学作品、纯理论文体或者公文中的讲话、政策性文件等文体而言，在对调研的倚重程度、谋篇布局、表达方式、语言文风等方面有其共性要求。但是，这种文体按时空逻辑划分，有前瞻调研、现实调研（工作研究）、战略调研；按工作意图划分，有总结经验、问题调研、典型推广；按选题范围划分，有综合调研、专题调研；按调查涉足地划分，有赴外考察、本地调研；按调查与研究的侧重点划分，则有调查报告、研究报告等。细分的这些子系族报告在写作上又有不同的个性特点。本书上篇重在阐述共性要求，下篇“阅鉴”六类15篇获奖精品报告重在体现个性特色，帮助读者在设计和起草过程中，既遵循共性要求、寓共性于个性之中，又认真把握、充分体现其个性特色，以期取得最佳表达效果。

第三，理论阐述与实证演示相结合。理论阐述抑或经验感悟能给人以定性、定论、定见或明悟，实证演示则能给人直观、具体、切实的感受。总体上讲，本书上篇侧重理论阐述，下篇侧重实证演示，是两个板块的结合。对于局部一些抽象事物的表达或者需要形象概括的事物，则将两个板块融合起来。譬如，在上篇“精心起草精品调研报告”这一部分，就列举了“递进式”（纵向思维）、“并列式”（横向思维）、“复合式”（前两者兼而有之）三份起草提纲，用于集中诠释获奖调研报告是怎样遵循谋篇布局五条原则的。在下篇“阅鉴”（4）绘制了一张示意图，清晰地表明了调研报告的前瞻和创新；“阅鉴”（2）绘制了一张“文化建设两重性示意图”。就方法论而言，是领会党的文化建设方针政策、推进文化体制改革和发展的“金钥匙”。

习近平总书记强调，调查研究是做好各项工作的基本功；邓小平同志曾经指出，领导的主要方法是用笔。本书旨在助推提升调查研究和写作能力，使调研成果及公文和理论文体成为精品。因此，本书适合各级党政机关、企事业单位领导干部和广大公务人员参阅，对在各级办公厅（室）和政策研究室从事决策服务和拿笔杆子的朋友、社科理论界、社会智库工作者、撰写博士论文者和所有致力于自己的调研成果及公文理论文体成为精品者则是“良参益友”。在此，谨就阅读本书提几点建议：（1）读览结合。上篇集中谈深切感悟，宜细读些；下篇“阅鉴”为保持15篇精品调研作品原貌未作删减，可作浏览。（2）把握创新。撰写调研报告的重点、难点在于创新，其生命力也在于创新。上篇专写了创新的几点体会，下篇“阅鉴”的每一篇获奖调研报告都有创新，应作重点领会把握。（3）系统比较。有比较才有鉴别，有鉴别才能发现、把握以充分体现事物的个性，实现精准化。有比较地阅读六类15篇获奖调研报告，琢磨透不同类别报告及同类报告内部各篇目的共同点和差别，效果会更好。（4）重在得“渔”。收入“阅鉴”的15篇调研报告时空跨度较大，苛求主题、内容完全比套现实不太可能且无必要，重要的是领会、悟透贯穿其中的理路和方法。

亲爱的朋友，世界是物质的，物质是运动的，实践之树常青，而方法论是相对守恒的。“一万年还是要进行调查研究工作”，但愿本书能对读者有所启迪和帮助。

吕东升

2024年5月18日于武昌水果湖

目　录

上篇　炼好调查研究基本功

下篇　精品调研报告阅鉴

专题研究类

引言 这份长篇专题研究报告系统回答了带根本性的重大课题，仅“学习强国”学习平台的阅读量即超过700万。作者把写作获得巨大成功的“密码”概括为“一个根本、六条实招”，这对起草精品调研报告乃至整个公文、理论文体，均具有普遍的借鉴意义。

引言 专题研究报告具有较强的专业性、理论性、思想性，其生命力重在创新。本报告总结的“八大特点和规律”，对深刻领会党的文化建设方针政策、助推文化事业的改革和发展，均具有重要的意义。

前瞻调研类

决策调研类

工作调研类

P A R T 上篇

炼好调查研究基本功

在开启全面建设社会主义现代化国家新征程的关键时期，面对更加复杂的国际国内形势，以习近平同志为核心的党中央发出在全党大兴调查研究的号召，并在学习贯彻习近平新时代中国特色社会主义思想主题教育工作会议上进一步提出“以深化调查研究推动解决发展难题”的重要要求。调查研究是我们党的“传家宝”，这是第三次在党的历史上专门就此制发中央文件。笔者领会，这次在全党大兴调查研究，对更好地贯彻落实党的二十大精神、以中国式现代化全面推进中华民族伟大复兴，具有至关重要的意义。

深刻认识全党大兴调查研究的重大意义

所谓调查研究，是指人们通过各种途径和方法，对客观事物或问题进行深入了解，详细编写相关材料，并进行科学加工处理，从而获得关于事物发展变化规律或对问题本质认识的一种科学方法。党中央之所以作出大兴调查研究的重大决策，从根本上讲，是由践行党的宗旨、党的思想路线、群众路线，结合当前面临的新形势、新任务而决定的。

一、调查研究是做好各项工作的基本功

习近平总书记强调，“调查研究是做好领导工作的一项基本功，调查研究能力是领导干部整体素质和能力的一个组成部分”[①]，后又指出“调查研究是做好各项工作的基本功”[②]。前一句专指领导干部，后一句指所有在各级党政机关、社会团体、企事业单位工作的共产党员、国家公务人员。习近平总书记之所以将调查研究从基本功的高度来强调，可以从以下几个方面来认识领会。

（一）践行党的思想路线必须倾力做好调查研究

中国共产党在长期的革命实践中，确立了一条辩证唯物主义的思想路线，即“一切从实际出发，理论联系实际，在实践中检验真理和发展真理”[③]。“实事求是”，是党的思想路线的实质和核心。邓小平同志反复强调：“我们开会，作报告，作决议，以及做任何工作，都为的是解决

---

① 习近平：《谈谈调查研究》，《学习时报》2011年11月21日。

② 《习近平关于调查研究论述摘编》，党史读物出版社、中央文献出版社2023年版，第8页。

③ 《习近平谈治国理政》，外文出版社2014年版，第25页。

问题。我们说的做的究竟能不能解决问题，问题解决得是不是正确，关键在于我们是否能够理论联系实际，是否善于总结经验，针对客观现实，采取实事求是的态度，一切从实际出发。”“按照实际情况决定工作方针，这是一切共产党员所必须牢牢记住的最基本的思想方法、工作方法。实事求是，是毛泽东思想的出发点、根本点。这是唯物主义。不然，我们开会就只能讲空话，不能解决任何问题。”[①]“实事求是是马克思主义的精髓。要提倡这个，不要提倡本本。我们改革开放的成功，不是靠本本，而是靠实践，靠实事求是。”[②]坚持实事求是、一切从实际出发，其基本前提、根本要求就是必须首先认真做好调查研究，把实际情况摸得全面、准确，揭示事物的本质和规律；否则，践行党的思想路线只能是“空头支票”、喊喊而已。

（二）践行党的群众路线必须倾力做好调查研究

中国共产党在百年的革命、建设、改革实践中长期坚持“一切为了群众，一切依靠群众，从群众中来，到群众中去”的群众路线，即“将群众的意见（分散的无系统的意见）集中起来（经过研究，化为集中的系统的意见），又到群众中去作宣传解释，化为群众的意见，使群众坚持下去，见之于行动，并在群众行动中考验这些意见是否正确。然后再从群众中集中起来，再到群众中坚持下去。如此无限循环，一次比一次地更正确、更生动、更丰富”[③]。群众路线是党的“生命线”和根本工作方法，解决了“为了谁、相信谁、依靠谁”的根本问题。淮海战役的胜利是靠老百姓用小推车“推”出来的，渡江战役的胜利是靠老百姓用小船“划”出来的，社会主义革命和建设的成就是人民群众“干”出来的，改革开放的历史伟剧是亿万人民群众“主演”的，人民群众是我们党的力量和胜利之源。而践行党的群众路线的基本前提、根本要求，就是坚

---

① 《邓小平文选》第二卷，人民出版社1994年版，第113、114页。

② 《邓小平文选》第三卷，人民出版社1993年版，第382页。

③ 《毛泽东选集》第三卷，人民出版社1991年版，第899页。

持人民至上，倾力做好全面深入、循环往复的调查研究。舍此，我们党就失去了“江山”和“主心骨”。

（三）完成领导机关基本任务必须倾力做好调查研究

毛泽东同志指出：“一、不做调查没有发言权。二、不做正确的调查同样没有发言权。”[①]“要引导同志们的眼光向着这种实际事物的调查和研究。就要使同志们懂得，共产党领导机关的基本任务，就在于了解情况和掌握政策两件大事，前一件事就是所谓认识世界，后一件事就是所谓改造世界。”[②]完成这两项基本任务（两件大事）就是专指调查研究或者离不开调查研究。习近平总书记进一步丰富和发展了毛泽东同志关于领导机关“基本任务”和“两件大事”的思想，更加具体透彻地强调指出，“调查研究是谋事之基、成事之道”[③]，“正确的决策离不开调查研究，正确的贯彻落实同样也离不开调查研究”[④]。在这里，习近平总书记把领导机关的“基本任务”和“两件大事”概括为“谋事”和“成事”，即正确的决策、正确的贯彻落实两项，都离不开调查研究。笔者观察认为，传统观念对领导机关“谋事”（正确决策）需要调查研究的认识较为充分，但对“成事”（正确的贯彻落实）离不开调查研究缺乏足够认识，甚至误认为抓落实主要是“下级”基层的事。良弓在手，贵在速发。习近平总书记强调“一分部署，九分落实”。不狠抓落实，再好的决策部署都是镜中花、水中月——空谈！

那么正确的贯彻落实（“成事”）为什么离不开调查研究？一是抓落实要摒弃当“录音机”“收发室”的陋习，在认真领会党中央和上级指示精神实质的基础上，吃透下情，紧密结合本地本战线的实际，创造性

① 《毛泽东选集》第一卷，人民出版社1991年版，第118页。

② 《毛泽东选集》第三卷，人民出版社1991年版，第802页。

③ 《加强对改革重大问题调查研究　提高全面深化改革决策科学性》，《人民日报》2013年7月25日。

④ 《习近平2017年10月25日在党的十九届一中全会上的讲话》，《求是》2018年第1期。

地开展工作，这需要做大量的调查。二是抓落实要根据基层不断变化、发展的实际情况和新问题，适时调整、修改、完善有关政策措施，不断使政策决定与客观实际相吻合，以克服政策“滞后”“卡壳”等无法落实的现象，这需要跟进做好大量的调查研究。三是抓落实要掌握和抓好基层的典型，总结经验、以点带面、推动全局，这需要做大量的调查研究。四是抓落实要加强督导，用好考核“指挥棒”，形成争先创优的良好氛围和“倒逼机制”，这需要做大量的调查研究。凡此种种，离开了调查研究，正确的决策部署就难以贯彻落实，很显然，就不可能“成事”。

（四）拿好“笔杆子”也必须倾力做好调查研究

《典论·论文》言：“盖文章，经国之大业，不朽之盛事。”邓小平同志早在1950年便提出：“领导的主要方法是用笔。用笔写成东西指导工作有一个好处，就是比嘴说的要周密全面，因为写出来的东西是经过提炼的，并能使广大群众都能了解……领导必须看重这个武器，不懂得利用这个武器，这个领导就很有缺点。”[①]这是对各级领导干部的要求。对于所有科研工作者（无论是社会科学还是自然科学）、党政企事业单位从事决策服务和文秘工作的同志而言，通过拿“笔杆子”运用文字载体把组织上的决策、意见、号召和集体的、个人的调查研究等成果完美地表达出来，取得最佳的社会效益，则是一项“看门功夫”。这样的人，往往是“众里寻他千百度”。而过硬的“笔杆子”必须具备“三要素”：一要善于调查，掌握实际情况，形成感性认识，有“源头活水”；二要善于研究，总结经验、揭示规律，形成自己的独创见解，同时有科学、清晰的思路布局；三要学习掌握语法、修辞、形式逻辑等方面的知识，善于进行准确、清晰的文字表达。这三者构成了一个“铁三角”，缺一不可，而且从路径顺序来讲，“调查”为基、“研究”升华、“写作”

① 《邓小平文集（一九四九——一九七四年）》上卷，人民出版社2014年版，第80页。

为果。毛泽东同志在《关于农村调查》一文中指出:“马克思、恩格斯努力终生,作了许多调查研究工作,才完成了科学的共产主义。”[①]《共产党宣言》和被称为无产阶级“圣经”的《资本论》巨著,都是其作者做了毕生的调查研究,并投入斗争实践才写成的。在国际共产主义运动史和我们党的历史上,所有经典著作的诞生,无一不是大量调查研究之硕果。活生生的现实也证明:离开了深入扎实的调查研究或不善于调查研究的“闭门造车”“拼拼凑凑”,就谈不上是“大格局”的笔杆子,那只是“文字匠”“爬格子”而已,出不了有生命力的作品。即使是文学作品的创作,也要“源于生活,高于生活”,这个“源”离不开调查研究。

综上所述,调查研究这项基本功是所有中国共产党员、各级各阶层的国家公务人员必须具备的。缺乏这项基本功就不可能“谋事”“成事”,就会贻误党的事业,从本领素质上讲,这显然不是合格的共产党员、国家公务人员,更谈不上是称职的领导干部,就随时要做好被淘汰出局的准备。我们应当从这样的高度,认识和看待这项基本功问题。

二、调查研究关系党和人民事业的得失成败

调查研究是中国共产党的“传家宝”。从践行党的思想路线的意义上讲,我们党和国家正是依靠长期、正确、全面、深入地调查研究走到今天的。

(一)“湘赣调查”与中国革命道路的确立

1927年大革命失败以后,“中国革命应当走什么道路?”这个问题十分尖锐、紧迫地摆在中国共产党面前。此时,有三个“重大背景压力”在影响、干预中国革命道路的确立:一是有俄国十月革命“走城市包围农村道路”(通过首先占领中心城市来取得革命在全国的胜利)的成功经验;二是共产国际领导人布哈林在党的六大作报告时提出中国必

① 《毛泽东文集》第二卷,人民出版社1993年版,第378页。

须学习俄国经验；三是党内盛行的把马克思主义教条化、把共产国际和俄国革命经验神圣化的错误倾向。

毛泽东同志指出："中国革命斗争的胜利要靠中国同志了解中国情况。"[①]他深入湖南、江西等地进行了长期、广泛、深入的调查研究（注：毛泽东同志在《关于农村调查》中指出："从我个人调查农村来说，是经过了六七年的时间的"），写下了《中国社会各阶级的分析》《湖南农民运动考察报告》《中国的红色政权为什么能够存在？》《星星之火，可以燎原》等光辉著作，根据占中国人口大多数的农民是反帝反封建的民主革命的主力军，农民所在的广大农村应当成为民主革命走向胜利的主要战略基地；敌强我弱的形势决定了中国民主革命的长期性，而农村回旋余地大；在反革命力量相对薄弱的农村建立革命根据地，有利于积蓄、锻炼和发展革命力量，经过长期的斗争，逐步地争取中国革命胜利的最大实际，选择了"农村包围城市、武装夺取政权"的革命道路。毛泽东同志不仅在实践上首先把武装斗争的立足点放在农村，领导开创井冈山革命根据地，而且从理论上对中国革命的道路问题作出明确的说明。1930年1月，毛泽东同志在《星星之火，可以燎原》一文中进一步指出："必须这样，才能树立全国革命群众的信仰，如苏联之于全世界然。必须这样，才能给反动统治阶级以甚大的困难，动摇其基础而促进其内部的分解。也必须这样，才能真正地创造红军，成为将来大革命的主要工具。总而言之，必须这样，才能促进革命的高潮。"[②]"农村包围城市、武装夺取政权"思想的提出，为复兴中国革命和争取中国革命的胜利指明了唯一正确的道路。

邓小平同志后来曾指出："回想在一九二七年革命失败以后，如果没有毛泽东同志的卓越领导，中国革命有极大的可能到现在还没有胜利，那样……我们党就还在黑暗中苦斗。所以说没有毛主席就没有新

---

① 《毛泽东选集》第一卷，人民出版社1991年版，第115页。

② 《毛泽东选集》第一卷，人民出版社1991年版，第98—99页。

中国，这丝毫不是什么夸张。”[1]

（二）调查研究与建设有中国特色的社会主义

中国并非在马克思、恩格斯设想的资本主义生产力高度发达的基础上由无产阶级夺取政权进入社会主义社会，而是跨越了资本主义的“卡夫丁峡谷”（马克思语）进入社会主义的。如何建设社会主义？在经典作家那里没有现成的答案。新中国成立初期，我们党首先是向苏联“老大哥”学习，但后来发现苏联在建设社会主义过程中暴露了一些问题和错误，走了很多弯路。此后，我们党做了大量的调查研究，进行了艰辛的探索。

毛泽东同志深入35个部委调研：形成探索适合中国国情的社会主义建设道路的开篇之作。1956年2月14日至4月24日，毛泽东同志亲自调研，听取了国务院35个部门的汇报。他把这次调查研究中发现的问题，概括为十大关系，并提出了一系列重要的思想，写下了著名的《论十大关系》（一、重工业和轻工业、农业的关系；二、沿海工业和内地工业的关系；三、经济建设和国防建设的关系；四、国家、生产单位和生产者个人的关系；五、中央和地方的关系；六、汉族和少数民族的关系；七、党和非党的关系；八、革命和反革命的关系；九、是非关系；十、中国和外国的关系）。毛泽东同志指出：“提出这十个问题，都是围绕着一个基本方针，就是要把国内外一切积极因素调动起来，为社会主义事业服务。”[2]《论十大关系》是中国共产党“以苏联为鉴戒”，探索适合中国国情的社会主义建设道路的开篇之作。它和随后召开的党的八大提供的宝贵探索成果，对党的事业发展具有长远的重要意义，但后来遇到一些未曾料到的复杂情况，未能在实践中完全坚持下去。

邓小平同志出访考察8国：拉开我国改革开放大幕。邓小平同志指出：“世界天天发生变化，新的事物不断出现，新的问题不断出现，我

① 《邓小平文选》第二卷，人民出版社1994年版，第148页。
② 《毛泽东文集》第七卷，人民出版社1999年版，第23页。

们关起门来不行，不动脑筋永远陷于落后不行。”[①]为此，他带头走出去，于1978年1月至1979年2月应邀访问考察了日本、新加坡、美国等8个国家。1978年10月22日至29日在日本考察期间，邓小平同志开始潜心考察日本经济和社会发展情况，参观了新日铁、松下、日产汽车等多家日本大型企业，并从东京到京都乘坐了新干线列车。在日本坐新干线时，工作人员问：怎么样？乘坐新干线有什么想法？邓小平同志饱含深意地评价：“就感觉到快，有催人跑的意思。我们现在正合适坐这样的车。”在新加坡考察期间，邓小平同志痛下决心，要把利用外资这个“经”取走。《人民日报》曾以显著的标题《邓小平1978—1979系列出访：我懂得了什么是现代化》刊登文章，记述了邓小平同志对8国的访问。这次系列出访考察，既学习了外国的先进经验，也看到了自己与其他国家的差距。邓小平同志指出：“中国在历史上对世界有过贡献，但是长期停滞，发展很慢。现在是我们向世界先进国家学习的时候了。”“关起门来，固步自封，夜郎自大，是发达不起来的。”[②]1978年12月18日至22日召开的党的十一届三中全会，实现了新中国成立以来党的历史上具有深远意义的伟大转折。会议决定把全党工作的重点转移到社会主义现代化建设上来，开启了改革开放和社会主义现代化建设的伟大征程。

邓小平同志南方调研：把改革开放和现代化建设推向新阶段。1992年春天，已是高龄的邓小平同志用了一个多月时间到武昌、深圳、珠海、上海等地调查研究，发表了著名的“南方谈话”，指出“革命是解放生产力，改革也是解放生产力”，“改革开放迈不开步子，不敢闯……要害是姓‘资’还是姓‘社’的问题。判断的标准，应该主要看是否有利于发展社会主义社会的生产力，是否有利于增强社会主义国家的综合国力，是否有利于提高人民的生活水平”，“计划多一点还是市场多一点，不是社会主义与资本主义的本质区别。计划经济不等于社会主义，

---

① 《邓小平文选》第二卷，人民出版社1994年版，第128页。

② 《邓小平文选》第二卷，人民出版社1994年版，第132页。

资本主义也有计划；市场经济不等于资本主义，社会主义也有市场。计划和市场都是经济手段。社会主义的本质，是解放生产力，发展生产力，消灭剥削，消除两极分化，最终达到共同富裕。就是要对大家讲这个道理”[①]。邓小平同志的南方谈话，科学总结了党的十一届三中全会以来的实践探索和基本经验，从理论层面深刻地回答了长期困扰和束缚人们思想的许多重大问题，是把改革开放和现代化建设推向新阶段的又一个解放思想、实事求是的宣言书。党的十四大据此提出了建立社会主义市场经济体制的改革目标。这个体制用社会主义制度之“辕”驾驭市场经济之“马”，使我们告别了短缺经济时代。这是当代中国巨变的理论之旗、体制之基、胜利之父。以邓小平同志南方谈话和党的十四大为标志，中国改革开放和社会主义现代化建设进入新的发展时期。

（三）调查研究与当代中国马克思主义的形成

习近平总书记从政经历遍及党政军各个领域，历经村、县、地（市）、省（直辖市），直至中央等所有层级的主职岗位，他从青年时代开始就格外重视调查研究工作。1983年，担任河北省正定县委书记期间，临时在大街上摆桌子听取老百姓意见的画（场）面多么亲切；1984年3月28日，在给县委、县人大、县政府、县政协四大班子《到基层寻求“源头活水”》的致信中指出：“凡事务必贯彻。到基层调查，要一下到底，亲自摸情况，直接听反映，寻求‘源头活水’……愿能以此为开端，兴起调查研究之风。”[②] 2002年至2007年，习近平同志在浙江主持工作期间撰写的《调研工作务求“深、实、细、准、效”》《办法就在群众中》《善于同群众说话》《调查研究就像“十月怀胎”》《调查研究要点面结合》等[③]，对调查研究具有重要的方法论的指导意义。到中央工作以

① 《邓小平文选》第三卷，人民出版社1993年版，第370—373页。

② 习近平：《知之深，爱之切》，河北人民出版社2015年版，第152—153页。

③ 习近平：《之江新语》，浙江人民出版社2007年版，第1、61、146、154、166页。

后，他更加重视调查研究工作，以深邃的马克思主义战略眼光和博大的政治情怀，对关乎当代中国、当代世界、执政党建设和人民群众切身利益的诸多重大问题进行了全方位、宽领域、深层次的调查研究，形成了许多具有开拓性、独创性、真理性的重大论断、重要理念、重要见解。正是在一步步长期而丰富的实践历练中，坚持不懈地用好党的调查研究“传家宝”，才厚植了他治国理政的根基。

党的十八大以后，习近平总书记根据我国社会主要矛盾发生新变化（对我国发展全局产生广泛而深入的影响）、奋斗目标产生新要求（要有新的思想理论引领）、国际环境发生新变化（世界正经历百年未有之大变局）这“三个新”的当代中国、当代世界“最大的实际”“最重要的实际”，立足时代之基、回应时代之问、引领时代之变，在厚植治国理政根基上，做了大量深入的调查研究，创立了习近平新时代中国特色社会主义思想。这个科学理论系统地回答了“新时代坚持和发展什么样的中国特色社会主义、怎样坚持和发展中国特色社会主义，建设什么样的社会主义现代化强国、怎样建设社会主义现代化强国，建设什么样的长期执政的马克思主义政党、怎样建设长期执政的马克思主义政党”等重大时代课题①，是当代中国马克思主义、21世纪马克思主义，具有划时代的意义。

从某种意义上讲，没有调查研究，就没有新中国的诞生；没有调查研究，就没有党和国家的沧桑巨变；中华民族迎来从站起来、富起来到强起来的伟大飞跃，都离不开调查研究。这就是中国共产党调查研究“传家宝”的伟力。

三、面对新形势新使命，迫切需要加强调查研究

党的二十大报告对我们党面临的形势和肩负的使命分析得非常精辟透彻。

---

① 《中国共产党第十九届中央委员会第六次全体会议文件汇编》，人民出版社2021年版，第48页。

（一）从世情看："百年未有之大变局"加速演进

党的二十大报告指出，"来自外部的打压遏制随时可能升级"，其主要矛盾和症结在于西方个别国家。要看到，这种斗争的深层次根源是多方面的：第一，在意识形态上，社会主义同资本主义是两种根本对立的社会制度。1957年11月，毛泽东同志在莫斯科举行的各国共产党和工人党代表会议上深刻而形象地指出："世界上现在有两股风：东风，西风……不是东风压倒西风，就是西风压倒东风。"[①]要看到，西方敌对势力亡我之心不死，他们"西化""分化""剿杀"社会主义、妄图实行"颜色革命"是长期存在的。第二，在发展上，中国的"青春期"遇上美国的"更年期"。中国的发展是"风景这边独好"，过去10年对世界经济增长平均贡献率超过45%。对外倡导构建"人类命运共同体"、推动"一带一路"建设，多次写入联合国有关文件，目前已有150多个国家和30多个国际组织加入共建"一带一路"大家庭。而西方个别国家是朝不保夕、每况愈下，在世界威风扫地。它要维护自己在世界上的"霸主"地位，其矛头必然要对准中国。第三，"帝国主义的本质就是战争"。列宁指出："帝国主义就其经济实质来说，是垄断资本主义。"[②]垄断决定了帝国主义的本性就是侵略、掠夺和战争。垄断资本家为了获取高额垄断利润，不仅加强对本国劳动群众的剥削和压迫，而且通过资本输出、瓜分世界市场、霸占殖民地等，对世界上大多数国家和民族，进行赤裸裸的侵略和掠夺（最典型的是出售武器，发"战争财"）。只要有帝国主义存在，战争就难以避免。

（二）从国情看：进入战略机遇和风险挑战并存时期

改革发展稳定面临不少深层次的矛盾，这些矛盾躲不开、绕不过。党的十八大以来，党和国家事业取得举世瞩目的伟大成就。但是，必

① 《毛泽东文集》第七卷，人民出版社1999年版，第321页。
② 《列宁选集》第二卷，人民出版社2012年版，第683页。

须清醒地看到，我们还面临不少困难和问题。譬如：发展不平衡不充分问题仍然突出，科技创新能力还不强，推动高质量发展还有许多卡点瓶颈；确保粮食、能源、产业链这“三大供应链”可靠安全和防范金融风险，还需解决许多重大问题；改革已进入“爬坡过坎”“水到中流浪更急，人到半山路更陡”阶段，重点领域改革还有不少硬骨头要啃；城乡区域发展和收入分配差距仍然较大，实现共同富裕尚需付出长期艰辛的努力；由于人口基数较大，解决群众在就业、教育、医疗、托育、养老、住房等方面的切身利益问题面临不少难题。此外，还面临不少新的战略安全风险。

（三）从党情看：面临能否真正跳出历史周期率的严峻考验

中国共产党是世界上独一无二、执政时间较长的大党。经过不懈努力，中国共产党找到了自我革命这一跳出治乱兴衰历史周期率的第二个答案，特别是党的十八大以来，全面从严治党解决了党内许多突出问题。但是，党面临的“四大考验”“四种风险”长期存在。在国际共运史上，苏联共产党“三个二”（20万党员时推翻沙皇政府，夺取十月革命胜利，建立了新生政权；200万党员时打败希特勒，取得卫国战争胜利，捍卫了新生政权；2000万党员时苏共却解散，苏联解体）的前车之鉴就是重大的警醒。因此，必须时刻保持解决大党独有难题的清醒与坚定，全面从严治党永远在路上，党的自我革命永远在路上。

（四）从使命看：整体迈进现代化社会的艰巨性前所未有

我们在以中国式现代化全面推进中华民族伟大复兴的进程中，随时要做好“准备经受风高浪急甚至惊涛骇浪的重大考验”。从党的二十大开始，中国共产党的中心任务就是团结带领全国各族人民全面建成社会主义现代化强国、实现第二个百年奋斗目标，以中国式现代化全面推进中华民族伟大复兴。中国式现代化，是人口规模巨大的现代化，是全体人民共同富裕的现代化，是物质文明和精神文明相协调的现代化，是人与自然和谐共生的现代化，是走和平发展道路的现代化。这五大基于中国国情的中国特色，尤其是我国14亿多人口整体迈进现代化社会、规模超过现有发达国家人口总和，决定了其艰巨性、复杂性、长期性前所未有。

1941年10月30日，毛泽东同志在中共中央西北局高级干部会议上的报告中针对当时的局势强调指出："不调查不研究就不得了，就要亡国亡党亡头。"[①] 1961年3月，在广州中央工作会议上的讲话中又强调指出："一万年还是要进行调查研究工作。"[②]这段警示含义非常深刻。历史和现实表明：不大兴调查研究，就不能战胜风险和挑战；不大兴调查研究，就不能前进；不大兴调查研究，就难以完成历史使命。我们应当从这样的高度来深刻认识和看待中央大兴调查研究的重大深远意义和紧迫感，把思想和行动高度统一到党中央决策部署上来。

① 中共中央文献研究室编：《毛泽东、周恩来、刘少奇、邓小平、陈云论调查研究》，中央文献出版社2006年版，第7页。

② 《毛泽东文集》第八卷，人民出版社1999年版，第262页。

调查研究应掌握的要义和基本方法

调查研究是中国共产党倡导的一门经世致用的"大学问"，是马克思主义世界观和方法论的集中体现。要真正将其做到、做好、做出实效（解决问题）并非易事，这对调研者的综合素质尤其是政治素质、思维能力是一个巨大的考验。

一、恪守根本前提：勇于善于坚持实事求是

何谓实事求是？作为倡导者，毛泽东同志在《改造我们的学习》中强调："'实事'就是客观存在着的一切事物，'是'就是客观事物的内部联系，即规律性，'求'就是我们去研究。我们要从国内外、省内外、县内外、区内外的实际情况出发，从其中引出其固有的而不是臆造的规律性，即找出周围事变的内部联系，作为我们行动的向导……这是一个共产党员起码应该具备的态度。"与此相反，则"是共产党的大敌"[①]。陈云同志有个通俗的理解："讲实事求是，先要把'实事'搞清楚。这个问题不搞清楚，什么事情也搞不好。""实事，就是要弄清楚实际情况；求是，就是要求根据研究所得的结果，拿出正确的政策。"[②]两位伟人的论述，完整、准确地阐述和解读了"实事求是"的内涵。

为什么要坚持实事求是？其一，从根本上讲，"实事求是"是我们党的命根子，是党成功的重要密码。我们党是靠实事求是起家和兴旺发展起来的，正如习近平总书记强调的："我们过去取得的一切成就都是靠实事求是。今天，我们要把中国特色社会主义事业继续推向前进，还

---

① 《毛泽东选集》第三卷，人民出版社1991年版，第800、801页。

② 《陈云文选》第三卷，人民出版社1995年版，第188、250页。

是要靠实事求是。”[①]其二，调查研究是为了解决实际问题。唯有坚持实事求是，才可能正确认识世界和客观事物，促成问题的解决、推动事业前进；调查研究若离开了实事求是原则或实事求是不够，就会导致主观认识与客观实际相分离，从而造成决策失误，党的事业蒙受损失。1960年6月，毛泽东同志在《十年总结》一文中指出：“在一段时间内，思想方法有一些不对头，忘记了实事求是的原则”[②]。“主动权，就是‘高屋建瓴’‘势如破竹’。这件事来自实事求是，来自客观情况在人们头脑中的真实的反映，即人们对于客观外界的辩证法的认识过程”[③]。

怎样才能做到实事求是？“实事求是”这四个字说来简单，甚至成为人们的“口头禅”，但真正做到实事求是并不容易，起码要具备以下五个条件。

（一）必须具有坚定的党性

作为调研者，最根本的是要有无私的作风和对党的事业高度负责的精神，敢于、勇于正视矛盾和问题，敢于、勇于讲真话实话，敢于、勇于建言，做到知无不言、有喜报喜、有忧报忧；千万不能“莺歌燕舞”、回避矛盾、粉饰太平，或者看上级、领导脸色行事。须牢记习近平总书记的谆谆告诫：“从当前干部队伍实际看，坚持实事求是最需要解决的是党性问题。我父亲讲过，‘我们党讲党性，我看实事求是就是最大的党性’。”[④]缺乏“最大的党性”者进行调查研究，不讲真话、实话，见风使舵、掩盖矛盾，贻误党的事业，那是对人民、对历史的犯罪！

---

① 习近平：《在纪念朱德同志诞辰130周年座谈会上的讲话》，人民出版社2016年版，第9页。

② 中共中央文献研究室编：《建国以来重要文献选编》第十三册，中央文献出版社1996年版，第419页。

③ 《毛泽东文集》第八卷，人民出版社1999年版，第197页。

④ 《习近平谈治国理政》第四卷，外文出版社2022年版，第527页。

（二）必须坚持一切从实际出发

人的正确思想，只能从社会实践中来。实践是检验真理的唯一标准。“一切结论产生于调查情况的末尾，而不是在它的先头。”[①]“按照实际情况决定工作方针，这是一切共产党员所必须牢牢记住的最基本的思想方法、工作方法……这是唯物主义。不然，我们开会就只能讲空话，不能解决任何问题。”[②]要坚持“不唯上（特指不能当‘收发室’、简单地照抄照转）、不唯书、只唯实”，一切以实际为准绳，切忌实际没有看完全、情况尚未弄清楚就发言论、作结论甚至搞“想当然”的主观臆断那一套。

（三）必须勇于坚持真理、修正错误

古人曰：“人非圣贤，孰能无过？”任何政党、任何个人、任何事业都不可能十全十美、没有错误，问题在于对于错误所持有的态度。在调查研究中，人们必然要涉及对既往事物、大是大非评价的立场、态度问题。1945年，毛泽东同志在党的七大《论联合政府》的政治报告中强调：“共产党人必须随时准备坚持真理，因为任何真理都是符合人民利益的；共产党人必须随时准备修正错误，因为任何错误都是不符合人民利益的。”[③]坚持真理、修正错误既是中国共产党宝贵的精神品质和优良传统，也是坚持实事求是的基本要求。要以敏锐的政治眼光、顽强的斗争精神、对党的事业高度负责的政治品质去评判、对待事物，坚持什么、支持什么、弘扬什么、反对什么、纠正什么、修正什么，要立场坚定、泾渭分明、毫不含糊。

（四）必须善于坚持守正创新

“人间正道是沧桑。”守正才能不迷失方向、才能培根固本，创新才

① 《毛泽东选集》第一卷，人民出版社1991年版，第110页。
② 《邓小平文选》第二卷，人民出版社1994年版，第114页。
③ 《毛泽东选集》第三卷，人民出版社1991年版，第1095页。

有活力和生机。作为调查研究工作者，要在坚持马克思主义基本原理、坚持党的全面领导、坚持中国特色社会主义“三个不动摇”的根本前提下，坚持“三个有利于”的标准，着力做好两个方面的工作。一方面，学会观潮流、看“桅杆”，要有宽广的战略眼光和敏锐的洞察力，善于发现、总结基层的创造和新生事物，满腔热忱地对待和支持一切新生事物，与时俱进、与实俱进，促进事业的发展。另一方面，创造性地贯彻落实党中央精神。党中央的重大决策是在全国范围内的总体方向、原则要求，只当“收发室”、简单地照抄照转，看似讲政治、“不过夜”“紧跟”，实则是不担当、不作为、不负责任，就如同毛泽东同志怒斥本本主义，“这不是真正在执行上级的指示，这是反对上级指示或者对上级指示怠工的最妙方法”①，最终贻误的是党的事业。要认真领会、吃透党中央精神实质，紧密结合本地区、本战线、本单位实际，充分发挥主观能动性，在创新实现形式（途径、方法）、创细具体措施、创建保障机制、创营环境氛围上下深功夫，使党中央和上级指示精神、决策部署真正落细落地落实、生根开花结果。这也是实事求是的基本要求。

（五）必须具有相应的理论素养、掌握科学方法

我们在调查研究中往往眼力不够，需要借助马克思主义理论的“望远镜”和“显微镜”。坚持以中国化时代化的马克思主义为指导来观察形势、分析问题、鉴别事物，力求既高瞻远瞩又见微知著；运用理论对“长青之树”的实践和基层的创造认真总结，使之不断完善、升华。坚持系统观念，运用普遍联系的、全面系统的、发展变化的观点观察事物，把握、揭示事物发展规律；善于透过现象看本质，把握好全局和局部、当前和长远、宏观和微观、主要矛盾和次要矛盾、特殊和一般的关系，不断提高战略思维、历史思维、辩证思维、系统思维、创新思维、法治思维、底线思维能力，为前瞻性思考、全局性谋划、整体性推进各

① 《毛泽东选集》第一卷，人民出版社1991年版，第111页。

项事业提供科学思想方法。

依笔者多年观察和实践之管见，以上五个方面是勇于善于实事求是、真正做到实事求是的充要条件。其中，具有坚定的党性是根本，理论素养和方法是关键，这两者是能彻底做到实事求是的关键。

二、“八管齐下”调查：全面掌握实际情况

准确地讲，“调查”与“研究”是相对独立的两个环节。调查在前，研究在后；调查是研究的基础、基石，研究是调查的加工、升华。习近平总书记指出：“做决策本身并不难，难的是对情况的准确把握。”[①]陈云同志也曾指出：“我们应该用百分之九十以上的时间去弄清情况，用不到百分之十的时间来决定政策。这样决定的政策，才有基础。”[②]那么，怎样全面弄清、准确把握实际情况呢？以下八个方面至关重要。

（一）坚持问题导向，围绕问题进行调查

问题是时代的声音，也是矛盾的凸显。“调查就是解决问题。”[③]每次调查之前，都要明确为解决什么问题、达到什么目的而调查，做到“箭”对准“靶”、有的放矢。问题找得准不准，这不仅直接关系到调查的效率，更决定了调查有无价值、能不能解决问题。从一定的意义上讲，找准问题比解决问题更难、更重要。

如何坚持问题导向、确定调查的主题呢？总的来说，要围绕服务推动党的事业、根据实际需要来确定。就省以下地方而言，具体应做到“六个围绕”：一是围绕贯彻落实党中央和上级的指示精神，推动中心工作选题；二是围绕地方和行业发展战略中前瞻性谋划和规律性思考选题；三是围绕干部群众关注的急难愁盼问题和热点、焦点问题选题；

---

① 《习近平关于调查研究论述摘编》，党建读物出版社、中央文献出版社2023年版，第9页。

② 《陈云文选》第三卷，人民出版社1995年版，第46页。

③ 《毛泽东选集》第一卷，人民出版社1991年版，第110—111页。

四是围绕坚持底线思维，规避地方经济社会中的短板特别是主要短板问题、聚焦发展中面临的突出矛盾选题；五是围绕总结基层群众的实践创造选题；六是围绕推进“大党建”（将组织、宣传、纪检监察贯通起来），营造良好的干事创业、政治生态和保障机制选题。从以上切入点中找准问题，“使自己心里有底”，直奔问题而去，乃是做好调查的首要一环，或曰前提。

（二）科学选点，注意典型的代表性

选点，就是选择调查对象。调查的问题确定之后，调查对象选择科学与否，直接决定调查研究的成败。科学选点要注意三个方面：一是全面性。“调查的典型可以分为三种：一、先进的；二、中间的；三、落后的。如果能依据这种分类，每类调查两三个，即可知一般的情形了。”[①]二是典型性。这个典（点）具有一定的代表性，能用其特性以较大的权数体现事物的某些共性和普遍意义，否则是不典型。三是自主性。调查中可以有基层方案提供的“规定路线”，但还应有“自选动作”，避免出现让下面“牵着鼻子走”的现象，防止调查走过场。全面性、典型性是对调查典（点）的要求，自主性是对调查者选点方法的要求。

在科学选点方面，有一例也许能给读者以深刻的启迪。2001年，中央将湖北作为全国推进农村税费改革试点省份之一，湖北省委决定每位省委常委选择一个县（市）作为自己的调查联系点。众所周知，监利县当时是全国闻名的长江中游水患大县、粮食大县、财政包袱大县（农业比较效益低），也曾一度是干群矛盾较复杂的县。有鉴于此，有关同志曾建议时任省委书记不要选择监利作为联系点。但是，当时省委主要领导从工作实际和需要出发，还是将该县作为自己的联系点。笔者几次随行到监利县乡村调查时被农民围得“水泄不通”——向省委书记诉说负担重、有的基层干部作风恶劣腐败等情况，可以说当时该县的干群关系

① 《毛泽东文集》第二卷，人民出版社1993年版，第383页。

（乡村干部与农民之间）不容乐观。省委主要领导正是深入这样的联系点做了大量的调查研究，倾听了农民的心声，全面掌握了农业大县的实际情况，湖北农村税费改革试点工作非常主动，同时向党中央、国务院提出了很多好的建议。事实证明，选调查点太重要了。

（三）精心座谈，认真开好调查会

由于调查人员、时间相对集中，便于交流讨论，开调查会成为了解情况最简单易行又最可靠的方法，正如毛泽东同志所言，“这是比较什么大学还要高明的学校”。要达到预期的目的，对于主持人而言，旨要在五个方面：一要有甘当小学生的精神。要有满腔的热忱、眼睛向下的决心和求知的渴望，不要摆出一副“上级”、“钦差大臣”和“侦探”的面孔，使人家讨厌。二要精心选择座谈的对象。选择座谈的对象须在调查内容方面有自己的真知灼见，敢讲、能讲、善讲实话，且要有方方面面的代表。三要提前发调查提纲。让别人心中有数，早做准备，不可“临时抱佛脚”。四要围绕问题，展开讨论。讨论各抒己见便于集思广益，也可碰撞出思想火花。讨论甚至“争论”得越充分越好。“那种不开调查会，不作讨论式的调查，只凭一个人讲他的经验的方法，是容易犯错误的。那种只随便问一下子，不提出中心问题在会议席上经过辩论的办法，是不能抽出近于正确的结论的。”[①]五要心里有底，善于引导。主持人对座谈调查的问题，大脑要有“武装”，善于像钳子一样“钳住”座谈者（借用斯大林评价列宁讲演的逻辑力量），使调查会紧扣主题、步步深入。

（四）解剖麻雀，下马看花

调查有“走马观花”和“下马看花”两种方式。走马观花要看的花多，不深入；下马看花就是过细地看花，分析一朵“花”。中央八项规

① 《毛泽东选集》第一卷，人民出版社1991年版，第116页。

定出台之前，“坐着车子转，隔着玻璃看”的现象有之，汇报时“投其所好”、千方百计“提炼”拣好话说也不乏其人。1961年3月，毛泽东同志在广州召开的中共中央中南局、西南局、华东局负责人和所属省市自治区党委负责人参加的工作会议上的讲话中指出：“我们了解情况主要不靠报表，也不能靠逐级的报告，要亲自了解基层的情况，”又指出：“书面报告也可以看，但是这跟自己亲身的调查是不相同的。”[①]实践证明，蹲点调查这种“下马看花”的“解剖麻雀”的调查方式，可以亲知、掌握“第一手情况”，同时由于时间较长、观察点集中，便于增进与群众的感情、总结经验和发现问题，尤其适合那些对带探索性的新生事物的调查，以便“先作试点，取得经验，逐步推广”。

（五）善用群众语言沟通的“通行证”

调查就是同群众“打交道”。同群众打交道有一个群众愿不愿意向你讲话、是心悦诚服地向你讲真话实话还是勉强地“对付你”的问题。从2011年至2013年，湖北省委决定连续3年开展“三万”活动（从党政机关派万名干部进万村、入万户），帮助农民群众办实事。时任湖北省委副书记、省长在总结大会上讲，省直机关有些年轻干部入户一整天，农民同他坐不到一块、摸不到一点实情；而有些机关干部一进村入户，两三句话就使农民很高兴，同他倾诉衷肠、无话不说，听取了很多好的意见和建议。群众语言是调查的“通行证”，所有机关干部尤其是缺乏基层锻炼的干部都应该掌握用群众语言沟通这门艺术。

（六）攻克难关：如何听到真话、查到实情

现实中，由于座谈对象向上级讲了真话、实话，或者讲了单位内部的某些情况，往往面临很大的压力和“风险”，被“晾”起来的，甚至穿“小脚鞋”的、调离职位的不乏其人。因此，在开展一些敏感性问题

---

① 《毛泽东文集》第八卷，人民出版社1999年版，第253—254页。

调查时，消除座谈对象的余悸、使调查不被“忽悠”应付，是一道难关。总结经验教训，最重要的是三个方面：一是调查者（尤其是主持人）要将此作为基本党性来对待。群众愿不愿讲真话、实话同你人格魅力和素质有直接的关系，要把带头讲真话、听到真话、查到实情作为检验自己党性及能力水平的重要水准。二是着力营造讲真话、实话的环境氛围。要把内部座谈讨论同公开发表言论区别开来，知无不言、言无不尽，言者无罪、闻者足戒，实行“三不主义”（不戴帽子、不打棍子、不抓辫子），让人畅所欲言。三是恪守让人讲真话、实话的职业品质。群众不愿讲真话，症结是对你不信任、心有余悸。这就要求调查工作者要以党性和人格做到两个方面：一方面是要有严格的“保密”观念；另一方面是不“出卖”发言人。这也是笔者主持的所有调查向座谈对象郑重承诺、长期遵循的一条原则。

（七）多交几位能说心里话的基层朋友

朋友好比窗户，能让你看到不一样的世界。还有一种不用亲自率队或派员下基层调查，而是通过结交敢讲真话的“草根”知心朋友，经常见面聊聊或通通电话，倾听基层、群众的呼声和建议。毛泽东同志结交陕甘宁边区农民朋友杨步浩、周恩来同志结交伯延公社农民朋友张二廷、习近平同志在正定县工作期间结交作家贾大山，都成为全党的表率。这种调查方式具有“真、广、快、廉”的特点。所谓“真”，就是因为他们信得过你，敢于反映真实情况、敢讲心里话；所谓“广”，就是各行各业、各个方面、各个层级都有朋友可交，交结了挚友，就可以成为“顺风耳”“千里眼”；所谓“快”，就是现代信息网络社会，不用见面，运用电话、微信、微博等传播媒介，便可即时交流；所谓“廉”，就是不花成本代价（如交通、接待、会议等经费）即可掌握很多真实情况。对领导干部而言，结交的“草根”朋友多了，决策才有泥土的厚度、工作才有心灵的温度，解决问题和矛盾也就胸有成竹。

（八）插上“网络调查”的翅膀

互联网时代，特别是移动端的普及，可以说，谁擅长使用网络，谁的调研就多了“千里眼”“顺风耳”。大数据的显著优势是可以“大海捞针”——海量数据检索功能。但是，也要客观地看到大数据有其局限性：其一，大数据只是“原油”而不是“汽油”；其二，大数据并不是所有时候都是“全数据”；其三，大数据“重相关而轻因果”，有时甚至会产生虚假的因果关系；其四，大数据并不能准确反映人的政治行为。因此，要把线上调查与线下调查紧密结合起来，用线上调查辅以线下调查，综合研判调查所得。

三、“八法并举”研究：系统深化感性认识

如果说通过“调查”全面掌握实际情况是基础、基石，那么，通过“研究”形成理性认识、把握客观规律或者找到解决问题的对策就是升华，是缜密、痛苦而又欣慰的“一朝分娩”。从笔者多年的实践来看，大体以时间为序，施展以下“八法”至关重要。

（一）善用“厘清头绪法”：去粗取精、去伪存真

每到一个地方调查，特别是那些大型的综合性的调查，我们掌握的材料和情况（包括直接的、间接的，书面的、实物的）是相当多的。若不及时地进行审视、“冷思考”和“消化”，就会如堕烟海。要牺牲一些休息时间，反复琢磨一下有关情况，问一问“五个是否”。

是否真实，有无虚假现象？

是否准确，有无言过其实、以偏概全现象？

是否全面，有无片面性？

是否典型，有无平庸凑合、不能说明问题？

是否疏漏，有无需要补充之处？

然后，将材料分类、排队、归堆、论辈，整理成笔记、索引。这是

研究不可或缺的“基础工程”“基本环节”“第一道工序”，非下苦功夫不可。

（二）善用“矛盾分析法”：用好三把“金钥匙”

矛盾分析法是研究过程中分析问题、解决问题的一种普遍、根本的方法。尤其要把握和运用好三个方面原理：一是根据矛盾普遍性原理，坚持两分法、“一分为二”看问题。分析形势、评价工作、总结个人不能总是“彩旗飘飘”“莺歌燕舞”，更应该清醒地分析、找准、正视存在的主要问题（包括潜在的），以增强忧患意识和进取动力，防止“温水煮青蛙”。二是根据矛盾特殊性原理，善于具体情况具体分析，切忌形而上学、一个模式套、“一锅煮”。三是根据主次矛盾辩证关系原理，坚持“重点论”着力找准、抓住和解决主要矛盾。

抓主要矛盾是一门学问。毛泽东同志1959年3月在中共××省委关于执行郑州会议指示给中央的简报上批语，“很多同志做了几个月的调查，开过不少的大会小会，结果对于大量存在的事物，却是视而不见，听而不闻。原因是方法不对，找不到主要矛盾在什么地方。”[①]这样当然谈不上解决问题。如何抓主要矛盾？一要抓得准。主要矛盾是客观存在、互相联系、互相制约规律的反映。在调查中，决定着全局的部位，影响着发展的主要问题，一般都是主要矛盾。二要抓得狠。看准了哪个是主要矛盾，就必须集中力量加以解决。抓重点，得有点狠劲，手不狠就会落空。三要顾得全。在集中力量解决主要矛盾的同时，必须照顾好其他矛盾，否则欲速不达。

（三）善用“多维比较法”：精准锚定调研对象坐标点

常言道，“不怕不识货，就怕货比货”，比较是认识自己、了解别人的重要方法。有比较才能知长短、见优劣、辨方向。但是，比较一

① 《毛泽东文集》第八卷，人民出版社1999年版，第26页。

定要有恰当的方法。苏轼《题西林壁》诗言“横看成岭侧成峰，远近高低各不同”，给人以深刻的启示。有个典型事例至今记忆犹新：2009年2月10日，笔者陪时任湖北省委书记去某市（州）调研，该地主要负责同志在汇报中津津乐道地讲了三遍，他们2008年第四季度GDP增速是全省第一位、武汉市的3倍，并断言此增速在全国亦不多见。其实，这位负责同志缺乏统计学的常识，统计学中有绝对数（总量、总规模指标）和相对数（相对指标，用作比较关系）之分。列宁曾经指出：“一些小得可笑的数字用百分法来计算它们的增长情况，那它们的增长速度永远是‘很大的’。如果一个乞丐有3个戈比，你又给了他5个戈比，那末他的‘财产’立刻就有了‘很大的’增长：整整增加了167%！”[①]所以，相对数应该和绝对数结合起来使用，不要因为相对数大而有所迷惑。该地是湖北的偏远、相对落后地区，经济总量规模很小、基数较低，增加一个百分点较为容易，而武汉市经济总规模占全省1/3还多，每增加一个百分点谈何容易？！这就要求我们一定要坚持正确的比较：不仅要比相对数，而且要比绝对数；不仅要比总量规模，而且要比质量效益；不仅要纵向地自己同自己比，而且要横向地同先进发达地区比；不仅要静态地比，而且要动态地比；不仅要比“显绩”，而且要比“潜绩”；不仅要单项地比，而且要注意多角度、全方位地比。通过全面、科学、正确地比较，找准、界定调查对象的坐标点（切忌成为“井底之蛙”、沾沾自喜），比出忧患、比出压力、比出动力。要正视问题，正视问题才能解决问题；要承认落后，承认落后才能改变落后；要学习先进，学习先进才能赶超先进；要加快发展，加快发展才能赢得民心。

（四）善用“现象观察法”：透过现象看准本质

在笔者主持的重大问题调查中，有几个典型现象发人深省，可谓终

① 《列宁全集》第二十三卷，人民出版社2017年版，第108页。

生难忘。

案例之一：农民从当年怒骂基层干部到后来给基层干部煮“荷包蛋”吃。20世纪末期到农村税费改革前夕，由于农业比较效益低下，在粮产区一些农户交不起“三提五统”“公粮水费”，家里每年养一茬给孩子交学费和挣油盐钱的一两头猪被基层干部牵走了，家具也被基层干部抬走了，加之有些乡村干部贪污、作风恶劣，农民同他们是“水火关系”。湖北省原潜江县有位农民企业家有句口头禅，“中央来的是‘首长’，省里来的是‘领导’，县里来的是‘同志’，乡里来的是‘狗日的’”，最后一句脏话在一定的程度上道出了农民的心声。而到21世纪初期以后，乡村干部检查工作时，农民欢迎其去家里做客。

案例之二：如前所述，农村税费改革之前矛盾尖锐、闻名全国的农业大县监利县2015年6月书写“人间大爱”。2015年6月1日21时30分，隶属重庆东方轮船公司的“东方之星”客轮，在从南京驶往重庆途中突遇罕见强对流天气，在湖北省荆州市监利县长江大马洲水道翻沉，442人遇难。党中央、国务院和湖北省委、省政府及所在市高度重视、指挥救援，不在此赘述。监利县、乡、村1600多名干部，组成183支工作队，事发水域附近3000多村民，全凭自觉自愿参加了各种救援和爱心帮扶活动；全县300多辆出租车和3100多辆私家车加入了“黄丝带行动”，无偿做好有关服务工作。《人民日报》报道：“东方之星”客轮救援中的“监利人在灾难发生后没日没夜，大苦大劳，小城书写真诚大爱”。

案例之三：“的哥”“的姐”从党的十八大之前牢骚满腹、怨声载道，到党的十八大之后的笑容满面、喜迎相送。党的十八大之前的那些年，笔者有时在武汉坐的士出门，看到不少“的哥”“的姐”愁眉苦脸，品头论足、指责埋怨者比比皆是。有时笔者试图通过拉拉家常、引导开导一下，没有门、不管用！党的十八大以来，同样是在武汉偶尔坐的士，“的哥”“的姐”心存感激、彬彬有礼，没有听到半句牢骚、怨言，有时还在关心谈论国家大事。

以上这些典型案例呈现的现象（“三大历史性反差”）只是“入门的向导”。认真琢磨分析，本质原因在于“三个划时代的重大决策深得民心”：一是取消农业税深得民心。从2006年1月1日起，国家全面取消农业税，废除和结束了延续2600多年的农业税时代。农民种粮不但不交税，国家反而以直补的方式“倒贴”一把，亿万农民从心底里高呼：“共产党万岁！”二是中央八项规定深得民心。党的十八大以后，中央政治局审议通过八项规定，以上率下，从“我”做起。自此，党风、政风、民风为之一新。老百姓赞道：“中央八项规定犹如当年红军‘三大纪律、八项注意’，静悄悄地改变了中国！”此举，极大地增强了党的凝聚力。三是坚持人民至上深得民心。党的十八大以来，党中央坚持以人民为中心的发展思想，分配差距和城乡差距显著缩小，公平公正公开的原则全面贯彻实施，人民的获得感、幸福感、安全感显著增强。这就是今非昔比、变化迥异的原因、本质所在。

有鉴于此，欲抓住现象的实质、本质，需要在以下几个方面下功夫。一要提高洞察力。在众多纷繁的现象中，善于捕捉和抓住有典型意义的现象。二要夯实基础力。全面摸清、吃透实际情况，掌握相关理论、政策和基本技能，为揭示、把握事物本质打牢基础。三要提高分析力。善于从政治上观察和分析问题，见微知著、一叶知秋，对现象进行多角度、多层面的分析研究。这样，才有可能少走弯路，准确地捕捉、抓住事物的本质。

（五）善用“综合归纳法”：从中抽出正确的结论

所谓综合归纳法，是指通过对调查中收集的分散的、众多的有关素材进行归纳、综合，从错综复杂的现象中找出事物之间的内在联系，在事物发展的全局上获得新的认识。毛泽东同志是善用综合归纳法的典范，《论十大关系》是他在1955年底到1956年春为准备召开党的八大和迎接大规模的经济建设，在分别听取国务院35个部委汇报（做了充分细致调查）基础上，以无产阶级革命家、战略家和开拓者的宽广眼光和气魄，根据苏联特别是苏共二十大暴露出来的问题，紧密结合中国实际，对调查材料进行科学的分析、归纳、综合而形成的。《论十大关系》的报告，对中国社会主义建设具有全局性、长远性指导意义。

用好综合归纳法，尤其要注意两个方面：第一，要尽量多地去积累、掌握材料。“巧妇难为无米之炊。”只有在掌握众多且详尽的材料基础上，进行综合归纳，得出的结论才可能真实可靠。第二，要避免主观片面性。调查者尤其是主持人，如果主观片面地看问题，就不可能全面地收集、掌握和利用材料，也就不可能得出正确的结论。这两个方面，互相关联、互为影响、缺一不可，是做好综合归纳、从中得出正确结论的充要条件。

（六）善用“经验总结法”：提炼、推广新经验

1965年7月，毛泽东同志在接见李宗仁夫妇和程思远先生时，曾经笑着讲过：“我是靠总结经验吃饭的。”善于总结经验，是我们党不断走向辉煌的胜利法宝。所谓经验总结法，是通过对实践活动中的具体情况，进行归纳与分析，使之系统化、理论化，上升为经验的一种方法。这是调查研究中应掌握的一个法宝。实践可以产生经验，但不等于经验。欲使其真正成为“经验”，须调查研究者“慧眼识珠”“加工制作”。第一，要充分占有材料。材料，一要全、不要缺少东西；二要准，不能

虚假、粗糙。材料是总结的基础，搞好总结，必须从积累材料开始。第二，要掌握工具和“武器”。打仗要有武器，干活要有工具，“工欲善其事，必先利其器”。要搞好总结，一是必须下苦功夫学习、钻研有关理论和政策，以登高望远、明辨方向、慧眼识珠；二是必须掌握相关专业知识，不说外行话。第三，要学会加工。古人讲：“行成于思。”总结经验，主要不应是文字上“搬来搬去”，而应是脑子里“想来想去”。要充分发挥大脑这个“加工厂”的作用，在发掘、研判、提炼、归纳上下功夫，以固化成果、形成经验，及时推广开来，推动事业的前进。

（七）善用“时空谋定法”：把握广度、深度和力度

分析研究逐步趋于成熟以后，调查者尤其是主持人就会碰到要不要下决心提对策建议解决问题、提什么样的对策建议、怎样解决问题、解决问题的力度和速度应该如何把握等问题。笔者总结以下几条，试图给读者以方法论或者“金钥匙”的启迪。

一是对普遍存在的问题，要从方针政策上去解决。譬如，在2017年10月笔者主持的一次大型县（市）乡党委书记访谈调查中，受访对象普遍反映基层应酬不堪重负、干部有待进一步调动积极性、信“访”不信“法”的现象在一些地方群众中不同程度地存在等问题。调查中，凡属共性、普遍性问题的存在，说明我们地方某些相关的具体政策措施、运行体制和工作机制不切合基层实际，或者互相博弈难以执行。于是，我们认真负责、及时果断地向省委提出了解决相关问题的政策建议，收到很好的效果。这篇《基层干部的“思”与“盼”——对襄阳、荆州、孝感、咸宁等地县乡党委书记的访谈调研》调研报告荣获“2018—2019年度湖北省优秀调研成果”一等奖。

二是对反复出现的问题，要从发展规律上找原因。为什么我们在连续多年的调查中屡屡发现一些地方农村“空心化”现象存在？为什么农业从业人员多为“386199”部队（指妇女、儿童、老年人）？因为中国是世界上独一无二的人口大国、农业大国（省均总人口相当于中等人口

规模的国家)。这就要求各地农村人口城市化要从这个最大的实际出发，坚持“积极、稳步、渐进”的方针，像山东省那样，走就近就地(县城及以下转移为主)的“金字塔形”(10%左右在特大城市、20%~30%在中等城市和大城市、60%左右在县城及以下)发展道路。如果违背社会发展规律，不切实际地盲目攀比城市化高速度、一味涌向大城市甚至特大城市或者“拼大堆”，势必给宏观经济社会发展造成难以承受的负荷和风险。规律不可违，应当敬畏、遵循。

三是凡是群众普遍认可、实践证明有生命力的，就应予以坚持、固化。在多点调查中，对群众普遍推崇、符合“三个有利于”标准、前景方兴未艾的新生事物、先进典型、做法经验，就应该在进一步总结完善的基础上大力推广，全面催生其规模效应和几何级数效应，“拨亮一盏灯，照亮一大片”。这是调研工作者的重要职责使命。

四是凡属局部看来有生命力但认识尚不一致的事物，须“先作试点，取得经验，逐步推广”。尤其是涉及面广、比较敏感的重大政策、重大改革项目的出台，更应该如此，不要犯“急性病”。这样为之，可谓“一石数鸟”：一则减少了阻力和“阵痛”；二则顺利推广了新生事物；三则由于取得了经验，比犯“急性病”直接推开效果更好。

(八)善用“精准决策法”：交换+比较+反复

习近平总书记指出：“调查结束后一定要进行深入细致的思考，进行一番交换、比较、反复的工作……找到解决问题的正确办法。”①这是决策之前这个“阵痛”过程中必须采用的一项重要方法。

所谓“交换”，就是要集体讨论，多征求、听取方方面面的意见，尤其是多听取反面意见。因为正确而全面的认知，往往是由“系统地驳倒不正确的意见而产生的”。诚如陈云同志所言：“毛主席如果没有王明、张国焘这些反面教员，未必能那样的成熟。”②

---

① 习近平：《谈谈调查研究》，《学习时报》2011年11月21日。

② 《陈云文选》第三卷，人民出版社1995年版，第47页。

所谓“比较”，就是要进行上下、左右、前后的比较。对上，是否认真贯彻了党的路线方针政策、党中央指示精神；对下，是否坚持一切从实际出发，高度契合客观实际；对左右，就是要“左顾右盼”，看看政策方案在相关文件中是否有互相矛盾、相悖的情况；对前后，就是要“瞻前顾后”，力戒政策建议或解决问题的办法前后矛盾、互相撞车、基层无法有效落实。

所谓“反复”，就是指决定问题不要太匆忙，需要有一个反复考虑的时间和过程。这里重要的是找“反对派”，如果没有“反对派”，也要设定一个“反对派”。因为思想观点只有经过多次“否定之否定”的淬炼，作出的决定、提出的方案建议才能立于不败之地。

需要特别说明的是：以上阐述的“八管齐下”调查、“八法并举”研究，并非要求在每一次调查研究中把这“十八般武艺”全部、同时用上，旨在说明作为一位合格的领导干部、欲有建树的调查研究工作者，应该牢牢掌握这些基本功（方式方法），需要用时能融会贯通、信手拈来、运用自如。

怎样起草精品调研报告

调查研究从环节、过程来讲，如果说通过“调查”全面掌握实际情况是“基础”，通过“研究”把问题琢磨透彻是“升华”，那么，通过文字载体形成调研报告才是“最终产品”。

在本部分之首，有必要先同读者探讨、明确一下怎样才算一篇好的、精品调研报告，或者好的、精品调研报告的标准是什么，以便调研者有个奋斗目标和动力。毛泽东同志在《反对本本主义》中指出：“调查就像‘十月怀胎’，解决问题就像‘一朝分娩’。调查就是解决问题。”①能否“解决问题”既是调查研究的“目的”，也是衡量、评价调研报告优劣的最终标准。但在现实中，能否“解决问题”（换言之，调研报告优劣的标准），往往以这几种形式体现：或者领导作了肯定性批示；或者建言建议直接转化为决策性文件；或者印发有关范围学习参阅，起着统一思想、深化认识、启迪思路、推广经验、营造氛围等作用。当然，“最高规格”是受到党和国家的重视，有关建言建议被采用、吸纳。一些精品调研报告，往往体现在几种形式“兼而有之”。而获奖调研报告至少具备上述“解决问题”体现形式之一，且在公平、公正、公开的原则下，经过专家评审、社会公示、组织认定后，成为精品中的精品，这是对调查研究者的一种鼓励和奖赏。因此，在扎实做好调查、研究这两个环节基础上，最后形成精品调研报告，这犹如“鲤鱼跳龙门”，也如马克思在《资本论》中阐述的“从商品到货币是一次惊险的跳跃”。对于起草者而言，这个“跳跃”既欣慰，更是一种考量。

那么，怎样才能“鱼跃龙门”、实现“惊险的跳跃”，使起草的调研

---

①《毛泽东选集》第一卷，人民出版社1991年版，第110—111页。

报告成为精品呢?

先简要谈点体会:“文如其人”,要使调研报告成为精品,起草者的素质必然要求是“精品”。一要上接“天线”、下接“地线”及连接“外线”相结合。要真正领会、悟透党中央指示精神,全面掌握、吃透基层相关实际情况,用国际化的眼光看待和分析问题。这就是仰望天空(方向)、立足大地(实际)、放眼世界(视野),是起草好精品调研报告的首要条件。二要历练理论功力与实践底力相结合。理论是实践的指南,实践是理论的源泉、检验真理的唯一标准。理论功力与实践底力的深度结合,就能产生原子能般巨大的创新伟力。三要掌握共性与把握个性相结合。调研报告作为一种独立的文体,相对于文学作品、纯理论文体,或者公文中的讲话、政策文件等文体,对调研的倚重程度、谋篇布局、表达方式、语言文风等方面有其共性特点和要求。但是,考察其子系族又有不同的个性特点。在设计和起草的全过程中,既要遵循共性要求、寓共性于个性之中,又要认真研究把握、充分体现其个性特色。四要“强弩”与“射箭”相结合。学习研究是“强弩”,起草调研报告好比“射箭”。“箭”的射程远不远、命中率高不高,很大程度上取决于“强弩”,取决于学习研究的功底。凡有生命力的调研精品,无一不是起草者“强弩”之作。五要执笔者倾心竭力与发挥集体智慧相结合。作为联合调研的报告,执笔者尤其是主持人毫无疑问是“铁锅顶头”,“十八般武艺”都得用上。但是,集体讨论“碰撞”能产生“几何级数”的智慧放大效应。在敲定提纲、修改等重要环节,组织相关人员充分讨论、畅所欲言、博采众长、集思广益,实现执笔者与集体智慧的充分发掘、完美结合,是起草精品调研报告的力量保证。起草“阅鉴”六类15篇获奖报告,都注意从这“五个结合”上下深功夫。

下面,重点谈谈从操作层面应着力抓好以下几个重要环节。

一、选好主题,“画龙点睛”

选好主题是起草调研报告首要的一步,也是能否成功的前提。

（一）确定主题——“四位一体”八字要求

在写每一篇调研报告之前，作者应该有明确的写作意图，或者要说明什么，或者要解决什么问题、达到什么目的，这就是主题。主题是调研报告的灵魂，决定整篇报告的命运。选好主题的要求和方法就是“四句话、八个字”：

一是“需要”。要围绕推进党的事业和中心工作需要来选题，这个需要现实的、长远的、潜在的。如同“阅鉴”1《百年大党缘何风华正茂——学习习近平总书记重要讲话暨“四史”的系统思考》“导读”所述，“需求决定供给”。作者花的精力再大、自以为报告写得再好，如果这个主题不需要，那也只是废纸一叠或者仅供“自我欣赏”。

二是“鲜明”。提倡什么、支持什么、反对什么，立场态度要清楚明白、旗帜鲜明，绝不能模棱两可、含含糊糊。

三是“集中”。一般而言，一篇调研报告应抓住主要矛盾，紧紧围绕一个中心，达到一个目的。谨防“如堕烟海”“眉毛胡子一把抓”。

四是“深刻”。“选材要严，开掘要深。”要善于抓住事物的本质，提出和解决带有方向性、根本性的问题。

“需要、鲜明、集中、深刻”这“四位一体”的八个字，是对好主题的共同要求，四者缺一不可。

在这里，笔者谨讲一例选好主题至关重要的切身感受：“阅鉴”1《百年大党缘何风华正茂——学习习近平总书记重要讲话暨“四史”的系统思考》是笔者2021年10月发表的为庆祝党的百年华诞调研撰写的25000字的长篇专题研究报告，仅“学习强国”学习平台的阅读量就超过700万，点赞超过20万，若加此前荆楚网、人民网先后发表的阅读量则已超过1000万，2022年12月获“全国党的建设优秀理论成果征文”特等奖。这份长篇专题研究报告之所以获得如此巨大的成功，最重要的是笔者按需选作、呼应了重大主题且合乎“需要、鲜明、集中、深刻”的要求。因为党的十九届六中全会之前，习近平总书记先后在2017年10月25日中共十九届中央政治局常委同中外记者见面会、2021年2月20日党史学习教育动员大会、2021年7月1日庆祝中国共产党成立100周年大会三次发表重要讲话，郑重提出“中国共产党立志于中华民族千秋伟业，百年恰是风华正茂！”这个精辟论断。接续回应习近平总书记的重要关切，系统总结、研究百年大党为什么能够风华正茂？是什么奥秘使党青春焕发、风华正茂？从而传承、弘扬、用好这些宝贵经验，这对永葆共产党员先进性、实现中国共产党青春永驻具有极为重要的意义，因而又是一个带根本性的重大课题。加之，当时全国宣传理论界的专家学者并无系统的、有力度的著述研究和回答这个根本性课题。笔者正是在党爱党、在党言党、在党为党职责使命的驱使下，毅然决然地选择此主题完成研究写作任务的。“需要”是最好的大学，这就决定了该篇研究报告的阅读量和生命力。（见图1）

图1 《百年大党缘何风华正茂——学习习近平总书记重要讲话暨“四史”的系统思考》在“学习强国”学习平台的阅读量超过700万

（二）拟好标题——“五位一体”十字标准

标题就是调研报告的“名字”，是报告的有机组成部分。标题不等于主题，也不能与主题相提并论，但好的标题能揭示主题，或对全文起到“画龙点睛”的作用。此外，好的标题还能吸引读者，使其印象更加深刻，甚至产生引人入胜之效应。形象地讲，对于真正写文章的作者而言，拟标题同给小孩取名字一样重要。

如何拟好标题？一般来讲，好标题有五条标准：一要旗帜“鲜明”。这与主题要求是共同的、一致的。二要“确切”。在调研报告中，多数标题要求直接概括全文内容、反映报告的精神实质、揭示报告的主题，力求与报告内容相吻合。标题拟得好、拟得准，“老辣”的读者一览即“八九不离十”地知悉报告的格局、全貌。三要“生动”。要克服千篇一律、力求个性化，给人以强烈的影响，才能抓住读者。四要“新颖”。老生常谈、过时的东西乏味，读者不爱看、不愿看。五要“简洁”。就是简练干净、高度概括。不少调研报告还有副标题，副标题一般较为具体，对标题起补充和交代作用，以便让读者更清楚报告的内容，理解报告的中心。“鲜明、确切、生动、新颖、简洁”这“五位一体”的十个字是拟好标题的共同要求，亦缺一不可。

譬如，“阅鉴”六类15篇获奖调研报告的标题，以及2019年10月获湖北省委表彰的“全省优秀调研成果”一等奖《基层书记的“思”与“盼”——对襄阳、荆州、孝感、咸宁四市县乡党委书记的访谈调研》等报告的标题，笔者均呕心沥血，反复琢磨推敲，力求较好地体现“五位一体”十字标准的要求。

（三）鉴题而作——“三种方略”慎重抉择

主题确定以后，紧接着就是要根据主题的大小、所涉内容的宽泛程度等方面的情况，坚持从实际出发，做好调研报告写作设计、写作方式、写作力量筹划安排等方面的抉择。

第一，恪守“小题大作”。“小题大作”并不是说要抓住小事“无限上纲”或不着边际地尽情发挥，而是指两层意思：一是在思想上要高度重视，“视小为大”“视常为圣”、精益求精。二是把题目范围定得小一些、具体一些，以利于分析透彻、细致深入。譬如，“阅鉴”5《中国社会主义市场经济的生力军——对温州、台州民营经济考察的理论思考》、“阅鉴”8《立足国情最大的实际——关于土地规模经营的几个问题》，就是典型的“小题大作”。进而言之，凡成精品者，多为“小题大作”之果。

第二，切忌“大题小作”。道理很简单，譬如一瓶酒，装在酒瓶里是充实的，如果装在一个大坛子里，就会显得空荡荡的。显然，如果“大题小作”，题目大而无当，内容过于宽泛，研究写作投入的精力不足，往往就会流入“大而空”。这种写作方式必然以失败而告终，应该摒弃。“阅鉴”六类15篇获奖报告中，没有一篇是“大题小作”的。

第三，务必“大题大作”。就是要有大格局，对那些主题重大重要、“牵一发而动全身”（涉猎面广）、有价值的大题目，要集中优势兵力，以攻克“摩天岭”“上甘岭”的精神把它拿下，“小马拉大车”（包括联合调研和个人调研的作品）是不可能成功的。譬如：“阅鉴”6《让巨龙在荆楚大地腾飞——关于加快湖北长江经济带科学发展的调研报告》，因长江干流横贯湖北东西1062千米（约占四川宜宾至上海入海口干流总长的1/3），这里主要经济指标约占全省2/3，在鄂发展格局中占有举足轻重的地位，因而我们组织了“集成式”的大型调研，历时两个月之久。在起草报告上也是由笔者主持并集中精兵强将，先后三次讨论、“五易其稿”，后获“湖北省委优秀调研成果”特等奖的。又如：“阅鉴”1《百年大党缘何风华正茂——学习习近平总书记重要讲话暨“四史”的系统思考》，主题无疑相当重大重要，如前所述，是个带根本性的课题，笔者研究写作花了近3个月的时间。

二、精心设计，谋篇布局

读者也许有这样的感受，把调查研究情况写成领导和上级重视、有生命力的文字报告很难。其实难不在于“写”，而在于“想”（构思设计）。所谓谋篇布局，就是作者根据主题的需要，对调研报告框架结构进行总体设计，包括分几个部分，一级标题、二级标题、三级标题，乃至主要观点、典型事件，都要设计出来。谋篇布局对执笔者尤其是主持人而言，是呕心沥血的痛苦的过程，决定报告的成败，某种意义上讲是“成败萧何”。

“文无定法。”前文讲到，调研报告作为一种独立的文体，按不同的角度、标准可以划分为很多子系族（“阅鉴”15 篇获奖报告从阐述写作的角度分为六大类），均有其不同的个性特点。在这些纷繁复杂的范畴中，没有必要也不可能用僵化统一的结构布局模式，而应遵循以下五条原则，走出一盘充分展示主题、符合自身特点、生动活泼的谋篇布局之棋。

（一）服从表达主题的需要

主题是调研报告的中心和灵魂（也是调查研究、撰写报告要达到的目的），报告的结构布局必须服从服务于表达主题思想的需要。这个原则看似抽象，但很具体。譬如“阅鉴”3《世界经济领域值得关注的几个问题》的结构布局就围绕值得关注的问题来展开；“阅鉴”4《后危机时期经济形势分析与战略应对》的结构布局就围绕形势分析与战略应对展开。“阅鉴”六类15篇报告中，每一篇的结构布局都是紧紧围绕和服从于主题这个中心的。主题是“辕”，结构布局是“马”，每一篇均用“辕”驾驭“马”。

（二）正确反映事物发展规律及内在联系

调研报告同其他文体一样，都是反映客观事物的，事物存在和发展的客观规律是谋篇布局的基本依据。但是，事物的发展规律及其内在联系并非浮现于事物的表面，而是要经过作者的细微观察和深入分析才能把握。作者一旦准确把握了事物的规律和联系，就能疏通思想，找到合适的结构布局。这个问题看似“玄乎”、难以捉摸，其实并不“玄乎”。譬如：“阅鉴”3《世界经济领域值得关注的几个问题》、“阅鉴”4《后危机时期经济形势分析与战略应对》这两篇就涉及或者是面对这样一种几乎是规律性的现象：在经济全球化及互联网信息社会的时代背景下，任何国家和地区的发展欲独善其身，就如同鲁迅先生所言“等于抓着自己头发，想要离开地球”一样，几乎是不可能的！这就导出怎样研究透世界经济形势（走势）和如何应对的问题；“阅鉴”6《让巨龙在荆楚大地腾飞——关于加快湖北长江经济带科学发展的调研报告》、“阅鉴”7《统筹山区城乡发展的新探索——关于建设竹房城镇带城乡一体化试验区的调研报告》就需要分别正确反映和遵循“流域”“山区”的有关规律问题：流域治理很艰难，这么长的长江干线“下（游）治上（游）不治，治了也白治！”毗邻“南水北调”中线水源区的十堰市南部三个山区县是重要的“生态源”（注：其森林植被涵养水土、防风固沙、调节气候）；“阅鉴”8《立足国情最大的实际——关于土地规模经营的几个问题》的谋篇布局就是立足中国国情“人多地少”这个“最大的实际”，把握了“农业是自然再生产”的特点。凡此种种，每一篇的结构布局都注意正确反映和遵循研究对象的有关规律，使其客观、科学、准确，具有生命力。

（三）合乎思维逻辑

所谓思维逻辑，是指人们思考问题时遵循的某些逻辑规律和规则，其中最主要的是形式逻辑的同一律、矛盾律、排中律三大定律。就调研报告的结构布局而言，尤其要遵循同一律，在同一思维过程中保持使用某一概念、标准的一致性和确定性。譬如，按思维方式划分有：“并列式”（横向思维）——按空间或事物的性质构思布局；“递进式”（纵向思维）——按时间或事物发展的先后顺序构思布局；“复合型”——以“并列式”或者“递进式”为主，其内部逻辑联系往往又“兼而有之”。在同一篇调研报告中，其主体结构布局（即报告分成几个部分、一级标题的表述），必须严格按照同一标准而不能冒出另外一个标准来划分，以便做到各个部分之间的逻辑关系、顺序摆布无懈可击。这条原则比较抽象，后面再单独举例作演绎说明。

（四）全面、准确、充分

调研报告的结构布局表达主题要全面系统，全面系统方能给读者以完整之感；结构布局表达主题要精准，准确方能一语中的，提高表达效果；结构布局表达主题要充分，充分方能从“量”和力度上浓墨重彩地把主题表达得淋漓尽致。“阅鉴”六类15篇获奖报告，都注意从这六个字上下功夫。

（五）纲举目张，“一线串珠”

“纲”在这里比作调研报告的主题，“目”比作一级标题、二级标题乃至主要观点。调研报告要“举一纲而万目张”，以主题“一线串珠”，所有的层次都要为表达主题服务。这是对谋篇布局“形”和“内容”的总体要求。“阅鉴”15篇获奖报告，在总体设计布局上都力求达到这方面的要求。

下面，附三例整体设计的起草提纲，用于集中诠释、说明获奖调研报告在谋篇布局上是怎样遵循以上五条原则的。

【例一】“递进式”（纵向思维）：按时间或事物发展先后顺序布局

“阅鉴”4《后危机时期经济形势分析与战略应对》起草提纲：

一、关于国际金融危机的成因分析

（一）从制度层面来看，根源于资本主义固有的基本矛盾

（二）从理论层面来看，是“新自由主义”大行其道埋下了祸根

（三）从实践层面来看，是虚拟经济长期脱离实体经济的必然产物

（四）从国际视野来看，是美国金融霸权（美元霸权）在全世界大行其道的恶果

二、后危机时期我国经济面临的风险和挑战

（一）全球经济失衡客观存在，经济发展的外部环境恶化

（二）经济深度调整拉开帷幕，国际分工体系面临大洗牌、大换血

（三）贸易保护主义抬头，贸易摩擦呈现常态化

（四）国际货币体系面临深层矛盾，世界金融秩序动荡不安

（五）美元或现短期反弹、长期贬值波动，人民币升值沦为中美持久战

（六）国际热钱进出引发市场波动，输入型通胀压力增大

（七）全球低碳经济潮流涌动，向低碳社会转型的压力增大

（八）全球大宗商品市场（价格）剧烈波动，必然威胁我国宏观经济稳定运行

三、后危机时期地区经济社会发展的战略应对

（一）坚持“内源型发展”：从“外向型发展”向“内源型发展”转变

（二）坚持协调发展：从“不平衡发展”向“相对平衡发展”转变

（三）坚持创新发展：从“要素驱动”向“创新驱动”转变

（四）坚持绿色发展：推进从“传统发展”向“绿色发展”转变

（五）坚持系统发展：从注重生产向生产、流通、市场一起抓转变

（六）坚持人本发展：从以GDP为中心向以人的发展为中心转变

由上观之，这篇调研报告是以应对世界性的大震荡——国际金融危机这一重大事件为主线，先后依序起草国际金融危机爆发的成因分析、后危机时期我国经济面临的风险和挑战、地区经济社会发展战略应对三部分。要起草好“战略应对”，首先必须搞清楚国际金融危机是什么？为什么爆发这次金融危机？这次危机对世界有哪些影响？我国面临哪些风险和挑战？然后，才谈得上提战略应对之策。所以，将其称为“递进式”（纵向思维）的结构布局。

“阅鉴”6《让巨龙在荆楚大地腾飞——关于加快湖北长江经济带科学发展的调研报告》起草提纲：

一、加快湖北长江经济带科学发展的重大意义

（一）加快湖北长江经济带科学发展，是遵循客观经济规律、顺应经济发展趋势的内在要求

（二）加快湖北长江经济带科学发展，是完善湖北发展战略、推动全省区域协调发展的重大举措

（三）加快湖北长江经济带科学发展，是发挥比较优势和潜力、实现又好又快发展的客观需要

（四）加快湖北长江经济带科学发展，是实施开放先导战略、扩大对内对外开放的现实途径

二、加快湖北长江经济带科学发展面临的主要问题

（一）缺乏统一的发展规划

（二）基础设施建设滞后

（三）长江水运优势发挥不够

（四）产业竞争力不强

（五）资源整合不充分

（六）环境保护压力较大

（七）体制机制性矛盾突出
三、加快湖北长江经济带科学发展的总体构想
（一）指导思想
（二）发展目标
（三）战略定位
（四）工作原则
（五）推进步骤
四、加快湖北长江经济带科学发展的对策措施
（一）坚持规划引领，科学开发长江经济带
（二）坚持交通先行，构建发达的基础设施网络
（三）坚持产业聚集，发展沿江现代产业密集带
（四）坚持城市带动，建设沿江城镇连绵带
（五）坚持保护优先，打造水资源可持续利用典型示范带
（六）坚持优势优先，充分发挥武汉龙头带动作用
（七）坚持开放先导战略，进一步扩大沿江对外开放
（八）坚持改革创新，增强经济发展内在活力
（九）坚持政策扶持，充分发挥政策激励和导向作用
五、关于近期工作的几点建议
（一）加强组织领导
（二）制定政策文件
（三）编制发展规划
（四）推进项目建设
（五）进行动员部署

由上观之，这篇调研报告以研究加快湖北长江经济带科学发展为主线，先后依序写了加快科学发展的重大意义、面临的主要问题、加快科学发展的总体构想、对策措施、近期工作的几点建议五个部分。仔细推

敲，这也是一个非常严密的“递进式”（纵向思维）的结构布局。要作出加快科学发展的重大决策，首先在思想上必须高度重视（为什么要加快科学发展），前提是必须明确省情的主要问题是什么？然后，才能有的放矢地建言。本报告的建言又分为三部分：先写“总体构想”（指导思想、发展目标、战略定位、工作原则）这些层面很高的内容，再集中写“干货”——对策措施，最后建议近期工作如何启动。这样，既增强了报告的层次感，又便于抓落实。

【例二】“并列式”（横向思维）：按空间或事物的性质构思布局

笔者主持调研撰写的《增强城市耦合度 提升核心竞争力——关于武汉城市圈建设情况的调研报告》起草提纲：

一、着力转变思想观念，把“增强城市耦合度，提升核心竞争力”作为重大战略来抓

（一）坚决破除平推、均衡的思维定式，牢固树立“第一战略”认识

（二）坚决破除以邻为壑、孤军奋战的自然经济意识，牢固树立协作联合才能提升竞争力的观念

（三）坚决破除以自我为中心的本位思想，牢固树立开放融入意识

（四）坚决破除“等靠要”的消极思想，牢固树立强烈的机遇意识

二、切实加强规划引导，推动圈内各市错位发展

（一）科学编制规划

（二）加强规划对接

（三）优化空间和产业布局

三、充分发挥武汉龙头作用，释放极核的“引爆”能量

（一）发挥武汉商贸物流中心优势

（二）发挥武汉金融中心优势

（三）发挥武汉工业基地优势

（四）发挥武汉综合交通运输枢纽优势

四、用好武汉科教人才最大优势，激活提升核心竞争力的“引擎”

（一）完善区域创新体系

（二）提高科技成果转化能力

（三）建立人才培养交流机制

（四）建立科技孵化平台

五、推进体制机制创新，着力增强圈域发展活力

（一）互利共赢机制

（二）政策激励机制

（三）环境保护和生态补偿机制

（四）行政约束机制

（五）惠及民生的相关制度创新

六、搭建六大平台，积极推动圈域合作交流

（一）厅市共建平台

（二）政府交流平台

（三）产业对接平台

（四）信息沟通平台

（五）产权交易平台

（六）农超对接平台

七、抓好重大项目建设，不断夯实圈域发展基础

八、加强组织领导，高位推进圈域一体化工作

（一）建立强有力的领导和协调机构

（二）加大工作推进力度

（三）加强理论研究和对外宣传

（四）加大圈内九市之间的干部交流力度
（五）建立健全科学的考核评价体系

由上观之，这篇调研报告是以增强武汉城市圈九市之间的耦合度、提升核心竞争力为主线，作者实打实地写的八个部分都是“并列式”（横向思维）的结构布局。它们之间有一定的逻辑联系，但无明显的时间先后关系。“并列式”（横向思维）同“递进式”（纵向思维）结构布局相比，不难发现一个重要特点：“递进式”（纵向思维）结构布局的一级纲目必须是周全的，不能少，少了、缺了一个就等于“断档”“缺位”，像马克思在《资本论》中论述“资本循环”一样无法保持“继起性”；而“并列式”（横向思维）结构布局的子项（一级标题）有“弹性”，适当“减少”或者“增写”一条，不会出现“断档”“卡壳”。

【例三】“复合型”：“递进式”与“并列式”兼而有之的结构布局

“阅鉴”9《建设社会主义新农村的若干问题》起草提纲：
一、关于中央决策的背景分析和重大意义
（一）关于中央决策的经济社会背景分析
（二）关于中央决策的理论依据和实践依据
（三）关于建设社会主义新农村的重大意义
二、关于新农村建设目标的内涵特征分析
（一）异质性：中国特色的新农村建设道路
（二）时代性：老命题赋予新内涵
（三）系统性：“五大建设”的有机统一
（四）长期性：与现代化建设同步的历史过程
三、关于新农村建设的实现途径
（一）采取系统措施，破解“培育新农民”的难题

（二）建立多元化的投入机制，破解“钱从哪里来”的难题

（三）拓展增收渠道，破解“收入怎么增”的难题

（四）勇涉改革的“深水区”，破解体制机制难题

四、需要正确把握和处理好几个重要关系

（一）推进社会主义新农村建设与城镇化的关系

（二）政府主导作用与市场机制作用的关系

（三）经济发展与其他要件的关系

（四）当前发展与长远发展的关系

由上观之，这篇调研报告围绕学习、贯彻、落实中央建设社会主义新农村的重大决策，从背景分析和重大意义、目标的内涵特征分析、实现途径、正确处理好几个重要关系这四个部分进行布局。从总体上看是“并列式”（横向思维）结构布局［注：凡标题中出现“若干问题”“几个问题”“若干重要问题”或“若干建议”的，一般来讲，都是“并列式”（横向思维）的结构布局］。

但是，对四个部分进行纵向分析，又有一个从抽象到具体、从务虚到务实的逻辑关系，即表述的先后顺序，这又如“递进式”（纵向思维）的逻辑结构。“递进式”与“并列式”兼有，因而称之为“复合型”结构布局。

若按思维方式（位）来区分，所有调研报告的结构布局均可分为“递进式”（纵向思维）、“并列式”（横向思维）、“复合型”（“递进”“并列”兼而有之）三种。

以上列举的四份起草提纲，旨在诠释说明：第一，调研报告谋篇布局的方法；第二，这四份起草提纲和本书“阅鉴”的其他获奖调研报告的谋篇布局，均遵循和力求体现上述五条原则。

三、科学表达，文风清美

谋篇布局整体设计好以后，即可“施工”。“阅鉴”六类15篇获奖报告均注意了以下几个方面。

（一）精心选择材料

如同建筑工程一样，设计再科学完美，若选购的原材料质量较差或是伪劣产品，就会成为“豆腐渣”工程。在本篇“八法并举”研究部分阐述的“去粗取精、去伪存真”，实际上也是写作过程中选择材料的前期工作。简言之，选择材料的标准是“五要”：一要准确。就是所用的材料确凿、精准、正确、无误，完全符合实际情况，不能是“近似数”“约等于”。二要典型。具有鲜明的个性特征，能说服人、感召人、打动人。三要有代表性。这是抽样的基本要求，样本能够全面反映母体的情况。四要新颖。给读者以与时俱进、追踪溯流之感，切忌新瓶装“旧酒”、老生常谈。五要能说明观点。材料是为表达观点、说明观点进而为主题服务的。再好的材料，如果不能说明观点，则也应“一票否决”。

（二）坚持以实为要

20世纪90年代，在湖北省神农架林区有一个“讲假话连野猪都骗不了，谁还爱听？”的实话。当时，一位领导同志到神农架林区考察调研，当地农民反映：“山区多野猪，常于夜间出来糟蹋庄稼，农民招架不住，先以锣鼓惊吓，后将喇叭悬于电线杆上放录音。野猪开始不敢来，后渐渐靠近，最后干脆将电线杆都掀翻了。”[①]“讲假话连野猪都骗不了”是农民“以尖新出之”的实话实说。这个典型案例让我们决策服务工作者感受很深、触动很大。“真实”，是调研报告的生命；“真实”，是

① 李瑞环：《学哲学用哲学》上卷，中国人民大学出版社2005年版，第67—68页。

对调研工作者党性的基本要求，也是其宗旨观念的重要体现。报送那些不合乎实际、有虚假错误的，或者调查不充分、研究不缜密，或者“随心所欲”“想当然”的调研报告，用于影响决策、指导工作，那是祸国殃民！

有鉴于此，调研工作者对自己要经常大声疾呼、警钟长鸣。

“情况”要真实。要坚持一分为二，既报喜又报忧；对回避矛盾、“莺歌燕舞”、夸大成绩的行为“零容忍”！

“数据”要真实。要强化数据法定意识，客观公正、准确无误地统计、上报、反映有关数据指标；对虚假浮夸、“寅吃卯粮”、玩“数字游戏”、虚造政绩的行为“零容忍”！

“经验”要真实。要书写基层群众的创新、创造，让内容具有可学习、可推广、可坚持价值；对向壁虚构、“移花接木”、伪造经验使事业受损的行为“零容忍”！

“建言”要真实。必须发扬斗争精神，敢于直面最突出的矛盾和主要问题，对症下药、靶向治疗，从而达到釜底抽薪的效果；对借口“问题过于敏感”而退避三舍，在核心问题之外提出一些无关痛痒的“柔性”建议，使调查研究功亏一篑的行为“零容忍”！

（三）贵在“典型宜多”

这是调研报告文体特点的要求。调研报告不是理论文章，也不是领导讲话，更不是政策文件。它需要理论，但更重要的是通过翔实的情况、鲜活的典型、群众的心声、基层的实践创造及引用著名的“经典”来说明观点，说服人、感召人、教育人。如果从理论到理论、从综合到综合、从概念到概念，那读者是看不下去的。毛泽东同志对新闻报道工作提出的“典型宜多，综合宜少”的要求，也是写调研报告应当遵循的。因为用典型说话其效应“一箭多雕”：一是可以解决“空中无物”、平铺直叙问题；二是可以更深刻地说明问题、表达主题；三是可以解决枯燥无味问题，增加可读性；四是可以打下深刻的思想烙印，留下美好的记忆。“用典”有这么多好处，何乐而不为？！

四、攻坚克难，力求生动

文章大家毛泽东同志1942年2月在《反对党八股》中指出：“为什么语言要学，并且要用很大的气力去学呢？因为语言这东西，不是随便可以学好的，非下苦功不可。”[①]现在，我们处在“后理论”（特指马克思主义中国化、大众化时代）和“多媒体”时代，解决“骨化”的语言文风和表达方式就更为重要、更为急迫。语言要力求达到准确、鲜明、生动这“三性”的要求，准确性、鲜明性在前面相关部分已作了讨论、阐述。这里，谨结合“阅鉴”六类15篇获奖报告的起草，谈谈语言表达是如何竭力朝着生动清新的目标迈进的。

（一）用“激情”震撼读者

起草调研报告同写其他文稿一样，是一种感情和思想的迸发。“激动”“激情”，像春天第一声春雷，震醒冬眠蛰伏之物；像春雨浸润土中的种子，催生新芽。心里不激动，则难为好文、难以感动读者。何以产生激情？这首先来自笔者对写作对象的“懂”和“大爱”，也来自笔者强烈的事业心和责任感。“阅鉴”15篇获奖报告无一不是在笔者对写作对象的“懂”“大爱”和强烈的事业心、责任感下所催生的“激动”“激情”所致。譬如，笔者已在“阅鉴”1《百年大党缘何风华正茂——学习近平总书记重要讲话暨“四史”的系统思考》的“导读”中交流指出，一份25000字的长篇研究报告仅“学习强国”学习平台的阅读量就超过700万、点赞超过20万，没有在党爱党、在党为党、在党言党的“大爱”驱使，几乎是无法想象的。

（二）用标题引人入胜

好的标题是读者的“第一印象”，也犹如宴会的“第一道菜”“第一

---

① 《毛泽东选集》第三卷，人民出版社1991年版，第837页。

杯美酒”，至关重要。它能吸引读者引起对全文的关注，能帮助和加深对主题的理解，还能给读者留下美好、深刻的印象，可谓一举多得。如何为之？前有专言，不再赘述。

（三）用群众语言说话

群众是实践的创造者，其语言更丰富。用群众的语言说群众自己的事，或者引群众语言表达作者的观点，可以收到胜过起草者绞尽脑汁“自我表达”的效果。譬如：在“阅鉴”9《建设社会主义新农村的若干问题》阐述推进农科教结合改革时，引用农民总结的传统教育“寒窗苦读十几年，一朝回家傻了眼”“种田不如老子（父亲），做饭不如嫂子，养鸡不如妹子，打柴不如小子”，说明改革的重要性；阐述农村劳动力转移途径时引用基层干部的表述：现在一些青壮年劳动力一窝蜂地涌向东南沿海和大城市，留守在家的大多是“386199”部队（妇女、儿童、老年人），导致农村“空心化”严重，来说明我国国情、省情决定了“离土不离乡”这种就近就地转移应当作为主导模式。在“阅鉴”11《用“一体化”推倒“二元墙”——鄂州市统筹城乡发展调研报告》阐述试点所发生的变化时，引用了恒大社区老百姓总结的这么几句话：“通过城乡一体化建设，产业火起来了，口袋鼓起来了，村庄亮起来了，新风树起来了，服务实起来了，农村与城市条件差不多，当农民同当市民一样牛！”农民用自己的感受说变化，最真切、最权威。善用群众语言是不花成本代价的“拿来主义”，是实现语言生动清新的最普遍、最主要的途径。

（四）用修辞手法润色

修辞手法是为了提高表达效果而在语言写作中使用的一系列技巧和方法。常用的修辞手法有比喻、拟人、夸张、排比、对偶、反复、设问、反问、抒情等。所谓“恰当”的修辞方式，就是根据各类调研报告的文体风格特点、表达写作对象的需要、作者的灵感灵犀来采用修辞方式。

毛泽东同志在著名的《湖南农民运动考察报告》“农民问题的严重性”开头这一节写道：“很短的时间内，将有几万万农民从中国中部、南部和北部各省起来，其势如暴风骤雨，迅猛异常，无论什么大的力量都将压抑不住。他们将冲决一切束缚他们的罗网，朝着解放的路上迅跑。一切帝国主义、军阀、贪官污吏、土豪劣绅，都将被他们葬入坟墓。一切革命的党派、革命的同志，都将在他们面前受他们的检验而决定弃取。站在他们的前头领导他们呢？还是站在他们的后头指手画脚地批评他们呢？还是站在他们的对面反对他们呢？每个中国人对于这三项都有选择的自由，不过时局将强迫你迅速地选择罢了。”①在这200多字的表述里，毛泽东同志先后用了一个比喻（描述“其势”）、两个排比（指出“结果”）、三个设问（站何“立场”）的修辞手法，颇有步步递进呼应、迅雷不及掩耳之势，时局强迫每一位中国人必须迅速地作出选择。这就是在一段文字里“多管齐下”、恰当使用修辞方式的作用和力量。习近平总书记1988年7月初至8月初在闽东考察后写下的闽东九县调查随感《弱鸟如何先飞》，把全国最大的畲族人口聚居地闽东比作“弱鸟”，研究如何实现起飞、先飞。其站位很高、哲理深刻，平易近人、娓娓道来，表意丰富、感染力强，越读越感到这是一种甜蜜的享受。依笔者之见，这篇著作开创了从整体布局上运用比拟的修辞方式写作调研报告的先河，是通篇运用比拟的修辞写作调研报告的典范，其表达艺术也是穿越时空的。②这两位伟人妙用修辞手法起草调研报告，既给作者以方法论的指引，更激励和要求其必须用好修辞手法。

读者可能都有同感，著述出手（结稿）前都是要经过“化妆”的。呈请广大读者们“阅鉴”的六类15篇报告，应该说每一篇都采用了“精心化妆”的修辞方式。仅以“阅鉴”1《百年大党缘何风华正茂——学习习近平总书记重要讲话暨“四史”的系统思考》为例，就运用了多种修辞手法。譬如：

---

① 《毛泽东选集》第一卷，人民出版社1991年版，第13页。

② 习近平：《摆脱贫困》，福建人民出版社1992年版，第1—7页。

在阐述“信仰催生坚韧力”时表述：信仰犹如原子能。围绕实现中华民族伟大复兴这个主题，以毛泽东、邓小平、江泽民、胡锦涛、习近平同志为主要代表的中国共产党人，勠力同心，接茬奋斗，“任尔东西南北风”“乱云飞渡仍从容”，向着“无限风光”的顶峰迅猛攀登……哲人有言：“一个朝着自己目标永远前进的人，整个世界都给他让路。”中国共产党具有这样非凡的坚韧力、持久力，有什么“上甘岭”“摩天岭”不能攻克？！有什么目标不能实现？！在这里，成功地运用了比喻、设问等修辞手法。

在“坚持人民至上、群众路线，赢得民心得天下”的总括、结束语部分表述：利益决定人心，人心决定成败……正因为这样……淮海战役是靠老百姓用小推车“推”出来的；渡江战役是靠老百姓用小船“划”出来的；社会主义革命和建设的成就是人民群众“干”出来的；改革开放的历史伟剧是人民群众“主演”的。人民群众是党的力量和胜利之源。在这里，成功地运用了排比的修辞手法。

在阐述领袖“以上率下”“毛泽东派爱子上抗美援朝战场”部分写道，毛岸英以身殉国后，周恩来总理曾以报告的形式提出，应将毛岸英的遗体运回国内安葬，毛主席批示：“青山处处埋忠骨，何须马革裹尸还。”就这样，父亲把儿子永远留在了他曾经战斗过的朝鲜三千里江山。此情此景，何等感人！浩瀚宇宙，泱泱世界，哪个国家的执政党有这样的首脑领袖？！也正是领袖以上率下、与人民同样的付出，才破解了全国刚刚解放、敌我双方实力悬殊即出兵朝鲜的难题……在这里，成功地运用了抒情的表达方式和设问等修辞手法。

在全文的结尾，使用“借喻”的修辞表达：综上所述，笔者从九个方面研究总结了百年大党缘何风华正茂的“密码”。在迈向波澜壮阔、未有穷期的新的历史征程中，只要我们始终不渝地珍视、坚持、用好这个宝贵密码，共产党员将能永葆先进性，伟大、光荣、正确的百年大党将犹如一轮喷薄而出的朝阳，永远风华正茂，永葆美妙之青春！

这份长篇研究报告之所以能取得巨大成功，恰当运用修辞手法，实现“优美而富有感情的语言表达”是很重要的一方面。

（五）用通讯文体“嫁接”改造

调研报告如何从文体格局上摆脱“骨化”、板着面孔，实在是一大难题。而通讯文体具有真实性、完整性、评论性、文学性、形象性等特征。真实性，是其基本前提；完整性，即相对全面、系统地阐述事物，容量比较大；评论性，即运用夹叙夹议的方法对人或事作出直接的评论，表达自己的感情与倾向；文学性，即可以描写、抒情、对话，可以采用多种修辞方式，具有一定的文学色彩；形象性，即通过多侧面、多方式来反映人物和事件，表现力和感染力强。前“三性”是调研报告的“共趋”，后“二性”是调研报告之“短项”；“共趋”是“嫁接”改造的基础，“短项”是嫁接改造的急需。用通讯文体“嫁接”改造调研报告，是文体领域一项重大变革和创举。它给调研报告插上了文学表达的翅膀，一破板着面孔跟读者说话的感受，给人以亲切、亮丽、酷读等美的享受。譬如，“阅鉴”12《用奋斗的青春托起明天的太阳——全国文明单位、湖北省省直机关第三幼儿园解读》，就是大胆以通讯文体“嫁接”改造调研报告的一个尝试，且用“解读”的写法，达到了推介全国文明单位典型、讴歌党的幼教事业之目的。荆楚网首发后，“学习强国”学习平台、光明网等中央媒体先后转发，其阅读量共超500万。一位年近八旬、长期分管幼教工作的专家型领导连夜在网上欣然点赞：“这是一篇现代幼教学的序言，这是一份用青春托起明天太阳的最佳美篇，这是一篇永远写在‘省三幼’历史上的光辉文献，这是一位学者对幼教事业的倾注，这是一片理论与实际完美结合的精神家园，这是一篇长者对后来人的寄语。”教育部文件中我国第38个教师节主题的关键词“培根铸魂”与本报告第一个标题中心词不谋而合。

（六）酌情选用“第一人称”

“人称”是用来指代文章中叙述或发言主体的方式。“第一人称”同

“第二人称”“第三人称”相比，是一种更直接的表达方式，所阐述的都像是作者亲身经历的或者亲眼看到的、亲耳听到的，谈的都是自己的感受，使报告更具真实性、说服力、亲切感，可以拉近与读者的距离。毛泽东同志撰写的《湖南农民运动考察报告》就是一篇永远值得我们学习鉴赏的采用“第一人称”的典范，其中各种典型事物（人物）通过直接对话、发问等形式表达得栩栩如生、活灵活现、淋漓尽致。

“阅鉴”12《用奋斗的青春托起明天的太阳——全国文明单位、湖北省省直机关第三幼儿园解读》也采用了“第一人称”的写法。

在“一、培根铸魂：牢牢传承红色基因”中写道：走进省三幼校园，满园“红色”映入眼帘，那万里长城升旗台、植被式中国地图、二十四节气娃、互动式的儿童社会主义核心价值观教育，让孩子们在环境浸润中根植中国心。……尤其是四项“雷打不动”的红色集体活动，抓得有声有色，令人甚是感佩……丝毫没有夸张地说，在那朝霞满天的早晨，每当听到幼儿园小朋友们伴乐合唱着“五星红旗迎风飘扬，胜利歌声多么响亮；歌唱我们亲爱的祖国，从今走向繁荣富强……”和“五十六个星座五十六枝花，五十六族兄弟姐妹是一家；五十六种语言汇成一句话：爱我中华，爱我中华，爱我中华……”的嘹亮红歌时，即使自己在潜心研究问题或写作，思绪也很快融入小朋友的合唱里，收获的是激情、自豪和欣慰。《歌唱祖国》《爱我中华》的经常伴乐合唱，在天真可爱的幼儿心灵中种下了“童心向党、爱我中华”的幼芽。

在“二、恪守‘保纯真童心、育健全人格’办园理念”中，笔者先总结了小孙子经过三年入园学习的12个方面的变化，然后写道：最近，我看了三幼道德讲堂一段感人肺腑、催人泪下的师爱誓言：“孩子，我们真是有缘：我的职业选在三幼，而你的人生在这里起航！你幸福，因为有新的希望；我幸福，因为有爱的守望。”“虽然站在讲台上慢慢老去，我依旧喜欢和孩子们一起；阳光洒满你们的笑脸，幸福映在我的心里。”又看了孩子们在毕业季一段视频自述：“三年前，我来到这里。感谢敬爱的老师，给我无穷的知识，陪伴我长大……”三年时间，孩子们发生如此大的变化、取得这么快的进步，直接原因和真谛在哪？师者和幼儿的双向心声道出一个答案——这是师者爱的奉献！

笔者在“攻坚克难，力求生动”这一部分用的笔墨较多，其意在于：一是向朋友们交流攻克难关的途径、方式；二是印证只要“下苦功夫”，难关是可以攻克的。

五、创新为王，推陈出新

创新是调研报告的生命，决定了调研报告能否解决问题，也决定了报告的高度和生命周期。“问渠那得清如许？为有源头活水来。”别以为创新“高不可攀”，根据笔者长期的实践，总体感到撰写调研报告（包括所有公文、理论文体等），只要紧紧依靠学习充电（广义学习概念）、牢牢接通“三线”（天线、地线、外线），必有源源不断的“源头活水”“思想火花”。具体而言，应注重从以下六个途径开展创新。

（一）问计基层求创新：合众“诸葛”谋大事

群众是真正的“诸葛亮”，有很多新鲜创造、新鲜经验和“金点子”，往往来自基层、来源于群众（这就是人们戏言“好东西往往都在下面”的道理）。“阅鉴”9《建设社会主义新农村的若干问题》，在“三、关于新农村建设的实现途径”中提出的如何破解“培育新农民”“钱从哪里来”“收入怎么增”“体制机制怎么建”四大难题，就是直接问计于农民的成果。尤其是2017年秋季笔者主持与战友们联合调研、获“2018—2019年度湖北省优秀调研成果”一等奖的《基层干部的“思”与“盼”——对襄阳、荆州、孝感、咸宁等地县乡党委书记的访谈调研》，根据访谈对象发表的诸多平时难以听到的实话和真知灼见，经过认真研究提出了针对性很强的若干建议，对湖北省委制定基层的有关决策发挥了重要的作用。在信息互联网时代，“秀才不出门，能知天下事”不无道理。但是，这种以求“计”若渴、甘当小学生的精神问计基层、问计“诸葛”所获所得，是互联网线上调研无法替代甚至是望尘莫及的！

（二）立足实际出创新：筑牢成果常青树

“实践”是发现真理、检验真理、发展真理的唯一源泉，而“实际”是创新的“立足点”。过去很多业内人士反映，不少作品虽获表彰，但长期在仓库“睡大觉”或者成为“自我欣赏”之物，未能发挥应有的作用。原因何在？“经院式”的研究“想当然”、脱离实际！一项创新，只有在立足实际、吃透实际、把握实际基础上并遵循客观规律应运而生，才能是正确的，也才会有生命力。

“阅鉴”8《立足国情最大的实际——关于土地规模经营的几个问题》（1988年5月）中提出的有关观点建议（1988年6月4日《人民日报》第2版摘要发表），就是立足农业大国“人多地少”这个“最大的实际”并遵循“农业是自然生产”的特点规律提出来的。

“阅鉴”4《后危机时期经济形势分析与战略应对》（2010年6月）第三部分提出的坚持内源型发展、协调发展、创新发展、绿色发展、系统发展、人本发展这“六大发展”，推进“六大转变”，具有较强的前瞻性。这些建言，都是立足国情、世情、后危机时期局势三个“最大的实际”缜密提出的。

此外，在“阅鉴”有关篇目中22年前就提出我国农民应该走“就近就地转移为主”（县城及以下转移为主）的城市化道路，也是立足“农业大国”“人多地少”这个最大的实际。立足实际，创新才能解决问题，也才有生命力。这就是党中央对社科理论界的科研工作者提出的要“把论文写在祖国大地上”的原因所在。立足实际越牢，扎根大地越深，创新的生命之树越常青。

（三）赴外取经觅创新：他山之石攻己玉

“赴外取经”的方式一般用于工作方面的创新。存在决定意识。马克思当年若没有身处资本主义高度发达的德国、英国并勇于积极投入实践斗争、加强调查研究，就不可能写出鸿篇巨制《资本论》和马克思、恩格斯合著的《共产党宣言》。当报告起草者所在地区或单位的工作层级、环境氛围与先进地区或单位相比差距较大时，即使是挖空心思、绞尽脑汁，也想不出管用的“高招”来，此类情况就迫使我们眼睛向外、对外求援。如前所述：“阅鉴”10《换道超越正当时——对加快推进绿色发展的调查与建议》中所提出的5条建言，已转化为湖北省委、省政府决策；“阅鉴”14《齐鲁大地竞风流——山东省“三农”工作考察报告》所取之经现代农业迈向高端化、“两区”共建催生农村城镇化、城乡统筹助推农民市民化，也吸纳到湖北省委有关文件并印发各地学习。相比而言，前一份报告是在省内做了大量调研基础上，再到浙江、江西深入考察学习，然后内外结合、碰撞思考、“加工制作”的结果。就理论创新而言，尤其是作者1992年6月考察撰写的“阅鉴”13《社会主义市场经济的成功实践——广东省经济社会发展的考察报告》，在“实践的启示”这一部分，从当时湖北与广东差距的对比分析中，提出“坚持‘以人为本’的原则，调动一切积极因素，这是经济振兴的重要保证”，此为考察后紧密结合实际、深入思考所迸发的思想火花。离开了赴先进地区学习考察，这些创新成果是不可能产生的。

【重要链接】2003年10月，党的十六届三中全会集中全党智慧通过决定明确提出，要“坚持以人为本，树立全面、协调、可持续发展观”。2007年10月，中共十七大报告指出：“科学发展观，第一要义是发展，核心是以人为本，基本要求是全面协调可持续，根本方法是统筹兼顾。”大会还将科学发展观写入党章。2012年11月，中共十八大把科学发展观确定为党必须长期坚持的指导思想。

（摘自：2019年11月11日新华网《新中国峥嵘岁月：科学发展观》）

（四）善观桅杆谋创新：把握发展之大势

桅杆意味着事物的先兆，是晴雨表和风向标。毛泽东同志在党的七大作关于政治报告的结论中曾形象地比喻："只有当着还没有出现大量的明显的东西的时候，当桅杆顶刚刚露出的时候，就能看出这是要发展成为大量的普遍的东西，并能掌握住它，这才叫领导。"[①]实际上，这也是高端创新的一项重大基本功。善于从"桅杆"中分析研究出事物的动态、趋势和规律，提出创新的真知灼见，需要调研的主持人、执笔者具有视角敏感性、站位高远性、科学预见性、把握必然性、定论果断性，这对综合素质、调研功夫是一个巨大考量和检验。

譬如：在"阅鉴"5《中国社会主义市场经济的生力军——对温州、台州民营经济考察的理论思考》中，笔者能在25年前看到"桅杆"，敏锐提出"民营经济是中国社会主义市场经济生力军"的论断并作为报告的主题，总结起来主要得益于"三员"：一是"反面教员"敲警钟。像我们这一代"50后"的出生者，逢上所有制"一大二公""纯而又纯"的20世纪60年代至80年代，深感这种模式不利于调动发挥甚至严重挫伤生产者积极性，已经走进"死胡同"（无论是国营企业还是农村的人民公社、生产小队）。二是"理论教员"明经纬。笔者在专题学习研究马克思经济学说中所有制理论基础上，反复学习研究了1997年召开的党的十五大关于所有制改革的论断、思想，深感确立"公有制实现形式"的论断，把"公有制"与"公有制实现形式"区别开来，提出"公有制实现形式可以而且应当多样化""一切反映社会化生产规律的经营方式和组织形式都可以大胆利用。要努力寻找能够极大促进生产力发展的公有制实现形式"这些重要论断，在所有制理论变革上具有开创性、革命性的伟大意义。三是"实践教员"定乾坤。1997—1998年，笔者两次

① 《毛泽东文集》第三卷，人民出版社1996年版，第394—395页。

带队去浙江温州、台州考察民营经济，其中重点考察了德力西集团、正泰集团等12家民营企业，其产权人格化、生产经营社会化、经济模式混合型、管理契约法制化等独特的性质和特征，决定了它同混合所有制、股份制经济一样，是社会主义公有制的重要实现形式。1997年，温州市民营经济创造了84.8%的地区生产总值，成为经济发展的“主体”和“台柱”。正是这“三员”碰撞、融会贯通，使笔者敏锐认识到其势方兴未艾，具有顽强的生命力，因而坚定、果断地提出了“民营经济是社会主义市场经济生力军”的重大创新论断及其促进发展的若干战略对策建言。

（五）总结归纳思创新：内化升华新成果

“内化”是一个过程，它将从外界接收的信息、观点或经验经过内证实践，转化为自己的具有客观价值的认知体系；“升华”本意是指物理学上物质因为温差变化从固态直接变为气态的过程，在这里专指事物的精练和提高。如同马克思的《资本论》是在总结借鉴英国大卫·李嘉图古典政治经济学说基础上形成的，“阅鉴”六类15篇获奖报告中多篇是通过总结归纳出的创新成果。譬如：“阅鉴”9《建设社会主义新农村的若干问题》中，关于新农村建设目标的异质性、时代性、系统性、长期性“四大内涵特征”，就是相较于日本、韩国等发达国家新农村建设，紧密结合中国国情和现阶段的实际，反复研究打磨提炼出来的。“阅鉴”2《全球化背景下的文化自觉——关于文化建设几个重大问题的研究》中，文化建设的“八大特点和规律”，是在深化中国与西方文化、精神再生产与物质再生产的对比研究，着力在共性中把握我国现阶段文化建设个性，反复系统总结琢磨提升而成的。关于我国文化建设的特点及规律，不排除有关专家学者做过某些方面的研究，然而，更有针对性、系统化、集成式地提出也是一大创新。“阅鉴”12《用奋斗的青春托起明天的太阳——全国文明单位、湖北省省直机关第三幼儿园解读》中，仅标题就试图作了三个方面创新：一是总标题“用奋斗的青春”怎么来的？

笔者知悉并透彻研究他们动人事迹和典型经验后欣然命笔的。二是第一部分标题“一、培根铸魂……”怎么来的？笔者欣悉该园几十年如一日坚持不懈地进行“上好‘爱我中华’第一课、讲述英雄故事、举行升旗仪式”等“雷打不动”的红色集体活动，在天真可爱的幼儿心灵中萌生“童心向党、爱我中华”的幼芽后，经过思考斟酌、打磨创新提出的，试图准确表达这个全国文明单位行动之举的远见初衷与重大意义。三是第四部分标题“四、坚持党建统领，催生‘(1+3)=5’动力效应”怎么来的？笔者重温恩格斯《论权威》有关思想理论，系统调查研究该园“党建带园建”做法经验后提出的。凡此种种说明：单以文字为主体的创新无处不在、源泉也无处不有，只要勤于善于思考、通过“内化”完成“升华”的飞跃，就能形成创新成果。

（六）变换思维萌创新：辟新路径攀高峰

创新也并非“自古华山一条路”。流行歌曲《山不转水转》的歌词唱道：“云不转那水在转，水不转那山也转。没有流不出的水，没有搬不动的山，没有钻不出的窟窿，没有结不成的缘……再长的路程也能绕过那道弯”，不无道理。“阅鉴”六类15篇获奖报告中，有一些创新是笔者发挥主观能动性、善于运用创新思维方法这把“金钥匙”形成的。一是运用发散思维。这是指一种扩散状态的思维模式，表现为思维视野广阔、思路开阔，具有极其丰富的多样性和多面性，可以克服和跳出自己设置的僵化的思维框架，以求得问题的解决。由此需要广泛猎取各方面的知识，对实际问题有深入透彻的了解，善于思考。二是运用逆向思维。也称“求异思维”，是指敢于“反其道而行之”，从事物的反面去探索思考（“反弹琵琶”），使问题得到创新性的解决。这是发现问题、分析问题、解决问题的重要手段。三是运用换位思维。就是在处理领导与群众、上级与下级、正面意见与反面意见的关系上等，多站在对方的立场和角度设身处地思考问题，使取得的创新成果和决策更全面、更科学、更易于操作落实。

六、反复修改，精益求精

如同建成毛坯房以后要装修一样，修改调研报告（包括所有公文和理论文体）是起草过程中必不可少的“爬坡”定稿的一个重要环节，也决定报告的成败。

（一）两条“铁律”君切记

一条“铁律”是，好文稿都是“改”出来的。修改是写作的重要组成部分。古往今来，凡是文章写得好的人，无一不在修改上下过功夫。马克思写《资本论》，从计划到草稿都经过了多年和多次的修改，其手稿连恩格斯都难以辨认。文学家托尔斯泰写《战争与和平》，据说改过7稿。毛泽东同志在《反对党八股》中讲：“文章是客观事物的反映，而事物是曲折复杂的，必须反复研究，才能反映恰当；在这里粗心大意，就是不懂得做文章的起码知识。”又指出：“我看重要的文章不妨看它十多遍，认真加以删改，然后发表。”①这就从根本上说明了文章要多改的理由，同时也指出了修改的目的。

另一条“铁律”是，修改审定文字要负有严肃的政治责任。一篇调研报告在灵魂上是否真正坚持实事求是这个“最大的党性”？在政治立场上是否真正坚持“党性”与“人民性”的高度统一，对党、对人民、对基层高度负责？所提建言是否切实解决实际问题？在篇章语言文字上是否经得起推敲、无懈可击？是否杜绝重大笔误？这些都直接连着政治。稍有不慎，就会造成极坏的负面影响甚至严重的政治后果。举两例说明：例一，2005年5月，笔者审一份新闻稿时，导语一段竟然出现“×××同志强调指出，要进一步加大腐败工作力度”，我的天哪，丢了一个“反”字。例二，2010年在审某单位报送代拟的第十一次人民代表大会闭幕式讲话时，结尾一句话竟出现“现在我宣布，×××第十一次

① 《毛泽东选集》第三卷，人民出版社1991年版，第844页。

人民代表大会闭幕”！“会议”可以闭幕，但人民代表大会作为人民行使当家作主权力的最高国家权力机关，是永远不能闭幕的。在互联网时代，拿笔杆子者“开弓没有回头箭”。这些“政治关”若未把住，就会造成极坏的政治影响，对予笔者来讲，是“跳进黄河也洗不清”的！此两例警示我们：必须牢固树立“质量就是生命”的理念，杜绝“一失万无”，确保“万无一失”！

（二）把握原则：“大处着眼，小处着手。”

总的来讲，就是从大处“着眼”，从小处“着手”。所谓从大处着眼，就是要有大格局，善于从全局上、战略上去观察和思考问题；所谓从小处着手，就是要讲究战术，将具体事一件件地做好。具体到修改调研报告和其他公文：所谓从大处着眼，就是定稿前再审酌调研报告：是否真正坚持和贯彻了党的思想路线？主题是否得到较为充分的体现？结构布局内容有无必要作适当的微调和补充？能否解决问题、达到预期的目的？所谓从小处着手，就是最后再审酌调研报告：

材料是否准确？

观点和材料是否统一（材料能不能说明观点）？

详略是否得当？重点是否突出？

引文是否正确？

有无逻辑毛病？

语言表达是否准确、鲜明、生动，有无病句？

有无需要润色之处？

有无错别字和标点符号错误？

（三）具体修改应掌握五种方法

1.“铁杆”审阅修改法。何为“铁杆”？“铁杆”应该具备“六大要素”：一要有扎实的理论功底；二要有敏锐的政治眼光和洞察分析能力；三要有通晓本行、吃透实际的实践伟力；四要有运筹帷幄、善于谋划驾驭结构布局的统领能力；五要掌握相应的语法、修饰和形式逻辑知识，具有精湛的文字表达能力；六要有独立撰写并公开发表、受到读者和社会认可的若干篇文稿。具备这六要素的人，即可称为“铁杆”。无论是自己独立撰写的报告，还是联合调研撰写的报告，修改定稿任务最终都责无旁贷地落在起草者本人和调研组统稿者（主持人）身上，没有退路可走，没有任何回旋的余地。从这种意义上讲，“铁杆”审改（统稿）是最基本的修改方法。报告修改、打磨文字尽管难，但有“铁杆”统稿审改，则如毛泽东同志《七律·长征》诗言“五岭逶迤腾细浪，乌蒙磅礴走泥丸”。只要下苦功夫，就定可稳操胜券。笔者独立撰写的9篇报告修改勿论，主持调研的6篇报告，每一篇都以高度负责、精益求精的精神在“抓两头”（谋篇布局、修改定稿）上下了深功夫。

2. 集体讨论修改法。任何个人的视野和能力都是有限的，旁观者清；同时，调研根据内容的需要往往以“调研组”甚至“联合调研组”（跨单位、跨行业、跨地区）进行。因此，集体讨论修改是必需的、主要的、根本的修改方法。采用这种修改方法尤其要注意两个问题：第一，调研报告初稿（征求意见稿）应提前印送调研组的全体同志（并根据需要，酌情扩大到有关方面），让他们留有时间斟酌、思考，不能搞“突击式”的形式主义的“假民主”。第二，讨论会发言顺序一定要按职务（级）“升幂排列”（从小到大）。笔者主持讨论期间，有正厅、副厅、正处、副处、科级干部参加，有几次一位性格外向、级别较高的同志老是抢着第一个发言，我开玩笑说：“×××同志，让下面的同志讲完你再讲！”因为，他发言以后，比他级别低的同志有不同的意见也不好讲、不敢讲。只有按“升幂排列”顺序发言，让年轻干部和各位同志畅所欲言，把意见都讲完，笔者再来集中大家意见、结合自己的思考定夺，这是很重要的工作方法。

3. 认真通读修改法。“一人读大家改”是发现问题、毛病最有效的办法，其作用如同“三堂会审”。这种方法一般适用于调研文稿比较成形、可见定稿“桅杆”、主持起草者对其满意的情况下，大家再过目一下“锦上添花”，故宜于用在“讨论修改法”之后。使用这种方法须注意两点：第一，调研主持人“铁锅顶头”——当好第一责任人，最好亲自读文稿，且语速读慢一点，因为亲自读关注度更高，可以有“春江水暖鸭先知”的效果，首先从语感中发现问题。第二，通读时，发现问题暂且不要马上修改，先用铅笔在有问题的地方画一个记号，待读完全篇后再统筹修改。这样做，既可以不影响我们对于“全局”的了解，又可以避免“只见树木，不见森林”的误改。笔者主持调研的报告和起草的重要公文，讨论时大多是亲自读，这是多年来形成的“规矩”和习惯。

4．冷却处理修改法。这种修改方法一般是用于事关长远重大问题的调研报告。由于认识尚不一致，一时还拿不出相对有效的对策，或者对某些问题的认识在不断深化、一些大的思路暂时难以厘清，报告起草好以后暂时搁置，等过一段时间再拿出来“复查”。这种办法的好处是，由于进行“冷思考”，有效地避免了在当时修改思路转不过弯，甚至由于惯性思维难以发现一些可能存在的谬误；同时，冷却处理也易于在重新修改时产生更多的新思路、新观点及新的办法。若是“冷却”后集体（小组）讨论，则可“碰撞”出更多的思想火花，产生创新活力。譬如：“阅鉴”1《百年大党缘何风华正茂——学习习近平总书记重要讲话暨“四史”的系统思考》是笔者2021年10月独著发表的长篇获特等奖研究报告，因其主题重大、容量宽宏，且对一些问题的研究有个逐步深入、升华的过程，就采用了“冷却”修改法，而且“冷却”的过程较长。笔者主持调研撰写的获奖报告《基层干部的“思”与“盼”——对襄阳、荆州、孝感、咸宁等地县乡党委书记的访谈调研》，因反映的问题带有普遍性、涉及面广，且比较复杂，提出解决问题的精准对策建言有个过程，因而也“冷却”磨合了一段时间。

5．特邀专家（嘉宾）修改法。《晚清文学丛钞·冷眼观》第十二回有句“隔行如隔山”经典之言，意即不是本行的人就不懂这一行的门道，或至少是不通晓。因此，对一些政策性强、业务难度大的调研报告，并非在党政机关等综合部门工作的摇笔杆子者的长项，应邀请有关方面的领导、专家（“业务通”）参与全程调研、讨论和修改，使调研报告更加可靠、科学、精准。譬如，笔者2008年11月至2009年2月主持调研撰写的获“湖北省委优秀调研成果”特等奖的“阅鉴”6《让巨龙在荆楚大地腾飞——关于加快湖北长江经济带科学发展的调研报告》，因流域性科学发展业务性强，且跨部门、跨地区、跨行业较多，我们邀请了国家长江水利委员会、交通运输部长江航务局和省直9个部门、沿江武汉等6个城市负责同志全程参加调查、研究、讨论等活动，他们分别从有关方面把关，从而保证了调研报告的精准性、指导性、可操作性，使其转化为湖北改革发展史上具有标志性的推进流域发展的重要决策文件。

PART 下篇

精品调研报告阅鉴

专题研究类

阅鉴1

百年大党缘何风华正茂

——学习习近平总书记重要讲话暨“四史”的系统思考

吕东升

（2021年10月15日）

【导读】这是笔者为庆祝党的百年华诞撰写的25000字长篇专题研究报告。2021年10月25日荆楚网首次全文发表，同年10月30日人民网全文转载发表、11月6日（党的十九届六中全会召开前夕）中宣部“学习强国”学习平台全文转载发表。真没想到，仅“学习强国”学习平台手机版的阅读量即超过700万、点赞超过20万，若加先发表的人民网、荆楚网阅读量则已超过1000万。本报告2022年12月获“全国党的建设优秀理论成果”特等奖。

这份长篇专题研究报告之所以能获得巨大成功、产生最佳的社会效益，笔者体会，作为作者最根本的是要在党爱党、在党为党、在党言党。就研究和写作方法本身而言，作者尤其注意了以下六个方面。

第一，按需选择重大主题。从经济学理论来讲，需求决定供给。党的十九届六中全会之前，习近平总书记先后三次发表重要讲话强调指出：“中国共产党立志于中华民族千秋伟业，百年恰是风华正茂！”这个精辟论断，从大历史观的视野科学定位了中国共产党历经百年所处的生命周期，极大地鼓舞了中国共产党、中国人民、中华民族乃至世界无产阶级政党的斗志。党史学习教育是为了更好地开创未来。接续回应习近平总书记的重要关切，系统总结、研究百年大党为什么能够风华正茂？是什么奥秘使她青春焕发、风华正茂？从而传承、弘扬、用好这些宝贵经验，这对于解决好永葆共产党员先进性、实现中国共产党青春永驻有极为重要的意义，又是一个带根本性的重大课题。但是，当时全国宣传理论界和专家学者并无系统、有力度的重要著述研究和回答这个根本课题。在党爱党、在党为党、在党言党，是共产党员的崇高职责和使命，笔者也有条件系统研究回答这个重大课题。“需要”是最好的大学校，需求也是供给的动力。这就是笔者毅然决然地研究写作此报告的动因。

第二，用学习研究之“弓”射写作之“箭”。学习、研究是“弓”，写作是“箭”。“箭”射得远不远、准不准，调研文稿写得好不好、命中率高不高、生命周期长不长，则主要取决于作者的学习与研究。前些年，笔者对“中国共产党为什么能”做过深入的学习研究，并写了若干专题准备出版一本20万字左右的专著。动意撰写以“百年大党缘何风华正茂”为主题的报告以后，笔者取消了出版那本书的念头，在调整从回答“为什么能”到“缘何风华正茂”角度之后，认真学习研读了习近平总书记有关党史、党史学习教育所有重要讲话和论述，按调整的角度有选择地重新学习研究了党史、国史、改革开放史、国际共产主义运动史，并对党史的重大事件、重要会议、重大决策、重大转折、重大案例进行系统梳理，夯实了回答这个问题的基础。

第三，抓住主干关键，纲举目张。百年大党放置“大历史观”（横向：世界范围内；纵向：中国几千年）的视野来考察，面临的环境之复杂、涉足对象之多、经历的事件之多、坚持斗争之多、勇于变革之多，都是难以想象的。对此，要学会运用“抽象”的方法，“钻”得进去、“理”得清头绪、“跳”得出来，围绕回答全文主题“缘何风华正茂”抓住主干、纲举目张，防止如堕烟海，眉毛胡子一把抓。九个部分的谋篇布局如此，每个部分二级、三级纲目也均如此。譬如：在“三、坚持实事求是、一切从实际出发，始终勇立潮头、与时俱进”中，阐述“我们党是靠实事求是起家，也是靠实事求是兴旺发展起来的”依序写了三个主干：（一）开辟“农村包围城市、武装夺取政权”的革命道路；（二）“走自己的路，建设有中国特色的社会主义”；（三）创立习近平新时代中国特色社会主义思想。在“四、坚持人民至上、群众路线，赢得民心得天下”中，阐述我们党“坚持一切为了人民，以人民利益为最高准绳”时梳理了五个方面：（1）实施“耕者有其田”的基本制度；（2）实行家庭联产承包责任制；（3）推进农村税费改革，彻底取消农业税；（4）推进城乡基本公共服务均等化；（5）坚持以人民为中心的发展思想，实现谋利益的全面升华。

第四，史论结合，运用典型说话。写这篇报告毫无疑问要写史（只不过是按谋划的九个方面分专题写），因为历史是“基石”和“载体”，给人以依托；必须有“论”，有论才有风骨和支撑；必须大量地运用典型，运用典型才有说服力、读者才信服，也不至于枯燥无味。因此，必须把“史、论、典”三招紧密结合起来。通篇写史，无须列举。譬如“写论”：在“二、坚持信仰铸魂、因信而坚，挺起共产党人的精神脊梁”这一部分，首先阐述我们的信仰牢牢建立在“两大发现”（唯物史观和剩余价值学说）基础之上，是放之四海而皆准的真理，紧接着分享自己的研究成果，指出信仰催生“五力”（坚贞力、使命力、战斗力、凝聚力、坚韧力），并形象地展开阐述，进而得出结论：“坚守崇高的信仰——中国共产党的核心竞争力！”再譬如“运用典型说话”：在“四、坚持人民至上、群众路线，赢得民心得天下”这一部分的（三）“始终保持同人民群众的血肉联系”中，就引用了党的领袖“毛泽东在延安结交普通农民杨步浩”“周恩来与邯郸农民张二廷坐在门槛上谈心”“高山流水觅知音”的“习贾之交”（习近平总书记与作家贾大山建立深厚友谊）三大经典故事。在“八、坚持自我革命、从严治党，永葆党的先进性和纯洁性”这一部分中，就引用了毛泽东同志1937年挥泪处理“黄克功逼婚杀人案”，直接督促处理“共和国反腐第一案”（刘青山、张子善）。这两例重大案件的处置，树立了共产党人执法如山的形象。

第五，创新是报告的生命。一份调研报告特别是专题研究报告有无厚度、管不管用、生命周期长不长？在很大程度上取决于创新。墨守成规、拼拼凑凑、没有独到思想见解和特点之作，读者不爱看或者“读无所获”，显然谈不上有生命力。而创新又是多方面的，譬如本文：(1) 结构布局创新。全文围绕回答“缘何风华正茂”这个主题，阐述了9个密码，能吸引读者关注，一气呵成地把文稿看下去。(2) 思想观点创新：在撰写“六、坚持开放包容、兼容并蓄，在海纳百川中发展壮大”时首先指出“发展之路是兼容”，然后具体阐述“运用统一战线法宝，画出最大同心圆”“坚持‘一主多元’根本制度，实现良性互促循环”“创建‘社会主义＋市场经济’体制，释放巨大的体制能量活力”“倡导构建人类命运共同体，彰显兼济天下的世界情怀”，具体综合地从这四个方面来说明“开放包容、兼容并蓄”应该说也是一大创新。(3) 在报告的第九部分，第一次明确地把“坚持领袖掌舵”作为党风华正茂的重要密码。首先，开门见山地提出，“大海航行靠舵手，一个乐队须有一个总指挥”，“从领导的终极意义上讲，一个大国的气质和命运，很大程度上是由领袖决定的。中国共产党独特机制产生薪火相传的卓越领袖，这是党风华正茂的关键”。然后，具体阐述了“独特科学的领袖产生机制”“具有卓越非凡的特质”“党的领袖核心的巨大作用”三个方面。这些都是比较重大的创新。

第六，优美而富有感情的语言表达。语言是研究报告的“形”和“魅力”所在，只有优美而富有感情的语言表达才能吸引人、感召人、打动人。譬如：在“坚持信仰铸魂、因信而坚”部分，阐述“信仰催生战斗力”时表述：中国共产党视“一切反动派都是纸老虎”……解放战争时期，面对蒋介石反动集团气焰嚣张、400多万大军“武装到了牙齿”的状况，谁都没有想到，在西柏坡“嘟—嘟—嘟—”的电报声中，我们党“宜将剩勇追穷寇，不可沽名学霸王”，取得三大战役胜利，以摧枯拉朽之势，一举推翻蒋家王朝，成立了新中国……为信仰而战，我们党攻无不克、战无不胜，这就是崇高信仰的威力。

在阐述“信仰催生坚韧力”时表述：信仰犹如原子能。围绕实现中华民族伟大复兴这个主题，以毛泽东、邓小平、江泽民、胡锦涛、习近平同志为代表的中国共产党人，勠力同心、接茬奋斗，“任尔东西南北风”“乱云飞渡仍从容”，向着“无限风光”的顶峰迅猛攀登……一个朝着自己目标永远前进的人，整个世界都给他让路。中国共产党具有这样非凡的坚韧力、持久力，有什么“上甘岭”“摩天岭”不能攻克？！有什么目标不能实现？！

在“坚持信仰铸魂”的总括部分表述：浩瀚星河中，总有最为闪耀而夺目的星系。习近平总书记郑重指出：“革命理想高于天。”坚守崇高的信仰——中国共产党的核心竞争力！

“坚持人民至上、群众路线”的总括、结束语部分表述：利益决定人心，人心决定成败，视人民为江山，人民就把我们当“靠山”。正因为这样……抗日战争时期，日本侵略者陷入了人民战争的汪洋大海之中；淮海战役是靠老百姓用小车推出来的，渡江战役是靠老百姓用小船划出来的；社会主义革命和建设的成就是人民群众干出来的；改革开放的历史伟剧是人民群众主演的。人民群众是支撑中国共产党的“主心骨”，是我们党的力量和胜利之源。

“坚持领袖掌舵、驾驭定向”部分，谨讲两则感人肺腑、催人泪下的领袖“以上率下”的范例。

在全文的结尾，用“借喻”的修辞手法表达：综上所述，笔者从九个方面总结分析了百年大党缘何风华正茂的“密码”。在迈向波澜壮阔、未有穷期的新的历史征程中，只要我们始终不渝地珍视、坚持、用好这些宝贵密码，共产党员将能永葆先进性，伟大、光荣、正确的百年大党将犹如一轮喷薄而出的朝阳，永远风华正茂，永葆美妙之青春！

今年，中国共产党走过百年风雨征程。习近平总书记指出：“中国共产党立志于中华民族千秋伟业，百年恰是风华正茂！”[①]习近平总书记的精辟论述，从大历史观的视野高度评价了党创造的世纪伟业，生动展

---

① 《习近平谈治国理政》第三卷，外文出版社2020年版，第67页。

现了党在新时代朝气蓬勃的政党形象，精辟定位了中国共产党历经百年所处的生命周期，极大地鼓舞了中国共产党、中国人民、中华民族乃至世界无产阶级政党的斗志。党史学习教育是为了更好地开创未来。系统总结、研究百年大党为什么能够风华正茂？是什么奥秘使她青春焕发、风华正茂？从而传承、弘扬、用好这些宝贵经验，这对于解决好永葆共产党员先进性、实现中国共产党青春永驻这个根本性课题，有极为重要的意义。本文在全面学习领会习近平总书记党史学习教育系列重要讲话暨“四史”、国际共运史基础上，系统围绕中国共产党“为什么能够”风华正茂，谈九个方面的认识。

一、坚持学习立党、理论强党，始终保持旺盛的生命力

中国共产党是在中国的先进分子学习马克思主义过程中诞生的。自中国共产党成立以后，历来非常重视学习、善于学习。党领导中国革命、建设和改革的历史，就是一部创建性学习的历史。

（一）把全党变成一个大学校

早在新民主主义革命时期，我们党一开始就深刻认识到“指导一个伟大的革命运动的政党，如果没有革命理论，没有历史知识，没有对于实际运动的深刻的了解，要取得胜利是不可能的”[①]。1938年10月，毛泽东同志在党的六届六中全会上号召“来一个全党的学习竞赛”[②]，要把全党变成一个大学校，全党同志都要进这个无期大学。从党的六届六中全会开始，经过延安整风运动，全党干部学习运动广泛深入、扎实有效地开展起来。如果没有通过这次学习，大大提高全党的马克思主义理论水平，实现思想上政治上的高度统一，就不会有抗日战争和解放战争的胜利，就不会有新中国的成立。

① 《毛泽东选集》第二卷，人民出版社1991年版，第533页。
② 《毛泽东选集》第二卷，人民出版社1991年版，第533页。

（二）必须学会我们原来不懂的东西

1949年3月，中共中央从西柏坡移驻北平。毛泽东同志深有寓意地将其比喻为“赶考”，就是赶建立和建设新中国的考试。毛泽东同志警醒全党：“严重的经济建设任务摆在我们面前……我们必须克服困难，我们必须学会自己不懂的东西。”[①]响应毛泽东同志和党中央的号召，全党上下迅速掀起了一个学文化、学知识、学业务的热潮，较快地适应了繁重的生产建设等各项事业的需要，从而在执政初期的短短3年，很快恢复和发展了国民经济，迅速把一个旧中国变成了一个新中国。

（三）全党同志一定要善于学习

1978年12月中央工作会议上，面对着领导全国人民实现四个现代化这样一场深刻的伟大的革命，邓小平同志郑重提出“全党同志一定要善于学习，善于重新学习”，强调“根本的是要学习马列主义、毛泽东思想，要努力把马克思主义的普遍原则同我国实现四个现代化的具体实践结合起来”[②]。通过学习，我们党重新恢复确立了解放思想、实事求是的思想路线，实现了党的工作重心的转移，开辟了建设中国特色社会主义的新道路。

（四）学习、学习、再学习

20世纪80年代末到90年代，国内外形势发生了深刻的变化，面临着政治风波、经济风险等严峻考验。江泽民同志强调，全党同志要“学习、学习、再学习”[③]。1993年11月出版《邓小平文选》第三卷，全党迅速掀起了学习热潮。1999年3月开始，党中央就部署开展以“讲学习、讲政治、讲正气”为主要内容的集中学习活动。“三讲”首先是“讲学

① 《毛泽东选集》第四卷，人民出版社1991年版，第1480—1481页。
② 《邓小平文选》第二卷，人民出版社1994年版，第153页。
③ 《江泽民文选》第一卷，人民出版社2006年版，第484页。

习”。通过全党的学习，捍卫了中国特色社会主义，确立了社会主义市场经济体制的改革目标和基本框架，加入了WTO，成功地把中国特色社会主义推向21世纪。

（五）建设马克思主义学习型政党

进入新世纪、新阶段以来，党的十六届四中全会从加强党的执政能力建设的战略高度出发，第一次明确提出建设学习型政党的战略目标。这期间，创办井冈山、延安、浦东三个新的干部培训基地，推进农村远程党建教育网络建设，等等，从各方面加强全党的学习。通过加强学习，全党理论水平、执政能力进一步提高，我国成功应对国际金融危机，有效化解国内外一系列突发事件，在攻坚克难中推动中国特色社会主义事业不断取得新的发展。

（六）必须大兴学习之风，一刻不停地增强本领

党的十八大以来，以习近平同志为核心的党中央，更加高度重视全党的学习。2013年3月1日，习近平总书记在中共中央党校举行建校80周年庆祝大会发表的重要讲话中指出：“当前，全党面临的一个重要课题，就是如何正确认识和妥善处理我国发展起来后不断出现的新情况新问题……要认识好、解决好，唯一的途径就是增强我们自己的本领。”[①]全党同志特别是各级领导干部，都要有本领不够的危机感，以时不我待的精神，一刻不停地增强本领，同时对学习内容和方法都提出了明确的要求。面对百年未有之大变局，党的十九大进一步强调“全面增强执政本领”。十九届中央政治局率先垂范，已进行了34次集体学习。正是由于全党学习不断深入，我们在国际国内环境极其复杂的情况下，解决了许多长期想解决而没有解决的难题，办成了许多过去想办而没有办成的大事，中华民族迎来了从“富”起来到“强”起来的伟大飞跃。

---

① 《习近平谈治国理政》，外文出版社2014年版，第401、402页。

由上可知：学习是中国共产党与生俱来的鲜明特质，学习是党青春永驻（思想理论）的“天然氧吧”、奋斗进取的动力源泉、提升本领的唯一途径，学习力就是党的生命力、生存力、发展力。正如习近平总书记指出的：“中国共产党人依靠学习走到今天，也必然要依靠学习走向未来。”①

二、坚持信仰铸魂、因信而坚，挺起共产党人的精神脊梁

信仰是精神的灵魂支柱，信仰是一个政党的精神旗帜，也是区别于其他政党的根本。

中国共产党的历史，就是在信仰的旗帜引领下百折不挠的奋斗史。自党成立之日起，即把马克思主义写在自己的旗帜上，以实现共产主义作为崇高使命。这个崇高信仰，坚持了辩证唯物主义和历史唯物主义的根本世界观和方法论，牢牢建立在唯物史观和剩余价值学说这“两大发现”“两大基石”基础之上，具有鲜明的科学性、人民性、实践性、开放性，是放之四海而皆准的真理。也正因为如此，当年美国记者斯诺到延安采访时，就发现共产党人有一种伟大力量，并称为“东方魔力”“兴国之光”！

这种“东方魔力”伟大力量源自何处、归因何方？

（一）信仰催生坚贞力

在革命战争年代，共产党人随时面临生死考验。习近平总书记2020年9月18日在湖南考察工作结束时的讲话中指出：“毛主席、贺老总、夏明翰烈士等满门英烈而初心不改。马日事变后湖南一片血雨腥风，革命者血流成河却没有被吓倒。”李大钊坚信：只要我们有觉悟的精神，世间的黑暗终有灭绝的一天；试看将来的环球，必是赤旗的世界！方志

① 《习近平谈治国理政》，外文出版社2014年版，第407页。

敏用史诗般的语言向世界宣告：敌人只能砍下我们的头颅，决不能动摇我们的信仰，因为我们信仰的主义，乃是宇宙的真理！为着共产主义牺牲，为着苏维埃流血，那是我们十分情愿的啊！从1921年到1949年，中国共产党领导的革命，有名可查的烈士就达370万人。毛泽东同志指出："从古以来，中国没有一个集团，像共产党一样，不惜牺牲一切，牺牲多少人，干这样的大事。"在世界政党史上，也很难找到，有哪一个政党像中国共产党这样，为了践行和坚守自己的信仰，付出了如此巨大而惨烈的牺牲。人的生命只有一次，还有什么比生死抉择更大的考验？为什么先烈们能够视死如归、义无反顾？这就是对崇高信仰的赤诚和坚贞。

（二）信仰催生使命力

历史永远不会忘记：1935年5月29日的那个清晨，一昼夜奔袭240里的红四团的勇士们，飞夺泸定桥，在挽救几乎陷入绝境的长征队伍的同时，也创造了生命力量的奇迹。红军每天冒着国民党反动派天上飞机的轰炸、地下的围追堵截，爬过终年积雪的高山、越过人迹罕至的草地，举行了举世瞩目的二万五千里长征。历史现象让你惊奇：1937—1938年，无数热血青年奔赴延安。尽管他们徒步几个月，但每个人的脸上，还是洋溢着期待与兴奋。在他们当中，不仅有山野乡村的农家子弟、满怀激情的青年学生、一无所有的产业工人，也有出身豪门的少爷小姐、学富五车的知识分子、资财不菲的华侨富商。年仅17岁的于蓝谎称要去天津参加同学的婚礼，带着继母给的5块钱从北京出发踏上奔赴延安之路，这一走用了两个多月。据统计，出自官宦及富有家庭的人数超过三分之一。[①]为什么能创造"惊人的奇迹"？为什么会出现如此"不可思议"？这些都是崇高信仰的驱使。

① 参见中组部党员教育中心编：《信仰：我们的故事》，人民出版社2013年版，第23、28、30页。

（三）信仰催生战斗力

中国共产党具有大无畏的革命气概，视“一切反动派都是纸老虎”。抗日战争时期，我们党带领人民群众不畏强暴、血战到底，百折不挠、坚韧不拔，经过极其艰苦的斗争，打败了疯狂猖獗、不可一世、惨无人道的日本侵略者。解放战争时期，面对蒋介石反动集团嚣张气焰、400多万大军“武装到了牙齿”的状况，谁都没有想到，在西柏坡“嘟—嘟—嘟—嘟”的电报声中，我们党“宜将剩勇追穷寇，不可沽名学霸王”[①]，成功推进三大战役，以摧枯拉朽之势，一举推翻了蒋家王朝，成立了新中国。抗美援朝期间，新中国成立初期百废待兴，我们党毅然果断地作出“抗美援朝，保家卫国”的重大决策。中国人民志愿军指战员奋不顾身、英勇顽强、舍生忘死，共毙伤、俘敌71万余人。战争以美国侵略者被从鸭绿江边打回到三八线而告结束，美国不得不于1953年7月27日在朝鲜停战协定上签字。抗美援朝战争的胜利，空前提高了中国的国际地位，帝国主义欺侮和侵犯中国的时代一去不复返了。为信仰而战，我们攻无不克、战无不胜、战之必胜，这就是崇高信仰的威力。

（四）信仰催生凝聚力

信仰产生共趋力。早在1920年11月，毛泽东同志指出：主义譬如一面旗帜，旗帜立起来了，大家才有所指望，才知所趋赴。中国共产党作为世界上独一无二的党员总数逾9500万的大党，万众一心、众志成城，这就是共同的信仰所趋赴。

信仰产生内凝力。在我们党的历史上，曾遭受几次大的挫折：一是大革命时期，蒋介石发动四一二反革命政变，6个月内被杀害者近3万人。二是受“左”倾主义的影响，第五次反“围剿”失败以后，红

① 引自毛泽东诗词《七律·人民解放军占领南京》。

军伤亡惨重，几乎丢失了所有的中央根据地。这期间，尽管我们党屡屡受挫，但由于崇高的信仰所驱，越挫越团结、越挫越奋起、越挫越兴旺。

信仰产生“云效应”。革命先驱和先烈的动人事迹、党的领袖率先垂范、先进人物的模范行为，都给全党全国人民以极大的感召、示范、带动，积累、传承、放大一切向上向善的力量。

（五）信仰催生坚韧力

信仰犹如原子能。围绕实现中华民族伟大复兴这个主题，以毛泽东、邓小平、江泽民、胡锦涛、习近平同志为代表的中国共产党人，先后推进新民主主义革命、社会主义革命和社会主义建设、改革开放和社会主义现代化建设，中国特色社会主义进入新时代，勠力同心、接茬奋斗，“任尔东西南北风”“乱云飞渡仍从容”，向着“无限风光”的顶峰迅猛攀登。这就是崇高信仰这个初心和使命所催生的“定力”、“执着”和“坚韧”。德国左翼党元老委员会主席汉斯·莫德罗感言称中共有着为实现目标的持久力和忍耐力，资本主义国家如果真的有什么计划，也只是着眼选举周期。哲人有言：一个朝着自己目标永远前进的人，整个世界都给他让路。中国共产党具有这样非凡的坚韧力、持久力，有什么“上甘岭”“摩天岭”不能攻克？！有什么目标不能实现？！

浩瀚星河中，总有最为闪耀而夺目的星系。我们可以完全自豪地说，迄今为止，在人类为信仰而奋斗的历程中，还没有任何一种信仰比中国共产党的信仰更高洁、更神圣、更伟大，还没有任何一种信仰的影响力能超越共产党人的信仰足迹。正因为这样，习近平总书记郑重指出：“革命理想高于天。”①“无论过去、现在还是将来，对马克思主义的信仰，对中国特色社会主义的信念，对实现中华民族伟大复兴中国梦的信心，都是指引和支撑中国人民站起来、富起来、强起来的强大精

① 《习近平谈治国理政》，外文出版社2014年版，第23页。

神力量”[①]，是我们战胜一切强敌、克服一切困难、夺取一切胜利的强大精神力量。

坚守崇高的信仰——中国共产党的核心竞争力！

三、坚持实事求是、一切从实际出发，始终勇立潮头、与时俱进

实事求是，是马克思主义活的灵魂。回顾党的历史，我们党是靠实事求是起家，也是靠实事求是兴旺发展起来的。

（一）开辟“农村包围城市、武装夺取政权”的革命道路

1927年大革命失败以后，中国革命应当走什么道路？这个问题十分尖锐、紧迫地摆在中国共产党面前。此时，有三个“重大背景”在影响、干预中国革命道路的确立：一是有俄国十月革命“走城市包围农村道路”（通过首先占领中心城市来取得革命在全国的胜利）的成功经验。二是共产国际的干预。1928年6月，共产国际领导人布哈林在中共六大上作报告，仍认为中国共产党应以城市为中心，反对在农村建立巩固的根据地。三是19世纪20年代后期至30年代前期，中国共产党党内盛行的把马克思主义教条化、把共产国际和俄国革命经验神圣化的错误倾向，严重阻碍中国共产党人对中国革命规律的认识。

毛泽东同志指出：“中国革命斗争的胜利要靠中国同志了解中国情况。”[②]以毛泽东同志为主要代表的中国共产党人，根据占中国人口最大多数的农民是反帝反封建的民主革命的主力军，农民所在的广大农村应当成为民主革命走向胜利的主要战略基地；敌强我弱的形势决定了中国民主革命的长期性，而农村回旋余地大；在反革命力量相对薄弱的农村建立革命根据地，有利于积蓄、锻炼和发展革命力量，经过长期的斗

① 中共中央党史和文献研究院编：《十九大以来重要文献选编》（上），中央文献出版社2019年版，第739页。

② 《毛泽东选集》第一卷，人民出版社1991年版，第115页。

争，逐步地争取中国革命的胜利的最大实际，选择“农村包围城市、武装夺取政权”的革命道路。毛泽东同志不仅在实践上首先把武装斗争的立足点放在农村，领导开创井冈山根据地，而且从理论上对中国革命的道路问题作出明确的说明。1930年1月，毛泽东同志在《星星之火，可以燎原》一文中进一步指出：“必须这样，才能树立全国革命群众的信仰，如苏联之于全世界然。必须这样，才能给反动统治阶级以甚大的困难，动摇其基础而促进其内部的分解。也必须这样，才能真正地创造红军，成为将来大革命的主要工具。总而言之，必须这样，才能促进革命的高潮。”①“农村包围城市、武装夺取政权”思想的提出，为复兴中国革命和争取中国革命的胜利指明了唯一正确的道路。邓小平同志后来指出：“回想在一九二七年革命失败以后，如果没有毛泽东同志的卓越领导，中国革命有极大的可能到现在还没有胜利，那样……我们党就还在黑暗中苦斗。”②

（二）走自己的路，建设有中国特色的社会主义

中国并非在马克思、恩格斯设想的资本主义生产力高度发达基础上由无产阶级夺取政权进入社会主义社会，而是跨越了资本主义的“卡夫丁峡谷”（注：马克思语，指未经过资本主义发展阶段）进入社会主义的。如何建设社会主义？在经典作家那里没有现成的答案。新中国成立初期，我们首先是向苏联“老大哥”学习，但后来又发现苏联在建设社会主义过程中暴露了一些问题和错误，走了很多弯路，毛泽东同志1956年4月在《论十大关系》的重要报告中提出了“以苏联为鉴戒”。这篇报告和随后召开的党的八大对中国特色社会主义道路的探索、对党的事业的发展具有长远的重要意义，但由于后来遇到一些未曾料到的复杂情况，未能在实践中完全坚持下去。

1982年9月，邓小平同志在党的十二大开幕词中响亮提出：“把马

① 《毛泽东选集》第一卷，人民出版社1991年版，第98—99页。
② 《邓小平文选》第二卷，人民出版社1994年版，第148页。

克思主义的普遍真理同我国的具体实际结合起来，走自己的道路，建设有中国特色的社会主义，这就是我们总结长期历史经验得出的基本结论。”[①]我国最重要的实际是什么？党的十三大作了深刻的阐述，就是我国正处于并将长期处于社会主义初级阶段。这个论断，包括两层意义。第一，我国社会已经是社会主义社会。我们必须坚持而不能离开社会主义。第二，我国的社会主义社会还处在初级阶段。我们必须从这个实际出发，而不能超越这个阶段。社会主义初级阶段，是我国最大的国情、最大的实际，是我们制定正确的路线方针政策的根本依据。由此，决定了社会主义社会的主要矛盾、根本任务，确立了“一个中心、两个基本点”的党的基本路线这条生命线，确立了建立社会主义市场经济体制的改革目标，开创和发展了中国特色社会主义。中国特色社会主义是党和人民历经千辛万苦、付出巨大代价取得的根本成就，是取得一切成就的根本原因，代表当代中国乃至世界发展进步的根本方向，我们必须倍加珍惜。

（三）创立习近平新时代中国特色社会主义思想

经过长期努力，中国特色社会主义进入新时代，这是党的十九大作出的重大政治判断。进入新时代的基本依据和客观要求有以下几点：（1）我国社会主要矛盾发生新变化。在新中国成立特别是改革开放以来取得重大成就的基础上，我国发展站到了新的历史起点上，社会主要矛盾已由人民日益增长的物质文化需要同落后的社会生产之间的矛盾，转化为人民日益增长的美好生活需要和不平衡不充分的发展之间的矛盾。这个重大的历史性变化，对我国发展全局产生广泛而深刻的影响。（2）奋斗目标产生新要求。从党的十九大到党的二十大，是“两个一百年”奋斗目标的历史交汇期，我们既要全面建成小康社会、实现第一个百年奋斗目标，又要乘势而上开启全面建设社会主义现代化国家的

① 《邓小平文选》第三卷，人民出版社1993年版，第3页。

新征程，向第二个百年奋斗目标进军。开启新征程、实现新目标，要有新的思想理论引领。（3）国际环境发生新变化。当前，世界正经历百年未有之大变局。我国正处在从大国走向强国的关键时期，外部环境更加复杂，不确定不稳定因素突出。特别要看到，一些国家和势力对我国的阻遏、忧惧、施压不断增大，遏制中国崛起的意图日益凸显。世界怎么了？我们怎么办？能否应对好这一大变局，关键看我们是否有识变之智、应变之方、求变之勇。以上“三个新”是当代中国、当代世界“最大的实际”“最重要的实际”。

时代是思想之母，实践是理论之源。习近平新时代中国特色社会主义思想正是在这样的伟大时代中应运而生、顺势而成的，是立足时代之基、回答时代之问、引领时代之变的科学理论。这一重大思想通过对“八个明确”和“十四个坚持”的阐述，从理论和实践结合上系统回答了新时代坚持和发展什么样的中国特色社会主义、怎样坚持和发展中国特色社会主义这个重大时代课题。她开辟了马克思主义新境界，开辟了中国特色社会主义新境界，开辟了治国理政新境界，开辟了管党治党新境界，是当代中国的马克思主义，为更好坚持和发展中国特色社会主义、实现中华民族伟大复兴提供了思想武器和行动指南。

中国共产党正是始终坚持“实事求是”这个兴党兴国之魂，保持了理论、道路、路线、方针和重大政策契合客观实际，实现与时俱进，党和国家才有今天，中华民族才大踏步赶上并引领时代前进的潮流。

四、坚持人民至上、群众路线，赢得民心得天下

笔者经常欣赏两个最激动人心的视频：一个是1949年10月1日开国大典，面对天安门广场排山倒海、激昂振奋的人民群众，毛泽东主席高呼：“人民万岁！”另一个是庆祝党的百年华诞重要讲话，习近平总书记在讲话中有86处用了“人民”的主题词，结束语振臂高呼：“伟大、光荣、英雄的中国人民万岁！”领袖为什么高呼“人民万岁”？因为党的根基和血脉在人民，“人民是我们执政最大的底气”；我们党的历史，

就是一部“以民为天”，紧紧依靠和带领人民群众勠力拼搏、接续奋斗的历史。

（一）坚持一切为了人民，以人民利益为最高准绳

“人们为之奋斗的一切，都同他们的利益有关。”[①]作为无产阶级的政党，“共产党是为民族、为人民谋利益的政党，它本身决无私利可图”[②]。陕北民歌《东方红》歌词“东方红，太阳升，中国出了个毛泽东。他为人民谋幸福，呼儿嗨哟，他是人民大救星……共产党，像太阳，照到哪里哪里亮。哪里有了共产党，呼儿嗨哟，哪里人民得解放……”是对我们党为人民谋利益这一初心使命的真实写照。百年以来，党为人民谋利益成功地实施了许多划时代的重大决策。

实施“耕者有其田”的基本制度。新民主主义革命时期，中国共产党根据中国农民在几千年的封建社会里租种地主土地、受地主奴役剥削的实际，把解决农民的土地问题作为根本问题、基本任务，以摧枯拉朽之势、雷霆万钧之力，废除一切地主的土地所有权，砸碎了几千年来套在农民身上的封建枷锁，实现了“耕者有其田”。这一翻天覆地的变化，使亿万农民在政治上、经济上获得了解放。

实行家庭联产承包责任制。新中国成立以后的20多年里，我国借鉴苏联集体农庄模式，一直实行人民公社“三级所有、队为基础”的经营管理体制。这种“大呼隆”“吃大锅饭”的经营管理体制严重影响了农民的积极性，开工（农民下田）如“纤夫拉纤”，收工（下班回家）如“关公放箭”是当时乡村干部最形象、最逼真的描述。1978年，全国还有2.5亿人口没有解决温饱问题。1982年元旦，中共中央在总结此前三年安徽、四川等地农村探索实践的基础上颁发一号文件，决定在全国全面推行以包产到户、包干到户为主要形式的家庭联产承包责任制。这种经营方式使农业生产基本上变为分户经营、自负盈亏，农民生产的粮食

① 《马克思恩格斯全集》第一卷，人民出版社1995年第二版，第187页。
② 《毛泽东选集》第三卷，人民出版社1991年版，第809页。

“保证国家的，留足集体的，剩下都是自己的”，实现了权、责、利的紧密结合，广大农民生产的积极性像火山爆发一样迸发出来。据统计，2020年与1978年相比，全国粮食总产量和农民年人均纯收入分别增长3.26倍和6.15倍。农村家庭联产承包责任制的推进，不仅粉碎了美国学者布朗“谁来养活中国”的预言，而且为我国的整个改革开了先河、提供了示范借鉴。

推进农村税费改革，彻底取消农业税。在中国，农业税同国家相伴而生，缴纳“皇粮国税”从来都被视为天经地义。20世纪80年代中期以后，尽管农业发展很快，但由于农业比较效益下降，农民增产不增收、负担较重的现象已初见端倪，在粮食主产区比较严重。2000年，中央发布通知，决定从2001年起进行农村税费改革试点，主要内容概括为“三取消、两调整、一改革”。随着改革的推进，农民负担过重的状况得到有效缓解。2004年9月，党的十六届四中全会作出了“两个趋向”的重大判断，认为经过几十年的发展，我国总体上已到了工业化中期的以工促农、以城带乡的发展阶段。2005年12月29日，十届全国人大常委会第十九次会议决定废止《中华人民共和国农业税条例》。从此，中国农民彻底告别了绵延2600多年的“皇粮国税”时代。农民种田不但不交税，国家反而以“粮食直补”方式倒贴一把。

推进城乡基本公共服务均等化。在采取措施增加农民收入、减轻农民负担的基础上，国家以解决制度缺失为重点，打破二元结构，统筹城乡发展，形成以工促农、工农互惠、城乡一体的新型工农城乡关系，让广大农民平等参与现代化进程、共同分享现代化成果。同时，切实解决农民有关利益问题：一是按照广覆盖、保基本、多层次、可持续的原则，积极构建我国农村社会保障制度基本框架。二是全面实现城乡免费义务教育。三是推进农业转移人口市民化。逐步把符合条件的农业转移人口转为城镇居民。稳步推进城镇基本公共服务常住人口全覆盖，把进城落户农民完全纳入城镇住房和社会保障体系，在农村参加的养老保险和医疗保险规范接入城镇社保体系。

坚持以人民为中心的发展思想，实现谋利益的全面升华。党的十八大以来，以习近平同志为核心的党中央根据我国实际国情和人民群众的新期待，鲜明地提出了必须坚持以人民为中心的发展思想，把增进人民福祉、促进人的全面发展作为发展的出发点和落脚点。一是将社会主要矛盾的转化确立为人民日益增长的美好生活需要和不平衡不充分的发展之间的矛盾，明确了为人民谋利益的长远根本指向。二是提出“五大发展理论”，条条涉及“人”，核心是为了“人”，从发展这个基点和源头上实现人的全面发展、为人民谋利益。三是经过党带领人民不懈努力，中华大地已全面建成小康社会，党为人民谋利益已迈出全方位、均衡式、强力度、新质变的一大步。四是鲜明提出实现中华民族伟大复兴的党史主题。中国梦就是人民的幸福梦，我们党将不断实现好、维护好、发展好最广大人民的根本利益。

（二）坚持一切依靠人民，忠实践行党的群众路线

中国共产党牢固树立马克思主义群众观。早在新民主主义革命时期，毛泽东同志针对国民党大筑其乌龟壳指出：“同志们，真正的铜墙铁壁是什么？是群众，是千百万真心实意地拥护革命的群众。这是真正的铜墙铁壁，什么力量也打不破，完全打不破的。”[①]“人民，只有人民，才是创造世界历史的动力。”[②]共产党基本的一条，就是直接依靠广大革命人民群众。由此，我们党始终践行群众路线根本工作方法。一是倾力调查研究。1941年8月起，中央连续发布了《中共中央关于调查研究的决定》《中央关于实施调查研究的决定》《关于检查调查研究决定执行程度的通知》等文件，并在中央政治局下设调查研究局，毛泽东同志兼任局长。二是虚心听取群众意见。党强调领导者和上级机关要有虚心的态度和民主的作风，善于听取不同意见，包括反对的意见。1941年延安地区开征粮会，会议期间一位县长被雷打死。有人说怪话。毛泽东同志听

① 《毛泽东选集》第一卷，人民出版社1991年版，第139页。
② 《毛泽东选集》第三卷，人民出版社1991年版，第1031页。

后进行调查研究，发现群众有意见，主要是征粮过高，农民负担不起。于是中共中央研究决定把征粮由20万担减至16万担。毛泽东同志从群众的怪话中得到更多的启示。他说："这就迫使我们研究财政经济问题，下决心搞大生产运动。"[①]在党的七大和其他一些会上，毛泽东同志多次以此例教育干部，要虚心听取群众的意见，以改进我们的工作。三是开拓走群众路线的重要渠道和载体。在我国，人民是国家和社会的主人。宪法规定："中华人民共和国的一切权力属于人民。"人民代表大会制度是我国的根本政治制度，是人民当家作主的主要制度形式。由于人大代表具有真正的人民性和广泛的代表性，人大及其常委会会议是党集中走群众路线、充分发挥民主、集思广益的重要途径和载体。党的重大决策、国家重要法律法规经过在这里磨砺，就会更加符合客观实际、更加科学、更具可操作性。

（三）始终保持同人民群众的血肉联系

密切联系人民群众就要增进与人民群众的感情；只有感情深了、关系密切了，才能真正解决好"依靠"问题。红军时期有"半条被子"的经典故事：1934年11月，在湖南省汝城县纱州村，3名女红军借宿徐解秀老人家中，临走时，把自己仅有的一床被子剪下一半给老人留下了。老人说，什么是共产党？共产党就是自己有一条被子，也要剪下半条给老百姓的人。党的领袖有很多经典故事十分感人：其一，毛泽东同志在延安结交普通农民杨步浩。1961年的困难时期仍惦记故人，托人给杨步浩捎去几斤白糖和两瓶酒；老人用两人合影做"通行证"，进到中南海，在毛主席家里做客。毛主席为他换上崭新的灰布棉衣。其二，周恩来同志与邯郸农民张二廷经常坐在门槛上谈心。1961年5月初，周恩来同志在河北省邯郸专区武安县伯延公社调研，发现路边的树光有树枝没有树叶，陪同的干部信口说"被羊吃光了"。周恩来同志从与张二廷的质朴

① 《毛泽东文集》第三卷，人民出版社1996年版，第404页。

对话中找到了问题的真相，回到北京后及时向毛泽东同志汇报了调研得到的真实情况，此后不久中央作出决定，解散了农村共同食堂。其三，“高山流水觅知音”的“习贾之交”[①]。1982年春，习近平同志在河北省正定县任县委副书记期间结识了县文化馆长、作家贾大山同志，建立了深厚的友谊。自1985年5月离开正定之后，他与贾大山的友谊没有因时空的变换而淡漠，也没有因职位的差异而生疏。他不仅主动给贾大山写信、通话、寄贺卡表达自己思念之情和美好祝愿，而且先后于1991年春节、1995年深秋、1997年2月9日（正月初三）看望贾大山同志，泪水溢满眼眶。1997年2月21日，习近平同志刚刚离开正定县才十来天，突然接到电话告之——著名作家贾大山因病去世，享年54岁。习近平同志在纪实散文《忆大山》里写道：“噩耗传来，我沉浸在巨大的悲痛之中。大山的逝世，使我失去了一个好朋友、好兄长。我多么想亲自去为他送行，再看他最后一眼哪！无奈远隔千里，不能前往，也只能托人代送花圈，以示沉痛悼念了。大山走了，他走得是那样匆忙，走得是那样悄无声息，但他那忧国忧民的情愫，清正廉洁、勤政敬业的作风，襟怀坦荡、真诚善良的品格，刚正不阿、疾恶如仇的精神，都将与他不朽的作品一样，长留人间。”读完这篇纪实散文，深感“习贾之交”血浓于水、情真意切，感人肺腑！

利益决定人心，人心决定成败；视人民为江山，人民就把我们当“靠山”。正因为这样，大革命失败后，30多万牺牲的革命者中大部分是跟随我们党闹革命的人民群众；红军时期，人民群众就是党和人民军队的铜墙铁壁；抗日战争时期，日本侵略者陷入了人民战争的汪洋大海；淮海战役胜利是靠老百姓用小车推出来的，渡江战役胜利是靠老百姓用小船划出来的；社会主义革命和建设的成就是人民群众干出来的；改革开放的历史伟剧是亿万人民群众主演的。人民群众是支撑中国共产党的“主心骨”，是我们党的力量和胜利之源。

---

① 参见李春雷：《朋友（纪实文学）——习近平与贾大山交往纪事》，新华社北京2014年4月20日电。

五、坚持发展为要、务实为本，不断解放和发展社会生产力

历史唯物主义者应深知：历史是由发展写出来的，生产力是社会发展的最终决定力量；实现、维护、发展好人民利益，也最终依靠发展。我们党自成立以来，始终把发展写在自己的旗帜上，不断解放和发展社会生产力。

（一）首提“解放中国人民生产力”标准促进发展

新民主主义革命时期，在蒋介石统辖区内部，生产不发展，通货膨胀到了惊人的地步，一担钞票（纸币）买不到一头黄牛。这种情形，导致各阶层人民同仇敌忾、揭竿而起，为救死而斗争，蒋介石反动集团人心丧尽。毛泽东同志深刻地指出：“中国一切政党的政策及其实践在中国人民中所表现的作用的好坏、大小，归根到底，看它对中国人民的生产力的发展是否有帮助及其帮助之大小，看它是束缚生产力的，还是解放生产力的。”①我们党第一次提出解放中国人民生产力的标准，实施耕者有其田、减租减息、解放农民等大政策，促进了中国社会生产力的发展，极大地赢得了民心，调动了亿万农民积极性，成功地实施了“农村包围城市、武装夺取政权”的革命道路，夺取了新民主主义革命的胜利。

（二）制定党的基本路线保障发展

1978年12月召开的党的十一届三中全会决定，将全党工作的重点转移到以经济建设为中心的轨道上来。1987年10月召开的党的十三大确立了“一个中心、两个基本点”的基本路线，一切工作都要服从、服务于这个中心；“两个基本点”作为立国之本、强国之路，则是发展的

① 《毛泽东选集》第三卷，人民出版社1991年版，第1079页。

根本保障和途径。党的基本路线作为写进党章的党的根本大法，从根本上保障着中国社会生产力的发展。

（三）全面深化改革促进发展

1992年10月召开的党的十四大，按照邓小平同志南方谈话提出的“三个有利于”的标准，冲破姓“社”姓“资”的束缚，第一次将计划与市场从社会制度的属性中剥离出来，确立了我国经济体制改革的目标是建立社会主义市场经济体制。围绕落实这个目标，依据党的十四届三中全会、十六届三中全会、十八届三中全会的相关规定，社会主义市场经济体制演进轨迹从“建立”“完善”向“全面深化”推进。党的十五大、十六大根据“三个有利于”的标准，分别作了两个重大突破：（1）党的十五大触及所有制改革这个“珠穆朗玛峰”，突破传统“一大二公”“纯而又纯”的误区，确立了“一主多元”（混合所有制）的基本经济制度，提出了公有制实现形式可以而且应当多样化的重大论断，从生产要素上极大地解放了社会生产力。（2）党的十六大拓展、界定了“中国特色社会主义事业建设者”的范畴，确立了“一不三看”（不能简单地把有没有财产、有多少财产当作判断人们政治上先进和落后的标准，而主要应该看他们的思想政治状况和现实表现，看他们的财产是怎么得来的及对财产怎么支配和使用，看他们以自己的劳动对中国特色社会主义事业所作的贡献）的判断人们政治上先进与落后的标准，构筑了广泛的发展统一战线，极大地调动和保护了人民群众发展的积极性。

（四）直面问题创新发展

党的十八大以来，以习近平同志为核心的党中央审时度势，作出我国经济发展进入新常态的重大战略判断，提出了创新、协调、绿色、开放、共享“五大发展理念”，抓住主要矛盾作出着力推进供给侧结构性改革的重大决策。对外，提出“一带一路”倡议。在开启全面建设社会主义现代化国家新征程的关键时刻，习近平总书记又提出准确把握新发展阶段、全面贯彻新发展理念、加快构建新发展格局的“三新”要求，深刻回答了我国处在什么样的发展阶段、实现什么样的发展、怎样发展的重大问题，是迈向第二个百年奋斗目标的新征程中我国经济社会发展的行动指南。

中国共产党带领人民从“改天换地”到“翻天覆地”、迎来从“富起来”到“强起来”的伟大飞跃、综合国力跃升并稳居世界第二位，是靠励精图治、接茬奋斗、忘我拼搏地发展出来的。发展，是增强综合国力、实现人民幸福、推动历史前进、提升国际地位的现实途径、根本途径、唯一途径。也正是因为我们在发展方面只用几十年时间就走完了发达国家几百年走过的发展历程，创造了“风景这边独好”的发展奇迹，为人民谋幸福、为世界发展作出了重大贡献，中国人民乃至世界人民才对中国共产党及其开创的中国特色社会主义感到由衷信赖、高度赞誉、无上认可。

六、坚持开放包容、兼容并蓄，在海纳百川中发展壮大

发展之路是兼容。百年以来，中国共产党以宽广的政治情怀、深邃的战略眼光、与时俱进的思维品质，创建了一系列带根本性、长远性，有利于发展壮大自己和增强生机活力的重大战略机制，为中国特色社会主义复兴号巨轮嵌入了巨大的核动能。

（一）运用统一战线法宝，画出最大同心圆

习近平总书记指出：“说到底，统一战线是做人的工作，搞统一战线是为了壮大共同奋斗的力量。”[①]中国共产党从1921年成立至今，先后建立五次统一战线，在不同的历史时期有不同的任务、内容及特点：（1）国共统一战线（国民大革命时期）。1922年7月，党的二大初步提

① 《习近平谈治国理政》第二卷，外文出版社2017年版，第304页。

出统一战线方针，允许共产党员以个人身份加入国民党，以实现中国共产党与孙中山领导的中国国民党的合作。这次统一战线的形成，大大推动了中国革命的步伐，从而使1926年开始的北伐战争得以顺利进行。（2）工农民主统一战线（土地革命时期）。我们党真正认识到了农民问题的重要性，并将关于农民问题的一系列正确观点，运用于土地革命的伟大实践中，使中国革命统一战线从此开始建立在牢固的工农联盟基础上。（3）抗日民族统一战线，即国共第二次合作（抗日战争时期）。这次统一战线的形成，使我们党从“反蒋”抗日、“逼蒋”抗日到“联蒋”抗日，为抗日战争胜利奠定了坚实基础。（4）人民民主统一战线（解放战争时期及新中国成立后）。这次统一战线的建立，在推翻蒋介石国民党反动政权的斗争中和新民主主义向社会主义转变的新历史时期，都发挥了重大作用。（5）爱国统一战线（社会主义建设新时期到新时代）。这个统一战线的建立和发展，对把中华儿女广泛团结起来，投身决胜全面建成小康社会、聚合起实现中华民族伟大复兴中国梦的磅礴力量，具有十分重要的意义。由此可知，统一战线作为党的总路线、总政策的重要组成部分，无论过去、现在和将来，都始终是党凝心聚力、攻坚克难、夺取胜利的重要法宝。

（二）坚持“一主多元”根本制度，实现良性互促循环

一是坚持和完善“一主多元”的基本经济制度。在中国，不能搞私有化，“一大二公”“纯而又纯”的单一公有制也没有出路。我们党坚持以公有制为主体，毫不动摇地巩固和发展公有制经济，毫不动摇地鼓励、支持、引导非公有制经济发展，形成各种所有制经济平等竞争、相互促进的新格局。这个基本经济制度既增强国有经济影响力、控制力、引导力，又使多种所有制经济“杂交共生”“混合发力”、释放更大的能量，从而保证了我国市场经济的社会主义性质和活力。

二是坚持和完善“一党领导、多党合作”的基本政治制度。中国共产党同其他党派的关系是：共产党领导、多党合作，共产党执政、多党

参政，各民主党派不是在野党和反对党，而是同共产党亲密合作的友党和参政党；共产党和各民主党派在国家重大问题上进行民主协商、科学决策，集中力量办大事；共产党与各民主党派互相监督，促进共产党领导的改善和参政党作用的加强。这种新型政党制度符合我国国情，有利于极大地调动各方面的积极性和创造性，有利于巩固安定团结的政治局面，有利于促进执政党的建设。中国共产党领导的多党合作和政治协商制度，既避免了多党竞争、互相掺杂造成的政治动荡，又避免了一党专制、缺少监督导致的种种弊端，是党砥柱中流、永不懈怠，我们的事业众志成城、所向披靡的关键所在。

三是坚持“一元指导、多样并存”的党在意识形态领域的根本指导方针。我们党始终牢牢坚持马克思主义在意识形态领域的指导地位，而不搞指导思想的多元化。这是因为：其一，马克思主义具有科学性、真理性。她的世界观和方法论是科学的（辩证唯物主义和历史唯物主义）；她代表了最广大人民的根本利益；她已经为中国革命、建设和改革的实践所证明。其二，在任何社会，意识形态领域的主导思想都是由其起主导作用的经济基础决定的。马克思说：“统治阶级的思想在每一时代都是占统治地位的思想。”[①]指导思想一元化，正是人类社会发展规律的反映。其三，客观真理是一元的。作为我们党指导思想的科学真理只能有一个，这就是中国化的马克思主义。苏联、东欧的沉痛教训证明，搞指导思想多元化，必然否定、消解真理的指导作用，搞乱党员和群众的思想，导致政权丧失、国家解体。

在坚持“一元”的同时，党又正视和允许社会思想的多样化。这是因为：（1）社会思想多样化是一个客观的存在。（2）社会思想的多式多样，有利于促进思想解放、激发社会活力，推进理论、文化、科技等各方面的创新。（3）马克思主义是一个包容性很强的开放的思想体系。她能够海纳百川、博采众长，吸收和借鉴各方面有益的思想文化成果。

---

① 《马克思恩格斯选集》第一卷，人民出版社2012年版，第178页。

正是因为党在意识形态领域实行“一元指导、多样并存”“用一元去引领多样”的指导方针，从而保证了我们党和国家的事业既有方向盘、主心骨，又有生机和活力。

（三）创建“社会主义+市场经济”体制，释放巨大的体制能量活力

毫不讳言，从总体上看，马克思主义的经典作家在社会主义（公有制）与市场经济关系上都是“非兼容论者”。由于时代的局限，他们只是认识和致力于解决了跨越“卡夫丁峡谷”[①]设想中社会制度、生产关系应跨越的一面，而没有也不可能从根本上解决建设社会主义、巩固和发展社会主义这个生产力方面的跨越。其实，社会主义制度的存在、巩固和发展，不仅取决于它是否有一个强大的上层建筑，而且取决于它是否有一个牢固的经济基础。二战以后，随着时代主题由“战争与革命”向“和平与发展”的转换，解决“发展”的时代主题比“革命”（夺取政权）的主题，情况要复杂得多、难度要大得多、时间要长得多[②]。邓小平同志在1992年南方谈话中第一次把计划与市场从社会制度属性中剥离出来，指出“计划多一点还是市场多一点，不是社会主义与资本主义的本质区别……计划和市场都是经济手段”[③]。据此，从党的十四大开始，中国共产党全力做好带开拓性的、维系社会主义前途命运的划时代课题——建立社会主义市场经济体制。

这个伟大的创举，将社会主义制度的优越性同市场经济优势紧密结合起来，以社会主义制度之“辕”驾驭市场经济之“马”，从而实现了两个有机统一：一是政府与市场调节的有机统一。一方面，充分有效地发挥市场这只“看不见的手”在资源配置中的决定性作用；另一方面，

---

① 马克思语，指一些发展落后的国家可以不经过资本主义阶段，而直接进入社会主义。

② 参见吕东升：《论公有制与市场经济结合》，湖北人民出版社2004年版，第11页。

③ 《邓小平文选》第三卷，人民出版社1993年版，第373页。

更好地发挥政府保驾护航作用，管好那些市场管不了、管不好的事情，使经济持续、稳定、高效、健康发展，实现发展的良性循环。二是效率与公平的有机统一。在充分提高效率、把“蛋糕”做大的同时，切实落实体现社会主义本质要求，消除两极分化，最终达到共同富裕。可以自信地说，无论过去、现在和将来，党创建的社会主义市场经济体制，始终是赢得发展辉煌的“体制之基”“胜利之父”。

（四）倡导构建人类命运共同体，彰显兼济天下的世界情怀

当今世界正处在百年未有之大变局，挑战层出不穷，风险日益增多，面临的不确定性、不稳定性突出。世界怎么了，我们怎么办？习近平主席2017年1月18日在联合国日内瓦总部发表演讲《共同构建人类命运共同体》，明确提出：坚持对话协商，建设一个持久和平的世界；坚持共建共享，建设一个普遍安全的世界；坚持合作共赢，建设一个共同繁荣的世界；坚持交流互鉴，建设一个开放包容的世界；坚持绿色低碳，建设一个清洁美丽的世界。同时，秉承16字“丝路精神”（和平合作、开放包容、互学互鉴、互利互赢）、实施“五通”（政策沟通、设施联通、贸易畅通、资金融通、民心相通），大力推进“一带一路”建设。提出构建人类命运共同体的划时代意义在于：一是破解“世界之问”，及时回应了建设一个什么样的世界、如何建设这个世界的重大时代课题，是解决当今世界“和平与发展”这个主题的战略之举。二是把马克思主义勾勒未来社会“自由人联合体”的理想追求，转变为世界范围内伟大的社会实践活动，推动人类历史进步和人类社会发展，对推进国际共产主义运动具有重大的现实意义和深远的历史意义。三是充分体现了中国共产党兼济天下的世界情怀，彰显了期冀实现“世界大同”[①]“环球同此凉热”[②]的强烈责任担当，贡献给全世界和全人类的，必将是和平与发展的甘露与“大同”的芬芳。因此，构建人类命运共同体倡议得到国

① 《毛泽东选集》第四卷，人民出版社1991年版，第1471页。

② 源自毛泽东诗词《念奴娇·昆仑》。

际社会的广泛认同，被写入联合国有关决议；共建“一带一路”国家已由亚欧延伸到非洲、拉美、南太等区域。

海纳百川、有容乃大，博采众长、凝心聚力，这是中国共产党得以走向成功、辉煌的一条宝贵经验。

七、坚持路线“王道”、纪律“霸道”，铸就钢铁般的组织力、执行力

路线是“王道”，纪律是“霸道”，这两者都不可少[①]。中国共产党作为拥有9500多万党员的大党，团结得像一个人一样，历经磨难而焕发青春，完成如此辉煌的事业，这与我们党的钢铁制度、铁的纪律密切相关。在这方面，连蒋介石1949年检讨失去大陆原因时也大发感叹，将我们党成功的原因总结为七条，其中组织严密、纪律严厉作为第一、第二条[②]。

中国共产党作为无产阶级执政党，在组织、纪律方面具有鲜明的特点和独特的优势。

（一）坚持总揽全局、协调各方的领导原则

新党章规定，中国共产党的领导是中国特色社会主义最本质的特征，是中国特色社会主义制度的最大优势。党政军民学，东西南北中，党是领导一切的。党必须按照总揽全局、协调各方的原则，在同级各种组织中发挥领导核心作用。这种领导体制，从效率而言具有两大优越性：一方面，可以避免西方国家多党竞争造成经常的因利益牵扯而采取“冗长辩论”（以长时间的演说来阻碍提案的通过）、“缺席点名”（通过议员缺席，使议会无法启动表决程序）、“议会暴力”（通过暴力手段解决政见分歧）等斗争形势，而导致久搁不决的局面，大大提高决策效率；另一方面，可以有效规避西方“三权分立”造成的不同机构之间相互制

① 《毛泽东文集》第二卷，人民出版社1993年版，第374页。

② 参见金一南：《苦难辉煌》，作家出版社2019年版，第65页。

约、相互扯皮导致议而不决、决而不行、坐失良机。在中国，中国共产党制定重大决策，人大通过立法将党的主张变成国家意志，政府依法行政，政协参政议政；同级组织及其各人民团体的党组对党委负责、接受党委的统一领导。这种“北斗星群”的组织结构，强化了中国共产党领导核心地位，形成了“同心圆”和“同频共振”效应。

（二）坚持严格的民主集中制

民主集中制是民主基础上的集中和集中指导下的民主相结合。它既是党的根本组织原则，也是群众路线在党的生活中的运用，是党赖以存在和发展的最基本的制度保证。其中，“四个服从”即党员个人服从党的组织，少数服从多数，下级组织服从上级组织，全党各个组织和全体党员服从党的全国代表大会和中央委员会，是党最基本的组织原则和最基本的组织纪律。凡属重大问题都要按照集体领导、民主集中、个别酝酿、会议决定的原则，由党的委员会集体讨论，作出决定。民主集中制的根本组织原则，体现了党中央的至尊性、权威性，保证了制定和出台重大决策的民主性、科学性、有效性、及时性和贯彻落实的通达性、坚韧性。

（三）具有严密的组织体系

习近平总书记强调党的力量来自组织，组织能使力量倍增。我们党是按照马克思主义建党原则建立起来的，形成了包括党的中央组织、地方组织、基层组织在内的严密组织体系。这是世界上任何其他政党都不具有的强大优势。中国共产党从初创时的五十几名党员发展为拥有9500多万党员、486万个基层组织的强有力的紧密组织，这些组织纵向到底、横向到边、上下贯通，有着使命追求的崇高性、组织队伍的先进性、组织覆盖的广泛性、联系群众的紧密性、高度的组织纪律性，是坚强的战斗堡垒。我们党栉风沐雨、历经坎坷，不断从胜利走向胜利，组织严密是重要保证。

（四）严明政治纪律，规避“破窗效应”

政治纪律是最重要、最根本、最关键的纪律，遵守党的政治纪律是遵守党的全部纪律的重要基础。世界一些政党有前车之鉴，政治纪律松弛导致分崩离析。我们党作为马克思主义政党，讲政治是最突出的特点和优势。党特别强调，严明党的纪律，首要的就是严明政治纪律。政治纪律是各级党组织和全体党员在政治方向、政治立场、政治言论、政治行为方面必须遵守的规矩，是维护党的团结统一的根本保证。“遵守党的政治纪律，最核心的，就是坚持党的领导，坚持党的基本理论、基本路线、基本纲领、基本经验、基本要求，同党中央保持高度一致，自觉维护党中央权威。”[①]这是一个重大政治原则。《关于新形势下党内政治生活的若干准则》，对严明党的政治纪律明确规定了“12个不准”，这都是不能触犯、不能碰撞的“高压线”。习近平总书记告诫全党：“干部在政治上出问题，对党的危害不亚于腐败问题，有的甚至比腐败问题更严重。”[②]“任何人不得越过政治纪律、政治规矩的红线，越过了就是大忌，就要付出代价。”[③]严明的政治纪律有力地维护了党中央的核心权威，保证了党的理论和路线方针政策的贯彻落实，规避了世界上诸多政党的“破窗效应”，有效地维护了党的团结和统一。

美国著名政治家塞缪尔·亨廷顿曾经提出十分有意义的“制度化水平”这个发展政治学的概念（邓小平同志多次引用）。其基本含义是：衡量一种政治制度制度化水平的高低，关键要看这个制度对于社会的适应性，越适应社会实际、适应社会发展的要求，它的制度化水平就越高。中国共产党的严明制度、铁的纪律，显示出巨大的优越性：一是

---

① 《习近平关于严明党的纪律和规矩论述摘编》，中央文献出版社、中国方正出版社2016年版，第13页。

② 《习近平关于严明党的纪律和规矩论述摘编》，中央文献出版社、中国方正出版社2016年版，第23页。

③ 《习近平关于严明党的纪律和规矩论述摘编》，中央文献出版社、中国方正出版社2016年版，第24页。

有利于维护和形成党中央权威，使党的事业有了“主心骨”、领导核心。二是有利于调动和发挥全党全社会积极性，凝聚各方面力量和智慧，形成万众一心、排山倒海的力量。三是有利于形成全国“一盘棋”机制，有效地规避西方国家联邦制下政党区域化导致权力碎片化的现象。四是有利于发挥社会主义集中力量办大事的优越性，规避西方国家的软、泛、散，平抑、化解自然灾害和社会风险。五是有利于形成高效、畅通的决策执行体系，提高效率和执行力。由此观之，我们党的严明制度纪律，实现了定力、活力、效率、组织力、执行力的高度统一和最大限度发挥。这次世界性的防疫斗争实践雄辩而充分地证明，我们的制度化水平高于世界上任何国家，是美国等西方国家望尘莫及、望而兴叹、无法比拟的。这就是中国共产党独特而强大的优势之所在。

八、坚持自我革命、从严治党，永葆党的先进性和纯洁性

勇于自我革命、从严治党，是我们党最鲜明的品格，是熔铸在中国共产党人血脉里的政治基因。中国共产党之所以能成为中国人民和中华民族的主心骨，其根本原因在于我们党始终坚持了自我革命精神，一次次拿起手术刀来革除自身病症，一次次靠自己解决了自身问题。

（一）居安思危，具有强烈的忧患意识

中国共产党是一个充满忧患意识、在忧患中奋起发展壮大的党。1945年4月党的七大召开时，抗日战争胜利的桅杆已跃出地平线。就在人们准备大声欢呼、庆祝胜利之际，毛泽东同志在党的七大政治报告作的结论中却出人意料地提出可能出现的“十七条困难”①，强调要在最坏的可能性上建立我们的政策。邓小平同志在1992年南方谈话中郑重地警醒全党：“中国要出问题，还是出在共产党内部。”②党的十八大则将

① 《毛泽东文集》第三卷，人民出版社1996年版，第387—392页。

② 《邓小平文选》第三卷，人民出版社1993年版，第380页。

“危”和“忧”的内涵指向，概括得更加全面、具体、准确——新形势下全党始终面临“四大考验”“四种危险”。习近平总书记特别强调：全党必须铭记生于忧患、死于安乐，常怀远虑、居安思危；凡事从坏处准备，努力争取最好的结果。强烈的忧患意识，是我们党勇于进取、自我革命、走向辉煌的动力源泉和基本前提。

（二）勇于坚持真理、纠正错误

“人非圣贤，孰能无过？”(《左传·宣公二年》) 问题在于对错误所持的态度。中国共产党同任何政党、任何个人一样，不可能没有错误，可贵之处在于坚持从人民的利益出发，勇于发现错误、正视错误、纠正错误。党的百年奋斗历程，既是取得彪炳史册伟大成就的历程，也是不断纠错、总结经验的历程。党的历史上自我纠错、修正错误有四大峰谷阶段：一是1935年1月在红军第五次反“围剿”失败和长征初期严重受挫的历史关头召开的遵义会议，取消长征前成立的“三人团”，结束了以王明为代表的“左”倾教条主义错误在党内长达4年的统治，事实上确立了毛泽东同志在党中央和红军的领导地位，开启了党独立自主解决中国革命实际问题的新阶段，在最危急关头挽救了党、挽救了红军、挽救了中国革命。二是1942年2月党开始的持续近三年的延安整风和1945年4月党的（扩大的）六届七中全会通过的《关于若干历史问题的决议》，全面总结了建党20多年的经验教训，澄清了一些错误思想，使党在思想上高度统一，为七大的顺利召开提供了坚实的基础。三是针对新中国成立后党在领导建设社会主义进程中出现过的“大跃进”等失误，甚至“文化大革命”的严重错误，党的十一届三中全会对指导思想和各条战线进行了拨乱反正，党的十一届六中全会作出的《关于建国以来党的若干历史问题的决议》，对新中国成立以来党的工作进行了正确总结，统一了全党的认识，为领导改革开放事业奠定了思想基础。四是2016年10月党的十八届六中全会针对一个时期以来党内政治生活中出现的一些突出问题，作出的《关于新形势下党内政治生活的若干准则》，就是以改革创新精神加强和规范党内政治生活。中国共产党鲜明的纠错机制，在世界各国政党中是绝无仅有的。

（三）驰而不息加强作风建设，以上率下、从自己做起

“善禁者，先禁其身而后人。”[①]读完《毛泽东家风》和他为自己定的三条交往原则（恋亲，但不为亲徇私；念旧，但不为旧谋利；济亲，但不以公济私）、周恩来的十条家规，更加感人肺腑、让人肃然起敬。邓小平同志曾经指出：“我们的毛泽东同志、周恩来同志以身作则，严于律己，艰苦奋斗，几十年如一日，成为我党我军优良传统和作风的化身。他们的感人事迹在全党、全军、全国人民中，发生了多么巨大和深远的影响！不仅影响到我们这一代，而且影响到子孙后代。”[②]

党的十八大以后，习近平总书记警醒全党不要出现“霸王别姬”，激荡正气定乾坤，动真碰硬、锲而不舍加强党的作风建设。首先，中央政治局把带头践行中央八项规定作为“先手棋”。“中央政治局同志从我本人做起”，这是习近平总书记在十八届中央纪委二次全会的庄严宣誓。人们看到，2013年7月在武汉新港，大雨滂沱，积水漫过脚面，习近平总书记卷起裤腿，自己撑伞，向工作人员了解物流情况；人们看到，2014年1月，在内蒙古阿尔山零下30多摄氏度的严寒下，习近平总书记和普通的官兵一样头戴栽绒皮帽，身穿迷彩防寒服，视察边防哨所，和战士亲切交流……他身体力行中央带头严格执行中央八项规定，令人耳目一新，赢得了全党全社会的点赞。紧接着，对准焦距、找准穴位、抓住要害，下大力整治“四风”。有媒体道出人民的心声，中央八项规定犹如当年红军“三大纪律、八项注意”，静悄悄地改变了中国！

（四）始终保持反腐败斗争的高压态势

反腐败既是全面从严治党的“高压线”“底线”，也是“最后一道

① 《习近平谈治国理政》，外文出版社2014年版，第387页。
② 《邓小平文选》第二卷，人民出版社1994年版，第125页。

防线”。中国共产党同腐败是水火不相容的。在党的历史上，两大典型案例可昭日月、发人深省：（1）毛泽东同志1937年挥泪处理黄克功逼婚杀人案。1937年10月5日，参加过井冈山斗争和长征的抗大第六队队长黄克功因逼婚未遂而枪杀了陕北公学女学生刘茜。案发后，面对因为黄克功过去对革命的贡献而请求让他戴罪立功、不要处以极刑的呼声，毛泽东在致法院院长雷经天的信中告诫全党：正因为黄克功不同于一个普通人，正因为他是一个多年的共产党员，是一个多年的红军，所以不能不这样办。10月11日陕甘宁边区高等法院判处黄克功死刑并立即执行。对黄克功案的果断处置，让党内部分居功自傲的人对革命法纪产生了敬畏之心。（2）毛泽东同志直接督促处理“共和国反腐第一案”。1951年11月全国开始“三反”运动后，揭露出曾在天津地区任党政主要职务的刘青山、张子善巨大贪腐案，为数达1716272万元（旧币）。鉴于他们无论在抗日战争还是在解放战争中都建立过功勋，对其请求宽大处理的呼声很多。毛泽东强调指出：正因为他们两个人的地位高、功劳大、影响大，所以才下决心处决他们。只有处决他们，才可能挽救20个、200个、2000个犯有不同程度错误的干部。事实证明，处决刘青山、张子善，犹如两声惊雷，向全党敲响了拒腐防变的警钟，保持了我们党的清正廉洁。这两例重大案件的处置，在人民群众中树立了共产党人执法如山的形象。

党的十八大以来，以习近平同志为核心的党中央以极大的政治勇气和历史担当，坚持反腐败无禁区、全覆盖、零容忍，反腐败没有“铁帽子王”，任何人没有免罪的“丹书铁券”；坚持“老虎”“苍蝇”一起打，既坚决查处大案要案，又努力解决发生在群众身边的腐败问题；坚持把“猎狐”和国际追逃追赃纳入反腐败斗争的总体部署，切断腐败分子“避罪天堂”的后路。凡发生腐败问题，有腐必反，一查到底，除恶务尽。笔者深切感受党的十八大以来，我们党从严治党、铁腕治党，一种坚如磐石的历史担当前所未有！一次次拿“手术刀”革除自身病症的精神前所未有！一种久久为功的坚韧意志前所未有！

九、坚持领袖掌舵、驾驭定向，复兴号巨轮乘风破浪、行稳致远

大海航行靠舵手，一个乐队须有一个总指挥。恩格斯在《论权威》中，对权威的地位、重要性论述得十分透彻。邓小平同志1964年11月在会见秘鲁共产党（马）中央第一书记帕雷德斯时指出："党一定要有领袖，有领导核心……领袖与集体领导是不矛盾的。"[①]中国共产党是全国人民的领导核心，而党的领袖是核心的核心。从领导的终极意义上讲，一个大国的气质和命运，很大程度上是由领袖决定的。中国共产党独特机制产生的薪火相传的卓越领袖，这是党风华正茂的关键。

（一）独特科学的领袖产生机制

西方国家是"钱袋民主""财主党"，金钱主宰着选举过程和结果。与此截然不同，中国共产党领袖核心的产生：第一，经过了长期的实践斗争历练。开国领袖毛泽东同志，是在新民主主义革命时期长期艰苦卓绝的斗争中大浪淘沙形成的，是历史的呼唤和必然。习近平总书记从下乡知青成长为党的领袖，从大队党支部书记到党的总书记，从普通的公民到国家主席，从政经历遍及党政军各个领域，历经村、县、地、市、省、直辖市，直至中央等所有层级的主要岗位，每一层级都扎扎实实、政绩卓著。正是经过一步步丰富而长期的实践历练，厚植了他治国理政的根基。第二，充分体现了全党全国人民的意志。他们都是经过党的最高权力机构——党的全国代表大会选举产生，都是党心所向、民心所向、众望所归。第三，中国共产党的领袖进行的是一场"接力赛"。围绕崇高信仰和"实现中华民族伟大复兴"这个党史主题，以毛泽东、邓小平、江泽民、胡锦涛、习近平同志为代表的中国共产党人，勠力同心、接续奋斗，一茬接着一茬干，一张蓝图干到底，从而有效地规避了

① 《邓小平文集》下卷，人民出版社2014年版，第222页。

西方国家“城头变幻大王旗”“一朝天子一朝臣”的局面，保证了党的事业薪火相传。

（二）具有卓越非凡的特质

由于我们党的领袖核心是经过独特的选贤任能机制尤其是经过长期的实践斗争历练产生的，这就决定和确保了他们具有非凡的品格和卓越素质。一是具有坚定的理想信念。党的领袖对马克思主义、社会主义和共产主义，有着坚不可摧的信念，这是他们坚韧不拔、所向披靡的首要因素。二是具有深厚的为民情怀。党的领袖都深知人民群众是历史的创造者，视人民为江山，从而厚植了牢固的执政根基和巨大的执政底气，有着强大的凝聚力。三是具有巨大的理论创新功力和勇气。党的领袖都勇于坚持实事求是，善于把马克思主义的普遍真理与中国的实际紧密结合起来，不断推进马克思主义中国化、时代化，使科学理论产生强大的指导力量。四是具有卓越的领导才能。党的领袖都具有深邃的马克思主义历史眼光、国际化战略眼光，善于高瞻远瞩、运筹帷幄、指挥若定，有着强大的领导力。

（三）党的领袖核心的巨大作用

第一，引领方向。党的领袖是大海航行的“舵手”。遵义会议在中国革命生死攸关的危急关头，党的十一届三中全会在思想僵化、迷惑的关键时刻，南方谈话在姓“社”姓“资”的束缚严重、难以迈开发展步伐的背景下，党的十八大以后在世情、国情、党情发生深刻变化的大背景下，都是领袖把脉定向、拨正航向，让中国革命、建设和中国特色社会主义的巨轮穿云破雾、乘风破浪到达或驶向胜利的彼岸。第二，驾驭全局。领袖具有极强高超的辩证思维、底线思维能力，审时度势、见微知著，成竹在胸、科学决断，善于应对和驾驭各种复杂的局面。解放战争时期，面对400多万“武装到了牙齿”的国民党军队，毛泽东同志和中央军委针对东北、华东、华北三个战场的不同特点制定不同的作战方针，成功进行辽沈、淮海、平津三大战役，使国民党反动统治覆灭。党的十八大以来，面对百年未有之大变局，习近平总书记率领全党坚决进行具有许多新的历史特点的伟大斗争，实现第一个百年奋斗目标；倡导构建人类命运共同体，破解了“世界之问”。第三，示范感召。中共领袖的自律和家风已广为人知、传为佳话，篇幅所限，不再赘述。这里，谨讲两则感人肺腑、催人泪下的领袖“以上率下”的范例。

其一，毛泽东同志派爱子上抗美援朝战场。作为戎马生涯大半辈子的开国领袖，毛泽东同志何尝不知“子弹不长眼睛”“战场流血牺牲总是难免的”；在革命战争年代，他已经失去爱妻杨开慧等5位亲人，他何尝没有骨肉之情。然而，为了保家卫国，他派爱子毛岸英（时任北京机器总厂党总支副书记）参加抗美援朝战争。毛岸英以身殉国后，周恩来总理曾以报告的形式提出，应将毛岸英的遗体运回国内安葬，毛主席批示：青山处处埋忠骨，何须马革裹尸还。就这样，父亲把儿子永远留在了他曾经战斗过的朝鲜三千里江山。此情此景，何等感人！浩瀚宇宙，泱泱世界，哪个国家的执政党有这样的首脑领袖？！也正是领袖以上率下、与人民同样的付出，才破解了全国刚刚解放、敌我双方实力悬殊即出兵朝鲜的难题，极大地鼓舞了全国人民的士气，才夺取了保家卫国的胜利。

其二，习近平总书记人格魅力的感召。党的十八大以来，习近平总书记以民为天、人民至上，“壁立千仞、无欲则刚”（清末政治家林则徐任两广总督时，在总督府衙题书的堂联），求真务实、动真碰硬，抓铁有痕、踏石留印，以上率下、从我做起，夙兴夜寐、殚精竭虑、“我将无我，不负人民”①的优良作风和崇高精神，为全党全国人民树立了巍巍丰碑。“其身正，不令而行。”（《论语·子路》）正是习近平总书记人格力量的无声感召，党风、政风、民风为之一新，党与人民的“鱼水深情”得到生动体现。这种无声的转变，就是党的领袖无与伦比的示范引领的

---

① 《习近平谈治国理政》第三卷，外文出版社2020年版，第144页。

威力!

综上所述，作者从9个方面总结分析了百年大党缘何风华正茂的“密码”。这些“密码”具有鲜明的政治性、科学的真理性、真挚的人民性、严密的系统性，是中国共产党的特质，也是党长期实践探索形成的经验结晶。在迈向波澜壮阔、未有穷期的新的历史征程中，只要我们始终不渝地珍视、坚持、用好这些宝贵“密码”，共产党员将能永葆先进性，伟大、光荣、正确的百年大党将犹如一轮喷薄而出的朝阳，永远风华正茂，永葆美妙之青春!

【重要链接】“我们党作为世界上最大的马克思主义执政党，要始终赢得人民拥护、巩固长期执政地位，必须时刻保持解决大党独有难题的清醒和坚定。……必须持之以恒推进全面从严治党，深入推进新时代党的建设新的伟大工程，以党的自我革命引领社会革命。”

——摘自党的二十大报告

【点评】

这份长篇专题研究报告，体现了作者对党一往情深和深厚的理论功底、实践“底力”，取得了最佳的社会效益。报告总结、揭示的百年大党风华正茂的9个“密码”，回答了带根本性的重大课题，具有重大而深远的意义。编者认为，作者总结交流的研究写作之所以取得巨大成功，主要得益于“一个根本、六条硬招”非常可贵，不仅对写好调研报告，而且对公文、理论文体的写作，均具有普遍的借鉴意义。

阅鉴2

全球化背景下的文化自觉

——关于文化建设几个重大问题的研究

吕东升

（2012年5月18日）

【导读】本文是笔者2012年5月为深入学习党的十七届六中全会精神而撰写的专题研究报告，发表于《政策》杂志2012年第6期“本刊特稿”，新华网全文转载，2012年9月获“全国党的建设征文”一等奖。

第一，写专题研究报告，首先要把握其特点和要求。顾名思义，专题研究（调研）报告，重点、难点都在“专”，相对于其他调研报告，具有较强的专业性、理论性、思想性、弥久性。所谓弥久性，就是报告要经得起实践的检验，发挥作用的生命周期较长。欲达到这“四性”，对作者及作品也有相应的要求：（1）厚积薄发。此类报告并非一次性调查，“现炒现卖”即可完成，大多经过较长时间积淀。（2）“神”大于“形”。它侧重在掌握大量的实践、实际情况基础上进行深入的“冷思考”和研究，出思想成果，无须像其他调查报告一样阐述事物的现状、发展过程、结果这类“形”的东西，主要是“出思想”。（3）功底要硬。要有厚实的理论功底和实践能力。“文如其人”千真万确，缺乏功力是写不出有生命力作品的。

第二，本报告谋划的是“并列式”（横向思维）为主、兼有“递进式”（纵向思维）的结构布局。一看报告副标题“关于文化建设几个重大问题的思考”，即知采用的是“并列式”（横向思维）结构布局；依序阅读四个部分的一级标题“当今时代已进入以文化定成败的阶段”“认真把握、努力遵循文化发展的特点和规律”“深刻领会推进文化改革发展的指导思想和基本方针”“现阶段文化建设的主要矛盾与根本任务”，又感知它们之间存在着严格的“从抽象到具体”“从务虚到务实”的思维逻辑关系，而且四者之间的顺序是不能调整、无可挑剔、无懈可击的。这是作者经过周密、审慎思考而确定的。

第三，专题研究报告的生命力在于“创新”。从结构方面来讲，本文主要创新有二：一是首先提出“已进入文化定成败的阶段”。因为文化的力量首先在于赢得看不见的人心（信仰），正如十七届六中全会期间很多代表所言，一个国家物资匮乏一打就垮，没有强大的军事力量当后盾一打就垮，而没有强大的文化力量做支撑不打自垮，推进社会的发展与和谐稳定，也都离不开文化。二是总结、揭示了文化建设的八大特点和规律。即鲜明的时代性、地域的民族性、存在的开放性、再生产的特殊性、作用的持久性、性质的复杂性、建设的长期性、属性的二重性。这对读者深刻认识和领会党在各个时期对文化建设的方针政策、自觉坚定地推进文化建设是大有裨益的。此外，引用经典说明观点。譬如，在第四部分“现阶段文化建设的主要矛盾与根本任务”中阐述要“创造更好更多的精神食粮，解决人民‘精神饥饿’和‘精神营养’问题”时，就引用了马克思所说的读一本好的小说是一种享受，在现代英国一批杰出小说家的作品中向世人揭示的政治和社会真理，比起一些职业政客、政治家和道德家加在一起所揭示的还要多。这是很有说服力的。

文化建设关乎发展，关乎民心和未来，是一项复杂的系统工程、政治工程，关系党和国家事业的兴衰成败。从一定意义上讲，我们的忧患意识不在硬实力方面，而在软实力，尤其是意识形态领域。本文拟结合调查情况，就深入学习党的十七届六中全会精神作系统研究思考。

一、当今时代已进入以文化定成败的阶段

文化具有引领社会、教育人民、促进发展、维护安全的四大功能。之所以说文化定成败，主要体现在以下四个方面。

（一）加快文化改革发展，是实现科学发展、跨越式发展的必然要求

我们可以从两个方面来作分析：一方面，文化产业发展对经济发展具有直接推动作用。文化产业具有创新驱动、产业融合、品牌效应、低碳经济等特点和功能，在转变经济发展方式中具有不可替代的作用。一是文化产业具有创新驱动的特点，有助于增强自主创新能力。文化产业以观念创新为原动力，在很大程度上是一种创意产业。文化产品的生产、经营、消费，实际上是文化观念、理念和价值观的传递。文化产业通过观念创新维持自身的生命力，从而使经济主体的自主创新意识得到强化。文化产业以形式和媒介创新为载体，无论是网络电视还是电子图书，其创新都推动着整个产业的进步。通过形式和媒介的创新，文化产业获得了不断增长的利润空间和消费群体，也推动着关联行业的技术进步和整个经济创新能力的提高。二是文化产业具有产业融合的特点，有助于催生新型高端业态。产业融合能够为企业提供扩大规模、开发新产品和新服务的巨大机遇。例如，三网融合将带动文化产业链上众多行业发展，内容提供商、服务提供商、运营商及光纤通信设备制造商都将获益。文化产业不断渗透其他产业，从而推动产业结构优化升级。三是文化产业发展具有品牌效应。一定的品牌，就是包含深刻文化内涵与特色服务的名牌产品。它既是一种有形的产品，又是 种无形的资产，可以反复转化为物质财富。许多跨国公司由于创立了自有品牌，即使自己不直接从事生产，也能获得丰厚的利益。长期以来，我们对创造培育文化形态的无形资产重视不够，对产品和服务中的文化价值认识不够。吴邦国委员长在去年《求是》杂志第19期发表的文章中指出，中国自主创

新能力不强，缺乏核心技术，缺乏知名品牌，中国产品的增加值率只有日本的4.37%、美国的4.38%、德国的5.56%。也就是说，很多产品标注为中国制造，但研发设计、关键部件和市场营销都在国外，只有加工、封装等劳动密集型产业在中国。中国出口商品中90%贴牌生产，每部手机销价的20%、计算机销价的30%、数控机床销价的20%～40%都要支付给国外专利持有者。现代经济就是“精神经济”。对于品牌效应，我想同志们感受很深，同样质量的汉派服装，两三百元也卖不出去，挂一个“沙驰”的商标，两三千元也有人抢购。四是文化产业具有低碳经济的特点，有助于节约资源、保护环境。文化产业不仅自身不消耗或较少消耗自然资源，而且能够改变传统消费观念和生活方式，进而促进节约资源、保护环境。总之，随着科技进步和知识经济的发展，文化已经深入经济发展的全过程，创意、设计、构思等文化创新日益成为价值创造的重要支点，品牌、形象、信誉等文化形式的无形资产日益成为市场竞争的关键所在。文化与经济融合产生的竞争力已经成为一个国家和地区最根本、最持久、最难替代的竞争优势。过去我们讲，经济发展“一靠政策，二靠科技”，现在还应加上“三靠文化”。

文化立国，成就韩国。在文化产业发展方面，韩国算是后起之秀，起步较晚，但其发展势头不可小视。20世纪末，“韩流”概念“横空出世”，席卷亚洲并走向世界，在为韩国带来巨大经济利益的同时，也让外界进一步认识并了解这个国家，大大增强了韩国文化在亚洲乃至世界范围的影响力。90年代末，亚洲遭受金融危机之后，韩国提出了“文化立国”战略，据韩国文化产业振兴院提供的数据，2009年韩国文化产业规模达到69.4万亿韩元（折合人民币3826亿元），约占当年GDP总量的6.5%。

另一方面，现代经济“无中生有”“以弱变强”完全取决于精神状态。中国香港、中国台湾和韩国、新加坡资源禀赋匮乏而成为“亚洲四小龙”，国内张家港由落后地区跃升为全国县域经济百强之首，靠的就是精神状态。

（二）加快文化改革发展，是推动社会进步、促进社会和谐稳定的客观需要

《论语》记载了这样一个故事：孔子到卫国看到熙熙攘攘的人流，弟子冉有问，这个地方人口众多该如何治理呢？孔子回答“富之”，也就是让人们的生活富裕起来；冉有又问，富裕起来以后又该如何呢？孔子回答“教之”，也就是通过教化来提高人的素质。这个故事告诉我们要富而思进、富而从文、以文化人。目前，我国人均GDP约6100美元，可以说已基本“富之”，下一步更重要的是要“教之”，以教开智、以文化人，既富口袋又富脑袋。一个文化进步的社会必然是物质财富和精神财富共同进步的社会，一个现代化的强国必然是经济、政治、文化、社会全面发展的国家。从长远的观点看，文化作为历史文明的积淀，在社会发展方面的意义是解决“人从哪里来、到哪里去”的问题。文化是更高层次和更高境界的追求。一个健康的社会如果没有绚丽多彩的文化艺术，就像大自然没有阳光、空气和水一样，是无法存续的。

具体而言：其一，维护民生基本权益必须加快文化发展。社会主义初级阶段的主要矛盾是人民日益增长的物质文化需要同落后的社会生产之间的矛盾。现在看来，满足文化需求是个短板，还存在严重的“文化饥饿症”。饥饿表现在两个方面：一方面，部分农村尤其是贫困山区群众看不到电视，有线广播线断、网破、人散，很难听到党中央的声音，精神生活极端匮乏。另一方面，在城市广大青少年中，也很难见到合乎社会主义核心价值体系、喜闻乐见、健康向上、能打动人心的精神产品。其二，提升幸福指数必须加快文化发展。恩格斯讲过，文化上每进一步都是迈向自由的一步。因为人们需要通过文化来启蒙心智、认识社会、获得思想上的教益，也需要通过文化愉悦身心、陶冶性情、获得精神上的满足。如果没有精神上的充实和丰盈，就不能说有真正幸福的生活和美好的人生。我们讲社会公平，文化是一个不可或缺的重要体现；我们讲幸福指数，文化是一个很重要的衡量尺度；我们讲生活质量，文

化是一个显著的标志。文化既是凝聚人心的精神纽带，也直接关系民生幸福。其三，化解矛盾、实现社会和谐稳定必须加快文化发展。当前，我们正处在经济转轨、社会转型的加速期，新情况、新问题、新矛盾层出不穷，一些人的思想困惑、精神焦虑有所增多，人文关怀、心理疏导、精神抚慰的任务更加繁重。必须在坚持"以文化人""以文诱人"的同时，更好地用文化滋润心灵、舒缓压力、涵养人生，更好地丰富人们的精神世界，化解社会矛盾，实现社会和谐。

（三）加快推进文化改革和发展，是赢得民心、实现国家长治久安的重要途径

文化的功能在于养"心"；文化的力量在于赢得看不见的人心。先看看信仰的力量吧！同样是德国人，是马克思有力量还是希特勒有力量？马克思困窘时连自己的衣食住行都成问题，希特勒的力量却几乎横扫了整个欧洲。但后来希特勒的力量像冰雪融化一样消失得无影无踪，马克思主义却改变了多个国家和民族的命运。十月革命一声炮响，给中国送来了马克思主义，中国共产党人砥柱中流，带领亿万劳动人民推翻了"三座大山"，灾难深重的旧中国才获得了光明。直至今天，马克思主义仍对世界产生重大影响。邓小平同志1978年的报告《解放思想，实事求是，团结一致向前看》、1992年的南方谈话也都改变了中国的命运——前一篇报告使中国结束了"以阶级斗争为纲"的历史，确定了把党的工作重点转向以经济建设为中心的轨道上来；后一篇讲话使中国告别计划经济时代，建立社会主义市场经济新体制。所以有谚语：那统辖思想的，比统辖城池的更有力量；思想比利剑更有力量。

现在，由于国内发展社会主义市场经济、加大对外开放力度，加上互联网发展带来的西方意识形态的渗透，人们思想多元、多样、多变特征日益明显。如何塑造全民认可和可以接受的价值观、形成共同的思想基础？如何引领社会思潮、释疑解惑、赢得民心？如何创造出比外国文化更具魅力的独特中国文化，吸引五亿网民尤其是年轻人？如何理顺情

绪、凝聚力量形成爱国和发展的统一战线？这都是重大而紧迫的问题。

（四）加快推进文化改革和发展，是维护国家安全的紧迫要求

综观当今世界，就范围和力量而言，在意识形态领域不是“东风压倒西风”而是“西风压倒东风”，令人忧心忡忡。

一是文化交流“逆差”巨大。当经济领域的中石化、中国移动向世界500强挺进时，我们的文化企业却拿不出一个名扬世界的品牌代表；当美国利用中国的花木兰故事拍成电影并成功占领中国市场时，中国的创意产业刚刚起步。全国500多家出版社年收入总和，不及德国贝塔斯曼集团一家的年收入。还有一个悬殊的对比：全世界每100本图书中，85本由发达国家流向不发达国家；全世界每100小时音像制品中，74小时由发达国家流向不发达国家；美国生产的电影占全球影片总量的10%，却占了全世界1/2的观影时间。同样是“文化输出”，西方推行的是“三片文化”——大片、薯片、芯片，美国大片控制人们的视觉娱乐，薯片控制人们的胃，计算机芯片控制人们的创造性和文化安全。撒切尔夫人断言：一个只能出口电视机而不是思想观念的国家，成不了世界大国。这句话刺耳、刺激，却发人深思！

二是“围剿”、渗透相当激烈。我国是发展中大国，仍处于社会主义初级阶段。我们在世界社会主义“低潮”时高举社会主义旗帜，必然会受到国际敌对势力的意识形态“围剿”。随着我国综合国力的不断增强，国际敌对势力也认识到，单纯依靠硬实力遏制中国越来越不可能，从而加大了对我国进行意识形态渗透的力度，加紧实施“西化”“分化”战略，千方百计干扰和遏制我国发展。我国同国际敌对势力在思想文化领域的斗争和较量是长期的、复杂的。西方国家争夺意识形态话语权呈现三个新特点：（1）在散布“意识形态中介”迷雾、“普适价值”神话的同时，把一些问题政治化、意识形态化，向其他国家输出政治制度。（2）掌握和利用大众传媒对一些国家形成的全方位、立体式包围网。广播、卫星电视等传统媒体仍然是干扰、渗透意识形态的重要途径，近年

来，更是加紧与我国争夺互联网等思想文化的新阵地。(3)利用国家贸易、文化交往不断扩大的契机，在向一些国家输入文化产品的同时，渗透美式自由、民主、人权等所谓的“普适价值”观。同时，利用各种基金会和非政府组织，进行名为“文化交流”的渗透，甚至发展成为输出美国价值观念的渠道。西方敌对势力的手法、花样时常翻新，但反共、反马克思主义、反社会主义的立场是根深蒂固的，其战略意图和目标将一以贯之。

三是美国互联网“帝国时代”来袭。科学技术发展使主权国家在领土、领海和领空之上，产生了一个全新的“第四空间”，即网络空间。这个由计算机、卫星、缆线等各种信息终端连接而成的网络，将政治、军事、商贸、金融、交通等各行各业，政府、非政府组织、企业与个人等各类主体连接在一起，由此成为当今世界、主权国家赖以正常运转的“神经系统”。但是，美国IT巨头思科的交换机、英特尔的处理器、微软的视窗、谷歌的搜索引擎等在全球占据垄断地位。只要对某国做手脚，即可令该国从网络世界消失，伊拉克、利比亚等国都曾遭遇被“抹杀”的命运。因此，美国掌控互联网的“生杀”大权，拥有网络信息的主导权。越来越多的国家担心，在全球网络呈爆炸性增长、对经济发展的影响愈发深远的背景下，由美国一家所掌控的网络风险越来越大，我们面临的挑战相当严峻。

由此而论：文化安全与军事安全、经济安全、政治安全同等重要。十七届六中全会期间，很多代表反映，一个国家物资匮乏一打就倒，没有科技实力一打就倒，没有强大的军事力量做后盾一打就倒，而没有文化力量作支撑“不打自倒”。我们已经进入一个文化比任何时候都更加重要的时代。“不打自倒、不攻自败”，苏联、东欧的沉痛教训深刻地证明了这一点。我们要牢固树立风险意识、忧患意识、政权意识，树立抓文化就是抓发展、抓方向、抓民心、抓未来的思想观念。可以说，是否具有高度的文化自觉，不仅关系到文化自身的发展和繁荣，而且关系到党和国家的前途命运。

二、认真把握、努力遵循文化发展的特点和规律

纵观世界文化发展史，笔者总结发现：与物质再生产相比，文化建设具有以下八大特点或规律。谁掌握了它，就等于拿到了一把“金钥匙”。

（一）鲜明的时代性

文化是一定社会政治经济的反映，经济基础和政治制度影响着文化的发展方向和发展状况。马克思曾经指出：“人们自己创造自己的历史，但是他们并不是随心所欲地创造，并不是在他们自己选定的条件下创造，而是在直接碰到的、既定的、从过去继承下来的条件下创造。”[①]迄今为止，人类经历了原始社会、奴隶社会、封建社会、资本主义社会、社会主义社会等社会形态，也孕育了与之相适应的文化形态。这些文化形态既有历史的延续，又有阶段的差异。它表明，任何文化的发展总是在一定的时空背景下展开的，不可能超越历史，更不是空中楼阁。推进文化建设，必须坚持从实际出发，找准历史的方位和坐标，充分认识我国发展的阶段性特征，认识现阶段我国文化构成和状况的复杂性，制定切实可行的文化发展战略。

（二）地域的民族性

世界上任何文化都有其民族性。文化的民族性是指能够反映民族精神、民族特性的价值观念、思维方式、国民品行、人格追求、伦理情感等思想文化的本质特征，是文化的民族风格、民族气派的表现。文化的民族性是经过长期积淀形成的，具有相对稳定性，但又不断发展和创新。当今时代，世界多极化、经济全球化趋势仍将继续，各种思想文化相互激荡。在这种态势下，我们应当注意保持并努力发展文化的民族

① 《马克思恩格斯选集》第一卷，人民出版社2012年版，第669页。

性，尊重自己民族的优秀传统文化，合理利用优秀传统文化这个重要资源。那些持有全球化就是一体化、民族文化将不复存在、民族精神将逐渐消解观点的人，与其说是缺乏深思、缺乏常识，不如说是情绪化、别有用心。中国共产党明确提出文化建设的“中国特色”问题，从某种意义上讲，就是要解决中国文化的民族性问题。只有这样才能加强文化安全，防范“西化”“分化”图谋。

（三）存在的开放性

文化从纵向来看是继承关系，从横向来看是交流、交融、交锋的关系。一个半世纪前，马克思和恩格斯对世界文化的发展作了一个预言：“由于开拓了世界市场，使一切国家的生产和消费都成了世界性的了……过去那些地方的和民族的自给自足和闭关自守状态，被各民族的各方面和互相往来的互相依赖所代替了。物质的生产是如此，精神的生产也是如此。各民族的精神产品成了公共的财产。民族的片面性和局限性日益成为不可能，于是由许多民族的和地方的文学形成了一种世界的文学。”[①]这里说的“文学”，是指科学、艺术和哲学等方面的著作，相当于我们今天说的“文化”。一个半世纪后，马克思和恩格斯关于文化的世界性发展论述成了现实。如今，经济全球化的大潮已席卷全球，科技革命和信息化向纵深推进，所有国家都主动地开始按照国际惯例办事、与国际惯例接轨。从文化的角度看，在当今时代，自然科学、社会科学、思想等都已超越国界，成为一种世界性的现象，与世隔绝是没有出路的，“古为今用、洋为中用”是一条基本方针。

（四）再生产的特殊性

与物质再生产各环节有所不同，文化再生产可以分为创作、生产、传播和消费四个环节。一是创作。文化作为一种观念形态，是人类在适

---

① 《马克思恩格斯选集》第一卷，人民出版社2012年版，第404页。

应自然、改造社会及丰富主观世界的过程中，所有智力创造的成果及精神财富的总和。创作既包括科学研究上的学术创作，也包括文学艺术创作。作品是产品的基础。没有好作品，就没有好产品，已被文化发展史充分证明是一条“铁律”。二是生产。无论是学术创作还是文学创作，作为个体化创作的成果，都体现为作品。要把各类作品转化为产品，必须经过生产环节。一方面，作品一般要借助报纸、期刊、图书等印刷品，以及互联网、移动终端等数字化或网络化平台，转化为文化产品；另一方面，作品经过改编、表演等再创作，借助舞台、广播电视、电影等载体，转化为文化产品和服务。从本质上讲，文化生产是内容生产，是一种特殊的生产形态。三是传播。文化产品不同于物质产品，其外壳是文化的载体，具有物质的形式，内核是精神文化。现代科技在文化再生产中的广泛应用，产生了广播电视网络、电影院线、出版物发行、文艺演出院线等多条传播渠道。此外，互联网服务场所（网吧等）、娱乐场所等也属于文化传播渠道。四是消费。文化消费包括基本和非基本两个层次。文化再生产的四个环节是相互依存、互为条件的。创作的成果是作品，作品经过生产转化为产品，通过传播成为一种特殊商品，最终进入文化消费环节。个性化的创作成果，只有通过集中化、规模化的文化生产，才能在更大范围内进行传播和消费。因此，创作个性化与生产社会化之间的矛盾，是文化再生产的基本矛盾。

（五）效能的持久性

文化消费与物质消费有很大区别，物质消耗的终结是物质使用价值的终结，而文化消费的过程和终结正是文化积累和积淀的开始。文化的消费具有不丧失性，文化产品供给能力比物质产品的供给能力更为重要。物质财富只是拥有一个使用权而已，它可能一夜之间化为乌有，而文化产品、精神财富是永久的。精神动力一旦形成，就会具有相对独立性和发展的可持续性，对人们的实践活动产生长期的影响和持续的推动作用。甚至在个体的生命结束之后，其精神动力也不一定会消失，还可能变成他人的精神力量，对他人的实践活动继续产生影响、发挥作用。如《资本论》《共产党宣言》，其生命力经久不衰，已经影响并将继续影响世界；毛泽东同志的“实事求是”、邓小平同志的“发展才是硬道理”，永远放射真理的光芒，与日月同辉。诚如金一南将军在《苦难辉煌》的前言中所云：“物质不灭，宇宙不灭，唯一能与苍穹比阔的是精神。”

（六）性质的复杂性

其所以复杂，主要是：一是内涵纷呈、外延宽泛。文化从宽口径来讲，可以指人类在改造客观世界过程中创造的物质成果和精神成果的总和；从中口径来讲，一般指人类在改造客观世界过程中创造的精神成果的总和（特指精神财富），近乎中国特色社会主义事业总体布局中的文化建设；从窄口径来讲，则指运用文字的能力及一般知识。从内容来划分，至少有国民教育、学术文化、大众文化、道德文化、法治文化五类。任何时期的文化都是多元一体、多样共生的。从目前涉及的部门和单位来讲，湖北省一级公益性文化单位有11个，经营性文化单位或企业也有11个。二是具有浓厚的政治色彩。古今中外、古往今来，文化总要打下政治烙印、为统治阶级服务。“文艺是不可能脱离政治的。任何进步的、革命的文艺工作者都不能不考虑作品的社会影响，不能不考虑人民的利益、国家的利益、党的利益。”“没有正确的政治观点，就等于没有灵魂。”三是“西化”“分化”的斗争较量。我们同西方敌对势力之间渗透与反渗透、颠覆与反颠覆的斗争是尖锐的、长期的，有的甚至是非常激烈的，是没有硝烟的战斗。四是“看不见的战线”。文化建设是做征服人心、隐形的工作，也是铸造灵魂、改造灵魂的工作，用打仗、上项目、搞运动的方式难以奏效，需要以理服人、晓之以理、润物无声、潜移默化。此外，文化竞争异常激烈。

（七）建设的长期性

列宁指出：“文化任务的完成不可能像政治任务和军事任务那样迅

速。应当懂得，现在前进的条件已经和从前不一样了。在危机尖锐化时期，几个星期就可以取得政治上的胜利。在战争中，几个月就可以取得胜利，但是在文化方面，要在这样短的时间内取得胜利是不可能的。”[①] 文化涉及人们的情感记忆、思维习惯、精神感悟，涉及人们的历史认知、观念认同、理想追求，这些都需要时间的淘洗、长期的孕育。文化建设是在精神领域搞建设，与盖大楼、修高速公路不一样，不是三五年能见效的，没有长期的积累，就不可能有大的飞跃。历史上有影响的经典名著、文化大家，都是在人类文化长期积淀和竭力推进中问世和诞生的，并非一朝一夕能够出现的。“十年树木、百年树人”是一种形象的说法，文化的变迁确实是一个漫长的过程。推进文化建设既要有紧迫感也要看到长期性，要有足够的耐心和坚持，做到重在建设、注重积累、持之以恒、久久为功，绝不能心浮气躁、急功近利，更不能用暴风骤雨搞运动的方式来进行。

（八）属性的二重性

马克思曾经指出：社会生活中存在着两种生产力，一种是物质生产力，一种是精神生产力；又指出，资本主义生产就同某些精神生产部门如艺术和诗歌相敌对。这一论断深刻揭示了特定的生产关系、生产方式对精神文化生产的制约作用及二者之间的矛盾关系，指出了文化产品具有“商品”和“非商品”的双重特性。在社会主义市场经济条件下，文化产品既有教育人民、引导社会的意识形态属性，也有通过市场交换获取经济利益、实现再生产的商品属性、产业属性和经济属性。在“两种属性”中，意识形态属性是文化产品的特殊性，商品、产业和经济属性是文化产品的普遍性。商品属性决定文化产品具有价值和使用价值，可以通过市场交换获取经济利益、实现再生产；意识形态属性要求文化产品履行一定经济基础服务的社会功能。正是由于“双重属性”的发现，

---

① 《列宁选集》第四卷，人民出版社2021年版，第591页。

我们党界定了“公益性”与“经营性”的“楚河汉界”，确立了公益性文化“事业”与经营性文化“产业”比翼齐飞、政府主导与市场运作双轮驱动、正确处理经济与社会两个效益关系。如同马克思发现劳动二重性（具体劳动、抽象劳动）进而揭示剩余价值学说一样，文化二重性的发现也具有里程碑意义，是我们制定党的文化方针政策、深化文化体制改革的基本依据和“金钥匙”，决定了文化改革和发展的成败（见图2）。

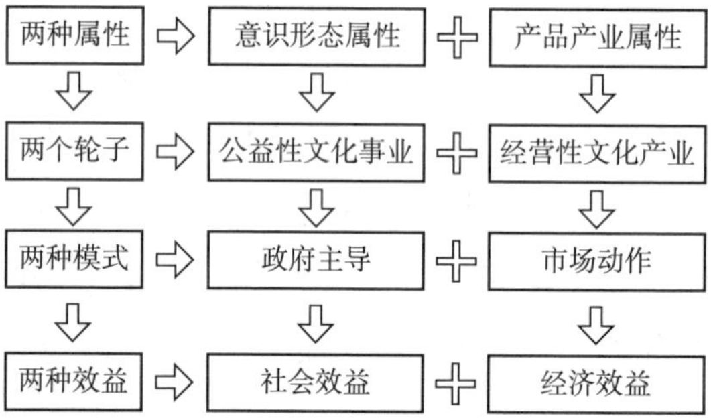

图2　文化建设两重性示意

三、深刻领会推进文化改革发展的指导思想和基本方针

党的十七届六中全会通过的决定中有关指导思想和重要方针，不少同志可能背诵得滚瓜烂熟。但是，对于各级领导干部而言，不能满足于“知其然”，而应在知其“所以然”、深刻领会其精神实质上下功夫。唯其如此，才能明辨方向、提高贯彻落实的自觉性和坚定性。

（一）必须坚持以马克思主义为指导

文化能引领“方向”、铸就“灵魂”，必须在头脑中嵌入“软件”来统领“灵魂”。这个“软件”只能是中国化的马克思主义。之所以如此，原因有三个。

其一，马克思主义是被历史和实践证明了的科学真理。马克思主义的科学性和真理性，在于它的世界观和方法论是科学的（辩证唯物主义和历史唯物主义）。在人类思想史上，迄今为止，还没有一种学说像马克思主义那样对世界历史产生如此巨大的影响。甚至一些并不赞同马克思主义的人也承认，马克思主义是人类文明史上不朽的思想丰碑。近年来，世界上兴起一波又一波的“马克思热”；在全球千年思想家、最伟大的哲学家等评选活动中，马克思以高票位居榜首；2008年，当国际金融危机肆虐全球之时，马克思的鸿篇巨制《资本论》在欧洲的销量成倍增长……这一切都表明，马克思主义经受住了时代的考验，其科学性和真理性得到了世界上越来越多人的认同。马克思主义的科学性和真理性，已经为中国革命、建设和改革的实践所证明。在马克思主义指导下，中国共产党带领中国人民推翻了“三座大山”，成立了新中国，走上了中国特色社会主义道路，开创了中国历史的新纪元。改革开放30多年来，我们党把马克思主义基本原理同中国实际和时代特征紧密结合起来，引领改革发展取得了举世瞩目的伟大成就，充分显示了马克思主义的强大指导作用。

其二，我国的国情决定了必须以马克思主义为指导。我国是拥有13亿多人口的大国，又处在社会主义初级阶段。在经济上，以公有制和按劳分配为主体，其他经济成分和分配方式为补充；在政治上，实行中国共产党领导的多党合作和政治协商制度；由这样的经济、政治决定的文化，必然呈现多成分、多层次、多样化的特点。只有马克思主义的统一指导，才能把这种多样化的文化格局，统一到社会主义这个大目标上来，才能保证中国文化的社会主义性质和鲜明特色。否则，我们的社会主义文化建设就会失去动力、失去灵魂、失去方向。

其三，苏联、东欧的沉痛教训证明，背离马克思主义就会天下大乱，亡党亡国。

因此，我们要推进马克思主义中国化、时代化、大众化，用中国特色社会主义理论体系武装头脑、指导实践、推动工作，确保文化改革发展沿着正确道路前进。

（二）必须坚持社会主义先进文化的前进方向

文化是一个政党、一个国家的精神旗帜，反映其理想追求。坚持什么样的方向、建设什么样的文化，不仅决定着文化自身的发展前途，更关系到党和国家事业的成败。

其一，坚持以社会主义核心价值体系引领文化大发展大繁荣。“人无信不立。”一个国家、一个民族、一个政党、一个社会，也是无信不立。所谓“信”，就是信仰、信念、信心这些价值观。任何一种文化的构建，价值观都居于核心地位。从这种意义上讲，党的十七届六中全会提出，社会主义核心价值体系是兴国之魂，是社会主义先进文化的精髓，决定着中国特色社会主义发展方向，是先进文化建设的根本任务。如果没有核心价值体系做支撑和人们发自内心的尊重与信任，国家的文化建设是立不起来的。要坚持用社会主义核心价值体系引领社会思潮，在全党全社会形成统一指导思想、共同理想信念、强大精神力量、基本道德规范。

其二，坚持“三为”方向，即为人民服务、为社会主义服务、为全党全国工作大局服务。为人民服务，是我们党的宗旨决定的；为社会主义服务，是我们国家的政权性质决定的；为全党全国工作大局服务，是我们党的基本路线决定的。文化工作的一切，都要服从和服务于全党全国工作大局。这“三为”方向，既是立场问题，也是质的规定。

其三，坚持“双百”“二用”“一推”的基本方针。“双百”方针，即“百花齐放、百家争鸣”。毛泽东同志曾经指出：“艺术问题上的百花齐放，学术问题上的百家争鸣，我看应该成为我们的方针。”[①]又指出：“百花齐放、百家争鸣的方针，是促进艺术发展和科学进步的方针，是促进我国社会主义文化繁荣的方针。艺术上不同的形式和风格可以自由发展，科学上不同的学派可以自由争论。”[②]坚持“双百”方针是我国社

---

① 《毛泽东文集》第七卷，人民出版社1999年版，第54页。

② 《毛泽东文集》第七卷，人民出版社1999年版，第229页。

会主义文化建设进程中取得的宝贵经验，什么时候二者坚持和贯彻得好，文化就繁荣发展；什么时候二者被忽视或者某一方面被偏废，文化就凋零。贯彻“双百”方针，是社会主义文化繁荣发展的生机所在。“二用”方针，即“古为今用，洋为中用”①。文化建设是一个开放的系统。古为今用，讲的是现代文化同传统文化关系处理问题；洋为中用，讲的是中西文化关系问题。要汲取精华、剔除糟粕，使之与当代社会相适应、与现代文明相协调，保持民族性，体现时代性。“一推”即“推陈出新”②，就是继承和创新相统一。

其四，坚持“三个面向”，占据文化发展的制高点。“三个面向”：就是发展面向现代化、面向世界、面向未来的，民族的科学的大众的社会主义文化。所谓面向现代化，就是以我们正在做的事情为中心，为党的中心工作服务；所谓面向世界，就是要适应开放竞争，应对“西化”“分化”政治图谋，不断发展壮大自己；所谓面向未来，就是着眼长远，发展有旺盛生命力的文化。这“三个面向”是我们党坚持马克思主义唯物史观，为推动文化改革发展所作出的时空定位。胡锦涛同志指出：“当今时代，文化在综合国力竞争中的地位日益重要。谁占据了文化发展的制高点，谁就能够更好地在激烈的国际竞争中掌握主动权。”③谁就能够在思想文化上高高擎起时代前进的旗帜，为人类文明进步作出更大的贡献。面向现代化、面向世界、面向未来，体现了先进文化的时代性和开放性的统一，其内涵会随着时代发展日益丰富和深化，其形式会随社会进步不断创新、日益多样。

（三）必须坚持以人为本、人民至上

毛泽东同志指出：“我们的文化是人民的文化，文化工作者必须有

① 《论文化建设——重要论述摘编》，学习出版社、中央文献出版社2012年版，第33页。

② 《论文化建设——重要论述摘编》，学习出版社、中央文献出版社2012年版，第34、95页。

③ 《胡锦涛文选》第二卷，人民出版社2016年版，第538页。

为人民服务的高度的热忱，必须联系群众，而不要脱离群众。”[1]在延安文艺座谈会上的讲话中，他又指出：“为什么人的问题，是一个根本的问题……如果把自己看作群众的主人，看作高踞于‘下等人’头上的贵族，那么，不管他们有多大的才能，也是群众所不需要的，他们的工作是没有前途的。”[2]坚持以人为本、人民至上，关键是做到以下五个方面。

其一，坚持“三贴近”的原则。即贴近实际、贴近生活、贴近群众。文学作品是源于生活、高于生活的。“三贴近”是创作的源泉，只有做到“三贴近”，才能创作出人民群众喜闻乐见的文艺作品。如果脱离群众，则同20世纪70年代前用煤油灯照明一样，油完了，灯也就熄了。

其二，保障人民基本文化权益。关键是要体现人民性。什么叫艺术的人民性？毛泽东同志说过，就是广大人民喜闻乐见的东西。文化的“根”在人民群众，艺术本质上是属于人民的，而不是属于“人民币”。如果名画精品只在少数有钱人手里周转且藏而不读，如果演艺作品总在豪华剧院和音乐厅游荡回响，如果动辄上千元的演唱会门票常让普通人望而却步，不仅艺术的人民性难以体现，艺术的生命力也值得怀疑。

其三，发挥人民群众在文化建设中的主体作用。最主要的是牢固树立马克思主义群众观点，为广大群众成为社会主义文化建设者提供广阔舞台。一是广泛开展群众性文化活动，大力提高社区文化、村镇文化、企业文化、校园文化建设水平。二是积极搭建公益性文化活动平台。水无渠不流，戏无台难唱。要举办好重大节庆文化活动，传承好民族民间文化资源，建设好网络文化阵地。三是支持群众依法兴办文化团体。群众文化团体是发挥人民群众文化创造积极性、推动文化繁荣发展的重要依靠力量，其作用是专业文化团体无法替代的。要积极推动群众文化团

---

① 《毛泽东选集》第三卷，人民出版社1991年版，第1012页。

② 《毛泽东选集》第三卷，人民出版社1991年版，第857、864页。

体发展；精心培育植根群众、服务群众的文化载体和文化样式；依法规范群众文化团体活动。

其四，坚持以人民为中心的创作导向。文学作品不是歌颂帝王将相、才子佳人的，而是要牢固树立人民是历史创造者的观点，热情讴歌改革开放和社会主义现代化建设伟大实践，生动展示我国人民奋发有为的精神面貌和创造历史的辉煌业绩的。要坚持正确的文化立场，正确对待和积极追求文化产品的社会效果，弘扬真善美，贬斥假恶丑。

其五，坚持把人民满意作为评价作品的最高标准。要把群众评价、专家评价和市场检验结合起来，形成科学的评价标准。改进评奖办法，解决好一些文艺工作者脱离社会、脱离实践、脱离群众的问题，改变一些文艺作品“领导是观众、评奖是目的、仓库是归宿”的现象。

（四）必须坚持把社会效益放在首位

在市场经济条件下，由于利益驱动，客观上存在“一切向钱看”和“以GDP论高低”的现象。一些文化产品的样式追求新奇刺激，价值内涵流于庸俗，甚至明显背离道德底线，但由于可能获得颇为可观的市场效益，便呈现泛滥的趋势。最后导致的后果是，社会效益和经济效益失衡。邓小平同志曾经指出：“思想文化教育卫生部门，都要以社会效益为一切活动的唯一准则，它们所属的企业也要以社会效益为最高准则。思想文化界要多出好的精神产品，要坚决制止坏产品的生产、进口和流转。”①江泽民同志也强调指出，在思想文化教育部门和所有从事精神产品的生产或传播的企事业单位，都必须把社会效益摆在首位，在这个前提下讲求经济效益，实现社会效益和经济效益的正确结合，多出好的精神产品，而绝不允许“一切向钱看”的错误倾向冲击和危害社会主义精神文明建设，更不允许这种错误倾向泛滥而不受到批评和制止。要坚决抵制庸俗、低俗、媚俗文化之风。

① 《邓小平文选》第三卷，人民出版社1993年版，第145页。

（五）必须坚持以改革创新为根本动力

创新是文化的本质特征。一部人类文化发展史，实际就是一部文化创新史。党的十七届六中全会指出，文化引领时代风气之先，是最需要创新的领域。必须牢牢把握正确方向，加快推进文化体制改革，为文化繁荣发展提供强大动力。一是大力推进体制机制创新。要深化国有文化单位改革，培育合格的市场主体，理顺政府和文化企事业单位关系。完善管人、管事、管资产、管导向相结合的国有文化资产管理体制。二是大力推进内容、形式的创新。要准确把握社会文化生活的新特点和人民群众的新期待，创作生产更多思想深刻、艺术精湛、群众喜闻乐见的文化精品。同时，增强文化产品的表现力，不断创造新的文化样式，催生新的文化业态。三是大力推进传播方式、科技手段的创新。文化的影响力不仅取决于文化内涵魅力的大小，而且取决于其传播手段的强弱。譬如，中国造纸术和印刷术的发明，使人类思想文化的传播摆脱了时空的局限，成为文化发展史上的重要里程碑。近代以来，无线电技术、摄影摄像技术、广播电视技术的发明，使人类文化进入了一个视听传播的新时代。近年来，数字技术、网络技术迅速发展，为思想文化传播提供了新的载体，催生了新的文化业态。科技的发展也以独特的方式增强着文化的表现力、吸引力和感染力。又如在舞台表现上，借助现代声光电技术和影视特技，可以呈现出气势磅礴、美轮美奂、精彩纷呈的舞美效果。数码电视技术极大地丰富了电视的表现力，4D电影、球幕电影、交互电影等给人们带来前所未有的审美体验。四是坚持以我为主、为我所用。要学习借鉴“三个一切”，即一切有利于加强我国社会主义文化建设的有益经验、一切有利于丰富我国人民文化生活的积极成果、一切有利于发展我国文化事业和文化产业的经营管理理念和机制都应该学习借鉴。

（六）必须坚持党对文化工作的领导

坚持党对文化工作的领导，是历史经验的总结。胡锦涛同志指出："党管宣传、党管意识形态，是我们党在长期实践中形成的重要原则和制度，是坚持党的领导的一个重要方面，必须始终牢牢坚持，任何时候都不能动摇。"在20世纪80年代末90年代初东欧剧变中，苏联共产党作为世界上最大的社会主义国家的执政党，一夜之间丧失政权。导致苏联解体的原因是多方面的，但有一点不容忽视，就是苏联共产党没有抓住意识形态和文化领域的领导权。这个沉痛教训是极为深刻的。

坚持党对文化工作的领导，概括起来，就是"五抓一强"。"五抓"具体体现为：一是抓方向。江泽民同志曾经指出，文化建设最重要的是要抓方向，又指出新闻舆论单位一定要将正确的政治方向放在一切工作的首位，坚持正确的舆论导向。二是抓阵地。各级党委都要增强阵地意识，切实加强对思想文化阵地的领导。精神文明建设的重要阵地必须牢牢掌握在党的手里。先进文化教育部门和党报党刊、通讯社、广播电台、电视台、出版社的工作状况如何，影响极大。要加强宣传阵地的建设和管理，不能为错误的思想观念提供传播渠道。三是抓班子。党的十七届六中全会决定指出，要坚持德才兼备、以德为先的用人标准，选好配强文化领域各级领导班子，把政治立场坚定、思想理论水平高、熟悉文化工作、善于驾驭意识形态领域复杂局面的干部充实到领导岗位上来，把文化领域各级领导班子建设成坚强的领导集体。坚持政治家管文化、政治家办报（期刊）、政治家治校。四是抓方针政策。五是抓人才。要坚持党管人才的原则，加强宣传思想战线专业人才队伍建设，努力培养造就一大批坚持正确方向、精通各自业务、做出突出成绩、受到人民欢迎的各门类专家和业务骨干。"一强"，就是强素质。相对于"热门"部门而言，宣传文化工作也是"常人不愿干，一般人干不了"。就理论素质等方面而言，从事宣传文化工作的干部与其他干部相比，应该是"一桶水与一碗水"的关系。如何增强政治敏锐性和鉴别力？如何将复杂问题简单化、枯燥的问题鲜活化、深奥的问题通俗化？如何在“西化”“分化”“西强我弱”的背景格局下，牢牢掌握改革发展的领导权？这绝不是“一碗水”能解决的问题。要认真研究和把握文化发展的基本规律，切实提高自身素质，克服“以其昏昏，使人昭昭”的现象。

四、现阶段文化建设的主要矛盾与根本任务

当前和今后一个相当长的时期，我国文化建设面临以下四大挑战：一是西方反华势力借助全球化和信息网络化，大规模传播西方文化价值；二是人民群众精神文化需求持续旺盛，文化产品的数量和质量都还不能满足需求；三是市场经济的蓬勃发展对文化建设提出了新的更高要求；四是信息网络的快速发展，使文化建设面临严峻挑战。这个背景分析，实际上决定了党在现阶段文化建设的主要矛盾和根本任务。

（一）建设、践行社会主义核心价值体系，解决人们灵魂、价值观这个根本问题

毛泽东同志指出：“自从中国人学会了马克思列宁主义以后，中国人在精神上就由被动转入主动。从这时起，近代世界历史上那种看不起中国人，看不起中国文化的时代应当完结了。”①邓小平同志指出：“我们过去几十年艰苦奋斗，就是靠用坚定的信念把人民团结起来，为人民自己的利益而奋斗。没有这样的信念，就没有凝聚力。没有这样的信念，就没有一切。”②

社会主义核心价值体系具有“四维”构成。用打靶的环来形象比喻：第一环，马克思主义指导思想是灵魂，为文化大发展大繁荣指明方向；第二环，中国特色社会主义共同理想是主题，为文化大发展大繁荣确立了总体奋斗目标；第三环，以爱国主义为核心的民族精神和以改革创新为核心的时代精神是精髓，这是社会主义文化大发展大繁荣的内

① 《毛泽东选集》第四卷，人民出版社1991年版，第1516页。
② 《邓小平文选》第三卷，人民出版社1993年版，第190页。

核；第四环，社会主义荣辱观是准则，是我国文化大发展大繁荣的道德规范和行为准则。这“四维”中，第一环、第二环是共产党人特有的、必需的，第三环、第四环是每个中国公民均应遵循的。社会主义核心价值体系是兴国之魂，是社会主义先进文化的精髓和内核，决定中国特色社会主义文化发展方向（见图3）。

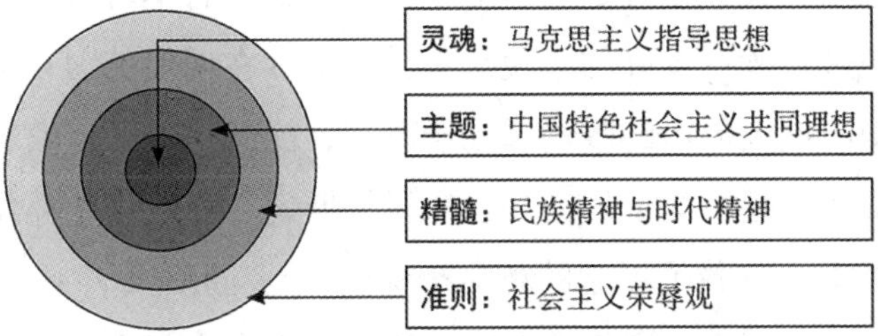

注：第一环、第二环是共产党人特有的必需的；第三环、第四环是每个中国公民应遵循的。

图3　社会主义核心价值体系四维构成

建设、践行社会主义核心价值体系，关键在于增强认同感和感召力。必须强化教育引导，增进社会共识，创新方式方法，健全制度保障，把社会主义核心价值体系融入国民教育、精神文明建设和党的建设全过程，贯穿改革开放和社会主义现代化建设各领域，体现到精神文化产品创作、生产和传播各方面。坚持用社会主义核心价值体系引领社会思潮，在全党全社会形成统一指导思想、共同理想信念、强大精神力量、基本道德规范。要注重采取有效形式促进社会主义核心价值体系的认同，使政治问题生活化、理论问题通俗化、复杂问题简明化。当前，青少年理想信念教育面临很多挑战，任务很重。实际工作中，要把握好影响行为的信仰、利益和感情三者之间的平衡，不能唯利益化；要努力探索感情、艺术、时尚元素在教育引导中的重要作用；要积极发挥政治力量和艺术力量的作用，努力打造艺术精品；要加大舆论引导和法律制裁力度，促进全社会恪守基本道德底线。

应当清醒地看到，由于国内多种经济成分并存、人们思想观念多元，由于西方敌对势力“西化”“分化”政治图谋不会改变，建设、践行社会主义核心价值体系将是一个长期的根本任务、战略任务。这关系到文化建设的成败，也关系到党的兴衰成败，是文化建设的“重中之重”“根本之根本”。

（二）创造更好更多的精神食粮，解决人民“精神营养”问题

文化在培养民族精神、塑造健全人格中，具有不可替代的作用。马克思曾经说过：读一本好的小说是一种享受，在现代英国一批杰出小说家的作品中向世人揭示的政治和社会真理，比起一些职业政客、政治家和道德家加在一起所揭示的还要多。恩格斯说，在巴尔扎克作品的富有诗意的裁判中，有着了不起的革命辩证法。《三国演义》一直经久不衰，驰名中外，人们从中学到很多谋略，长篇小说《青春之歌》影响了一代中国人。

现在，西方敌对势力“西化”“分化”无孔不入。国内由“拜金主义”“金钱至上”导致的各种格调不高的刊物纷沓而至，鱼目混珠，就像一股强大磁场在吸引、拉拢广大群众尤其是青少年。对于思想阵地，我们不去占领，西方敌对势力必然乘虚而入。如何生产出健康向上、群众喜闻乐见的更好更多的精神产品，用以战胜、抵御非无产阶级思想，关系到党的兴衰成败。怎样才能提供更好更多的精神食粮？总体看，当今社会比较浮躁、短期逐利行为普遍存在，加之“拜金主义”、利益驱动，人们很难沉下心来“十年磨一剑”，创作出像《三国演义》《红楼梦》《西游记》这样的惊世之作。解决上述问题的关键有三：一要坚持正确的创作方向。繁荣发展哲学社会科学，加强和改进新闻舆论工作，推出更多优秀文艺作品。二要加快顶级文艺人才的培养。毛泽东同志指出：为了建成社会主义，工人阶级必须有自己的技术干部的队伍，必须有自己的教授、教员、科学家、新闻记者、文学家、艺术家和马克思主义理论家的队伍。邓小平同志也强调：必须十分重视文艺人才的培养。在一个9亿多人口的大国里，杰出的文艺家实在太少了。这种状况与我们的时代很不相称。我们不仅要从思想上，而且要从工作制度上创造有利于

杰出人才涌现和成长的必要条件。三是鉴于文艺家的劳动是复杂劳动，对其高质量的作品，国家应予以重奖，以实现其价值。只有这样，才能满足人民对“精神食粮”的需要。

（三）始终坚持和牢牢把握正确的舆论导向，解决“红旗引领”、凝聚人心的问题

早在1941年5月，毛泽东同志就在延安《解放日报》发刊词中指出：“中国共产党的使命就是本报的使命。”①之后，他又提出：“在报纸上正确地宣传党的方针政策，通过报纸加强党和群众的联系，这是党的工作中的一项不可小看的、有重大原则意义的问题。”②1959年6月，他还强调指出：“搞新闻工作，要政治家办报。”③

舆论导向就是党和国家的方向标，是旗帜。方向正确就可以凝聚人心，凝聚力量；方向错误则人心涣散，甚至天下大乱。正因为舆论导向如此重要，江泽民同志1996年9月在视察人民日报社时的讲话中指出：“舆论导向正确，是党和人民之福；舆论导向错误，是党和人民之祸。党的新闻事业与党休戚与共，是党的生命的一部分。可以说，舆论工作就是思想政治工作，是党和国家的前途命运所系的工作……新闻舆论单位一定要把坚定正确的政治方向放在一切工作的首位，坚持正确的舆论导向；新闻舆论工作要紧紧围绕经济建设这个中心，服从和服务于全党全国工作的大局。”④胡锦涛同志也强调指出：“加强和改善党对新闻媒体的领导，有效引导社会舆论，是加强党的执政能力建设的重要方面，也是对党的宣传思想工作的重要考验。”⑤要着力提高驾驭意识形态复杂局面、引领社会思潮的能力，提高调控大众媒体、引领社会舆论的能

---

① 《毛泽东文集》第二卷，人民出版社1993年版，第353页。

② 《毛泽东选集》第四卷，人民出版社1991年版，第1319页。

③ 《论文化建设——重要论述摘编》，学习出版社、中央文献出版社2012年版，第76页。

④ 《江泽民文选》第一卷，人民出版社2006年版，第564页。

⑤ 《胡锦涛文选》第二卷，人民出版社2016年版，第529页。

力。在这方面，苏联和东欧的教训极为深刻，戈尔巴乔夫搞所谓的“公开性”、指导思想“多元化”，国家主要媒体控制在私人手中。这是他们顷刻之间亡党亡国、红旗倒地的一个重要原因。

要牢固树立政治意识、政权意识，把新闻宣传工作领导权牢牢掌握在忠于马克思主义、政治业务素质高的同志手中。把坚持正确导向放在新闻宣传工作的首位，坚持团结稳定鼓劲、正面宣传为主，唱响主旋律，打好主动仗，更加自觉主动地为人民服务、为社会主义服务、为党和国家大局服务。

（四）推动文化产业跨越式发展，解决“西强我弱”“逆差”巨大的问题

党的十七届六中全会第一次强调，推动文化产业跨越式发展。中央把“跨越式发展”的要求首次用在文化产业而非经济社会发展上，足见加快文化产业发展的紧迫性和对这个问题的重视程度。我们知道，任何文化都是其所包含的精神价值与承载这些精神价值的物质基础和传播形态之间的有机统一。文化的精神价值是文化的“魂”，决定着文化的性质和方向；承载文化精神价值的物质基础和传播形态是文化的“体”，决定着文化精神价值的传播力和影响力。“魂”与“体”相互依存、相辅相成，统一于文化建设的实践中。只有推动文化产业跨越式发展，才能改变文化领域“西强我弱”的局面，才能跻身于文化强国之林。

其一，明确文化产业发展的努力方向和重点领域。这体现在以下十个方面：（1）演艺业。繁荣舞台艺术创作，鼓励和支持社会资本投资兴办演出团体、演出场所、演出经纪机构和举办演出活动。（2）动漫业。实施国产动漫振兴工程，提高原创动漫产品质量，增强动漫艺术持续创新能力和市场营销能力。（3）文艺娱乐业。促进歌舞娱乐场所健康发展，扩大群众娱乐消费，创新娱乐业态。（4）游戏业。增强游戏产业的核心竞争力，推动民族原创网络游戏的发展，提高游戏产品的文化内涵。（5）文化会展业。发展各类综合和专业文化会展活动，重点支持覆

盖全国并具有国际影响的文化会展活动，重点发展专业化、特色化文化会展活动。扩大会展、节庆的文化消费。（6）文化旅游业。促进文化与旅游相结合，以文化提升旅游的内涵，以旅游扩大文化的传播和消费。在知名旅游景区打造高品质、有特色的演艺精品。（7）艺术品和工艺美术。繁荣美术创作，促进当代艺术品产业健康发展，鼓励兴办艺术品经营机构，鼓励艺术品收藏。（8）艺术创意和设计。大力发展平板设计、外观设计、工艺美术设计、雕塑设计、服装设计及展览设计，提升设计创意能力和水平。（9）网络文化。提高网络音乐、网络美术等网络文化产品的原创水平，提升文化品位，发挥网络文化产业在文化建设中的重要作用。（10）文化产品数字制作与相关服务。发展以数字化生产、网络化传播为主要特征的文化数字内容产业。大力采用数字技术传播文化产品，为各种便携显示终端提供内容，丰富文化表现形式和传播渠道。

其二，重点实施六大战略。一是骨干企业带动战略。培育和发展一批核心竞争力强的国有和国有控股大型文化企业和文化集团，在发展文化产业和繁荣市场方面发挥主导作用，引领文化产业发展。二是科技创新带动战略。必须立足自主创新，形成一大批拥有自主知识产权和核心技术的创新型文化企业，增强文化企业的核心竞争力，走出受制于人的困境。三是产业集群发展战略。鼓励有实力的文化企业跨地区、跨行业、跨所有制兼并重组。重点培育一批优势文化产业基地和园区。形成功能协调、优势互补、结构合理的文化产业集群。形成群体竞争优势和规模效益。四是文化品牌塑造战略。知名品牌是一个国家和地区的文化符号，代表一个民族的文化形象。推出一流水准的文化艺术精品，打造著名文化品牌和知名文化企业，从“中国制作”走向“中国创作”。五是文化创意提升战略。文化产品作为一种满足人们精神需求的产品，创意是关键，是实现其价值创造的源泉。大力发展创意产业，以其推动文化创新（内容、形式、载体、传播手段创新），提高人民的创造力。六是文化“走出去”战略。推动中国文化产品和服务出口，扩大对外文化交流，努力扭转文化贸易逆差扩大的被动局面。

其三，加快文化产业发展方式转变。要把握文化产业发展趋势，重点从三个方面努力。一是把握文化产业扩张化发展趋势，注重集群发展。着重抓好加强系统内部资源整合、开展行业整合，实现跨地区、跨行业整合。二是把握文化产业内涵化发展趋势，注重要素驱动。当前，创意、内容和科技等要素已经成为全世界文化产业发展的新引擎、新动力，这是文化产业内涵化发展的主要表现。加强文化创意与文化产品的融合。抢占文化产业发展的制高点；以网络化、数字化技术装备文化产业，推动文化产业和文化产品与现代科技的有机融合。三是把握文化产业高端化发展趋势，注重人才引进。文化产业是知识型产业，更需要高素质的管理人才。应加大人才培养力度，实施文化产业领军人才工程，设立培养培训专项基金，建立健全档案管理机制，打造一支素质高、业务精、能力强的文化产业领军人才队伍。

（五）高度重视、标本兼治，切实维护国家文化安全问题

安全问题非同小可。从某种意义上讲，文化安全比粮食安全、能源安全、金融安全更令人忧虑，解决的难度更大。“夺权先夺人、夺人先夺心。”要把文化安全问题摆在更加突出的位置，防范文化渗透，抵御西方反华势力“西化”“分化”图谋，占领文化发展的制高点，在国际竞争、较量中赢得主动。

当前和今后一个相当长的时期，文化领域的严峻挑战主要体现在以下三个方面。

其一，西方敌对势力“西化”“分化”的政治图谋长期存在。要知道，在世界上“只有永恒的利益，没有永恒的朋友”。由于中西方两种社会制度、两种意识形态根本对立，尤其是随着中国的日益强盛，在国际金融危机中“风景这边独好”，西方敌对势力亡我之心是不死的。

其二，网络空间已成为国际竞争的焦点领域。目前，全球网民超过20亿。互联网已经全面渗透到政治、经济、社会、军事、科技和文化等领域，许多国家都将网络空间作为国际战略的重要制高点，成为继

领土、领海、领空之后的“第四战场”。有三组数据令人担忧：（1）全球互联网的网页中，使用英语的占81%；（2）国际互联网访问量最大的100个网站中，94个在美国境内；（3）目前全球80%以上的数据库集中在美国，美国是对中国网络攻击的最大来源国。

其三，人类进入了“极端时代的生活”。艾瑞克·霍布斯鲍姆在所著的《极端的年代：1914—1991》一书中写道：在第三个千年之际，世界将毫无悬念地延续动荡、暴力的政治改革。但令他没有想到的是，这些极端现象，全都是因互联网主导的过度联系而诱发的。无论身在哪里，无论什么事情，你几乎都能发现一个因互联网而变得恶毒，并走向极端的过程。奥巴马在竞选总统时，利用互联网创造了募集资金7.5亿美元的纪录，超过了小布什和约翰·克里在2004年竞选时的总和——一种新的政治资金走向了极端。从国内来看，谎言、谣言已成网络公害。新华社2011年对国内10起重大突发事件舆情作了分析，有一半以上是从微博发起，又由微博扩大影响的。最多只能写下140个字的微博，成为一些突发事件的策源地、发酵池。

维护国家文化安全，光靠“堵”不会起持久作用，应当标本兼治，软硬兼施，采取系统对策。第一，要形成主流舆论力量，掌握网上舆论主导权。胡锦涛同志强调：要提高网络文化产品和服务的供给能力，提高网络文化产业的规模化、专业化水平，把博大精深的中华文化作为网络文化的重要源泉，推动我国优秀文化产品的数字化、网络化，加强高品位文化信息的传播，努力形成一批具有中国气派、体现时代精神、品味高雅的网络文化品牌，推动网络文化发挥滋润心灵、陶冶情操、愉悦身心的作用。第二，要尽快实现我国互联网技术的自主创新。目前，我国还处于网络技术的初级应用阶段，网络领域的核心技术对美国的依赖度很高，这就造成了国家基础性网络设施和重要的信息系统存在严重的安全隐患。要加大对互联网新技术、新应用及安全防御体系的研发力度，加大对网络安全技术和产品研发的资金投入，早日实现技术自主，摆脱受制于人的被动局面。这是确保我国互联网政治及文化安全的物质基础。第三，要进一步强化对网络空间内容的管理，加强网络法治建设。不仅要屏蔽和禁止国内外煽动危害国家安全、破坏社会稳定及提供暴力色情等有害信息的网站及内容，还要大力创建多个全球中文网站。要加强网络法治建设，加快形成法律规范、行政监督、行业自律、技术保障、公众监督、社会教育相结合的互联网管理体系。依法惩处存储、传播有害信息的行为，严厉打击网络违法犯罪。第四，要加快网络文化队伍建设，形成与网络文化建设和管理相适应的管理队伍、舆论引导队伍和技术研发队伍。

此外，需要正确认识和处理好几个重要关系。一是弘扬主旋律与提倡多样化的关系。要坚持用一元化的指导思想整合多样化的社会思潮，以社会主义核心价值体系引领文化大发展大繁荣。二是“魂”与“体”的关系。文化的精神价值是魂，是文化思想性的根本体现，存在文化精神价值的物质基础和传播形态是文化之体，是文化实现教育功能、以文化人的基本途径。要坚持以体传魂、以魂活体，把两者统一于文化建设的实践中。三是文化与科技的关系。坚持把运用高新科技作为推动文化建设、提高文化创新能力和文化传播能力的新引擎。四是经济效益与社会效益的关系。文化从来不是流水线能够打造出来的，切莫把文化“GDP化”、功利化。要始终把社会效益放在首位，做到经济效益与社会效益相统一。五是加强文化管理与推动文化繁荣的关系。繁荣是目的，管理是手段、保障。要进一步创新管理理念，强化服务意识，融管理于服务之中，走出“一管就死，一放就乱”的怪圈。六是民族文化与外来文化的关系。坚持对外开放，努力形成以民族文化为主体，积极吸收外来有益文化的市场格局，推动中华文化“走出去”，不断扩大我国文化的影响力和竞争力。

（作者时系中共湖北省委副秘书长、省委决策支持工作办公室主任）

【重要链接】“文化是一个国家、一个民族的灵魂。文化兴国运兴，文化强民族强。没有高度的文化自信，没有文化的繁荣兴盛，就没有中华民族伟大复兴。要坚持中国特色社会主义文化发展道路，激发全民族文化创新创造活力，建设社会主义文化强国。”“聚焦建设社会主义文化强国……提升国家文化软实力和中华文化影响力。”

——摘自党的十九大报告、二十届三中全会决定

【点评】

作者在“导读”中谈的感悟认识独到，对撰写专题研究报告大有帮助。本文系统地研究了文化建设的若干重大问题，阐述的有关认识尤其是文化建设的八大特点和规律，对深刻领会党的有关方针政策及推进文化改革和发展，具有重要的意义。这篇报告站位较高、切合实际、抓住要领、逻辑性强，是一篇系统研究文化建设的精品佳作，为深入研究“建设社会主义文化强国”提供了重要启迪、奠定了良好基础。

前瞻调研类

阅鉴3

世界经济领域值得关注的几个问题

吕东升

（2008年5月29日）

【导读】这篇调研报告获时任湖北省委书记重要批示，即以省委办公厅《决策参考》印发省级领导和各市州、省直机关负责同志参阅。2008年11月获“全国经济形势分析征文”一等奖。

在经济全球化时代，“只有了解天下大势，才能谋好全局”；善于审时度势、未雨绸缪、妥善应对，是坚持底线思维最基本的要求和工作方法。笔者在做了大量调查研究基础上撰写本报告。其一，着力抓住主要矛盾。在当时世界经济领域纷繁复杂的现象和问题中，采用抽象法，经过认真琢磨，抓住“弱势美元（美元贬值）拖累世界经济、‘三大安全’（金融、能源、粮食）面临严峻的挑战、全球性通货膨胀趋势明显和应对通胀压力增大”三个事关全局的重大问题来阐述。其二，采用“并列式”（横向思维）逻辑结构布局。从标题“几个问题”可知，三个部分是并行的、平起平坐的关系，也不一定有严格的先后顺序之分。其三，每一部分既谈现状、成因，又谈后果。如第三部分就依序阐述了“全球通胀咋样的”（现状）、“全球通胀谁之过”（成因）、“全球通胀何时能见底”（趋势）三个层次，力求让读者一目了然，读后有所收获。

无论是做领导工作还是决策服务的，均须知：只有了解天下大势，才能谋好全局；“不谋全局者，不足以谋一域”。展望当今世界经济领域，不测因素日益增多，以下几个问题值得我们高度重视。

一、弱势美元（美元贬值）拖累世界经济

曾经被誉为“世界通货”的美元在贬值路上走得正欢。从2002年1月到今年3月，美元兑所有货币实际汇率（指数）下降了24.5%，其中对主要货币实际汇率（指数）降幅更是高达32.3%，汇率下降纪录被不断刷新。2002年1月1欧元只兑换0.8594美元，今年3月27日1欧元可兑换1.5798美元，美元已跌到1999年欧元问世以来的最低点。2002年2月，1美元可兑换134.772日元，今年3月27日只能兑换96.882日元，为近12年来新低。美元兑人民币的汇率从两年前的1：8.27降到今年4月10日的1：6.992，首次跌破7元关口。至此，人民币汇率已进入“6时代”。

美元为何一贬再贬、“跌跌不休”，以致让国际经济界忧心忡忡？其原因有四：一是美国巨额“双赤字”（经常项目赤字和财政赤字）是美元贬值的引发因素。小布什上台以来，美国双赤字特别是经常项目赤字不断扩大，促进了新一轮美元贬值。二是次贷危机和经济下滑是美元贬值的催化因素。所谓“次贷”，简单地说、就是金融机构向信用级别低、没有抵押的次客户进行房屋按揭贷款。2003年以来，美联储宽松的货币政策使次级住房抵押贷款大量增加，并通过金融衍生工具形成信用不高但风险很大的次级债，导致发达国家流动性大量过剩。2006年底，美国次级住房抵押贷款开始出现危机，金融机构年终亏损，出现信贷紧缩，加剧房地产的衰退并逐渐波及实体经济。金融行业危机和经济衰退风险使投资者对美元失去信心，从而增加了对美元贬值的预期。三是美联储大幅度降息是美元贬值的推动因素。为稳定金融市场和防止经济衰退，2007年9月以来，美联储6次降息，特别是今年2月至3月大幅度降息，使联邦基金利率从5.25%降到目前的2.25%。而美联储大幅度降息的同时，欧洲央行和日本银行保持利率稳定，不少新兴市场国家央行甚至加息，美元与其他货币利差不断扩大，促使各地投资者尤其是投机者

抛售美元，转而追捧欧元及其他市场经济体货币，对美元进一步贬值推波助澜。四是美国政府采取口说“强势美元”而实质“弱势美元”的政策，也是美元贬值的重要因素。尽管美国总统及财政部长声称“强势美元”符合美元利益，实际上小布什政府从来就没希望美元走强，也没有阻止美元贬值，而是对美元贬值采取放任纵容的策略。因为在美国政府看来，“弱势美元”才最符合美国利益，它可以纠正贸易失衡，稳定经济增长，让美国产品的国际竞争力更强。

美元贬值，他国遭殃。美元是世界上最重要的货币，其汇率的动荡将干扰世界经济的运行。更为严重的是，此轮美元贬值与美国次贷危机、美国经济放慢共同发酵，将对其他国家生产、贸易、金融等领域产生负面影响，从而拖累世界经济。主要表现在四个方面：首先，美元贬值会造成其他经济体出口萎缩，进而导致经济增长减速。美国经济放慢减少了对外国产品的需求，美元大幅度贬值又进一步抵制了他国出口，导致他国经济增长放慢。据估计，欧洲贸易加权平均汇率已比2004年至2006年的平均水平上升10%，可能造成欧元区未来3年的年度GDP增幅累计减少1.2%。其次，美元贬值加剧了能源及其他初级产品价格上涨，从而引发全球通货膨胀的压力上升。近年来，国际大宗商品价格节节攀升，特别是今年初以来，油价每桶突破100美元，截至4月22日达到117美元，不少农产品价格也达到近几十年新高。由于国际市场原油及其他商品期货交易以美元计价，商品价格上涨背后离不开美元贬值的影子。据估计，近来美元贬值对油价上涨的“贡献率”近20%。能源等初级产品价格上涨使各国通胀压力大增，首当其冲的是中国、印度等进口初级产品的新兴市场国家。再次，美元贬值使国际热钱流向新兴市场，从而加大新兴市场国家宏观调控的难度。最后，美元贬值还使新兴市场国家蒙受重大资金损失。表现在两个方面：一方面，新兴国家大量的外汇储备用来购买美国政府债券，其收益率极低，而新兴市场投资的税率和利率较高，这就造成其巨大财政损失。据统计，这一国内外税利的差便使印度2007年财政损失相当于GDP的2%。另一方面，美元贬值还使美元资产缩水，从而造成其他国家外汇储备的巨大损失。中国是全球官方外汇储备最高的国家，联合国亚太经社理事会报告显示，美元每贬值5%，中国外汇储备实际损失达500亿美元，相当于损失4艘航空母舰。2008年2月，印度外汇储备高达3012亿美元，升至世界第4位。由于该国外汇储备的96.8%为货币资产，其中绝大多数为美元，因此印度受美元贬值的拖累比中国更严重。印度央行报告说，截至2007年6月底，央行的外汇资产损失达6500亿卢比（1美元折合41卢比）。

二、“三大安全”（金融、能源、粮食）面临严峻的挑战

（一）美国次贷危机引起世界金融动荡

次贷危机爆发以来，全球金融市场急剧波动。《人民日报》2008年4月14日有一组数据：今年1月美国花旗集团公布的财报显示，该公司遭遇了1998年以来首个季度亏损，去年第四季度亏损8.3亿美元，每股亏损1.99美元。1月份，日本4大证券公司分别发布的财务报告显示，从2007年4月至12月三个季度里，证券公司的亏损高达1967亿日元；三菱日联证券公司纯利润减少了33.3%；野村证券公司的纯利润减少了37.7%。1月份，瑞士银行发布公告，受次贷资产减计140亿美元的影响，2007年第四季度该行亏损创历史最高纪录。韩国金融监督委员会表示，截至2007年12月底，韩国7家银行遭受与美国次贷危机相关的经济损失达到5.63亿美元。4月8日，国际货币基金组织预计，次贷危机造成的亏损还将扩大，全球次贷及相关证券损失总额将达到5650亿美元。如果加上与商业地产、消费信贷和企业贷款相关的证券，潜在的损失总额可能达到9450亿美元。

次贷危机对中国经济的影响不可低估。一是加大了资本市场的不稳定性。2007年中国股票市场一路走高，从1月末上证指数只有2786点，到10月15日突破了6000点的历史高位，达到6124点。但此后，股市一

路走低，截至2008年4月11日，上证指数为3493点，下跌2500多点，跌幅超过40%，是今年以来全球跌幅最大的证券市场。二是直接影响到我国走出去的企业，包括一系列金融机构的海外投资收益。三是导致外需动力下降。据测算，美国经济增长率每降一个百分点，中国对美出口就会下降5～6个百分点。在这次危机冲击的波动中，作为世界经济引擎的美国经济减速，将诱发全球贸易整体下滑。一季度，我国出口比去年同期下降了25个百分点，对美国出口只增长0.4%。由于中国出口对GDP增长率的贡献度达到30%，具有劳动密集型特征，因此一旦出口失速，将对经济增长和就业构成挑战，影响国内经济社会的稳定。四是给我国宏观调控带来压力。自去年9月份开始，美联储连续6次降息，且下调的空间仍然很大。中美之间的利率倒挂，不仅加速美元贬值，加大人民币升值压力，还会使全球游资向中国涌动。若不有效应对，就会加剧中国国内资产价格的波动，形成新的泡沫，并最终刺破泡沫。其结果是投资者损失惨重，国民财富遭受洗劫。

（二）能源安全面临严峻的挑战

迄今为止，世界上已经发生过5次石油危机。第一次是1973年10月，第四次中东战争爆发，10月6日，为打败以色列及其支持者，叙利亚首先切断了一条输油管，黎巴嫩也关闭了出口石油的南方重要港口西顿。10月16日，海湾地区的科威特、伊拉克、沙特阿拉伯、卡塔尔、阿拉伯联合酋长国5个阿拉伯国家和伊朗决定，将海湾地区的原油市场价格提高17%。两天以后，主要石油生产国先后宣布中断向美国出口石油。由于海湾地区原油价格的提高，仅此一项使阿拉伯国家石油收入由1973年的300亿美元猛增到1974年的1100亿美元。1979年至1980年，伊朗爆发革命，引发第二次石油危机，石油价格暴涨，美国国内生产总值下降13%。1990年8月，伊拉克入侵科威特，美国随后对伊拉克开战，第三次石油危机爆发，油价3个月内从每桶14美元突破至每桶40美元。1998年至1999年初，石油输出国组织（OPEC）连续3次减产；

2001年美国遭受“9·11”恐怖袭击，美国开始屯兵海湾，到2003年3月，美军再次进军伊拉克。第四次石油危机持续时间较长，油价不断提高，2003年国际原油价格每桶平均为27美元，2004年每桶约40美元，到2005年8月，美国能源法案签署月，原油一度每桶突破67美元。进入2007年以后，“第五次石油危机”的呼声渐起，油价当年一度冲高至每桶90美元。而2008年3月11日，纽约商品交易所原油期货价格突破百美元，每桶达到109.72美元。截至4月22日，每桶达到117美元。值得高度关注的是，石油价格持续上涨，必然引起与石油有关的工业产品和农产品价格的大幅度上涨，给中国宏观经济注入了通胀压力。这就是诺贝尔经济学奖得主斯蒂格利茨所说的“输入型通胀”。目前，国内面临的粮食、猪肉和蔬菜价格上涨的局面，与全球能源、粮食价格上涨密不可分，要特别警惕形成如下“三位一体”的通胀传递渠道：全球能源和初级产品价格上涨，造成我国原材料、燃料价格上涨，进而引发CPI上涨。更为严峻的是，原材料、产成品和消费品的价格同时上涨，很容易形成居民的通胀预期，从而要求增加工资，形成工资与物价轮番上涨的恶性循环。这一点不可低估。如何应对输入型通胀，正成为中国的全新课题。

不容忽视的是，石油正在影响和改变着世界。美国《新闻周刊》2006年5月12日发表了一篇题为《200美元油价如何改变一切》的文章。OPEC轮值主席沙基卜·哈利勒预计，到2010年原油价格将突破每桶200美元。加拿大帝国商业银行首席经济学家杰夫·鲁宾认为，油价高涨造成的后果和贸易关税一样，100美元的油价已经使运输成本大幅上涨，抵消了45年来削减关税的成果。鲁宾说，如果油价升至每桶200美元，能源和运输成本可能会取代人力资本，成为各家公司确定在哪里设立海外生产基地的主要因素。油价若为200美元的话，把一个40英尺的集装箱从中国运到美国东海岸的成本可能将增加1万美元，不如从墨西哥运。因此，他认为，中国可能会着手在日本寻找更多客户（而不是在美国），西欧可能会转向东欧，地区化可能会成为新的全球化。鲁宾由此断言，高价油将改变全球化进程，且只是可能出现的打击之一。

（三）国际市场粮价飞涨，不少国家爆发粮食危机

2006年9月起，粮价已呈上升的势头，保持在高价位运行。到2007年末，国际市场小麦价格飞涨112.0%，大豆价格飙升75.1%，玉米价格猛增47.3%，大米价格上扬3.1%。今年头两个月，粮食价格又上涨9%，全球主要粮食出口国和进口国将感受到粮食价格飙涨风浪的冲击。据报道，迄今已有27个国家爆发粮食危机，有专家预测，世界粮价上涨这一态势，可能至少要持续到2010年。与此同时，全球食品储备已降至30年来最低水平，目前仅能供应53天。导致世界粮食供需矛盾、粮价攀升的主要因素有三点：一是人口不断增加，耕地越来越少。据联合国有关机构统计和预测，全球人口2006年已达64.38亿，到2020年和2030年将分别达到76亿和82亿，而全球人均可用土地也从1980年的7.9公顷降至2005年的2.02公顷，2006年全球耕地已减少到有史以来最低水平。与1990年相比，到2025年，非洲、亚洲和南美洲的可耕地将分别减少2/3、1/3和1/5。从我国来看，中央财经领导小组陈锡文同志指出，过去10多年，中国耕地面积已经减少了1亿多亩（1996年耕地面积为19.51亿亩，2006年降至18.25亿亩），人均耕地面积从1.59亩减到1.39亩。10年之内耕地面积的减少等于丢掉了一个农业大省，自然将影响国家粮食安全。2007年数字还没有公布，但形势已经非常严峻。二是汽车“吃”粮（用大量粮食生产乙醇燃料），加剧粮食矛盾和粮价攀升。一些国家将粮食大量生产成乙醇燃料，导致世界粮食供需矛盾日益尖锐，是粮价攀升的主要原因之一。迄今，有美国、欧盟、巴西、印度、印尼等40多个国家和组织已经或计划用粮食生产乙醇燃料。联合国世界粮食计划署执行干事指出，这是一种“反人类罪”和“灾难”。如果这种局面在世界各国得不到控制，不久将发生世界性的、更为严重的粮食危机。三是生态环境恶化将继续影响全球农业。美国《华盛顿邮报》指出，未来若干年，气温上升将严重影响地球上纬度较

低，也是大多数穷人居住区的农业，到21世纪80年代，气候变暖可能导致长期处于饥饿边缘，包括塞内加尔和苏丹在内的一些非洲国家的农业可能彻底崩溃。

三、全球性通货膨胀趋势明显，应对通胀压力增大

（一）全球通胀咋样的（现状）

2007年，美国、欧盟、日本等主要发达经济体经济增长速度明显放慢，全球性石油、食品和原材料价格不断上涨，下半年出现了全球性通胀的压力。美国去年第四季度消费价格指数同比上涨5.6%，超过全年4.1%的水平，远远高于2006年2.5%的平均水平。欧元区去年11月、12月消费价格指数同比上涨3%，远远超过欧洲央行2%的控制水平。新兴市场和发展中经济体也面临不同程度的通胀压力。2007年，俄罗斯通货膨胀率达到11.9%，比上年高2.9%；巴西消费价格指数2007年上涨4.5%，比上年高1.2%；我国2007年通胀压力逐月增加，12月居民消费价格指数同比上涨6.5%，全年同比上涨4.8%，今年3月又公布上涨8.7%，这一涨幅达到11年以来的新高。居民消费价格指数飞涨，很重要的原因就是食品价格上涨幅度较大。据有关方面测算，在8.7%的涨幅中，85%是由食品价格上涨引起的，也就是说8.7%中有7个百分点是食品价格上涨。

（二）全球通胀谁之过（成因）

概括地讲，全球流动性过剩导致美元贬值，是本轮经济周期中通胀压力急剧增加的深层次原因，具体有三。首先，美元的特殊地位和美国的过度信用消费，使美国消费者在全球负债，形成巨额贸易赤字，既大量增加了流动性，又引起美元持续贬值。外资大量流入和部分发达国家负债消费，使发展中国家外汇储备大量增加、流动性供给增加和通胀压力增大；同时，也导致发展中国家实体财富大量输出，其表现是部分发

展中国家对发达国家的贸易顺差和债权。其次，美国大量过剩的流动性和美元大幅贬值，使国际资本为回避风险，通过对冲基金大量进入国际石油、金属和矿产品市场，直接和间接地带动主要以美元结算的国际石油和原材料价格大幅上升，为全球通货膨胀形成和扩散埋下了祸端。最后，石油和原材料价格大幅上涨必然增加粮食生产的成本，对农业机械化作业程度很高的美国和欧洲影响最大。石油价格上涨也导致运输成本大幅上涨，拉高了国际贸易产品价格。同时，石油价格不断攀升，以及近年来国际社会对气候变化日益关注，使生物质能的比较优势显现，发达国家开始利用玉米和大豆来生产工业原料。传统矿石能源和生物质能这种战略替代关系的形成，使能源价格大幅度上涨继而引发粮食价格的上涨。世界银行估计，粮食和石油的这种替代关系对本轮食品价格上涨的“贡献率”大约在20%。由此观之，世界通胀主要是由美国造成的，我们面对的是“输入型通胀”。

（三）全球通胀何时能见底（趋势）

回答这个问题不容忽视三点：第一，美国拒绝平抑油价。面对2005年以来的油价飞涨和第五次石油危机，美国政府没有任何平抑油价的动作。造成油价上涨的原因不是石油供不应求，而主要是资本的投机炒作。从建立石油储备至今，美国已经4次动用石油储备平抑油价，但从2005年起不再输出储备，相反开始增加储备，目前每天有7万桶原油流入储备库。为什么这样做呢？因为抬高油价对美国是有利的。美元仍然处于贬值趋势，而石油以美元定价，弱势美元可以通过石油价格的上涨，加剧各国的通货膨胀，遏制各国的经济增长，使美国由次贷危机所加剧的经济衰退得到喘息的机会，从而使美国经济恢复强势。第二，美国政府采取的是“加速贬值美元”的策略。因为通过这种方略，可以“一箭双雕”：一方面，可以通过采取宽松的货币政策，吸引投资，重振美国经济；另一方面，使其他国家的外汇储备缩水，同时通过商品贸易把美国的通货膨胀传输到世界各地，使各主要经济国家包括中国在内的新兴国家的经济发展遭受打击。第三，美国用玉米输出通胀。最近，笔者读了《大生》杂志刊发的一篇题为《美国：用玉米打垮世界》的文章，发人深省。此文指出，美国新能源法案规定，到2015年乙醇玉米掺杂量将增加到150亿加仑，到2022年生物燃料掺混量将增加到360亿加仑。目前美国已经投产和在建的燃料乙醇生产厂家达到200家，2004年生物柴油生产企业只有22家，现已达到150家左右。美国人在玉米乙醇上的"大跃进"，将会给农业、给世界带来什么影响呢？在一些预测专家的眼里，一个可怕的前景已经浮出水面：当实现360亿加仑的乙醇产量时，按美国农业部预测报告的玉米产量增加比例计算，美国生产的玉米将基本上被"吃干榨尽"。到那时，美国的牛和猪将会吃什么？因为牲口饲料每年要用掉其玉米生产总量的50%～60%。还有，美国目前占有全球玉米出口市场的60%～70%，到那时，美国将成为玉米净进口国，那么该从哪里获得玉米呢？文章进一步指出："美国获得能源，世界获得饥饿"，这是一个比次贷更可怕的事件！文章内容摘要指出，20世纪70年代，阿拉伯国家打败了美国，他们的武器是石油。生长在明尼苏达州和威斯康星州的玉米，将发挥同样的作用。360亿加仑的乙醇生产目标，将把粮价推向巅峰，向世界各国输出通货膨胀。美元将因此获得拯救，但对全球经济"火车头"的中国、对世界将带来什么？中国还应该做什么？文章还一针见血地指出，在后布雷顿时代，拯救美元的最佳选择，就是向各国输出通胀，包括使用粮食。可见，美国是想用玉米打垮世界的。须知两点：一是在经济全球化时代，任何一个国家和地区要想逃脱这种通胀的影响，无异于鲁迅先生所云：等于抓着自己的头发离开地球（几乎是不可能的）；二是仅仅依靠我们国内自身的努力，并不足以消除通货膨胀的根源，不足以平息农产品价格上涨的压力。我们在努力抑制通货膨胀的同时，应当做好持久应对通货膨胀的准备。

综上所述，我们必须增强忧患意识，坚持用全球视野和政治观点思考和处理问题，将地区的发展置于国际大格局中来审视和定位，高度重视、有效应对各种风险和挑战。唯其如此，才能“任凭风浪起，稳坐钓鱼台”，确保经济持续平稳较快发展。

（作者时任中共湖北省委副秘书长、省委政研室主任）

【重要链接】“当前，世界百年未有之大变局加速演进……我们必须增强忧患意识，坚持底线思维，做到居安思危、未雨绸缪，准备经受风高浪急甚至惊涛骇浪的重大考验。”

——摘自党的二十大报告

【点评】

作者撰写本报告虽然已经15年，但阐述三大问题的阴影至今依然存在甚至长期存在。尤其是“粮食安全”须警钟长鸣，如作者所言，抑制“输入型通货膨胀”应做好长期应对准备。报告以铁的事实、翔实的数据资料，说明经济连着政治，说明世界的“变”与“不变”，说明西方大国的本质。这对我们更好地贯彻落实党的二十大精神，增强忧患意识、坚持底线思维、切实做到未雨绸缪大有裨益。也唯其如此，才能立于不败之地，巩固和发展我国经济“风景这边独好”的局面。

阅鉴4

后危机时期经济形势分析与战略应对

吕东升

（2010年6月18日）

【导读】本文是笔者应邀在中共湖北省委党校和孝感、鄂州市委理论学习中心组所作的专题报告,《政策》杂志以“本刊特稿”发表于2010年第8期，新华网全文转发，2011年5月获“全国发展战略研讨会优秀报告”一等奖。

2007年8月，由美国次贷危机引发的世界金融危机，是1929年至1933年世界资本主义大危机以后一场全面的最深刻的经济危机。这次经济危机影响范围之广、破坏力之强，对各国的经济、政治、社会乃至国际秩序都产生了深远的影响。这里仅和读者交流三个方面情况：其一，由于这次危机爆发的成因复杂、后危机负面影响巨大而深远，为了写好这篇报告，笔者做了近三个月的调查研究，并重新研读了马克思《资本论》有关理论和政治经济学相关著述，以夯实写作之基。其二，采用“递进式”(纵向思维)逻辑结构。全文分“危机的总体分析”“面临的风险和挑战”“战略应对”三大部分，这三大部分是顺乎大脑思维顺序的，由虚到实、层层递进，最后写出对策建议。其三，坚持创新为要，提出自己灼见。在第三部分“战略应对”之首提出“五点真理性的结论”和“五个难以为继”，即危机催生革命、危机加剧竞争、“危险往往在危机结束之后”、转型是时代的主题、差距将呈几何级数拉开和以GDP总量为目标的增长主义难以为继、以投资主导国际资源的增长方式难以为继、大进大出和出口导向模式难以为继、拼环境和不计资源消耗的发展模式难以为继、劳动力低成本的优势难以为继，综合判断国际国内形势，进而提出坚持内源型发展、协调发展、创新发展、绿色发展、系统发展、人本发展的“六个坚持”，实现“六大转变”。

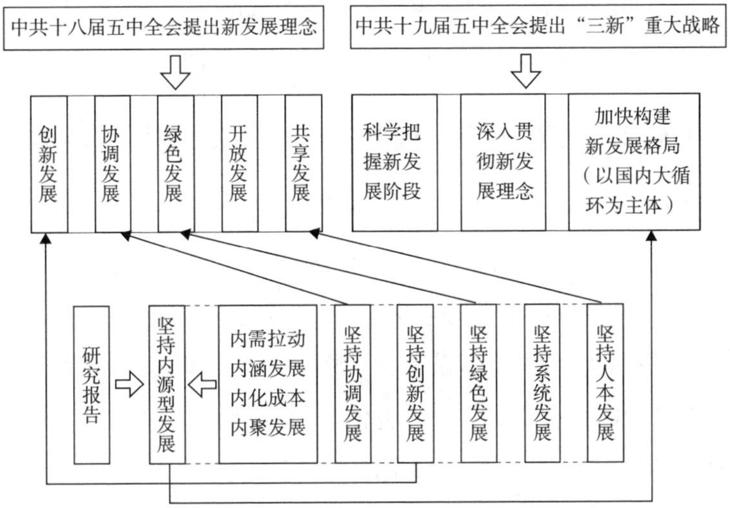

图4 《后危机时期经济形势分析与战略应对》建言具有一定的前瞻性

党的十七届四中全会强调指出：当今世界正处在大发展、大变革、大调整时期，国际金融危机影响深远，党面临的外部环境考验是长期的、复杂的、严峻的，全党必须居安思危，增强忧患意识。在后危机时期的新形势下，一个地区、一条战线、一个单位的发展越来越离不开国际国内的大背景、大环境。古人曰：“不谋全局者，不足谋一域。”只有认真研究和准确把握形势，才能准确判断自己所处的历史方位，为正确决策和开展工作提供可靠依据；才能做到知己知彼，找准决策和工作的着力点；才能统一思想认识，形成落实决策的合力。

一、关于国际金融危机的成因分析

2007年8月，美国爆发大规模次贷危机，由此引发的国际金融危机在很短的时间内迅速波及实体经济、社会、政治等方面，演变为一场全面的经济危机：全球货币金融领域动荡，生产萎缩，企业倒闭严重，失业加剧。这次危机是1929年至1933年世界资本主义大危机以来最深刻的经济危机。关于这次金融危机的原因众说纷纭。笔者认为，其实质是资本主义周期性的经济危机，它的发生具有必然性。

（一）从制度层面来看，根源于资本主义所固有的基本矛盾

众所周知，社会化大生产与生产资料私人占有之间的矛盾是资本主义社会固有的基本矛盾。早在20世纪初，主要资本主义国家经济从自由竞争阶段过渡到垄断阶段，其经济命脉已主要掌握在私人垄断资本手中。尤其是作为世界经济霸主的美国，私人垄断资本实力更加强大，其垄断性和掠夺性更加突出，这也使大规模经济危机的爆发成为必然。一是私人垄断资本，尤其是金融资本对经济的控制力极大增强。美国经济中的重要领域，如金融、信息、汽车、飞机制造、房地产、能源、销售等行业，都已形成高度垄断，多数行业50%以上的业务集中于3—5家私营大公司手中。20世纪80年代以后，美国出现了产业“空心化”，制造业逐步萎缩，以金融为代表的虚拟经济成为经济的核心，金融业渗透到美国经济的每一个角落。从1980年到金融危机爆发前的2006年，美国金融业占GDP的比重从15.9%上升到29.7%，而制造业的比重从20%下降到11.9%，表明金融垄断资本能够把大量利润从实体经济中转移过来，私人垄断资本对经济的控制力大大增强。二是私人垄断资本的掠夺性扩张更加有恃无恐。私人垄断资本通过所谓的金融创新，制造各种金融衍生产品，不断吹大金融泡沫，甚至采取欺诈的手段，不仅榨取劳动人民已经创造和正在创造的价值，而且榨取他们在几年甚至几十年后将要创造的价值。从2003年到2007年，华尔街信用类衍生产品的金额从不到3万亿美元增加到60万亿美元，其中大部分由美国五大银行控制。三是私人垄断资本控制国家经济命脉，造成了极度的不公平。首先，私人垄断资本榨取高额的垄断利润、高管得到的高额回报导致收入

差距不断拉大，劳资之间的不公平加深。其次，私人垄断企业经营状况好的时候其高管和大股东大把捞钱，遇到危机时却靠政府拿纳税人的钱来救助，进一步加深了劳资之间的不公平。金融危机发生后，美国出台了7000亿美元的资金救助计划，其中绝大多数给了美国的大金融机构，而那些本该对危机负责的金融机构高管竟然一面接受政府援助，一面给自己发放高额奖金。最后，私人垄断资本加深了发达国家与发展中国家之间的不公平。发达国家私人垄断资本通过经济全球化深化国际分工，对发展中国家进行剥削，当金融危机发生之后，世界经济的急剧动荡使国际分工产业链条中断，广大发展中国家不得不承受由此导致的市场萎缩、增长放慢、失业增加等严重后果，甚至需要通过购买美国国债承担美元外汇储备缩水等形式，为美国私人垄断资本的贪婪欺诈行为埋单。

（二）从理论层面来看，是“新自由主义”大行其道埋下了祸根

所谓新自由主义，是指20世纪30年代在亚当·斯密古典自由主义思想基础上建立起来的一个新的理论体系，其核心内容就是私有化、市场化、自由化，该理论体系也被称为“华盛顿共识”。它鼓吹贸易、金融、投资自由化、市场化，反对国家干预，反对公有制，是资产阶级对本国劳动人民及广大发展中国家进行剥削和压迫的工具。

美国政府本质上是为私人资本服务的，美国所强调的经济自由实质上是资本家不择手段追求利润的自由。20世纪80年代以后，新自由主义成为美、英等西方国家的主流意识形态，“最少的监管就是最好的监管”自然也就成为其政府的基本理念。于是，在新自由主义支配下，美国政府出台了一系列法律，以放松对金融业的监管。美国金融业的监管部门如联邦储备银行、联邦存款保险局等监管职能逐步弱化，尤其是对一些金融衍生品既没有相应的机构也没有相应的法律来进行监管。因此，次贷危机爆发后，美国人发现很难找到哪个监管机构应承担监管不力的责任。实际上，监管失灵的根本原因不是哪个机构没有很好地履行

监管职责，而是在新自由主义思想支配下，代表私人垄断资本利益的美国当局放松了监管。

在美国的新自由主义者看来，对企业监管的任务可以交给企业评级机构等中介组织，美国的穆迪、普尔和惠誉被视为金融市场的“看门人”，它们对上市公司金融产品的评级成为投资者投资的重要依据。但美国的评级机构本身就是私人垄断资本的组成部分，也是以利益最大化为目的的，指望这些评级机构会为了职业道德、社会责任放弃高额利润，显然只是一种幻想。事实上，美国的三大评级机构不仅没有成为防范金融危机的防火墙，反而成了引发金融危机的帮凶。

历史是如此的相似：80年前，当古典自由主义经济理论主导西方经济理论界，“看不见的手”受到无比推崇之时，资本主义爆发了有史以来最为严重的经济危机；而80年后，当自由主义经济思想以新的理论形式重新确立主流地位并作为“共识”向全世界各国兜售的时候，世界经济又遭遇了这场百年一遇的金融危机。这次金融危机宣告了新自由主义在理论实践中的失败。

（三）从实践层面来看，是虚拟经济长期脱离实体经济的必然产物

虚拟经济就是直接“以钱生钱”的经济活动。马克思在《资本论》中曾解释资本的投机性和贪婪性：“一切资本主义生产方式的国家，都周期性地患上一种狂想病，企图不用生产过程作媒介而赚到钱。”①“随着生息资本和信用制度的发展，一切资本好像都会增加一倍，有时甚至增加两倍，因为有各种方式使同一资本，甚至同一债权在不同的人手里以不同的形式出现。这种‘货币资本’的最大部分纯粹是虚拟的。”②金融危机前，全球虚拟经济的规模包括股票的市值、债券的余额及金融衍生品的总额达到了500多万亿美元，而全世界的GDP只有60万亿美元，

① 马克思《资本论》第二卷，人民出版社2004年版，第68页。
② 马克思《资本论》第三卷，人民出版社2004年版，第533—534页。

虚拟经济规模是实体经济的8倍还多。具体到美国而言，美国实体经济创造的GDP占比已从1950年的61.8%下降到2007年的34.0%；另外，世界银行有关方面测算，近10年，整个美国金融行业所“创造”的利润竟占美国所有企业利润的40%左右，而在40年前这一比例仅为2%左右。

在这里提示两点：第一，虚拟资本是经济发展到一定阶段的必然产物，但它应是以实体经济为依托并为其服务的，如果脱离实体经济而独立运行，则无疑会产生巨大的金融泡沫，其结果必然是实体经济虚拟化、虚拟经济泡沫化。这就是美国金融危机形成并导致全球经济危机的直接原因。第二，金融资本本身并不创造剩余价值，货币循环能生出更多货币全靠投机和高杠杆运作。虚拟财富如脱缰野马急剧膨胀，一旦泡沫破裂就必然引发金融危机、经济危机，给全球各国经济造成极大灾难。

（四）从国际视野来看，是美国金融霸权（美元霸权）在全世界大行其道的恶果

列宁在《帝国主义论》这部著作中已经分析了当代资本主义由国家垄断资本向国际垄断资本转变的有关问题。从美国近二三十年的历史进程来看，国际金融垄断资本在运作过程中，已逐步呈现出对国家垄断资本既有某些继承又有显著差别的若干基本特征。这就是经济加速金融化、金融虚拟泡沫化、金融资本流动化、经营运作自由化、国家运行的基础债务化。近一二十年来，在美国逐步形成了一种“负债经济模式”。一方面，普通民众靠借贷维持日常消费。据有关资料统计，美国家庭债务占其可支配收入的比重由1983年的75%，上升到2000年的125%；美国家庭债务占其税后收入的比重由1980年的60%，上升到2000年的110%。另一方面，美国企业甚至政府也靠举债维持经营或运转。2007年，美国国债余额为10.35万亿美元。金融危机爆发后，2008年小布什政府推出8500亿美元国债救市计划，为此国会不得不将国债上限提高到11.3万亿美元；2009年，奥巴马上任之后，又推出7870亿美元国债

救市计划，国会又不得不为此将国债上限提高到12.1万亿美元。如果把美国政府对国民的保障欠账等加在一起，2009年美国的债务余额已高达55万亿美元！

美国为什么能够在国际债务数倍于其国内生产总值的情况下继续在全球融资、做到“美国消费，全球买单”呢？这是因为，美国通过一系列手段维持了其强大的金融霸权。20世纪70年代初，美国偷偷放弃了战后的霸权机制，而采用经济金融化的办法来缓解传统的资本主义危机，维持和扩张帝国实力。正是依靠以上战略，美国造就了一种新型的统治全球的经济霸权机制——美元霸权。依靠这种金融霸权机制，美国得以全面、深入、快速、不间断地控制和吸取全球产品服务；可以用这些产品和服务去支持战争，甚至用源源不断输入美国的他国节余美元来收买这些国家的关键部门和产业。正是由于美国利用全球金融霸权，长期维持虚假繁荣的、过度的消费，才造成了巨大的金融泡沫，同时又由于美国是全球金融中心，所以能够“牵一发而动全身”，把全世界都拖入这场金融危机之中，这也是这场金融危机像瘟疫一样蔓延到全世界的根本原因。

这次金融危机将对国际格局产生深刻影响。其一，世界经济的座次将重新排定。世界经济版图正在发生重大变化。1990年至2008年，发展中国家占世界GDP的比重从15.9%提高到28.7%，对全球经济增长的贡献率达到30%以上。而七国集团，即美国、德国、英国、法国、意大利、日本、加拿大占全世界GDP比重从1989年的68%下降到现在的56%，20年下降12个百分点。由美国引发的这次国际金融危机和经济危机，对其国际地位造成重大打击。其二，“美国模式”的“普适价值”大大下降。冷战结束以后，以“华盛顿共识”为代表的美国模式获强势地位，大有放之四海而皆准的架势，然而此次金融危机暴露出美国经济发展模式存在的诸多问题。在这场世界性金融危机面前，我国党和政府迅速反应、科学决策、果断部署，在全国范围形成了保增长、保民生、保稳定的强大合力，彰显了中国特色社会主义的独特优势。国际金融危机进一步削弱了资本主义，壮大了社会主义。其三，国际政治中的权力将重新划分。在应对国际金融危机的过程中，二十国集团的作用显著上升，成为国际经济合作的主要平台，传统的七国集团地位明显下降，西方国家垄断全球经济治理的格局被打破。金融危机将中国不经意推到国际舞台的中心地带，世界越来越多的机构和人士深刻认识到中国道路的独特性，并试图把握中国发展的脉搏。正如法国前总理德维尔潘所说：世界正进入文明的转换期。由于中国和印度等新兴国家的崛起，统治世界长达5个世纪的欧美权力秩序正在发生重大变化。

二、后危机时期我国经济面临的风险和挑战

首先要看到，百年一遇的国际经济危机给我们的经济发展带来了重大历史性机遇。主要体现在五个方面：一是新一轮产业革命正蓄势待发。抵御金融危机和应对气候变化，催生了以低碳经济和物联网为代表的新技术革命，绿色经济和智慧地球有望成为全球经济新的增长点。美国、欧洲、日本等发达国家均把新能源、节能环保、物联网、下一代互联网等新兴产业提升到国家战略高度，大力扶持其发展。全球新一轮的产业升级、洗牌过程必然会使一些国家的产业出现空档。我们与发达国家在新兴产业上的差距有望第一次缩小。二是国际舆论正向有利于我国的方向转变。中国已被公认为世界经济增长的“火车头”之一，受到国际社会的普遍好评。三是对外合作领域将继续扩大和深化。中国已经具备加快实施“走出去”战略的基本条件，在当今许多国家急于恢复经济，但又面临资金短缺的情况下，我们可实施向国际市场全面进军的战略。四是外资领域在拓宽，国际话语权在增强。迄今，中国已与世界上171个国家建立外交关系，同世界的关系从来未像现在这样紧密。中国正走向世界舞台的中心。五是人民币有望走向国际化。金融危机动摇了美元在国际储备中的独大地位，包括欧盟在内的许多国家强烈要求国际货币多样化，中国的人民币在风暴中经受住了考验，受到了多国青睐。人民币国际化有利有弊，但总体来看利大于弊。目前对于中国来说，是一个

难得的机遇。

但是，我们更应当清醒地看到危机给我国带来的风险和挑战，真正领会党的十七届四中全会所指出的外部环境考验的长期性、复杂性、严峻性及其对国内矛盾的影响，切实增强忧患意识、风险意识，沉着应对，实现危中寻机、化危为机。冷静、审慎地分析，后危机时期下列风险和挑战是长期客观存在的。

（一）全球经济失衡客观存在，经济发展的外部环境恶化

从全球范围看，发达国家与发展中国家在经常项目收支上呈现两极分化趋势，前者逆差不断扩大，后者盈余不断增加。在全球失衡调整过程中，有关国家将被迫调整经济政策和发展战略，世界经济将因此面临深刻的调整，增速可能减缓甚至发生衰退。实际上，上述情况在金融危机爆发后已经或正在发生。

全球经济失衡对我国的影响：一是经常项目持续顺差使我国成为全球国际收支失衡的焦点，恶化了经济发展的外部环境并可能成为全球失衡调整的“买单者”。中国是全球失衡的焦点，也被普遍认为是失衡调整的主要责任方之一。美国和一些国际组织纷纷把矛头指向中国，并就人民币汇率、知识产权、市场准入、劳工标准、社会责任、出口管理、税收制度透明度等问题对中国施加压力。贸易摩擦也已由产品、企业等微观层面扩展到政策、体制、行业等宏观层面。而这次失衡的调整最终还是要以东亚国家（主要是中国）对货币的升值和美元的贬值来实现的，这似乎是目前国际货币体系安排下的不二选择。二是经济对外需、外资的依赖以及国内资源的货币流动性导致贸易部门和非贸易部门、内资经济和外资经济发展的不平衡。国际收支失衡是我国长期奉行外向型发展战略的结果，这种调整需要一个漫长的过程。三是国际收支长期失衡改变了我国基础货币投放渠道，货币政策调控的难度加大。在存在人民币升值预期的情况下，国内货币政策很难有所作为。

（二）经济深度调整拉开帷幕，国际分工体系面临大洗牌、大换血

以这次国际金融危机为标志，全球经济进入新一轮深度调整，对我国的经济发展会产生多方面影响：一是出口依赖模式面临巨大的调整压力，我们要努力实现从出口依赖型向内需拉动型的经济增长方式转变，这个转变是长期的、艰难的。二是所谓绿色能源革命发生在我国工业革命任务尚未完成时，将从外部形成新的压力，使我们在新技术领域不得不与发达国家竞争。三是发达国家所谓的“再工业化”即回归实业，对我国的产品市场空间会形成新的“挤压”。四是我国劳动力低成本的优势逐步消失，资源消耗型的经济增长模式受到严峻的挑战。五是西方资本对外投资规模会缩减，我国要继续承接国际投资和产业转移的模式可能会受到相应的影响。六是随着我国国际地位的提高，国际社会要求中国承担国际义务和责任的压力也在加大。

未来一段时间我国经济会进入一轮调整期，调整任务主要是解决三个方面问题：第一，要继续推进经济结构的战略性调整。以前讲结构调整，更多的是着眼于供给层面，强调产业结构的调整。从现实情况来看，主要应解决产能过剩问题，因而更重要的是需求层面的调整、收入分配结构的调整。它涉及既有利益格局的调整，调整的难度比纯粹的供给方面的调整要大。第二，要实现经济发展方式的战略性转变，改变对投资和出口的依赖，改变对低成本资源和要素投入的过度依赖。第三，要实现体制改革的战略性突破，为增长方式的转变、经济结构的调整创造有利的制度条件。如果我们这次调整转型能够到位，此次国际金融危机之后的10年就有望成为中国经济发展最好的时期。

（三）贸易保护主义抬头，贸易摩擦呈现常态化

国际金融危机发生以来，许多国家迫于国内政治和经济等压力，都在采取各种隐性的或变相的贸易保护主义，大量出台保护本国经济的措

施，特别是欧美针对我国的贸易保护主义持续升温，限制我国产品出口。2010年，美国对华贸易保护措施出现频率升级、强度升级、手段升级、内容升级“四大趋势”，对我国出口产品征收的惩罚性关税税率和涉案金额大幅增长，有的惩罚性关税税率上限达到438%。中美之间贸易不平衡已是老问题，但美国近年来在对华贸易保护问题上连续出锤。从短期看，这有奥巴马政府政策取向的原因；从长期来看，则与中美双方实力对比发生的重大变化有关。正如胡锦涛同志在2009年中央经济工作会议上所指出的：可以预料，随着我国经济实力增强和我国贸易额占世界份额不断上升，有关国家还会推出各种保护主义措施，对外经贸摩擦将伴随我国发展整个进程。

美国对华贸易保护的严重后果有三：一是直接阻碍了我国对美贸易尤其是出口额的增长。2009年，我国对美国贸易出口比2007年下降65.2%。二是抑制国内产业升级。国内在应对国际金融危机过程中投资了一批先进制造业企业，这些企业大多具有技术密集的特点，属于高端制造业。如果外部市场因为高筑贸易壁垒而迟迟难以打开，那么这部分不断增加的先进产能就有可能成为国内市场的“过剩产能”，进而影响产业升级步伐。三是美国对华贸易摩擦导致“涟漪效应”。美国对华贸易保护措施升级，不仅直接影响中美经贸关系，也为全球其他国家限制“中国出口”起了很坏的示范作用，成了“坏榜样”。欧盟、韩国、阿根廷、墨西哥、哥伦比亚等国家和组织连连向中国发难。我们要充分估计我国面临的国际贸易保护主义的长期性和复杂性，提高应对能力。

（四）国际货币体系面临深层次矛盾，世界金融秩序动荡不安

1973年布雷顿森林体系崩溃后，国际货币陷入无序状态，主要货币汇率波动频繁，国际收支不平衡加剧。1976年国际货币基金组织（IMF）召开的牙买加会议不得不承认浮动汇率这一事实，这标志着国际货币体系进入了牙买加体系的新阶段。牙买加体系的主要特点：一是黄金非货币化，美元不再与黄金挂钩，美元发行不再受黄金约束，美国对外债务

也不再受黄金储备的约束；二是汇率制度与国际收支调节机制多样化，美国不再承担维护汇率稳定的责任；三是储备货币多样化，美元霸权的影响力明显减弱，但依然独大。牙买加会议以后，有三方面情况值得高度关注：第一，许多国家仍然无可奈何地选择盯住美元，使美元成为稳定本国货币的“名义锚”。第二，在多元化的国际货币体系中，全球美元储备资产快速增长，1995年至2007年的12年间，美元储备增长3倍多。美元独大的地位没有根本动摇，目前在IMF成员国官方持有的外汇储备中美元约占64%，美元在全球外汇交易和贸易结算中的份额约为70%，在国际债券的发行中也占近50%。第三，美国经常账户赤字和财政赤字持续扩大，美国成为世界主要债务国，但美元汇率走势脱离了美国国际收支的基本面。

国际货币体系的深层次矛盾是导致全球失衡、美元过度消费乃至全球金融动荡的深层次原因。在当前事实上的美元本位体系下，美元仍面临“特里芬难题”：一方面，随着各国对美元需求的增加，要求美国保持国际收支逆差，以增加美元供给，但这样却带来美元贬值压力；另一方面，作为国际汇率货币，要求美元币值比较稳定，为了币值稳定美国不能持续逆差。“特里芬难题”的存在必然导致美元币值的不稳定，而长期保持经常项目顺差的亚洲国家却难以摆脱“高储蓄两难”。一是事实上的美元本位货币地位是造成以美国为中心的全球失衡的重要原因。美国可以用本币为经常项目斥资、融资，这是任何其他国家所不具有的无可比拟的优势，也是造成以美国为中心的全球经济失衡的重要原因。二是国际储备货币发行缺乏必要的约束，是导致流动性泛滥和各国货币关系不稳定的重要因素。美联储拥有事实上的国际货币发行权，美国可以完全根据本国利益和国内政策的需要发行美元，而为了获取通货膨胀税和铸币税收益，美国有动机不断扩大货币发行，这是导致流动性泛滥的重要原因。三是美元的特殊地位支撑了美国长期负债消费模式，助长了美国金融资本的膨胀。

国际货币体系深层次矛盾对我国的影响：（1）人民币汇率政策不得

不主要参照美元，导致货币政策的调控难度加大，政策效果有限。在美元和人民币绑定的情况下，中国的利率受到美国利率的影响，但由于中国与美国经济周期并不同步，利率不可能完全同步，存在人民币与美元利率差，造成套利投机资本大规模流入或流出。大量资本流入使我国的通胀压力加大。（2）国际支付严重依赖美元，外汇储备主要以美元为主，不得不承担储备资产的贬值损失。（3）汇率政策面临两难，持续的经常项目顺差使我们积累的大量美元资产面临“高储蓄两难”，当前人民币有升值压力，但如果升值则可能会引起经济衰退，如果不升值则可能面临其他国家的贸易制裁。

（五）美元或现短期反弹、长期贬值波动，人民币升值沦为中美持久战

赤字政策是美国现代经济的基本特征，通货膨胀和美元贬值支持着美国的赤字政策。从长期来看，美元呈贬值趋势。原因是：其一，美国实施的扩张性财政政策和宽松的货币政策导致美元流动性加大，但实体经济领域对美元的需求不高。其二，增加出口、减少进口以降低经常项目逆差是美国未来经济政策的一大方向，这决定了美国主要政策手段是美元贬值。其三，通货膨胀使政府债务贬值，这样政府可不必过分担心长期的债务负担和经济风险，而不断举债。其四，通货膨胀可以增加政府收入，一些经济学家将通货膨胀看作政府的一项税收。所有这些，都决定了美国的主要政策手段是美元贬值。

美元贬值对全球经济发展尤其是对我国将会造成严重的影响。其一，美元的持续贬值使人民币汇率问题再次成为市场关注的焦点。其二，美元贬值对持有巨额外汇储备和美国国债的我国影响较大，将直接导致这些资产的实际价值缩水。其三，作为全球最主要的结算和储备货币，美元贬值将显著增加其他国家特别是发展中国家的长期通胀压力。短期内美元的大量发行在一定程度上改善了全球金融系统的流动性，但由于消费需求尚未恢复，促使美元大量流入大宗商品期货市场、

债券市场和资产市场，催生新的泡沫和风险，发展中国家所受冲击尤为严重，可能面临长期的通胀压力，经济发展成本将显著增大。其四，美元贬值必然引发全球汇率波动，主要经济体货币可能竞相贬值，放大了固定汇率制度国家的金融风险。

自2009年奥巴马上台执政以来，中美在人民币汇率上展开了激烈的对攻战。美国为什么盯住人民币不放、逼迫人民币升值？究其企图有四：其一，政治化企图。当前，美国失业率高，民怨沸腾，而中期选举在即，奥巴马急需转移国内焦点，而议员们更希望操纵议题，为自己拉选票。其二，为美国扩大出口铺路。在金融危机导致各国购买力下降的情况下，美国出口最大的指望，无疑就是中国。于是，在人民币问题上“敲打”中国，自然成为美国政府的不二选择。其三，美国想通过美元贬值逃避国际债务，重新进行全球财富再分配，却因人民币汇率牵制而无法为所欲为。其四，利用汇率转嫁危机。这也是美国20世纪70年代对待日本、韩国的惯用做法。由此观之，中美之间在汇率问题上的斗争、较量，不可能一次性解决，要做好打持久战的准备。

（六）国际热钱进出引发市场波动，输入型通胀压力增大

在我国经济率先复苏、人民币升值预期不断升温的背景下，后危机时期流动性膨胀带来的国际热钱向我国市场流动已呈现加速的趋势。从2009年第二季度起，我国市场上就出现了吸引热钱的三大因素。首先，在美联储长期保持低利率及我国可能加息的预期下，中美利差逐渐扩大的可能吸引热钱入境逐利。其次，美元持续贬值强化了市场对人民币升值的预期，吸引国际短期资本押注人民币升值。最后，我国经济率先复苏带来资本市场走强、房地产价格上涨，投资股市和房地产可能带来资产溢价，成为吸引热钱进入的重要诱因。预计未来一段时间，这三大因素不会发生逆转，热钱流入我国的压力还会上升。

大量进出的国际热钱由于其流动性和逐利性，使复苏依然不稳定的我国经济面临更大的风险隐患。其一，热钱的进入使我国外汇储备大幅

增加，加剧了外汇占款压力。热钱进入国家外汇储备越多，人民币发行就越快。这相当于增加了货币流动性，不仅增大了通胀压力，而且弱化了央行对货币供应量的调控能力，给政策调整带来明显压力。其二，热钱涌入增大了人民币升值压力，不利于我国经济的企稳复苏。其三，热钱流入会进一步推高资产价格，加剧资本市场投机性和资本泡沫化。热钱进入是为了谋利，如果国际市场环境发生转变，可能出现大规模撤资并将打破资产泡沫，造成国内资本市场剧烈波动。因此，热钱的大规模流入流出是后危机时期我国汇率调整、资本市场管理必须关注的重点，应当采取防范措施。

（七）全球低碳经济潮流涌动，向低碳社会转型的压力增大

1997年12月，联合国在日本东京召开会议，对抑制全球气候变暖问题，达成了具有法律约束力的《京都协议书》；2009年12月，又在丹麦首都哥本哈根召开由全球192个国家环境部部长和首脑参加的会议，进行了为期13天艰苦的商讨和激烈辩论，签署了不具法律约束力的《哥本哈根协议》，该协议强制要求，中国到2020年，单位国内生产总值二氧化碳排放比2005年下降40%～45%。

后京都气候谈判对中国的影响。概括来讲，有四大压力：第一，政治压力。随着中国经济发展，能源需求和温室气体排放迅速增长，中国在后京都谈判中正面临日益强大的国际压力。一方面中国排放总量已接近美国，人均排放趋近世界平均水平；另一方面中国明显拉开了与其他发展中大国（如印度）之间的发展差距，在发展中国家中的重要地位凸显。对中国施加减排压力的主要来自欧美发达国家，部分则来自发展中国家。第二，经济压力。首先，承诺减排会严重压迫中国的发展空间。我国正处于经济高速增长的工业化阶段，世界上目前还没有既保持较高GDP增长又保持很低人均能耗消费量的先例，在这种情况下，要求我国承诺减排温室气体会降低中国的经济发展水平，严重影响中国的经济发展速度和规模。其次，承诺的减排成本会影响经济增长。有研究表明，

到2020年中国即使承诺削减10%的目标，每年需要的削减费用将达到500多亿元；如果中国2030年减排20%，对中国GDP的影响估计值约为0.35%。最后，我国将为低碳继续埋单。由于整体科技水平不高、技术研发能力有限，我国发展低碳经济需要大量购买美国等西方国家的技术设备和产品。第三，能源安全压力。我国以煤炭为主的能源结构在相当长一段时期内难以发生根本性的改变。限排或减排使中国不得不进行必要的能源结构调整和燃料替代，减少煤炭使用而更多依赖进口石油和天然气，将会带来严峻的能源安全挑战。第四，外贸压力。随着新一轮关于温室气体减排的磋商，国际组织、各国政府和立法机构等将会大范围、大规模地开展减少温室气体排放方面的立法工作，制定新政策和新的标准，包括市场准入标准等。这些新的政策和标准可能成为发达国家在战略上遏制中国崛起和发展的手段之一，中国出口企业需要面对国外政府、市场和消费者等各个方面不断提出的新要求。

我国向低碳社会转型的困难和风险。主要是四个方面：第一，人口增长和城市化。人口增长和城市化是推动中国能源需求和温室气体排放增长的主要驱动力。人口对能源消费和排放的影响在于，能源和排放既要满足一部分人生活质量进一步提高的需要，还要保障新增人口最基本的生存性需要。中国人口在2050年达到约16亿以前仍然呈增长趋势。预计中国将于21世纪中叶实现城市化，城市化率达到75%左右水平，城镇居民的年均能耗大约是农村居民的2.23倍，城市化每提高一个百分点意味着新增约1300万的城市人口，居民生活用能至少增加174.2万吨标准煤。第二，经济发展和消费升级趋势。从发展趋势来看，未来较长一段时间内，我国仍将处于以工业带动为显著特征的经济增长阶段。同时，以住宅、汽车、家电等消费需求为主的消费升级更加大了对能源的消耗和依赖。无论是工业化进程的拉动，还是消费升级的驱动，都将使我国的能源需求和温室气体排放持续增加。第三，生存排放需求大。中国拥有数量庞大的人口，中西部地区尚未脱贫的人口，改善生存条件和提高生活质量的需要十分迫切，为了保证满足人民基本生活的生存排放，我国温室气体排放总量会进一步增加。第四，国内能源技术设备落后。影响中国未来向低碳社会转型的巨大障碍主要是技术和设备。由于技术和设备相对陈旧、落后，能源消耗强度大，我国单位国内生产总值的温室气体排放量也比较高。2005年，我国能源利用效率约为36%，比世界先进水平低8个百分点左右，大致相当于欧洲20世纪90年代的水平或日本1975年的水平。

（八）全球大宗商品市场（价格）剧烈波动，必然威胁我国宏观经济稳定运行

由于全球经济企稳回升的基础还不稳固，今后几年大宗商品市场大幅度波动的风险加大。呈现以下三大趋势：其一，需求基本面逐步向好，但可能出现脱节。当前各国经济复苏大多属于政策性回暖，刺激政策的逐步退出将使世界经济复苏面临停滞不前的风险，从而导致需求脱节，大宗商品价格快速下滑。其二，投机资金风险偏好增强，价格波动幅度增大。预计未来一段时间，国际热钱等投机资金将大量涌入长期看好、金融化程度较高的石油、金属等大宗商品市场，且有可能成为价格波动的主导力量。其三，美元汇率振荡趋频，大宗商品价格起伏加剧。今后一段时间是巩固我国经济复苏基础的关键阶段，全球大宗商品市场剧烈波动必然给我国造成严重影响。一是加剧我国输入型通货膨胀的压力。由于我国相当一部分大宗商品需要依赖进口，大宗商品价格的持续上涨会随产业链逐步传导到下游产品，从而加剧我国输入型通胀的压力。二是影响我国货币政策的独立性。保持经济增长、抑制通货膨胀及保持汇率稳定均为我国汇率政策的目标。输入型通胀压力的增加在一定程度上迫使央行将稳定物价作为货币政策的首要目标，加大了央行兼顾经济增长和稳定物价的难度，也对央行货币政策的执行效果有一定的消极影响。三是加大企业经营风险。一方面，我国大多数企业是大宗商品的消费者，大宗商品价格的剧烈波动不利于相关行业、企业的稳定、健康发展。另一方面，由于我国大宗商品定价权的缺失，大宗商品价格的

波动也会加大相关部门投资相关产品期货的风险，造成巨额损失。四是影响我国的资源与能源供给安全。目前我国获取海外油气资源只能以经济合作方式进行。当大宗商品价格上升时，我国获取资源的成本必然加大，当大宗商品价格回落时，资源拥有者很可能会降低资源生产量，从而加剧全球资源和能源供求失衡。两种状况都不利于我国的资源和能源安全。

在后危机时期，我国本身也面临一些矛盾和挑战。这些矛盾主要是我国基本国情及其在现阶段的基本特征决定的，有的则受后危机时期国际环境的影响可能进一步加剧。一是国内一些深层次矛盾，特别是结构性矛盾仍然突出。中国经济正进入结构性全面调整、创新阶段，面临体制性变革。从某种意义上讲这是一场深刻的革命。随着经济的不平衡发展，三大差距（城乡、地区、贫富差距）相对较大，不少群众仍面临看病难、上学难、住房难等问题，从而影响了和谐社会的建设。二是人口问题将是长期制约经济社会全面、协调、可持续发展的重大问题。人口老龄化进一步加剧，直接影响劳动力的供给，加大社会保障的压力。人口流动性进一步加剧，特别是农民工的数量持续保持高位并不断递增，将会引发流动人口管理与服务、城乡劳动就业和社会保障衔接、流动适龄儿童接受教育、农村“留守儿童”“留守妇女”、城市公共服务和社会治安等一系列复杂的社会问题。人口居住进一步聚集，城市化深入发展，对城乡社会管理和公共服务提出了新挑战。三是利益多样化趋势更加明显，社会进入矛盾凸显期，且短期内很难得到根本解决。四是就业形势不容乐观，社会保障迫切需要深化体制改革和加快制度整合。今后若干年内，我国每年城镇新增劳动力供给大致稳定在2200万人至2400万人，如果经济增长速度保持在8%左右，则每年大致可新增就业岗位800万个至1000万个，这样劳动力供大于求，缺口在1200万人至1400万人，城镇就业供大于求的总量矛盾十分突出。此外，在外部环境影响下，金融风险、资产泡沫风险、房市“崩盘”风险均不可忽视。要高度警惕，注意防范。

三、后危机时期地区经济社会发展的战略应对

纵观世界经济史和本次经济危机状况，我们可以得出“五点真理性的结论”：其一，危机催生革命；其二，危机加剧竞争；其三，“危险往往在危机结束之后”；其四，转型是时代的主题；其五，差距将呈几何级数拉开。从危机催生革命来看：1857年的世界经济危机加快了以电气革命为标志的第二次技术革命；1929年的世界经济危机以及第二次世界大战引发了以电子技术、航空航天和核能等技术突破为标志的第三次技术革命。说“危险往往在危机结束之后”是指：一方面，世界经济尤其是危机重灾区欧美地区的经济复苏将是缓慢而曲折的，恢复的过程并非“V”形，而是“U”形。目前正在欧洲上演的主权债务危机加剧美国经济二次探底风险依然存在。另一方面，作为世界经济巨霸、在本次危机中元气大伤的欧美尤其是美国，极有可能心态失衡，不择手段地在经济上、政治上打压发展中国家尤其是中国。

分析后危机时期国际国内形势，我们至少可以得出“五个难以为继”：一是以GDP总量为目标的增长主义难以为继；二是以投资主导国际资源的增长方式难以为继；三是大进大出和出口导向模式难以为继；四是拼环境、不计资源消耗的发展模式难以为继；五是劳动力低成本的优势难以为继。综合判断国际国内形势，转变经济发展方式已刻不容缓。无论是国际金融危机还是全球气候变化和国内面临的矛盾和挑战，都形成一个“倒逼机制”和“外部压力”，在客观上迫使我们加快发展方式转型。邓小平同志在1992年南方谈话时讲过：发展是硬道理，不发展只有死路一条。现在完全可以这样说：当今中国社会的主题是“转型是硬道理”，转型是决定中国现代化命运的第三次重大抉择（第一次是60多年前的社会制度转型，第二次是30多年前的经济体制转轨，现在是发展方式转型），不转型、不加快转型也只有死路一条。湖北是偏重型的经济结构，又是“缺煤、少油、乏气”的资源匮乏省份，同时承担着建设“两型”社会试验区的重大任务，转型更是迫在眉睫。

（一）坚持“内源型发展”：从“外向型发展”向“内源型发展”转变

这既是由后危机时期国际国内形势决定的，也是由湖北处在中部地区的特殊省情决定的。所谓“内源型发展”，是相对于“外向型发展”而言的发展模式。对于中部地区而言，“内源型发展”主要是指：在不断扩大和深化开放的前提下，以内需市场为动力，以内源要素为依托，以内涵发展为核心，以内生链条为载体，以成本内化为保证，以内聚发展为指向，以内因作用为根本的发展模式。具体来说，包括相互关联的六个方面：一是内需拉动。这是经济工作的根本立足点和长远战略方针。有很多专家分析认为：2002年至2007年，世界经济出现的“三角循环”，即亚洲作为世界制造基地提供着越来越多的产品供给，美国作为世界消费市场消化着全球新增的生产能力，资源供给国的能力被激活、为全球提供着初级产品，这种“三角循环”将不复存在。我们的经济发展必须立足内需拉动。二是内涵发展。经济发展本质上是扩大再生产，按其实现方式不同可以划分为外延和内涵两种类型。外延扩大再生产是指依靠增加生产要素的数量扩大生产规模，内涵扩大再生产是指依靠提高生产要素的效率扩大生产规模。当前，我国经济已经开始进入结构升级和提升素质的阶段，湖北作为中部地区的一个省份，必须走“科学发展、一步到位”的道路，走外延扩大再生产和内涵扩大再生产相结合的道路。三是内生链条。沿海外向型经济的链条是外向的，即所谓“两头在外，大进大出”。内源型经济则是以内生循环链条为载体的，对于中部地区来说，形成内生链条就是以自身资源和产业基础为依托，延伸产业链和价值链；以自身区位优势为依托，延伸服务链和供应链；以循环经济和产业关联为依托，发展循环经济，延伸物料链和循环链，最终形成相对完整的内生循环体系。四是内化成本。发展伴生着资源、生态与环境成本。内源型发展即将企业生产经营中产生的污染、排放等“负外部性”内化到企业成本中，以提高企业减少“负外部性”和治理

“负外部性”的效率。湖北肩负建设“两型”社会改革试验区的重大使命，必须将成本内化作为内源发展的制度保证。五是内聚发展。即在发展的同时，致力于劳动力资源、自然资源、金融资源、文化资源、生态资源等资源的涵养，致力于聚集发展势能，致力于培育可持续发展能力。内聚发展，形成可持续发展能力，是中部地区内源型发展的基本指向。六是内因作用。要发扬自力更生、艰苦奋斗的创业精神，依靠自己踏实苦干，干出一番新天地！

（二）坚持协调发展：从“不平衡发展”向“相对平衡发展”转变

先谈三个观点：一是结构决定功能。经济学有个“木桶原理”，说的是一个木桶能装多少水，不是取决于最长的木板，而是取决于最短的木板。二是发展已经出现“悖论”。发展这匹“黑马”打破平衡，引发了很多经济社会问题。如果说30年之前强调效率优先、打破“平均主义”和“一二一齐步走”，那么现在就应该考虑协调和公平。三是我们已经进入只有调整经济结构才能促进持续发展的关键时期。从工作重点来讲要“四个着力”：一要着力解决城乡、地区、贫富三大差距；二要着力解决一、二、三产业之间发展不协调的问题，推进产业结构优化升级，提高经济增长质量和竞争能力；三要着力解决投资与消费、进口与出口、内需与外需的不平衡性；四要着力解决经济发展与社会发展不相协调的问题。

从湖北实际出发，坚持协调发展要突出抓好四个方面：第一，“两圈一带”（推进武汉城市圈、鄂西生态文化旅游圈、长江经济带建设）战略是湖北实现协调发展的重大举措。“两圈一带”三者虽然各有侧重，但都是统一于科学发展。作为一个战略体系的实施将产生“1+2>3”的系统力量，形成激活效应、集成效应（协作）、品牌效应、乘数效应。第二，坚持城乡统筹和城乡一体化发展，是解决城乡、地区、贫富三大差距的重要抓手，也是解决“三农”问题的一个重要举措。

它的科学性和战略意义在于把整个社会作为一个循环系统来谋划，使同样的生产要素释放出更大的能量和活力。第三，城镇化战略是扩大内需、促进经济持续发展、充分发挥“放大效应”的重要载体，是后危机时期中国发展的新动力。关键是要有超前的眼光、系统论的思维，“全域规划，逐步实施”。第四，要树立国际化的战略眼光和“一盘棋”的思想，从全球全国全省大局中来谋划发展、选准项目，以保持地区发展的生命周期和生命力。

（三）坚持创新发展：从“要素驱动”向“创新驱动”转变

湖北经济结构属偏重型，且存在缺煤、少油、乏气等问题，又是国家建设“两型”社会的改革试点，原有发展方式难以为继。

第一，要更新发展观念。一是思维前瞻。发展观念、工作思路要与时俱进（包括上项目），确保不过时。二是统筹兼容。“发展之路是兼容”，这是用唯物辩证法审视、分析时代特征而得出的被实践证明了的真理。我国现阶段“一主多元”的混合所有制经济制度，日益显示出巨大的威力和生命力。就湖北实际而言，从宏观上看，鄂州市推进城乡一体化发展就是统筹的典范；从微观上看，仙洪试验区“锦绣梅园”在资金使用上采取“各炒一盘菜，共做一桌席”，解决了长期以来存在的部门资金难以统筹使用的难题，效果很好。统筹兼容是指导经济工作的重要理念和根本工作方法。三是集约集群。搞经济工作不能天女散花，也不能搞传统的“村村点火，户户冒烟”。四是“优生优育”，不求最多、但求最优；不求最大、但求最强；不求所有、但求所得。抓项目要宁缺毋滥，干一个成功一个，个个有生命力。要惜地如金（包括迁村腾出的土地），不能“吃子孙饭、断后代粮”。五是突出重点，以点带面。对于重大的疑难性问题，要“先作试点，取得经验，逐步推广”，避免穷折腾。

第二，坚持科技创新，充分发挥其支撑、引领作用。要深入贯彻“自主创新、重点跨越、支撑发展、引领未来”的指导方针，更好地发挥科技的引领支撑作用，推动经济社会尽快走上创新驱动、科学发展的轨道。具体来讲，要“五个着力”：一是着力突破关键核心技术，抢占经济科技的战略制高点；二是着力提高企业技术创新能力，增强重点产业的核心竞争力；三是着力增强区域创新能力，建设各具特色的区域创新体系；四是着力发展农业科技和民生科技，让科技成果惠及人民群众；五是着力加强创新型人才队伍建设，着重加强科技一线和基层科技力量，激励和支持广大科技人员创新、创业。从湖北来讲，科技大省“大而不强”、科技与经济“两张皮”的现象还不同程度地存在，要从规划引导、企业主体、基层推动上下功夫，解决自主创新的动力、活力等问题。

第三，发展循环经济。循环经济是发展模式的一种重大创新。循环经济由“点”“线”“面”三种循环构成，企业小循环，行业中循环，区域大循环。所谓小循环，即企业内部循环，以项目为载体，促进循环生产。所谓中循环，即建设循环经济产业园，实现园区内基础设施科学配置、公共资源共享；以企业和重点产品为龙头，着眼各产业内部联系，纵向加长，横向加粗，提高产业的集中度和资源的综合利用。所谓大循环，即社会层面的节约与废物利用，千方百计减少能源、资源的消耗，最大限度地实现资源再循环和生态环境保护。这种新的发展模式最大的特征是物质的循环高效利用和环境友好。荆门市是湖北唯一的国家循环经济试点市，经过两年的发展，其循环经济已形成了一定的规模，取得了显著成效。

（四）坚持绿色发展：推进从“传统发展”向“绿色发展”转变

温家宝同志2009年12月18日在哥本哈根气候变化大会领导人会议上公开承诺：到2020年，中国单位国内生产总值二氧化碳排放量比2005年下降40%～45%。湖北是重型工业省份，自用能源以火力发电为主，节能减排、推进绿色发展责任重大。

发展绿色经济要切实把握好以下几个环节：第一，树立绿色发展理念。从政府看，要树立绿色政绩观，把资源消耗、环境污染、环保投资增长列入考核指标，把循环经济和绿色产业发展情况列入考核范围。从企业看，要树立绿色生产观，创新绿色技术，制造绿色产品。从社会看，要树立绿色消费观，其核心是合理消费与科学消费。第二，构筑绿色产业体系。一是大力推进植树造林，保护好森林和湿地。森林是地球之“肺”，湿地是地球之“肾”。要切实保护好长江、神农架林区和洪湖、梁子湖、大九湖等湿地，夯实绿色发展的基础和根本。二是大力发展生态农业。坚持生态化发展方向，把发展绿色农业与农民增收致富结合起来。三是大力发展现代服务业。加大建设培育和宣传营销力度，加快打造生态旅游品牌，带动交通运输、物流、通信、信息技术、金融、会展等生产性服务业和高端服务业发展。四是大力发展循环经济。五是大力加强水环境治理。以“两库”(三峡库区、丹江口库区)、“三湖”(大东湖水网、梁子湖、四湖流域)为重点，推进水环境质量明显提升。第三，倡导绿色消费方式。要大力宣传绿色消费价值观念，大力普及绿色消费和绿色产品知识，促进公民自觉养成绿色消费习惯。第四，完善绿色发展保障。进一步制定推进绿色发展的扶持政策，健全绿色发展法律法规。严格落实党的十七大提出的“节能减排工作责任制”，建立资源有偿使用制度和生态补偿机制。

(五)坚持系统发展：从注重生产向生产、流通、市场一起抓转变

经济学的原理告诉我们：生产决定流通(市场)，流通(市场)反作用于生产；产品只有通过流通(市场)实现“惊险的跳跃”(马克思语)，才能实现其价值。卖出去、卖个好价钱才是硬道理！

2010年全国“两会”期间，笔者带省直有关部门同志到东中西部地区就开拓市场、发展外向型经济问题作了为期9天的调查研究。在这里，提供两方面的情况：一是湖北地产品市场占有率。20世纪80年代中期，

经济学界评价湖北是“卖米（粮食）、卖麦（小麦）、买饼干；卖棉、卖纱（织布）、买衣穿”，存在严重的“双向流失”。那时，湖北地产品在国内市场的占有率为4.2%左右。90年代中期以来，湖北地产品在国内市场的占有率呈下降趋势，目前只有3.5%左右。从国际市场开拓来看，近20年，湖北外贸出口占全国的比重基本上在0.6%左右徘徊。2008年，湖北外贸出口占全国的比重为0.81%，而同期湖北GDP占全国比重为3.8%。湖北的市场开拓与其经济地位、战略区位极不相称。二是外省的市场开拓情况。浙江省把开拓市场作为“一把手”工程来抓，从2008年5月以来，先后制定了6份开拓市场方面的文件，对开拓市场采取10项鼓励措施，即鼓励国内企业自主开拓市场；鼓励内贸企业建立国内营销网络发展“大物流”集团；鼓励内外贸企业开拓海外市场；鼓励设立具有独立营销体系的物流龙头企业销售其他企业的商品；鼓励联合组建为区域特色经济中小企业服务的贸易物流大集团；鼓励国内外企业来浙江设立采购基地；鼓励发展现代运输物流业；鼓励金融机构加大对企业营销的信贷支持；鼓励企业开发有市场前景的新产品和业务；鼓励在同等条件下优先采购浙江的产品、材料、装备和服务。现在，东南沿海省市纷纷抢滩中部地区市场。宁波市设立开拓国内市场专项资金，支持本地内外资企业到南昌、武汉、重庆、成都、郑州等城市建立直销中心，开设经销网点，开展连锁经营，发展贸易物流大集团，为企业拓展市场搭建营销平台。温州市计划2009年至2010年在全国大中城市建立100家温州名品购物中心。由此而论：外向型经济发展不够是湖北最大的实际！市场开拓不够也是湖北最大的实际！产品市场占有率低更是湖北最大的实际！

为此，我们建议：一要把市场开拓作为经济工作的“牛鼻子”来抓，高度重视此项工作；二要从“微笑曲线”底部的制造环节向两端的研发、品牌和营销环节延伸，下大力开发名牌产品和有市场的新产品，努力向价值链高端转移；三要大力发展现代物流业；四要加大组织力度，搭建市场开拓平台；五要把开拓市场作为“一把手”工程来抓。

（六）坚持人本发展：从以GDP为中心向以人的发展为中心转变

这实际上是科学发展观强调的“实现什么样的发展、怎样发展”，或者说发展是“为了谁、依靠谁”的问题。在笔者看来，至关重要的是七个方面：一是切实抓好人才队伍建设。“千军易得，一将难求”，人才资源是第一资源，是引领经济社会发展的根本和关键。我们要坚持“服务发展、人才优先、以用为本、创新机制、高端引领、整体开发”的人才工作指导方针，形成更加科学、更具活力的人才工作机制，让人才用当适任、用当其实、用当尽才，真正做到解放人才、发展人才、用好用活人才。二是切实提高人的素质。随着经济全球化和科技革命的深入推进，劳动力的“结构性过剩”将是一种常态。唯有提高素质，才能找到生路。三是切实解决利益问题。利益决定人心，人心决定成败。马克思指出：“人们为之奋斗的一切，都同他们的利益有关。”[①]要追求“双线均衡”，寻找经济市场化与社会公平公正之间的最佳均衡点：学会在“两个鸡蛋”上跳舞，不要把任何一个“鸡蛋”打碎。农村饮水安全是地方病、传染病之源，是最急切的民生，时不我待，务求尽快解决。四是切实解决就业问题。就业是民生之本，也是基本的人权，只有解决充分就业问题，社会才能稳定。否则，“无事易生非”“饥寒起盗心”，不实现充分就业，社会何以稳定？！五是崇尚公平。要让不同的人群（不分性别、年龄、民族、居住地点等）享受《中华人民共和国宪法》所赋予公民的经济、政治、文化等方面的权利，使他们享有大体均等化的公共服务。六是高度重视和妥善解决劳资矛盾。完善劳动法规，建立劳资协调机制，普遍实行工资集体协商制度，充分发挥工会的作用，切实加强企业职工的思想政治工作，维护社会稳定。在非公有制企业，要力戒“泰勒式”管理，保障劳动者体面地劳动、有尊严地生活。七是注意调动人

---

① 《马克思恩格斯全集》第一卷，人民出版社1995年版，第187页。

们积极性。这是一个系统工程，除妥善、合理处理好利益分配和“职务升迁”问题外，还有加强思想政治工作和管理的问题。

【点评】

这篇调研报告具有三个显著的特点：（1）全面系统。全文以翔实的数据资料系统分析了国际金融危机爆发成因、后危机时期我国经济面临的风险和挑战，提出了战略应对之策。（2）分析透彻。报告从制度、理论政策、实践、国际视野四个层面分析国际金融危机爆发的成因，可谓入木三分；“五点真理性的结论”颇有见地。（3）前瞻性较强。坚持“六个发展”、推进“六大转变”，基本符合新发展理念精神。报告虽然较长，但读后对开扩研究问题的视野、启迪研究问题的思路和方法均大有裨益。

阅鉴5

中国社会主义市场经济的生力军

——对温州、台州民营经济考察的理论思考

吕东升

（1998年10月25日）

【导读】这篇调研报告是笔者博士论文《论公有制与市场经济的结合》中“结合关键论：关于公有制实现形式的创新”的一部分，该论文修改出版后先后获“湖北省第五届社会科学优秀著作”二等奖、“世界发展优秀学术著作”一等奖。

马克思主义认为，所有制问题是社会主义运动的基本问题，是生产关系的决定性因素。可以说，在我国经济体制改革中，“高”不过所有制，也“深”不过所有制。笔者之所以能在25年前以坚定的理论勇气，大胆提出“民营经济是中国社会主义市场经济生力军”，并将其作为调研报告的主题和标题，主要得益于“三员”：（1）“反面教员”敲警钟——传统“一大二公”“纯而又纯”的所有制结构，已经走进死胡同；（2）“理论教员”明经纬——要把所有制与所有制实现形式严格区别开来，民营经济同混合所有制经济、股份经济一样，都是现代公有制的重要实现形式；（3）“实践教员”定乾坤——改革开放以来，温州、台州等地经济发展突飞猛进，就是得益于突破性地发展民营经济，日益显示出强大的生命力。

【重要链接】2023年7月14日，中共中央、国务院根据党的二十大有关精神，颁发关于促进民营经济发展壮大的意见。文件包括总体要求、持续优化民营经济发展环境、加大对民营经济政策支持力度、强化民营经济发展法治保障、着力推动民营经济实现高质量发展、促进民营经济人士健康成长、持续营造关心促进民营经济发展壮大社会氛围、加强组织实施8个部分，共31条。

（详见2023年7月20日《人民日报》）

【重要链接】党的二十届三中全会进一步作出决定："制定民营经济促进法。"

（引自《人民日报》2024年7月22日第一版）

全面创新公有制实现形式，不仅要寻找新的公有资产组织形式，而且还必须突破"国营"即国家经营的局限，按照"两权"分离的原则，实现企业资产民营化，大力发展民营经济。

一、民营经济的内涵及其基本特征

民营经济的概念是毛泽东同志1942年12月在陕甘宁边区高级干部会议上所作的报告《经济问题与财政问题》（后发表改题为《抗日时期的经济问题和财政问题》）中首次提出来的。毛泽东同志指出，"如果不发展人民经济和公营经济，我们就只有束手待毙""只有实事求是地发展公营和民营的经济，才能保障财政的供给"，精兵简政"减少了消费性的支出，增加了生产的收入，不但直接给予财政以好影响，而且可以减少人民的负担，影响人民的经济"[①]。改革开放以来，我国著名经济

① 《毛泽东选集》第三卷，人民出版社1991年版，第891—895页。

学家于光远、童大林、晓亮对民营经济问题发表了诸多著述，对其概念、内涵各抒己见、颇有见地。笔者认为，在我国社会主义现实经济生活中，民营经济应该是指除国有国营以外的所有所有制形式和经营方式的总称。它是公民或公民集体自主经营自有资产或国有、集体、混合所有制资产并自负盈亏的经济形式。简言之，民营经济就是非国营经济。民营经济包括两大组成部分：一是民有民营经济。这部分是民营经济的初始形态，也是民营经济的主体，主要包括个体企业、私营企业、中外合资企业、外商独资企业、全部集体企业及非国有参股和国有参股（未控股）的各种混合所有制企业、企业集团。二是国有民营经济。这是民营经济的新领域，是发展市场经济和国有企业改革的产物。国有民营经济包括国有独资民营化（承包、租赁、委托经营）企业和国有控股民营化企业。理解民营经济概念要把握以下几点：其一，民营经济是所有制实现形式的范畴，而非所有制的范围；其二，民营经济在外延上包含个体私营经济，但把民营与私营画等号是绝对错误的；其三，不能把“民营化”与“非国有化”（民有经济）相混淆。

作为国营经济的对立物，民营经济有以下鲜明的特征。

（一）与市场经济的共生性

市场经济要求经济主体具有很强的适应市场的能力，国营经济一切按计划办事，如果计划本身落后于市场需要，它就不能真实地反映市场信息，按计划进行的所有经济行为就缺乏市场基础，这是国营经济缺乏对市场应变能力的根本原因。民营经济则不同，它从一开始就是围绕市场开展的，没有市场的基础，可以说就没有民营经济本身，这是我国传统计划体制下的国营经济所不具备的优势。从这个意义上说，民营经济是市场经济的“宠儿”，它与市场经济具有共生性：其一，市场经济必须以产权多元为基础，而国营经济虽然是一种全民经济，但产权制度并未明确，于是便限制了全民参与市场的能力。与国营经济相反，民营经济的产权本身是多元的，它的参与者又是全民的，如果不加入市场，其经济行为便无从实施，也无法得到社会的承认。因此，进入市场，参与市场竞争是民营经济的生命。其二，市场经济条件下，市场在社会资源配置中起基础性作用。民营经济以效益为目标、以市场为导向，灵活地决定资金的投向，实现社会资源的优化配置。由此观之，民营经济天然地姓“市”，与市场经济具有天然的共生性。

（二）生产经营的自主性

所有权与经营权的相对统一保证了民营经济生产经营的自主性，具体表现在：民营企业拥有进行商品生产和经营所应有的全部权力，包括生产经营决策权、投资决策权、生产设备处置权、产品定价权、进出口经营权、横向经济联合权、劳动人事权、内部机构设置权、企业内部分配权等权力，完全自主经营、自负盈亏、自我发展、自我约束。民营企业的应有权力归属于企业法人，民营企业的所有活动则是根据市场信息，自觉地面向市场，追踪市场信号特别是价格信号，自主地开展生产和经营活动。市场经济条件下，政府只能通过法律政策规范民营经济行为，引导民营经济在政策法律的范围内从事经营活动，同时运用税收杠杆实施对民营经济的宏观调控，通过信息服务等形式间接地对民营经济发挥影响作用。政府无权决定民营经济干什么和怎么干，政府也不对民营经济的运作负任何直接责任，过去国营经济那种一切由政府包下来的做法在民营经济领域毫无市场可言。当然，民营的自主性并不是为所欲为，民营企业的所有决策活动和经营行为都是而且也必须是围绕企业的经济利益展开的，并在充分调查、了解、分析市场行情的基础上作出的。由于民营企业必须对自己的一切行为负责，所以，民营企业的自主性也必须是建立在自我约束基础上的。

（三）经济活动的平等性

在市场经济中，任何企业完全平等、公平竞争，这是市场经济正常运行的重要条件。民营经济所要求的平等，正是适应现代市场运行中的

“平等法则”的。这种平等原则具体包括：能够机会均等地占有归社会所有的生产经营条件；能够机会均等地按照统一的市场价格取得生产要素；能够机会均等地进入市场并按照市场决定的价格出售自己的商品；能够机会均等地参与社会上所有生产经营性竞争活动；能够平等地承担税负以及其他方面的负担，等等。进一步说，就是没有超经济的行政特权的任意干涉，而完全靠自己的生产能力和经营才干，靠对市场信息的捕捉和综合判断，靠生产的效率、成本的节约、产品的质量和优质的服务等，取得市场竞争的胜利。当然，机会上的平等并不意味着人们会在市场经济中得到绝对意义上的平等。民营经济一方面要求机会均等，另一方面在与其他经济力量一起不断地再生产出不平等。民营经济就是在这种永恒要求平等和不断创造不平等的矛盾中运行和发展的。

（四）经济运行的竞争性

竞争性是民营经济最重要的运行特征。这种竞争表现在各民营主体之间为了生存和发展，在市场上展开争斗和竞赛。民营经济的竞争是完全的竞争，表现在民营经济运行的全部过程中，有买者之间的竞争、卖者之间的竞争、买卖双方的竞争；有行业内部的竞争、行业之间的竞争；有国内竞争、国际竞争；有质量竞争、价格竞争、服务竞争、科技信息竞争、人才竞争，等等。民营经济正是在激烈的市场竞争中不断成长和发展起来的。当然，毋庸讳言，民营经济竞争中也存在一些不正当竞争行为，为此，必须加大《中华人民共和国反不正当竞争法》的执法力度，打击和制止民营经济领域的不正当竞争行为，维护民营经济的声誉。

二、社会主义民营经济的地位和作用

要认识民营经济的地位和作用，就必须把它放在建立社会主义市场经济体制的宏观背景下，放在整个国民经济大系统来考察。

（一）发展民营经济是建立社会主义市场经济体制的客观要求

建立比较完善的社会主义市场经济体制是21世纪前10年必须解决好的两大课题之一。完成这一全新的课题需要我们在各方面，特别是在重塑市场经济微观基础方面作出积极探索和不懈努力。实践证明，民营企业、民营经济是市场经济天然的微观基础，大力发展民营经济对建立社会主义市场经济体制至关重要。一是民营经济具有完全的市场机制。其生产经营完全以市场为导向，生产要素完全靠市场调节，经济行为和活动完全受市场规律的制约，企业完全在市场竞争中优胜劣汰。二是民营经济具有独立的产权机制。在民营企业中，产权都是明晰的，生产经营的好坏概由法人代表负责，企业拥有生产经营的全部权力，完全是自主经营、自负盈亏、自我发展、自我约束，基本上克服了所有者“虚置”现象。三是民营经济具有强烈的动力机制。企业的一切经济活动，始终都与经营者的自身利益息息相关。在物质利益的驱动下，经营者和所有者都要将获取自身的最大收益作为经营目标，充分调动企业的积极性、创造性。四是民营经济具有灵活的经营机制。企业具有短平快的开发效应，在瞬息万变的市场竞争中，应变能力强。五是民营经济具有全新的用人机制。企业在录用人员上具有“双向选择权”，“因事设人”“一人多用”，劳动者的潜能可以得到充分的发挥。所有这些机制优势表明，民营经济天然就是姓“市”的，它最能适应社会主义市场经济的需要，是市场经济的生力军。没有民营经济的大力发展，社会主义市场经济体制就不可能建立。

（二）发展民营经济对国有企业改革具有机制示范和借鉴作用

民营企业独立的法人主权、清晰的产权关系、明确的经济目标、全新的用人机制、灵活的经营方式、共同的利益关系、激励的分配原则等特征都为国有企业改革提供了典范，并且在实践中带动了一大批国有企业的民营化。实践表明，国有企业民营化是实现“两权”分离的最佳途径，是提高企业经济效益、办好国有大中型企业的有效途径，是避免企业行为短期化的制度保证，是保证国有资产不断增值的一种必要机制。民营经济的运行模式和经验，使国有企业在转换经营机制过程中得到了大量的借鉴和效仿，从而加快了国有企业经营机制的转换过程，推动了国有企业的改革和发展。

（三）发展民营经济是振兴地方经济的必由之路

目前，我国东中西部之间“马太效应”加剧，基尼系数已经接近或超过国际警戒线。如何使贫困地区尽快脱贫致富，缩小我国东中西部的梯级经济差距，已成为全社会极为关注和思考的大问题。先进地区，特别是苏南、温州、山东等东部地区经济发展的实践证明，发展民营经济是摆脱贫困、振兴地方经济的必由之路。一是通过大力发展民营经济，可以运用民营机制“嫁接”激活现有大量的国有资产存量，变“死资本”为“活资本”、变“包袱”为“财富”。二是通过大力发展民营经济，可以聚集民资民力，向乡镇企业、农业产业化、脱贫攻坚、小城镇建设和第三产业等方面进军，这是很现实、很可靠、潜力很大的经济增长点。三是通过大力发展民营经济，可以优化地区经济结构，提高经济效益，实现经济良性循环。正是从这种意义上讲，没有民营经济的突破性发展，就不可能真正实现欠发达地区的振兴。

（四）发展民营经济是促进中国社会稳定的重要因素

21世纪前20年是我国改革和发展的关键时期。这一时期，我国将建立起社会主义市场经济体制的框架，实现经济增长方式由粗放型增长向集约型增长的转变。在这一过程中，我们会始终面临失业人数居高不下的困扰，农村剩余劳动力的日趋增多，城镇急需就业队伍的日趋庞大，特别是机构改革、人员分流的逐步到位，将使就业形势变得十分严峻。毋庸置疑，能否实现充分就业始终是维系社会稳定的一个重大问题。很显然，解决如此庞大的就业“包袱”，在现有国情国力情况下靠国有经济、靠国家包办是行不通的。民营经济作为“大就业经济”（童大林语），无论通过什么方式、在什么领域，只要让其内部每个人依法从事有一定收入和报酬的劳动，对社会发展、经济发展作出贡献，就极大地拓宽了就业渠道。从笔者考察所知，温州正是靠民营经济的迅速发展，才成为中国首例没有下岗工人失业困扰的地区。可见，民营经济维系中国改革、发展和稳定大局。大力发展民营经济是解决中国十几亿人口就业问题的大思路、大方针、大政策，是21世纪中国经济的曙光。

三、中国发展民营经济的若干战略取向

从我国社会主义初级阶段的国情出发，推进民营经济发展，必须首先明确战略取向问题。

（一）坚持县域经济和中小企业以民营经济为主体的指导思想

确立县域经济以民营经济为主体主要基于以下考虑：一是在我国绝大多数县域经济中，国有大中型企业较少，农业比重较高。近年来，国家在发展国有经济方面实施“抓大放小”战略，优化资本结构、企业直接融资等政策进一步向大中城市、大中型企业倾斜。县域经济中的国有企业基本都属“放小”的范围，不能享受这些政策优惠。二是随着国有专业银行向商业银行转变，县级行的放贷权纷纷上收，今后县域经济将越来越难以争取到银行的信贷支持。三是我国主要农产品价格已经达到或高于世界平均水平，入世以后，靠价格刺激农业发展的余地不大。在这种情况下，县域经济只有通过大力发展民营经济，推进投资主体社会化，面向社会聚集民资民力，构筑起比政策优势更加持久、更具活力的机制优势，才能谋求经济快速发展。这一点已经被经济发达县（市）的经验所证实。改革开放以来，温州、台州、无锡、顺德、潍坊等地经济发展突飞猛进，GDP和财政收入连续翻番，就是得益于突破性地发展民营经济。

（二）坚持“一主两翼”的发展方针

民营经济的传统发展领域是小商品生产和流通，但这一传统领域很难满足新时期大力发展民营经济的需要。民营经济要想从“小民营”成长为“大民营”，从经济发展的“配角”变为“主角”，必须拓宽思路，扩展发展领域。根据我国改革和发展的实际需要，当前乃至今后一段时期内，发展民营经济的着力点和主攻方向应放在“一主两翼”上。“一主”即：运用民营经济的机制优势，盘活中小国有企业资产存量。鼓励民营业主兼并、收购、租赁、参（控）股国有中小企业，实行国有民营。“两翼”即：一翼是把发展民营经济与推进农业产业化结合起来，鼓励民营业主“上山下水”，开发“四荒”（荒地、荒滩、荒山、荒湖）资源，大力兴办种植、养殖特别是农产品加工等“农”字号的龙头企业，培植农村经济新的增长点；另一翼是把发展民营经济与乡镇企业制度创新结合起来，再创乡镇企业新优势，实现“第二次创业”。只有坚持“一主两翼”的基本方针，民营经济才能扩展新的发展领域，实现更快更好的发展。

（三）突出抓好载体建设

载体建设是发展民营经济的着力点。当前应通过突出抓好载体建设，促进民营经济发展。一是搞好市场建设。市场是民营经济的主要活动舞台，温州等地民营经济发展迅猛“经验在市场”。在我国加入WTO、国际国内市场一体化的大背景下，要想谋求民营经济大发展，就必须着眼于“买全国，卖全国”“买世界，卖世界”“大吞吐，强辐射”，按照“多方集资、大家兴建、统一管理、共同受益”的原则（温州经验），突破分散格局，追求规模效益，逐步建立健全大中小市场相结合、高中低档次相结合、综合与专业市场相结合、零星与批发市场相结合、生产资料市场和生产要素市场相结合的商品流通网络和市场体系。要重点建设专业市场，在提高市场规模和专业化水平上下功夫，真正达到“建一处市场，兴一门产业，活一片经济，富一方群众”的目的。二是发展民营区域经济。要以主导产品为依托，大力发展民营经济专业户、专业村、专业乡镇，促进民营经济向区域化方向发展，增强抵御市场风险的能力。三是积极扶持民营能人。民营经济是“能人经济”。温州的正泰集团、德力西集团，由一个名不见经传的家庭小作坊，一跃成为闻名全国的跨国大集团，靠的就是南存辉、胡成中这样的能人。扶持民营能人关键是要在优化发展环境基础上，通过重点对他们实行优惠政策和优质服务，解决生产经营中遇到的实际困难，促进其经营企业和项目快速成长。一要实行“轻税薄费、放水养鱼”的政策，调动民营能人发展民营经济的积极性。二要放宽信贷，注重效益，实行扶优扶强。尤其是民营能人，只要有担保、有抵押、有还贷能力，应及时提供贷款。三要建立中介组织，为民营能人排忧解难。从民营经济产生较早、发展较快的沿海地区看，我们应该大力发展商会、同业工会、企业家协会等中介组织，利用这些中介组织为民营经济发展排忧解难。

（四）坚持高起点起步，抢占发展的制高点

在当今经济全球化步伐加快、国际国内双重竞争日趋激烈的态势下，发展民营经济再走当年短缺经济时代“拾遗补阙”的老路显然行不通，必须“后发制人”，全方位地抢占制高点，与国际国内强手一比高下。一是抢占市场制高点，确保所上的项目、产业、产品适销对路，提高市场竞争力。二是抢占机制制高点，按照国际惯例办事，采用新机制，防止“穿新鞋，走老路”，确保企业办一个成一个。三是抢占技术管理制高点，运用科技革命创造的新的技术经济体系、新的生产管理方式，推动产业技术升级和产品更新换代。要通过抢占制高点，促进民营企业上质量、上档次、上规模、上水平，提高整体效益。

四、中国民营经济的发展道路

改革开放以来，我国民营经济有了长足的发展，但着眼于国际竞争，民营经济整体实力仍显不够，素质仍然不高，难以在国际市场一

决高下。因此，必须加强对发展民营经济的引导，通过拓宽新的发展空间，提高民营经济整体素质。

（一）引导民营经济从单一个人所有制向混合型的股份经营方向发展

民营经济一般都是从家庭经营开始的，经过一定时期的资本积累，为了适应社会化大生产的要求，就势必走联合经营之路，使生产力获得更大发展。实践证明，混合型的股份经营有利于突破家庭经营的局限性，能跨所有制、跨地域配置各种资源，有利于实现资本的快速扩张，有利于形成“杂交”优势。因此，要坚持以股份经营、发展混合经济，作为民营经济制度创新的主要目标，实行投资主体多元化，促进企业由个人业主制向混合所有制过渡。积极鼓励一批实现了资本原始积累、经营有方的民营业主，购买、兼并、租赁、承包国有、集体中小企业，鼓励有条件的、竞争实力比较强的民营企业向公司制方向发展，形成混合经济。

（二）引导民营企业由粗放经营向集约经营方向发展

科学技术是第一生产力。在当今国内市场已由地方分割转变成统一开放大市场，并逐步与国际市场通联的情况下，民营经济如果没有较高的技术支撑，就难以在激烈的市场竞争中站稳脚跟。因此，必须把发展民营经济转到依靠科技进步的轨道上来，下大力推进增长方式的转变。一是要充分利用智力资源和科技力量，大力发展民营科技企业。鼓励大专院校、科研院所和企事业单位的科技人员走向经济建设的主战场，创办民营企业，租赁、承包国有、集体中小型企业，到民营企业兼职、挂职，加快科技成果转化为现实生产力的步伐。二是民营企业要注重高新科技产品的开发。目前，民营企业在自身科技开发能力较弱的情况下，要充分发挥机制灵活的优势，敢于“攀高枝靠大树”，主动加强与科研院所的交流和合作，共同研究开发新产品，也可以直接购买它们的科研成果进行生产开发，提高企业的科技水平。

三是民营企业要重视技术改造。要改变小打小闹、因陋就简的传统模式，舍得花钱用于设备更新和技术改造，提高资本有机构成，增强企业的发展后劲，向科技进步要效益。四是民营企业要增强品牌意识。在激烈的市场竞争中，民营企业只有依靠自己的优质名牌产品才能站稳脚跟，求得发展。这要求民营企业必须改变重产品、轻品牌的观念，通过科技开发提高其拳头产品的质量和档次，注重售后服务，树立企业良好的声誉。同时，要注重对企业产品的广告宣传，创造出自己的品牌主导产品。

（三）引导民营经济由传统地缘经济模式向国际化方向发展

随着我国对外开放的扩大和世界经济一体化趋势日益加深，以本地市场为主的地缘经济将难以适应全球经济的发展趋势。因此，民营经济必须顺应国内经济进一步对外开放的潮流，跟踪国民经济发展的大趋势，抓住国家对外开放战略由沿海向沿江和中西部延伸的极好机遇，大胆冲出省界、走出国门，发展外向型经济。就政府部门而言，要进一步放宽政策，大力支持和促进外向型民营企业的发展，鼓励民营经济利用各种渠道，积极引进外资，举办中外合资、合作企业，开展“三来一补”业务。同时，加快实施“走出去”战略，支持他们到国外、境外办厂、办公司，把产品打入国际市场。

（四）引导民营经济由低水平重复建设向特色经济方向发展

随着人们生活水平的提高，消费结构由“温饱型”向“享受型”转变，人们追求健康长寿，对“特色产品”十分青睐，一只蜗牛、一棵魔芋、一片薇菜、一个龟鳖都可以办成大产业。可见，在市场经济条件下，特色就是生产力，特色就是竞争力，特色就是生命力。民营经济要想求得新发展就必须摒弃发展初期那种“村村点火，户户冒烟”的低水平重复建设的老路，走特色经济之路。发展特色经济要坚持以市场为导向，从本地实际出发，选准自己的特色产业、特色产品。应坚持“一县

（市）一业”，“一乡一品”，实行“区域化布局，基地化生产，系列化加工，社会化服务”。特色选定以后，就要紧紧咬定不放，形成大气候，办成大产业，建成大支柱，从而以特色经济支撑民营经济的新天地。

（五）引导民营企业由家族式管理向科学化管理方向发展

当今时代，家庭式、经验型管理，很难适应新形势的需要。要引导民营企业按照建立现代企业制度的要求，适应现代市场经济和社会化大生产的需要，建立一套科学的经营管理制度。一是民营业主要注重提高自身的素质，掌握现代科学技术知识、经营管理知识和市场经济知识，不断提高自己敏锐的市场洞察力和果断决策能力，增强风险意识和创新意识。二是淡化企业管理的家族色彩，面向社会广揽人才，吸收高科技人才和有经验的管理人员到企业任职。有条件的应实行投资者授权经营，形成投资者以外的管理层，实现所有权与经营权的分离。三是建立科学的决策机制，吸收和引进先进的管理理念和方法，建立科学的财务制度体系，实现企业内部全方位的科学管理。四是建立和谐的劳资关系，充分调动职工的积极性，增强企业的凝聚力和归属感，保持职工队伍特别是技术人才和经营人才的相对稳定。

（作者时系中共湖北省委政策研究室副主任）

【点评】

这篇调研报告对民营经济的四项鲜明特征和地位作用分析得非常充分透彻，在此基础上鲜明提出“民营经济是中国社会主义市场经济生力军”的主题论断符合我国国情实际和现代市场经济发展要求，在“若干战略取向”中提出的“坚持县域经济和中小企业以民营经济为主体”和“坚持‘一主两翼’的发展方针”，务实管用。作者的“功底”决定了调研成果的“生命力”，在这里得到了充分的体现。

决策调研类

阅鉴6

让巨龙在荆楚大地腾飞

——关于加快湖北长江经济带科学发展的调研报告

省、市联合调研组

（2009年2月25日）

【导读】发展，是党执政兴国的第一要务。无论是省市县乡还是企业，都有一个谋划战略问题，决定发展的成败。2008年至2011年，面对中央赋予湖北的构建促进中部地区崛起重要战略支点的新任务，笔者在中共湖北省委领导下具体组织了“两圈一带”（推进武汉城市圈、鄂西生态文化旅游圈建设和长江经济带科学发展）三场大型调查研究，省委相继出台了三个文件、制定了有关规划。这篇调研报告获时任湖北省委书记、省长重要批示，转化为“中共湖北省委、湖北省人民政府《关于加快湖北长江经济带科学发展的决定》（鄂发〔2009〕15号）”这一标志性文件，2010年11月8日被中共湖北省委表彰为“2009年度湖北省优秀调研成果”特等奖。

众所周知，“特等奖”一般是很少设立的。这项调研成果之所以表彰为特等奖，感悟有这几点：一是，“特”在课题内容极为重要。长江是祖国第一大母亲河，干流横贯湖北东西1062千米，约占四川宜宾至上海入海口干流总长的1/3，地域面积7万多平方公里，涵盖武汉、宜昌、荆州、黄石、黄冈、鄂州、咸宁、恩施8个市（州）的25个县（市）。2008年，湖北长江经济带创造的生产总值、地方一般预算收入分别占全省67.5%和60.7%，主要经济指标约占全省2/3，在发展格局中占有举足轻重的地位。二是，“特”在“集成式”调研相当扎实。一方面，由于流域开发牵涉面广、情况复杂、业务性强，邀请北京有关部委、专家和省内长江沿线各市、省直有关部门参加，形成一个有力的集成式“班底”。另一方面，调研工作上下结合、省内外结合，历时两个月之久。三是，“特”在起草调研报告下了深功夫。框架结构按“递进式”（纵向思维）展开，依序写了重大意义、主要问题、总体构想、对策措施（9个坚持）、近期工作建议“五个部分”，由抽象到具体，层层递进，可操作性很强。报告经过三次讨论，先后“五易其稿”，直到调研者自己满意才报送省委。四是，“特”在调研报告全盘转化为决策。鄂发〔2009〕15号文的构架内容，基本上与调研报告相当。

根据时任湖北省委书记意见，去年11月下旬以来，省委副秘书长、省委政研室主任吕东升同志组织开展了“加快湖北长江经济带科学发展”大型系列调研活动。一是组织沿江的武汉、黄石、荆州、宜昌、鄂州、黄冈、咸宁等市分别开展调查研究，形成了调研分报告。二是召开了两个座谈会，分别是长江水利委员会、交通运输部长江航务管理局和省直9个部门负责人座谈会，省社科院和高校有关专家座谈会。三是赴江苏考察学习。在此基础上认真研究，综合形成此报告。

一、加快湖北长江经济带科学发展的重大意义

长江干流横贯湖北东西，流经湖北省1062千米，占从四川宜宾至入海口长江干流总长的1/3，全程过境客水年均径流量达9000亿立方米，地域面积7万多平方千米，占湖北省总面积的2/5，西起恩施州巴东县，东至黄冈市黄梅县，涵盖武汉、宜昌、荆州、黄石、黄冈、鄂州、咸宁、恩施8个市州的25个县市。早在20世纪80年代中期，湖北就提出并实施长江中游经济带科学发展战略，特别是20世纪90年代以来，积极呼应浦东开发，大力推进沿江地区科学发展，促进了沿江地区经济持续较快发展。据统计，1995—2007年的12年间，湖北长江经济带的生

产总值、全社会固定资产投资、社会消费品零售总额和地方一般预算收入分别增长了2.7倍、3.9倍、3.3倍和4.7倍，成为全省乃至长江中游地区最具发展活力和综合经济实力较强的地区。2008年，湖北长江经济带创造生产总值7647.2亿元，占全省的67.5%，地方一般预算收入431.03亿元，占全省的60.7%，主要经济指标约占全省2/3。总体上看，湖北长江经济带的科学发展已取得显著成效，在全省发展格局中占有举足轻重的地位。

当前，湖北的发展正处在新的历史起点上。面对构建促进中部地区崛起重要战略支点的新任务，面对推动科学发展、夺取全面建设小康社会新胜利的新要求，面对国际金融危机的新挑战，面对长江沿线省市加快沿江地区科学发展步伐的新形势，加快湖北长江经济带科学发展，已成为摆在我们面前的一项紧迫而重大的战略任务。

（一）加快湖北长江经济带科学发展，是遵循客观经济规律、顺应经济发展趋势的内在要求

一是从国内外的发展实践来看，流域经济科学发展是当代世界经济发展的重要趋势，大江大河等流域经济的发展状况对所在国家、地区的竞争力和经济实力有决定性影响。20世纪，密西西比河流域的发展推动了美国的崛起，莱茵河流域的发展促进了法国、德国和荷兰的繁荣。长江作为黄金水道，是沟通我国东中西部经济的大动脉。长江经济带涵盖包括湖北在内的7个省、2个直辖市，占据全国15%的国土、38%的人口和46%的国内生产总值，是除沿海开放地区以外全国经济密度最大的发展区域，是目前世界上可开发规模最大、影响范围最广的内河流域经济带，是国家实施“十一五”规划的主体功能区，是我国今后经济增长潜力最大的核心区域。根据国家主体功能区规划方案，全国将形成“两纵两横”国土开发格局，长江经济带是其中的一“横”（另一“横”是陇海经济带，“两纵”分别是沿海经济带和京广沿线经济带）。国务院常务会议去年8月审议通过了《进一步推进长江三角洲地区改革开放和经济社会发展的指导意见》，这意味着以长三角为龙头的长江流域的科学发展正式上升到国家战略层面。长江经济带的科学发展，对加快全面建设小康社会进程、实现中华民族伟大复兴，具有至关重要的意义。二是从沿江地区的发展态势来看，长江沿线的区域经济开发对湖北已形成“合围”之势，区域间的竞争日趋激烈，我们面临的形势十分严峻。目前，我国区域开放开发战略布局已由沿海先行进入到沿海、沿江并重时代，长江流域的沿江发展战略正由长三角地区向整个长江流域推进。长江沿线省市纷纷实施沿江开发战略，将发展重点逐步转移到临江城市或地区上来。例如，四川省提出要建设沿长江经济走廊；重庆市提出要依靠长江黄金水道的港口，促进港口与园区联动，建设沿江经济带；安徽省提出了“抓住机遇、开放皖江，强化自身、呼应浦东，迎接辐射、带动全省”的沿江开发思路，大力建设皖江经济带；江苏省从2003年正式实施沿江大开发战略，行动快、力度大、措施实，初步形成了颇具规模和实力的沿江产业带及城市群。只有加快湖北长江经济带科学发展，我们才能顺应长江流域经济快速发展的趋势，积极应对区域经济的竞争和挑战，在发展中抢占先机、赢得应有的位置。三是从湖北长江经济带所处的地理位置来看，加快湖北长江经济带科学发展，对推动整个长江流域经济带加快发展乃至促进我国东中西部地区协调发展至关重要。湖北长江经济带位居长江中游，域内干线总长度在沿江各省市中排名第一，它东接长三角城市群，西联成渝城市群，处于承东启西的枢纽位置，是长江流域经济带的中心区域。如果把整个长江流域经济带比喻为一条龙，那么长三角地区是龙首，成渝地区是龙尾，以湖北长江经济带为代表的长江中游地区则是龙腰。没有一个强壮的龙腰，整条龙就舞不起来、活不起来。因此，加快湖北长江经济带科学发展，有利于进一步增强湖北在整个长江流域经济发展中承东启西的枢纽作用和集聚辐射的增长极功能，承接长三角、带动大西部，在加快自身发展的同时，也为促进全国区域协调发展作出应有的贡献。

（二）加快湖北长江经济带科学发展，是完善湖北发展战略、推动全省区域协调发展的重大举措

近年来，省委、省政府不断深化对省情的认识，适时调整和完善区域经济发展战略，继提请中央批准建设武汉城市圈“两型”社会综合配套改革试验区之后，又提出建设鄂西生态文化旅游圈，使湖北发展由“重点突破”逐步向“多点支撑、协调发展”转变。省委九届五次全会强调，要在继续推进武汉城市圈“两型”社会综合配套改革试验区建设的同时，加快建设鄂西生态文化旅游圈，推进湖北长江经济带新一轮科学发展。清泉同志指出，长江流经湖北省1000余千米，是湖北一大优势，沿江经济基础较好，具有巨大发展潜力，应加快科学发展。武汉城市圈是全省经济发展的龙头和核心区域，鄂西生态文化旅游圈是对武汉城市圈的呼应和拓展，而长江经济带是全省经济发展的主轴。湖北长江经济带西起恩施、东至黄冈，具有肩挑鄂西和鄂东的“扁担功能”，是促进“两圈”互动、协调发展的主轴和重要空间载体，具有沟通、带动“两圈”的重要作用。如果单纯从行政区域和地理位置来看，湖北长江经济带与武汉城市圈和鄂西生态文化旅游圈高度重叠。但正是这种重叠，使其得以发挥“一线串两珠”的重要功能。因为“两圈”不可能彼此孤立发展，需要区域互动、产业融合、协调发展。加快湖北长江经济带科学发展，实施“一带两圈”战略，把“两圈”的发展与长江经济带建设融为一体、整体推进，有利于打破行政壁垒、市场分割和行业界限，加强区域经济合作与交流，在更大范围、更广领域实现资源共享、优势互补、互利共赢、联动发展，从而实现全省经济社会协调发展。因此，加快湖北长江经济带科学发展，在全省形成以武汉为龙头、长江经济带为主轴、武汉城市圈和鄂西生态文化旅游圈为两轮的“一带两圈、双轮驱动”区域发展新格局，是坚持统筹兼顾、推动科学发展的重大举措，对把湖北建成促进中部地区崛起的重要战略支点，具有重大而深远的意义。

（三）加快湖北长江经济带科学发展，是发挥比较优势和潜力、实现又好又快发展的客观需要

从湖北长江经济带现有基础看，具备加快科学发展的一系列有利条件。一是区位和交通优势明显。从全国范围和整个长江流域来看，湖北长江经济带处于中心位置，贯穿我国东西南北的铁路干线在这里交会；从省内来看，沿江经济带把湖北省东、中、西三大地带连接起来，区域内公路网密集，主要城市间的大通道已全部打通，是连接东西、辐射南北的交通枢纽。特别是通航里程长，干流航道全长834.2千米，占长江干线航道总里程的近30%，是沿江各省市干流航道里程最长的省份。水上运输具有运能大、占地省、能耗少、成本低、污染小等多重优越性，运输平均成本仅为铁路运输的二分之一、公路运输的三分之一，“黄金水道”优势突出。二是资源条件优越。这里自然资源丰富，农业基础较好，是全国重要的粮、棉、油生产加工基地。沿江地区“得水独厚”，具有丰沛的淡水资源，预计能开发的水能资源超过全省水能资源总量的80%，宜昌是世界最大的水电基地。部分矿产比较丰富，磷矿资源享誉全国。旅游资源集中，沿江历史古迹众多，自然风光独特。还拥有丰富的可供港口和基础工业布局的岸线资源，初步测算，具有岸稳、水深和宽阔陆域场地与良好城镇依托条件，且近期可利用的岸线资源长度就达320千米。三是产业基础较好。沿江地区具有较强的经济实力和发展能力，多年来逐步建立了各具特色的产业体系，开始形成高新技术产业带、先进制造业带、大运量高耗水原材料工业带、优质特色农产品生产加工带，在钢铁、汽车、石化、机械、水电等领域涌现了一批大型骨干企业。四是城市体系完备。以武汉为中心，以宜昌、黄石为两翼，湖北长江经济带已形成湖北省最密集的城市带，沿线共有城市14个，可为加快科学发展提供有力的支撑和依托。五是科教力量雄厚。沿江各市共有各类专业技术人员近51万人，科研和技术开发机构120个，普通高校53所，在校全日制大学生超过110万人，职业学校在校生超过10万人，

技术创新实力强大、潜力巨大，可为沿江科学发展提供有力的科技和智力支持。六是发展机遇难得。国家加大促进中部地区崛起力度，批准武汉城市圈为“两型”社会建设综合配套改革试验区，实施扩大内需、促进经济增长的一系列政策措施，这些都使湖北长江经济带科学发展面临重大战略机遇。如去年底国家新增千亿元投资中，湖北省争取到50亿元左右，这些投资绝大部分集中在沿江地区。充分利用和发挥好以上优势和条件，加快湖北长江经济带科学发展，努力培育新的经济增长点、形成重要的经济增长极，对我们应对当前国际金融危机的严峻挑战，促进经济平稳较快发展，必将起到重要作用。

（四）加快湖北长江经济带科学发展，是实施开放先导战略、扩大对内对外开放的现实途径

湖北外贸依存度较低，对外开放不够。应对当前严峻的国际国内经济形势，必须继续坚定不移地实施开放先导战略，坚持以开放促改革、促发展，全面提高开放水平。当前，国际资本加速向中国转移，沿海产业特别是长三角和珠三角地区产业加速向内地转移。湖北沿江地区具有较高的经济发展水平和产业配套能力，具有较好的基础设施和投资环境，具有长江黄金水道的特殊优势，具有丰富的自然资源和大量高素质低成本的劳动力资源，具有稠密的人口和广阔的市场，对国内外资本和产业有着极强的吸引力，理所当然是承接产业转移的热点地区，应该而且可以成为新一轮产业转移的承接优选区和资本落户目的地，成为外商投资的密集区域，成为新一轮对外开放的桥头堡和前沿阵地。武汉、宜昌已先后被国家认定为第一批、第二批东部沿海加工贸易产业梯度转移重点承接地。加快湖北长江经济带科学发展，有利于承接国际和沿海产业转移，推进全省对内对外开放向纵深发展，形成全方位、多层次、宽领域的开放格局，加速湖北经济与长三角经济、全国乃至世界经济的融合进程，把湖北省的开放提高到一个新的水平。

二、加快湖北长江经济带科学发展面临的主要问题

湖北长江经济带这一概念已提出多年，但从发展战略的高度进入决策层面、进行系统规划与运作，与江苏、安徽等省相比略显滞后。目前，加快湖北长江经济带科学发展，主要面临以下七个方面的突出矛盾和问题。

（一）缺乏统一的发展规划

规划滞后是制约湖北长江经济带科学发展的首要问题。目前，湖北省尚没有就湖北长江经济带的发展制定统一的规划，也没有制定相关专项规划，沿江各市、县市区中也仅有宜都等少数县市制定了具体的沿江经济发展规划。由于缺乏统一发展规划，造成沿江经济开发、布局和建设随意性很大，区域内开发无序、布点盲目、产业结构雷同、资源浪费的现象比较突出。特别是长江岸线是不可再生的宝贵资源，必须统筹规划、集中管理。但全省尚没有建立统一的协调机构和协调机制，沿江各市、县仍然以现有的行政板块为基础实施项目开发和建设，各自为政、无序竞争，沿江经济带的建设和发展没有上升到整体性、综合型、一体化开发层面，影响了区域内的合理分工、产业的合理布局、资源的合理配置，削弱了区域发展的整体竞争力。

（二）基础设施建设滞后

基础设施建设滞后主要表现在以长江干流为主轴的综合交通走廊尚未形成。在长江经济带湖北段形成铁、公、水、空、管等各种运输方式布局合理、衔接紧密、通达便捷的综合交通运输体系，是实施长江经济带科学发展的重要基础条件。但是，目前湖北长江沿线公路交通主通道尚未打通，大部分沿江县市没有通达的沿江公路，很多沿江乡镇道路曲折难行、破损严重，过江通道也明显不足。带内机场改扩建工程进展缓慢，国际全货机航空运输还是空白，进出口货物的航空运输主要靠客机

腹舱运载，给企业在原材料采购和产品出口方面带来严重影响，已成为改善湖北省投资环境的“软肋”。如全球最大的合金刀具生产商美国肯纳公司曾计划在武汉沌口投资办厂，由于没有国际全货机航空运输，最终取消了在武汉的投资。港口建设跟不上经济发展的需要。长江湖北段1062千米，岸线资源丰富，但仅有5个主要港口，缺少适应区域内特色产业产品发展需要的专用码头。港航设施落后。现有大部分港口规模不够、吞吐量较小，基础设施差、配套设施不到位，航道淤积、水深不够，航道等级低、通航条件差，尤其是中游枯水碍航河段的航道状况未得到根本性改观。如三峡工程建成后，沿江码头、公路、过江通道、航标、航道等基础设施没有及时完善。其他基础设施建设相对滞后。一些沿江城镇水、电、路、气等基础设施比较落后，地下管网建设和污水处理设施建设严重滞后，不能满足生产生活需要。

（三）长江水运优势发挥不够

长江是湖北特有的战略资源，但目前长江黄金水道运能尚未有效开发利用，成为制约湖北长江经济带快速发展的“短板”。长江经济带内多种运输方式衔接协调不够。特别是与长江航运配套的商贸物流基地和配送中心建设不够，支撑湖北长江经济带快速发展的服务体系十分脆弱，造成货流不畅和综合运输成本增加，使长江水路运输运量大、能耗小、成本低、占地少、污染轻等比较优势没有得到充分发挥。据统计分析，长江沿线钢铁、汽车、建材、化工等产业具有大运量、大吞吐量、大进大出的资源优势，全省90%的煤炭和85%以上的石油等大宗货物运输需要水运来保障。但2007年湖北仅有17%的煤炭和58%的石油经由长江水路运输，全省长江内河水路完成货物周转量在综合运输体系中的比重仅为38%，远低于江苏（64.9%）、重庆（54.9%）等省市。港口服务水平低，集疏运功能不配套。目前多数市县长江港口结构形式较为简单，大型泊位偏少，小型泊位占多数，装卸工艺落后，专业化程度不高，集装箱运输少，有的甚至仍以自然坡岸为主，服务水平、标准化集约化程度和生产效率低下，难以适应现代运输的需要。综合运输建设与港口集疏运衔接不畅，港口货场与公路、铁路货场缺乏有效衔接，物流业发展缓慢，第三方货源缺失，导致长江黄金水道的功能大打折扣。船舶运力发展较缓慢，结构不尽合理。2007年，不包括长航集团在省内注册的运力82.3万吨，湖北省航运企业实际运力只有258.8万吨，不仅与江苏省的1569万吨、浙江省的1210万吨、安徽省的1419万吨运力相比差距明显，甚至不及长江上游的重庆市（320万吨运力）。船舶的标准化、专业化程度不高，还没有建立起具有湖北优势的集装箱、煤炭、矿石、石油化工、汽车滚装等专业化船舶运输体系，削弱了运输服务能力。特别是武汉至洋山“江海直达”航班不稳，2006年5月至2007年4月，中远集团所属的泛亚航运公司、上港集海有限公司相继开通了武汉直达上海洋山港快航班轮，但开开停停，最终停航。目前，湖南岳阳、江西九江均在扩建港口、增加货物吞吐量，九江的江海直达航班已经开通，江海直达业务竞争更趋激烈。有专家预测，如果武汉港在两年内不能抢占先机，尽快发展以江海直达为主要形式的航运业务，形成对长江中上游及周边地区货源的吸纳能力，则将可能被逐渐边缘化。

（四）产业竞争力不强

产业支撑和带动力不强是当前制约湖北长江经济带快速发展的核心和关键。缺乏优势突出、带动力强的支柱产业和品牌产品。近年来，虽然省委、省政府采取多种措施，着力推进产业结构调整和优化升级，促进了湖北长江经济带汽车、钢铁、石化、电子信息、纺织、建材、食品医药等支柱产业的形成，但除武汉外，其他各市的新型工业化整体水平不高，特色鲜明、优势突出的支柱产业尚未形成，真正能对全省经济起明显支撑、带动作用的支柱产业和品牌产品不多，产业链条短、产业聚集度不够，沿江经济带的整体优势尚未得到充分发挥。农业产业化集中度较低，农产品加工业的专业化、规模化、集团化发展不够，大型农产品加工龙头企业偏少，特色不够鲜明。开发区是产业聚集的重要载体。

江苏省沿江共有51个省级以上开发区，其中国家级10个，2007年的业务总收入达20646亿元，进出口总额1179亿美元，总收入过千亿元的开发区有5个。而湖北省沿江共有省级以上开发区47个，其中国家级2个，总收入过千亿元的只有2个。两相比较，差距较大。区域内第三产业发展相对滞后。按照产业协同发展的要求，当第二产业发展到一定规模之后，必须有相适应的第三产业予以配套和支撑。但目前长江经济带内的现代服务业发展仍然不快，特别是物流业发展缓慢，商贸物流基地和配送中心建设明显不足，服务体系不健全，对经济发展的支撑作用不够强劲。

（五）资源整合不充分

资源整合不够、综合利用率低，是加快推进湖北长江经济带科学发展面临的突出问题之一。在岸线资源方面，对岸线的防洪、供水、航运、生态环境及开发利用功能缺乏统筹规划协调，造成岸线资源的配置不合理，存在多占少用和重复建设现象。特别是由于岸线使用是无偿的或成本太低，有的项目论证不足、选址不当，一些企业占用过多岸线，一些小企业、小码头占用了较好的深水岸线，新老码头之间留有很多空余岸线而无陆域，造成岸线资源的严重浪费。长江湖北段岸线资源长度列沿江各省市之首，但在全境1859千米（含江心洲岸线）的长江岸线资源中，目前的利用率仅为19%左右，明显低于江苏、上海。在水能和港航资源方面，长江是湖北省最主要的内河“黄金水道”，长江湖北段内港口、码头众多，预计能开发的水能资源占全省总量的80%以上，但目前对这些资源缺乏有效的整合，航运、港口体制不顺，多头管理，无序竞争，没有形成“拳头效应”，竞争力弱，利用效率较低。一些港口功能定位不够明确，航道整治欠账较多，综合利用效率较低。在旅游资源方面，长江旅游带区域内各地都是以自我为中心进行规划，旅游资源的开发利用都局限于各自制定的旅游发展规划，相互之间缺乏必要的衔接和整合，没有形成整体的旅游品牌，削弱了对游客的吸引力。此外，对长江经济带的矿产、国土等资源的开发整合工作效果也不尽如人意。

（六）环境保护压力较大

长江是我们的母亲河，既要开发长江，更要保护长江。目前，长江经济带的生态环境特别是水资源的保护任务十分艰巨。沿江地区分布了不少高能耗、易污染的工业项目，一些开发项目更多地考虑经济效益，项目布局和环保措施不合理，不仅加剧了河岸的冲刷造成险情，而且加快了下游河床淤积，有的还因水流条件的改变使下游河势更加不稳，一些敏感分汊河段更加重了支汊衰退，对防洪造成不利影响。有些开发项目不符合河段水功能区水质保护要求，甚至挤占水源保护区岸段，一些油码头、危险品码头、企业排污口极易造成取水口水域污染，一些养殖区、旅游度假区的废污水排放，对水质安全造成威胁，使河道行洪安全、供水安全、河势稳定及生态环境保护压力加大。一些城市的产业布局对相邻城市的环境造成影响。一些影响环境的产业在布局选址和废弃物治理及排放方式上，对下游下风向的城市会造成影响。如武汉化工新城毗邻鄂州葛华新城且处于鄂州上游，若不注意环境问题，就很容易对鄂州造成影响；鄂州的花湖位于黄石上游，其开发建设对黄石的城市建设管理和发展也会带来影响。据了解，江苏提出沿江大开发战略之初，曾有一些争议，主要是国家有关部委和下游城市担心会对长江水源造成不利影响。这个问题值得我们高度重视。

（七）体制机制性矛盾突出

目前，现有行政区划壁垒严重制约着沿江经济的发展。沿江各市之间乃至县市之间，都是以行政边界和行政分权为基础、以地方利益最大化为目标来进行开发和发展，使区域市场被行政区划分割的现象非常突出，导致区域间产业化衔接不够，产业链条难以延伸，制约了区域经济的整体发展。行政区划还导致部分城市发展空间不足。湖北省长江经济带自宜昌以下大多具有较好的城镇发展条件，如丰富的水资源、便捷的交通运输、较好的电力保障、良好的经济腹地和用地条件等，但受行政区划的限制，部分城市面临发展空间严重不足的问题，其中黄石和宜昌尤为突出。黄石市区面积为237平方千米，但近70%为山地和水面，市区沿江，南北紧邻鄂州和阳新；东临长江，通过长江大桥与浠水相邻，对外拓展受限。目前城区人口密度达2983人/平方千米，远高于全省同类城市水平。宜昌作为省域副中心城市，地处峡江丘陵，城市呈带状组团分布，用地空间狭小，城区人口密度偏高。目前，虽然通过托管方式将大冶市的黄荆山、枝江市的白洋等地区分别作为黄石市和宜昌市的开发区建设用地，解了燃眉之急，但体制性矛盾仍然存在。管理体制也没有理顺。以长江岸线利用管理体制为例，部门和行业间缺乏统一协调，各职能部门职责不清、各自为政、多头管理现象比较突出。此外，湖北省长江经济带的利益协调机制、基础设施共建共享机制、资源合理配置机制、招商引资协调机制、投融资体制机制、生态补偿机制等，都有待进一步建立。只有将行政区划和管理体制的不利影响降至最低，才能有效促进湖北长江经济带的区域融合和一体化发展。

三、加快湖北长江经济带科学发展的总体构想

（一）指导思想

高举中国特色社会主义伟大旗帜，以邓小平理论和“三个代表”重要思想为指导，深入贯彻落实科学发展观，抢抓发展机遇，借鉴国内外流域开发经验，以解放思想、改革开放为动力，以加快新一轮沿江交通设施建设为基础，以推进新型工业化、城镇化为主题，以发挥长江水资源优势、促进特色产业发展为核心，坚持科学开发、和谐开发，推动湖北长江经济带不断提高综合实力、创新能力、服务能力和国际竞争力，成为与上下游经济区和国内外市场相联结、与武汉城市圈和鄂西生

态文化旅游圈相融合、外向型经济与内生型经济相促进、开发与保护相结合，引领湖北乃至中部地区崛起的现代产业密集带、全国新兴经济增长带、水资源可持续利用典型示范带，促进全省经济社会更好更快地发展。

（二）发展目标

根据上述指导思想，可确定如下总体发展目标：力争到2020年，把湖北长江经济带建设成为交通便利、基础设施完善、生态环境良好、产业发达、市场繁荣、城乡协调、社会和谐，引领湖北和中部地区崛起，走在全国前列的综合型经济带。

实现上述目标可分两步走。从现在起至“十一五”期末的目标是：与上下游形成畅通、快捷的交通运输和物流网络；以粮棉油为主的农业基地进一步巩固提高；工业化程度进一步提高，汽车、钢铁、石化、船舶、高新科技、优质农产品生产加工等产业在全国经济格局中的地位明显上升；形成由特大中心城市、大中城市和小城镇组成的布局合理的城镇群，初步建立以工促农、以城带乡的长效机制；水资源得到有效保护和合理利用，生态环境明显改善，经济结构调整和转变发展方式取得重大进展，改革开放实现新突破。2011年至2020年的发展目标是：将湖北长江经济带建成全流域要素承载能力最强、产业集聚程度最高、带动能力和可持续发展能力最强的地区之一，全国较发达地区之一，新型工业化、城市化和农业现代化建设跻身全国前列，汽车、钢铁、石化、船舶、高新科技、优质农产品生产加工等优势产业在全国占有重要或领先地位。

（三）战略定位

湖北长江经济带的发展定位，要以现有产业为基础，以水资源优势为依托，与全省“构建促进中部地区崛起重要战略支点”的总体目标、建设“四基地一枢纽”的战略布局相协调，与上下游地区经济社会发展相衔接，与世界产业发展趋势相适应。综合考虑上述因素，建议湖北长江经济带总体功能的战略定位是“一轴三带”，即湖北经济发展的主轴、引领湖北和中部地区崛起的现代产业密集带、全国新兴经济增长带、水资源可持续利用典型示范带。

产业发展定位是：依托长江水资源优势，形成沿江“五大产业带”发展格局，即：以汽车、钢铁、石化、船舶、装备制造、纺织为特色的先进制造业产业带；以电子信息和生物产业为特色的高新技术产业带；以粮、油、水产品、乳制品、酒、果汁饮料、烟为特色的优质农副产品生产加工产业带；以精品自然景观、人文旅游产品为特色的旅游产业带；以铁路、公路、港口等基础设施为载体的现代物流产业带。沿江各市应根据这个总体定位和各自实际，确立本地具体发展定位，形成各具特色、优势互补、适应科学发展要求的产业布局。

（四）工作原则

一是整体规划、分段开发的原则。统筹考虑自然、经济、技术、社会等因素，高起点编制沿江开发总体规划，以及产业发展、沿江岸线开发、园区布局、交通网络建设、重点项目建设等专项规划，形成总分结合、相互配套的规划体系。坚持整体规划、分步开发，优先开发基础较好、条件较成熟的区段，即赤壁—黄梅段、荆州—宜昌段。

二是基础先行、重点突破的原则。针对发展瓶颈，以新一轮交通基础设施建设为切入点，突出航道治理、港口建设、沿江高等级公路和物流配套设施建设，加快构建适应长江经济带科学发展要求的基础设施支撑体系。集中财力，支持基础设施和产业发展重点项目建设，提升沿江基础设施对经济发展的承载力，带动产业聚集和优化升级。

三是政府推动、市场运作的原则。省和相关市、县政府要把湖北长江经济带科学发展，作为推动科学发展的重要战略，组织编制发展规划，出台相关政策，完善合作机制，改善发展环境。同时，必须充分发挥市场在资源配置中的基础性作用，创新体制机制，优化生产要素配置。

四是区域联动、开放合作的原则。推动沿江地区联合开发，构建统一开放的交通网络、市场体系、物流通道、旅游环线和产业链条。统筹谋划沿岸和腹地的产业布局，增强沿江开发的辐射带动效应。加强资源整合，实现优势互补、互动发展。扩大对外开放，吸引国内外资本参与湖北长江经济带科学发展。

五是集约开发、保护环境的原则。引导生产要素相对集约利用、人口相对集中居住、产业相对集聚发展。科学利用岸线资源，加强岸线管理。沿江岸线优先安排好而大的项目，不依赖岸线的产业、岸线利用效率低的项目尽量向腹地延伸。坚持“保护优先、合理利用、持续发展”的方针，加强水资源保护和生态建设，走可持续发展道路。

六是工业主导、协调发展的原则。加快湖北长江经济带科学发展，必须以推进新型工业化为主导战略，以新型工业化带动城市化，促进商贸物流现代化、农业产业化，促进三次产业协调发展，促进资源高效利用和环境保护，全面提升沿江地区发展水平，带动全省城乡、区域协调发展。

（五）推进步骤

湖北长江经济带科学发展，应与“十一五”和“十二五”规划相衔接，具体可分为两个阶段。第一阶段（2009—2010年）：编制规划，出台政策，重点突破。工作重点是制定开发方案，建立相关机制，制定配套政策，完善基础设施，加快产业发展，合理利用和有效保护长江水资源和生态环境，掀起湖北长江经济带科学发展热潮。第二阶段（2011—2020年）：全面推进，提升层次，实现跨越。工作重点是进一步完善基础设施，加快新型工业化、城镇化和农业现代化进程，进一步提高科学发展水平，实现湖北长江经济带跨越式发展，促进全省又好又快发展。

四、加快湖北长江经济带科学发展的对策措施

（一）坚持规划引领，科学开发长江经济带

沿江开发要规划先行，强化规划指导和调控，突出科学开发这个主题。抓紧编制湖北长江经济带科学发展总体规划和产业发展、交通建设、岸线保护与利用、环境保护、重点项目建设等专项规划。编制规划要把握以下几点。

一是坚持高起点、大手笔。“谋划发展大计，先看天下大势。”要以广阔的胸怀、长远的眼光编制规划，既充分合理利用了现有资源，又为规划期以后的发展创造了条件，确保几十年不落后。要跳出沿江、跳出湖北，以全球化的宏大视野来谋划未来，增强前瞻性和预见性。要舍得投入，借鉴国内外流域开发经验，聘请一流的规划设计单位编制规划。

二是注重规划衔接。要与国家长江流域总体发展规划相衔接，这将有利于争取国家更多的政策、项目支持；要与武汉城市圈“两型”社会配套综合改革试验区实施方案、鄂西生态文化旅游圈发展规划相衔接，促进“一带两圈”融为一体、相互促进；还要与全省经济社会发展规划及其他专项规划相衔接。

三是做好规划环评。牢固树立可持续发展理念，对各地制定的沿江开发规划组织专家论证，严格审查，实行环保预审“一票否决”制，禁止在沿江地区新上高消耗、高排放、低效益的项目。

四是坚持统筹兼顾。把沿江地区作为一个整体进行规划，统筹考虑区域经济建设、社会发展、生态环境保护和城镇化格局等多种因素，突出发挥长江水资源优势，合理设计沿江开发的总体空间布局和产业发展、园区开发、基础设施、城镇建设等布局，防止低水平建设、重复建设和无序竞争。交通站场的布局要适应经济社会发展、生态环境保护和水陆铁空管多种运输方式相互衔接的需要。

五是引导纵深开发。沿江开发不能狭隘地理解为沿岸开发，要通盘

考虑沿岸与腹地的产业发展。不依赖岸线的产业、不需要很长岸线的企业、岸线利用效益低下的项目、可共用岸线的园区，都应尽量向腹地延伸，增强沿江开发的辐射带动效应。

（二）坚持交通先行，构建发达的基础设施网络

交通是制约湖北长江经济带科学发展的“瓶颈”。加快湖北长江经济带科学发展，要以新一轮交通基础设施建设为突破口，建设长江中游交通运输枢纽和物流快速大通道，加速开发“黄金水道”水运资源。

一是大力加强长江航运建设。力争2015年基本实现长江航运现代化，2020年全面实现长江航运现代化。工作重点：（1）加强港口建设，提高水陆运枢纽能力。加大投入，推进武汉新港建设，打造长江中游水运枢纽；加快宜昌、荆州、黄石等主要港口和19个重要港口的配套建设；沿江每个县市至少建有一个公用码头。形成布局合理的湖北港口群，提高港口吞吐能力，全面推动湖北港口由第一代向第三代乃至第四代的跨越。（2）加强航道建设，提高航道通过能力。按照“畅通长江中游、渠化整治汉江、打通江汉运河”思路，建设环绕江汉平原的长江—江汉运河—汉江810千米千吨级航道圈。抢抓国家投资长江中游航道整治的机遇，加快湖北段航道系统治理，重点治理荆江段航道；争取国务院三峡工程建设委员会和交通运输部的支持，实施三峡过坝运输扩能工程；加大对汉江、江汉运河、清江、三峡库区等长江支流航道建设的投入，完善干支直达的水运网络。到2015年，形成1756千米的高等级航道网。（3）加强保障工程建设，提高航运服务能力。推进湖北船舶运力发展，推进船舶标准化、大型化、专业化，建立具有湖北优势的集装箱、煤炭、矿石、石油化工、汽车滚装等专业化船舶运输体系；大力发展多式联运、公水联运等运输方式；建立统一的长江航运信息系统和信息平台，加快建设“数字长江”。

二是完善区域综合交通运输网络。湖北长江经济带以长江干流为主轴的综合交通走廊建设正在紧锣密鼓地展开。在抓好现有交通项目的

同时，要研究如何围绕长江经济带科学发展，进一步完善湖北省交通运输网络，形成以武汉为中心、发挥水运优势、水陆铁空管联运配套、快速便捷高效环保的综合交通运输网络。调研中，一些专家提出还要加强以下薄弱环节：（1）借鉴江苏经验，加快建设沿江快速大通道，规划建设江北、江南两条沿江高速或高等级公路，并建设一批过江通道，与大广高速公路、沪蓉高速公路、京珠高速公路、武合高速公路等出省快速通道相连接，实现沿江县县通高速并互联成网，形成横贯东西、连接南北、畅通全国、快速高效的路网体系。（2）打造四大交通枢纽。在交通基础设施条件优越、商品集散能力强的武汉、宜昌、荆州、黄石四市，加大现代化码头和公路货运站场的联合建设力度，逐步实现货物的“零转运”和物流过程的“无缝衔接”，形成贯穿湖北长江经济带的四大交通枢纽。（3）加强航空建设。湖北航空建设与对外开放的要求极不相称，已成为湖北省吸引外商投资的障碍。应开辟新的国际航线，并筹划建设武汉国际货运机场。

三是建设长江中游现代物流服务体系。按照社会化、专业化、信息化、规模化的要求，建立长江中游现代物流服务体系。重点工作：（1）推进武汉新港及其四大配套物流园区（钢材、商贸、煤炭、粮食）建设，将武汉新港建成中西部地区走向海外的“门户”和“国际港”。（2）加快武汉空港、武汉保税物流中心建设，发展“江海直达”航运事业，将武汉建设成为辐射中部的国家级物流中心。（3）将宜昌建设成为辐射鄂西、连接川渝的区域性物流中心。

（三）坚持产业聚集，发展沿江现代产业密集带

产业是区域发展的重要支撑。必须以产业发展为核心，加快产业布局调整，大力发展产业集群，全面提高湖北沿江经济发展水平。

一是加快发展先进制造业，努力提升工业化水平。湖北长江沿岸土地肥沃、水网密集，要大力发展大运输量、大用水量、大进大出产业。汽车产业：以神龙、东风本田、东风日产等7家整车企业为龙头，促进

汽车产业集群化发展，将武汉建成全国重要的家用轿车生产基地，塑造“武汉·中国车都”集群品牌形象；以东风电动车公司为龙头，加快电动汽车研发和产业化进程，将武汉建成全国重要的电动汽车研发生产基地；积极发展汽车零部件工业，将武汉、荆州建成全国重要的汽车零部件生产基地。钢铁产业：以武钢、鄂钢、新冶钢为龙头，继续建设鄂东钢铁工业走廊。促进三大钢铁企业技术创新和错位发展，支持武钢“走出去”，做大做强，建成国际一流钢铁企业、全球最大冷轧硅钢片生产基地和全国重要的汽车板材生产基地。支持新冶钢做专做精，建成全国重要的齿轮钢、轴承钢等特种钢生产基地。石油化工产业：以武汉80万吨乙烯工程建设为契机，延长产业链，将武汉建成中部地区最大的石油化工基地；以宜化、兴发等企业为龙头，壮大磷化工产业集群，将宜昌建成全国重要的磷化工生产基地；以宜化、沙隆达、葛化等企业为龙头，促进盐化工产业发展；以楚源化工为龙头企业，促进精细化工产业集群化发展。装备制造业：以武锅、长动等骨干企业为龙头，促进发电和输变电设备制造业发展，将武汉建成全国重要的发电设备制造基地；以武重为龙头企业，促进重型机床工业发展，将武汉建成全国重要的重型机床设备制造基地；以中国南车集团为龙头企业，促进铁路运输设备制造业发展，将武汉建成全国重要的铁路运输设备制造基地；以凯迪电力、武锅等骨干企业为龙头，促进环保设备制造业发展。船舶工业：重点扶持黄冈、鄂州、武汉、宜昌沿江工业聚集区的发展，积极推进组建船舶工业集团，努力提高湖北省船舶建造和配套能力，把沿江船舶工业走廊建设成为全国中小型特种船舶设计制造、船舶配件制造和船舶出口产品制造基地。力争湖北省船舶工业到“十二五”末的总产值达到1000亿元，实现年造船完工500万载重吨。

二是大力发展高新技术产业，建设沿江高新技术产业带。电子信息产业：以东湖高新技术产业区为产业载体，促进电子信息产业技术创新、产品创新，不断发展壮大电子信息产业。生物医药产业：以建设武汉国家生物产业基地为抓手，积极申报国家综合性新药研究开发技术大平台，加强生物医药、生物农业、能源环保等领域的研发和利用，实现生物产业超常规、跨越式发展。培育壮大武汉健民、宜昌安琪酵母、人福科技等医药龙头企业，促进医药制造业不断发展壮大。大力培育新材料、新能源产业。

三是优先发展现代服务业。建设沿江商贸走廊：加快商贸、水稻期货市场发展步伐，促进湖北省物流、人流、信息流与发达地区的对接。建设沿江旅游带：整合鄂西生态文化旅游圈和武汉都市旅游圈的资源和品牌，通过长江“一线串珠”，推出沿江二日游、周末游、五日游等产品，使湖北省旅游品牌“一江两山”中的“一江”真正是一条江，而不仅限于宜昌三峡地区。突破性发展沿江物流业：目前沿江产业结构重化特征明显，蕴藏巨大的运输需求。要充分发挥长江“黄金水道”的航运功能及沿江公路、铁路的运输功能，加快物流货运站点、码头、园区和一批专业物流中心建设，培育发展具有国际竞争力的链主企业，积极发展第三方物流企业，推动传统仓储、运输、流通企业加快转型。同时，积极发展金融、法律事务、信息、社会中介等服务业，大力发展沿江要素市场。

四是改造提升传统优势产业。纺织业：引导纺织企业向荆州、咸宁等棉麻产区集聚，促进纺织业集群化发展，健全纺织产业链。服装制造业：以美尔雅、爱帝等骨干企业为龙头，促进服装企业提高设计、生产、管理、营销水平，将鄂东服装产业走廊建成全国重要的服装生产和出口基地。烟草制造业：以湖北中烟集团为龙头，加强宜昌、武汉生产基地建设，促进产品研发、生产管理和营销，提高烟草制造业规模，提高品牌知名度和市场占有率。建筑业：充分发挥沿江路桥、水利、电力、房屋等建筑企业的设计与施工建设优势，鼓励骨干企业整合重组、集团化发展，引导中小型企业专业化发展，发展壮大建筑业。

五是积极推进农业产业化，大力发展县域经济。巩固、提高粮棉油和特色农产品生产基地，大力发展现代农业。培育壮大龙头企业，突破性发展农副产品生产加工业。鼓励发展农民专业合作组织，提高农民组织化程度，推进农业生产经营服务社会化。坚持“工业兴县”战略，扶持沿江县市更好更快地发展特色产业，壮大县域经济。

要大胆探索湖北沿江产业带发展新路径。一是构筑沿江产业链。依托现有工业园区和龙头企业，吸纳相关项目落户，促进上下游产品联动开发，形成或延伸产业链。要按照产业链、产业群招商的思路，改进招商引资工作，积极引入行业龙头企业和关联企业，促进沿江企业集聚和产业集群化发展。二是调整产业布局。科学确定沿江地区产业带分布的大体框架，逐渐调整不合理的产业分布。大力推进“三个集中”，即推动工业产业向沿江集中、工业项目向园区集中、生产要素向优势产业集中，发展沿江产业集群。三是划分区段、择优发展。根据长江干流在湖北省各区段自然地理环境、基础设施状况及经济发展水平等方面的差异性，宜将沿江地带划分为武黄段沿江经济走廊、武荆段沿江经济走廊、荆宜段沿江经济走廊，错位发展。

（四）坚持城市带动，建设沿江城镇连绵带

城市是经济发展的“火车头”，城市化对工业化具有巨大促进作用。加快建设沿江城镇连绵带，可以形成巨大的集聚效应、带动效应。湖北沿江地区城镇发展有较好基础，但与长江下游相比，中小城市发展滞后，经济实力较弱。我们要适应工业化内在要求，同步推进沿江城市化，形成布局合理、特色鲜明、优势互补、协调发展的沿江城镇体系。力争到2015年沿江地区城市化水平达到65%左右。

一是加快武汉城市圈和江汉城市群建设。积极推进武汉城市圈“两型”社会综合配套改革，加快“两型产业”发展，加快基础设施建设、产业发展和布局、城乡建设、区域市场、生态发展和环境保护“五个一体化”进程，大力增强经济实力、创新能力和服务能力。与此同时，建设以宜昌、荆州为支撑的江汉城市群，充分发挥两个城市群在经济、金融、科技、信息、文化、贸易等方面对湖北长江经济带的服务功能、辐

射功能、带动功能。

二是大力提升沿江城市功能。以沿江中心城区、县城为核心，拓展江南、江北两翼城镇空间，形成与产业布局相适应的沿江城镇连绵带。将有条件的大城市培育成特大城市，中等城市发展成为大城市，一些县城发展成为中等城市，有条件的镇也可以发展成为小城市。

三是加强中心城市与中小城市协作互动。以长江水运为纽带，破除行政区划等体制障碍，加强沿江城市经济合作，探索建立多层次的区域合作机制，使沿江城市带形成联系更加紧密、交流更加活跃、要素流动更加频繁的城市经济体。

（五）坚持保护优先，打造水资源可持续利用典型示范带

开发利用长江水资源，要坚持“保护优先、合理利用、持续发展”的方针，实行有限开发、有序开发和有偿开发，努力建设长江绿色经济密集带。要争取国家有关部委的支持和指导，做好以下几项工作。

一是科学布局临水产业，有序利用水资源。（1）推动临水产业集约发展。临水产业布局必须坚持产业发展与生态环境保护的一致性。工业企业应实行园区化，加强环保规范化管理。坚持最优的区位优先安排最好最大的项目，原则上沿江岸线重点发展投资规模在1亿美元或人民币10亿元左右的大项目，沿江高等级公路两侧重点发展投资规模在1000万美元或人民币1亿元以上的项目。（2）有序布设耗水企业。按照生态功能区划、水环境功能区划、区域环境容量要求和资源条件，沿江有序布设造纸、化工、冶金等耗水、排水重点行业建设项日和船舶制造、港口开发等项目。根据沿江不同地区产业发展的基础与条件，实施差别政策，以控制产业不合理发展对沿江环境造成危害。（3）加快淘汰小造纸、小印染、小水泥、小火电等落后产能，腾出更多的环境容量和发展空间。

二是积极推进清洁生产，大力发展循环经济。积极促进沿江大循环经济示范区建设，按照循环经济理念调整经济发展模式和产业结构。鼓

励企业实行清洁生产和工业用水循环利用，发展节水型工业。到2010年，对化工、造纸和其他存在严重污染隐患的企业，依法实行强制清洁生产审核。加快政策法规和标准体系建设，研究建立有利于资源节约和循环利用的激励政策和约束机制，运用价格杠杆，促进节能、节水、节材和资源综合利用。坚持节约优先，从节能、节水、节地、节材入手，在资源开采、生产消耗、废物产生、消费等环节，逐步建立湖北长江经济带资源循环利用体系。

三是强化环境监督管理，构筑沿江水环境安全格局。强化沿江产业发展空间管制，化工、农药等高排放、高环境风险行业应布设在饮用水水源地准保护区以外，并按照“沿江不临江”的原则，在距岸边1000米范围外布设，完善污染防治和风险防范措施，制定、落实环境风险应急预案。优化沿江水环境功能区划，确保区域持续性供水安全。禁止在饮用水水源地一、二级保护区布设排放污水项目和港口开发项目。在划定的生态保护区和自然保护区内，禁止新建污染环境的项目；对已有的污染企业，采取迁移、改造、取缔等有效措施加以解决。新改扩建项目要严格执行环境评价制度和排污许可证制度。

四是加大环保基础设施建设，提高污染处理能力。抓好三峡库区等重点区域污染防治和沿江城市的废水和危险物品的处理。积极争取国家投资，加快实施《三峡库区及其上游水污染防治规划（2001—2010年）》，加强流域污水处理厂、垃圾处理厂等基础设施建设。目前国家组织编制了《长江中下游流域水污染防治规划（2011—2015年）》，要进一步加大湖北省长江流域水污染防治项目的争取力度，实施一批重点环保建设项目。加快兴建污水处理厂、垃圾处理场及城市排污管道等设施，提高各类污染物收集和处理率，杜绝有毒有害物向长江排放。

五是重视长江流域生态保护，维护生物多样性。加大生物多样性保护工作力度，完善自然生态保护区和珍稀濒危水生野生动植物保护区网络体系；重建长江流域江湖联系，修复长江流域生态环境；加强湿地保护，严禁围湖造田，实行退田还湖，严禁擅自在长江及湖泊采砂挖沙，保护和恢复长江流域生态环境；切实贯彻落实长江禁渔期制度，降低捕捞强度，开展人工增殖放流，增殖渔业资源，维护长江流域水生生物多样性；继续开展退耕还林、天然林保护和长江防护林体系建设，建立沿江城乡绿化网与绿色走廊，综合治理水土流失。

六是探索建立长江流域生态补偿机制。探索施行排污权交易制度、邻域污染双向补偿制度。积极争取国家研究制定长江流域中下游财政转移支付、税收调节、产业扶持等生态补偿标准和办法，通过跨部门、跨地区的协调管理及相关利益方的广泛参与，促进全流域经济社会与资源环境的协调发展。

七是加强岸线利用管理与保护。长江岸线是沿江开发的重要基础，深水岸线是不可多得的宝贵资源。（1）加强规划控制。做好岸线资源利用与管理专项规划，做到“深水深用，浅水浅用，节约使用”，对不适合开发的区域严格加以控制。各种开发项目都要把防洪安全放在第一位。港口建设要服从沿江产业总体布局。码头建设应规模化，以公用为主，限制小规模货主专用码头建设。（2）加强长江崩岸治理。紧密结合三峡成库后水沙变化和河道演变趋势，加大长江崩岸治理力度，维持岸线稳定。（3）依法科学合理使用长江河道滩地。滩地利用必须经过行政许可，不能改变性质、不能出让、不能进入市场；而且应符合长江防洪与河道管理的有关要求，不得填高，不得圈围，不得建设永久性碍洪建筑物。

（六）坚持优势优先，充分发挥武汉龙头带动作用

武汉是中部地区唯一特大中心城市，处于中国经济地理的心脏，位于横贯东西的长江中游和纵贯南北的京广铁路、京九铁路的交汇处，呼应南北，承东启西，是内陆地区经济交会的中心，也是沿海与内地经济交会的枢纽、长江经济带与国际市场的重要连接点。武汉是湖北省的重要优势，也是湖北长江经济带的龙头和极核。武汉兴则湖北兴，武汉强

则湖北强。必须优先支持武汉市的发展，进一步提升武汉地位，把武汉建成长江中游及我国内陆最大的现代制造业中心、商贸物流中心、金融服务中心、科教文化中心，充分发挥武汉对湖北长江经济带科学发展的龙头带动作用。

一是充分发挥武汉基础设施的支撑作用，打造沿江地区空间一体化格局。空间一体化，是区域经济一体化的物质基础。应充分发挥武汉作为全国综合交通通信枢纽的优势，积极争取国家支持，联手建设沿江铁路大通道、沿江高速公路和信息网络，加强长江航道建设与整治，实现武汉与沿江地区其他城市在基础设施上的对接。通过构筑发达的交通、通信网络，加快沿江地区基础设施建设一体化，建立起合作共赢的经济发展平台。

二是充分发挥武汉产业发展的带动作用，构建沿江地区优势互补的产业体系。作为我国重要的老工业基地之一，武汉已建立起具有一定特色的产业体系，形成了以汽车、钢铁、光电子信息、石油化工等为优势的产业格局和产业链条，截至2007年底，年产值过百亿元的工业企业达到6家，投资10亿元以上的重大产业和基础设施在建项目达到31个。这既是武汉发展的重大优势，也为沿江各市发展带来了契机。沿江各市应立足自身的产业优势和资源禀赋，加强同武汉的产业对接，围绕武汉的龙头产业，延伸产业链、配套链，发展特色产业，构建产业集群，在整个流域形成生产要素互补、上下游产业配套、城市合理分工的产业布局，构建具有较强竞争力的产业体系。

三是充分发挥武汉科技的引领作用，提升沿江地区创新发展能力。武汉具有科教资源密集的优势，充分发挥好这一优势，是促进沿江区域发展的有效途径。当前，应积极推动沿江地区产学研一体化，促进武汉科教资源服务沿江各城市，实现科教资源共享。建立以企业为主体，以科研院所、大专院校为依托，以市场和项目为纽带的科技合作模式，促进科技成果在沿江地区转化。建设以东湖创业中心为主体、沿江地区各市科技企业孵化器为依托的区域孵化器网络，为科研成果转化为生产力创造条件。探索人才柔性流动机制，推动武汉人才、科技资源向沿江各城市扩散和辐射。

四是充分发挥武汉市场的辐射作用，推动沿江地区市场一体化建设。武汉是资本、技术、人才等要素的聚集地，各类要素市场比较健全。应充分发挥武汉大市场、大流通、大商贸、要素密集的优势，运用市场机制，加快推进沿江区域市场一体化建设，鼓励和支持其他各市以一些全国性、区域性市场为依托，大力发展各类消费品批发市场和重要工业品专业市场；建设以武汉为中心的区域性资本、技术、产权、人才、土地等要素市场，实现沿江区域要素资源优化配置。

五是充分发挥武汉体制创新的示范作用，实现沿江地区改革新突破。武汉城市圈被确定为全国“两型”社会建设综合配套改革试验区，中央明确要求武汉在经济社会发展各领域先行先试，率先探索出一条有别于传统模式的新型工业化、城市化发展道路。应充分放大武汉体制创新示范效应，大力推进沿江区域各城市综合性制度创新，创建高效服务的行政环境和良好的创业、投资环境，逐步消除改革发展的体制机制性障碍，促进区域合作与沿江各地共同繁荣。

（七）坚持开放先导战略，进一步扩大沿江对外开放

坚定不移地实施开放先导战略，以开放促改革、促发展，推动沿江地区在更广范围、更高层次上对外开放。

一是进一步改善投资环境，形成“聚商磁场”。科学发展要有好的环境、好的依托。要抓住国家扩大内需的宏观政策机遇，进一步争取国家支持，建设一批事关全省开放大局的基础设施项目。加强铁路、公路、航空、航运等交通基础设施建设，特别要加快推进武汉新港、武汉空港、武汉保税物流中心等重大项目，完善相关物流配套设施，发展陆海联运、铁海联运和陆空联运等多种运输方式，把武汉建成中部地区最大的进出口货物集散中心。

二是坚持园区突破，加快发展外向型经济。按照“产业集聚、特

色鲜明、开发集约、服务创新”的要求，加大沿江开发园区建设开发力度，促进国家级和省级开发园区、乡镇工业园区、科技园区协调发展，使开发园区成为沿江区域对外开放和产业集聚的重要载体。进一步加强武汉国家光电子产业基地、武汉国家软件产业基地、武汉国家汽车电子化产业化基地、武汉国家生物产业基地等建设。鼓励沿江城市新建一批重点工业园区和民营科技园区。进一步加强“宜昌·深圳工业园”“荆州·深圳工业园”等产业转移承接园区建设，继续建设一批产业转移承接园区。省财政可每年拿出专项资金，以竞争方式择优给予沿江新建园区贷款贴息。

三是加强对外联合与协作。湖北省应发挥作为长江中游经济区的承东启西优势，变“东西夹击”为“东引西联”或“东拓西进”。一方面，要成为长江三角洲的后方基地和纵深腹地，依托黄金水道主动承接上海、江浙的产业转移，加快经济结构调整和产业升级；另一方面，要成为长江上游地区走出去的桥头堡，借助产品“西进东出”的机会发展自己。积极推动长江经济带一体化发展，建立沪、宁、汉、渝等中心城市多边或双边高层对话和议事机制、合作协调机制，定期举办经贸科技活动。

（八）坚持改革创新，增强经济发展内在活力

湖北长江经济带科学发展，面临资源整合、资金筹措等一系列难题。解决这些问题，最根本的途径还是要靠改革创新。

一是大力整合港口资源。以武汉、宜昌、黄石为重点，以产权为纽带，采取兼并重组等形式，组建几个大型港务集团，逐步打造2亿—3亿吨大港。暂不具备条件的地方，可采取紧密型和松散型相结合的方式，开展联合经营，形成一块牌子对外，避免低水平竞争。大力推进企业专用码头社会化经营服务，充分利用闲置港口资源。

二是探索跨江联合开发模式。借鉴江苏省鼓励跨江开发的经验，如江阴与对岸的靖江通过协商，靖江县划出60平方千米的沿江土地，由

江阴市出资成立投资公司进行分步开发，并以协议约定的形式解决好利益共享等问题。建议先行选择黄石市与对岸的浠水县，按照市县协商、利益共享的原则进行跨江联合开发试点。这样既解决黄石市发展空间局限问题，又解决浠水县投资不足问题，实现互利双赢。

三是健全区域协调合作机制。围绕水运、旅游等产业，开展跨行政区域的协调合作。打破在资金、人才、技术、资产重组、人口和产品流动方面的各种障碍，形成竞争、有序、统一的开放型经济带。推广兴山县兴发集团到夷陵区办园区的经验，鼓励腹地企业向沿江核心区集聚发展，发展“飞地经济”，引导不同行政区政府在财税收入上建立利益分成机制。

四是培育沿江大型企业集团。湖北长江经济带的实力与长江三角洲地区还存在相当差距，其原因之一就是缺乏跨区域、跨行业的大型企业集团。沿江不少县市产业结构相似，发展条件相近。应鼓励大型优势企业通过收购、兼并、重组和联合，组建一批大型企业集团，整合经济带的资源，促进生产要素的合理流动与优化配置，提高资源利用效率和企业竞争力。

五是建立多元化投融资机制。深化投融资体制改革，放宽投融资领域，拓宽投融资渠道，创新投融资方式。按照“谁开发、谁投资、谁保护、谁受益”的原则，鼓励各类经济成分投资沿江基础设施建设、园区建设和产业开发。大力引进战略投资者，鼓励和吸引跨国公司到沿江地区进行成片开发。鼓励全民创业，广泛吸引社会投资和境外投资。支持具备条件的企业上市融资、发行债券。

（九）坚持政策扶持，充分发挥政策激励和导向作用

在现行体制下，政策扶持仍然是调动社会资源的最直接、最有效手段。建议省委、省政府比照长江下游省市做法，出台有关长江经济带科学发展的扶持政策，主要是鼓励产业集聚、资源整合、园区建设和基础设施建设，推动湖北长江经济带一体化。

一是财税政策方面。（1）对大企业、大项目给予政策倾斜。对沿江省级经济开发区内的新建项目，凡符合产业规划要求、利用外资或内资总投资达到一定规模的，省财政给予一定补贴。（2）减免行政规费。对沿江开发园区内的企业，免收涉企的行政性收费。涉及国家管理的涉企行政性收费，由园区或园区所在市财政承担；涉及省级管理的涉企行政性收费免收。（3）根据国家税收调控政策，加强对长江经济带主导产业的税收支持力度。

二是金融政策方面。（1）加大银行融资支持。按照“政府主导、市场运作、融资推进、滚动发展”的原则，引导国家开发银行等金融机构参与长江经济带项目规划、论证，及时予以融资支持。（2）省中小企业信用担保中心对沿江园区内符合条件的企业银行贷款优先提供担保。（3）进一步健全融资担保服务体系，鼓励各类金融机构加大对长江经济带主导产业的金融支持力度。（4）积极辅导、支持发展基础良好、发展潜力巨大的优势企业在境内外上市融资。

三是产业政策方面。（1）培育壮大龙头企业。鼓励企业联合重组、发展企业集团，重要资源优先满足大型企业需求。（2）扶持中小企业发展。中小企业在整个长江经济带中占有很大比重，要进一步放宽政策，在技术、资金等方面给予大力支持。（3）建立健全产业发展专项资金制度。整合各类财政投资资金资源，建立健全汽车、钢铁、石油化工、电子信息、食品、纺织等产业发展专项资金制度，支持长江经济带主导产业内的企业产品技术研发及节能减排技术创新、产业共性关键技术研发与推广、企业参加产业会展等活动。

四是其他政策方面。根据国家土地调控政策，加大对长江经济带主导产业的用地保障力度，建立健全产业用地优先支持制度。积极支持科技成果转化，加快产学研结合，充分发挥长江经济带的科教资源优势。全省重大基础设施建设、重大产业项目优先安排在沿江地区。

五、关于近期工作的几点建议

（一）加强组织领导

建议成立以省长为组长的湖北长江经济带科学发展工作领导小组，省直有关单位和沿江政府主要负责人为领导小组成员，定期召开联席会议，研究相关重大问题，协调各方行动。像抓武汉城市圈和鄂西生态文化旅游圈那样，争取中央有关部委支持，组织方方面面的力量协调推进。

由于湖北长江经济带与武汉城市圈、鄂西生态文化旅游圈地域重叠，且省里已成立两个“圈办”，不宜再设立常设性办事机构，防止多头领导。湖北长江经济带科学发展的日常事务性工作，可指定省发展和改革委负责。

（二）制定政策文件

建议由一位省领导挂帅，指定一个省直单位牵头，会同有关单位抓紧起草《中共湖北省委、省人民政府关于加快湖北长江经济带新一轮开放的决定》（暂定名），广泛征求沿江各市州、省直部门和专家意见，经省委、省政府讨论决定后下发。

（三）编制发展规划

在省政府领导下，由省发展和改革委牵头，有关单位参与，联合专业机构，编制湖北长江经济带科学发展总体规划；省直有关部门编制专项规划。沿江岸线是不可再生资源，鉴于有关省市先期开发的经验教训，从现在起对沿江两岸约50千米范围内的各类新建、翻建建筑物的审批应进行控制，特别是沿江高等级公路至长江岸线区域为严格控制区，岸线利用项目一律由省里审批。

（四）推进项目建设

坚持一边研究编制规划和动员部署，一边建设已经确定的重大项目，包括武汉新港、80万吨乙烯、大东湖生态水网工程、武汉空港、东西湖保税物流中心、宜昌三峡物流中心等项目。同时，谋划一批新的项目，对接中央近期出台的十大产业振兴规划，建立湖北长江经济带科学发展项目库，适时向外推介。

（五）进行动员部署

建议在5月上旬召开湖北长江经济带科学发展动员大会，同时出台政策文件。将今年作为启动年，提出"一年快速启动，二年拉开框架，三年初见成效，四年、五年面貌大变"的目标要求。组织新闻单位加大对外宣传力度。

（六）适时举办一次"推进长江流域科学发展"高层论坛

邀请国家部委领导和沿江省、市领导参加，交流经验，探讨相关问题。以此为平台，逐步形成沿江省、市协商协作机制。

参与调研单位：省委办公厅、省委政研室，武汉市委、黄石市委、荆州市委、宜昌市委、鄂州市委、黄冈市委、咸宁市委、潜江市委

参与座谈单位：长江水利委员会、交通运输部长江航务管理局，省发展和改革委、省经委、省国土资源厅、省建设厅、省交通厅、省水利厅、省商务厅、省国防科工办、省环保局

参与座谈专家：陈文科（省社科院）、刘盛佳（华中师大）、徐长生（华中科大）、朱延福（中南财大）、李光（武汉大学）、曾菊新（华中师大）、秦尊文（省社科院）、吴永保（武汉社科院）

执笔：吕东升、郭倡民、张世华、陈志勇、肖玉明、王宇华

【重要链接】《长江经济带发展规划纲要》简介

《长江经济带发展规划纲要》由中共中央政治局于2016年3月25日审议通过，是推动长江经济带发展重大国家战略的纲领性文件。

文件确立了长江经济带“一轴、两翼、三极、多点”的发展新格局。“一轴”是以长江黄金水道为依托，发挥上海、武汉、重庆的核心作用，“两翼”分别指沪瑞和沪蓉南、北两大运输通道，“三极”指的是长江三角洲、长江中游和成渝三个城市群，“多点”是指发挥三大城市群以外地级城市的支撑作用。

长江经济带覆盖上海、江苏、浙江、安徽、江西、湖北、湖南、重庆、四川、云南、贵州等11省市，面积约205万平方公里，占全国的21%，人口和经济总量均超过全国的40%，生态地位重要、综合实力较强、发展潜力巨大。目前，推进长江经济带高质量发展面临诸多亟待解决的困难和问题，主要是生态环境改善不容乐观、长江水道存在瓶颈制约、区域发展不平衡问题突出、产业转型升级任务艰巨、区域合作机制尚不健全等。

（根据《长江经济带发展规划纲要》及新华社有关资料整理）

【点评】

这篇调研报告获中共湖北省委优秀调研成果特等奖名副其实、名不虚传，也折射出调研组的同志对党的事业呕心沥血、精益求精、认真负责的精神。撰写调研报告虽然因事、因时构架思路各异（即使是同一内容的调研，也会因时变必有变之），但本报告“五个部分”的布局思路、阐述问题的方法是有重要借鉴意义的，为作者们点赞。

阅鉴7

统筹山区城乡发展的新探索

——关于建设竹房城镇带城乡一体化试验区的调研报告

联合调研组

（2010年10月12日）

【导读】本文是笔者主持的在南水北调中线工程水源区湖北省十堰市“南三县”的调研报告，获得时任湖北省委书记“《调研报告》对有关情况分析深刻，提出的工作思路很有价值”的批示，后以湖北省委办公厅《决策参考》印发省直机关和各市州县。在此基础上，制定了《建设竹房城镇带发展规划》。规划实施以来，三个山区县的人民群众饱尝发展的喜悦，至今念念不忘党和政府的深情、温暖，不忘当年调研者踏遍青山的足迹和关切的心声。

笔者在调查研究和撰写本报告时注意了三个方面：第一，认真学习、遵循山区发展的规律。山区是“生态源”。作为“护山”森林的植被，具有涵养水源、保持水土、防风固沙、调节气候，以维护生态平衡等重要作用。至关重要的是，此地的生态保护关系到“一江清水向京流”。参加调研的同志都注意认真学习、研究、掌握山区与平湖、丘陵地区不一样的特性，这也是写好本调研报告的一个重要前提。第二，调研报告采用了“递进式”（纵向思维）的布局结构。如何建设竹房城镇带城乡一体化试验区？报告从重大意义、总体思路、主要任务和措施、近期工作的几点建议四个部分布局，既合乎思维逻辑又周延得天衣无缝、无懈可击。第三，报告在讨论提纲过程中和起草后，多次征求了方方面面的意见，因而站位较高、操作性较强。

图5　毗邻竹房城镇带的南水北调中线源头湖北丹江口水库

最近，省委副秘书长、省委政研室主任吕东升同志率省委办公厅、省委政研室调研组到鄂西北的竹山、竹溪、房县，就如何将竹房城镇带建成湖北省山区城乡一体化试验区进行专题调研。调研组详细考察了城镇建设、产业发展、基础设施建设、社会事业发展等情况，还考察了陕西省平利县城镇化和新农村建设情况，召开了十堰市、竹溪县、竹山县、房县和相关乡镇负责人座谈会，在广泛调研、深入讨论基础上形成此报告。

一、建设竹房城镇带城乡一体化试验区的重大意义

《省委专题办公会纪要》(〔2010〕15号）指出："参照仙洪试验区的政策，将两竹百公里城镇带纳入全省城乡一体化规划，作为山区城乡一体化建设试验区。""同时，将房县沿305省道、紧邻竹山县，交通便利、区位优势明显、产业基础较好的军店、化龙、窑淮3个乡镇，一并列入全省山区城乡一体化建设试点。"鉴于房县的3个乡镇已列入试验区建设，建议试验区名称定为"竹房城镇带城乡一体化试验区"。试验区范围是指西起竹溪县蒋家堰镇关垭，东至房县城关镇，长约173千米，分布在305省道沿线，包括竹溪、竹山、房县3个县城、15个乡镇的城镇

带。总面积2570.85平方千米，占三县总面积的21.4%；总人口74.59万人，占三县总人口的56.6%；经济总量占三县经济总量的83%，是三县人口密集带和政治、经济、文化中心地带。建设竹房城镇带城乡一体化试验区，是湖北省推动科学发展的又一项重大战略决策。

（一）建设竹房城镇带城乡一体化试验区，是落实科学发展观、统筹城乡发展的又一重大部署

马克思主义关于消灭“三大差别”和“城乡融合”理论蕴含着城乡统筹思想。我们党始终不渝地探索城乡共同繁荣之路，毛泽东、邓小平、江泽民、胡锦涛等历届中央领导都提出了城乡统筹战略。近几年，湖北省按照科学发展观要求，加大了统筹城乡发展、推进城乡一体化力度，实施“两圈一带”战略，开展了仙洪新农村建设试验区、鄂州城乡一体化试点、7个山区县市脱贫奔小康试点、88个新农村建设乡镇试点四个层面的试点工作，对全省城乡一体化形成了带动和示范效应，但广大山区如何走城乡一体化路子，还需要进一步探索实践。十堰市地处秦巴山区、鄂豫陕渝四省交界接合部，集老、少、边、穷于一体，自然条件落后，是国家级生态功能区，又是国家级重点贫困县连片地区、南水北调中线工程核心水源区，城乡二元结构矛盾最突出。2009年，十堰市城区人均GDP已达46714元，县域人均GDP仅为8920元，城区与县域经济的差距为5.2∶1，城区与竹房三县经济差距为7.1∶1；城市居民可支配收入14454元，农民人均纯收入3110元，城乡居民收入差距为4.6∶1，两项数字差距之大，全省独一无二，全国也不多见。在这个城乡矛盾特别突出的地方建设城乡一体化试验区，具有创新性、典型性，是落实科学发展观、统筹城乡发展的创造性实践。

（二）建设竹房城镇带城乡一体化试验区，是推进鄂西生态文化旅游圈建设、加快扶贫开发的重大举措

城乡发展不协调是制约鄂西生态文化旅游发展的重大障碍。统筹城

乡发展、加快贫困地区脱贫致富步伐，是建设鄂西生态文化旅游圈的应有之义。位于鄂西北的十堰市，是集中连片的贫困地区，所辖6个县市都是国家级特困县，是全省新阶段扶贫开发的主战场。十堰6个县脱贫致富的问题不解决，将严重影响全省区域的均衡发展。而竹房三县的贫困状况更严重。2009年竹房三县人均GDP只有6500元，低于6个县市平均水平2420元；三县的农民人均纯收入3011元，低于6个县市平均水平99元，城区与竹房三县城乡居民收入差距为4.6∶1。竹房三县脱贫致富问题，既是十堰扶贫开发的重中之重，也是全省面临的一个难题。竹房城镇带地势相对平坦，交通条件相对较好，具有一定发展基础。把这里作为全省山区城乡一体化试验区，省、市两级予以重点扶持和帮助，有利于进一步改善发展条件，深化改革开放，增强发展动力，培育“造血”功能，提高自我发展能力；有利于培植特色致富产业，推进新型城镇化和新农村建设，提高人民生活水平，带动城镇带两厢乃至鄂西北山区发展；有利于在集中连片的贫困山区探索新阶段扶贫开发的新路子，为广大山区找到一个脱贫致富的治本之策。这一探索实践，在全省乃至全国将具有重要示范意义。

（三）建设竹房城镇带城乡一体化试验区，是保护生态环境、确保南水北调水源区安全的有效途径

十堰市是南水北调中线工程核心水源区、“引汉补江”通道，在国家主体功能区划分中，被列为限制开发区域。适应国家主体功能区划分要求，保护生态环境，确保南水北调中线工程核心水源区的安全，是十堰市和全省的重大政治任务。把竹房城镇带建成山区城乡一体化试验区，有利于提升鄂西北地区城镇化水平，减少农业人口和农业面源污染，减少对生态资源的摄取量，降低对生态环境的人为破坏，积蓄生态资源；有利于转变发展方式，发展资源节约型和环境友好型产业，建设生态文明；有利于带动十堰市乃至鄂西北地区走可持续发展道路，让山川河流复归平静与安宁，构建人与自然的和谐图景，涵养南水北调中线

工程核心水源区。

（四）建设竹房城镇带城乡一体化试验区，是推进鄂陕渝对接、提升湖北对外窗口形象的迫切需要

竹房城镇带位于鄂、渝、陕交汇处，地处秦岭南麓、巴山北坡，东屏荆襄，西控川陕，南连渝蜀，北枕汉水，是连接华中地区与西南、西北地区的重要通道。以305省道为纽带，竹溪、竹山、房县成为鄂陕、鄂渝"口子县"，西端与陕西省平利县接壤，南部与重庆市巫溪县相邻。近年来，周边邻省县市发展速度加快，竞争态势日趋激烈。陕西省把平利县列为全省新农村建设试点县，设立"专项基金"，举全省之力打造陕南地区面向湖北的窗口县。力度之大、政策之优，都远远超过湖北。我们此行考察的陕西省平利县长安镇，其城乡建设水平、市场繁荣状况远远超过相邻的竹溪县。建设竹房城镇带城乡一体化试验区，有利于推进鄂陕、鄂渝对接合作，搞活"边贸"，开发鄂西北特色资源，促进鄂西北地区更好更快发展。

建设竹房城镇带城乡一体化试验区已具备现实基础。近几年，十堰市委、市政府深入贯彻落实科学发展观，不等不靠，大胆探索，紧密结合十堰实际和山区特点，提出了以统筹城乡发展为方向，分区域规划、分产业布局、分类型指导的"一统三分"战略，并在竹溪县进行试点，探索山区城乡一体化的路子。竹溪、竹山、房县不约而同地在305省道沿线大作统筹城乡的文章，而且相互学习借鉴、竞争发展，在这个狭长区域形成了"一线穿珠"的城镇群。它们的率先探索实践，为建设竹房城镇带城乡一体化试验区打下了基础。在此基础上，省委、省政府因势利导、顺势而为，加大政策倾斜力度，集中一定的资源，建设山区城乡一体化试验区，将对湖北省城乡一体化的历史进程产生重大而深远的影响。

二、建设竹房城镇带城乡一体化试验区的总体思路

竹房城镇带城乡一体化试验区与仙洪新农村建设试验区、鄂州城乡一体化试点相比，条件较差，区情特殊，建设难度更大，目标任务和工作重点也不同。必须立足实际，解放思想，创新思路，遵循规律，科学谋划，稳妥推进。综合研究各方面情况，初步提出如下总体思路。

（一）指导思想

以邓小平理论和“三个代表”重要思想为指导，深入贯彻落实科学发展观，按照国家主体功能区定位、鄂西生态文化旅游圈总体规划和以统筹城乡发展为方向，分区域规划、分产业布局、分类型指导的“一统三分”要求，以体制机制创新为动力，统筹城乡空间布局、产业发展、基础设施建设、社会事业发展、生态建设，加快城乡一体化步伐，为全省城乡一体化和山区新农村建设探索经验、提供示范。

（二）基本原则

坚持规划先行。按照科学发展观和城乡一体化要求，高起点制定《竹房城镇带山区城乡一体化总体规划》，并依据总体规划制定专项规划、区域规划。注重规划之间的衔接，确保规划具有前瞻性、科学性、系统性、可行性。坚持整体规划，分步实施，重点突破，循序渐进。

坚持区域统筹。打破城乡、地域界限，把竹房城镇带作为一个整体来谋划，统筹各项改革发展，防止各自为战、零打碎敲、条块分散。县与县之间既要合理分工、体现特色，又要加强协作、同步发展。

坚持产业主导。把培植特色致富产业作为推进城镇带建设的中心任务，发挥竹房城镇带的资源优势，调整优化产业结构，提高工业化、农业产业化和现代服务业发展水平，大幅度增加农民收入。

坚持改善民生。按照城乡统筹的要求，努力破解长期积累的农村民生难题，不断提高城乡公共服务的均衡化水平。缩小城乡居民收入差

距，改善群众的生产生活条件，维护群众合法权益，充分调动群众的积极性和创造性。

坚持改革创新。发扬敢为人先、大胆改革、先行先试的精神，加大重点领域和关键环节的改革创新力度，破除山区城乡一体化的体制机制障碍。扩大对内对外开放，完善市场机制，加大政府扶持力度，形成市场牵引力与政府支持力有机结合的发展动力机制。

坚持群众主体。充分发挥农民群众的主体作用，尊重群众的首创精神，调动群众的参与热情和创造热情，相信群众、发动群众、依靠群众，形成班子团结、上下联动、社会参与、共谋发展的局面。

（三）发展目标

力争3年取得明显变化，5年建成具有较强示范效应的山区城乡一体化示范区、山区新农村建设示范区。到2013年，初步建成以3个县城为中心、15个乡镇为重点、150个中心村为支点的城镇体系、覆盖区域内所有村落的交通体系、比较完善的公共服务体系、比较健全的市场体系和功能相对齐备的社会管理体系；建立和完善城乡统一的新型户籍管理制度、就业制度、社会保障制度、土地管理制度；形成百公里绿色城镇带、特色产业带、新农村示范区和生态文化旅游带。

到2015年，建立更加完善的城乡一体化经济社会发展管理体制和运行机制，形成城乡规划、产业发展、基础设施、公共服务、社会管理、市场体系建设一体化发展的新格局。区域内总人口达到90万人，其中，县城和集镇常住人口60万人，城镇化率为66.7%。生产总值、财政收入实现翻番；工业产值年均增长20%、全社会固定资产投资年均增长25%、社会消费品零售总额年均增长18%、城镇居民人均可支配收入年均增长12%、农民人均纯收入年均增长14%。固体废物处理率达到80%以上，卫生厕所使用率达85%，农村适宜沼气入户率达90%以上，地表水出境水质达到Ⅲ类标准，饮用水源水质达标率100%；城镇空气质量不断提高，万元GDP能耗、COD排放量、SO_2排放量逐年下降，并在省市控制指标以内。居住条件和基础设施进一步完善，广电和互联网络通达率100%，水泥路通组达户率90%，自来水普及率95%，绿化覆盖率达到90%以上。

三、主要任务和措施

按照统筹城乡发展、推进城乡一体化的要求，立足竹房城镇带的资源禀赋、现实基础，创新体制机制，引导工业向集中发展区集中、农民向城镇和新型社区集中、土地向适度规模经营集中，实现城乡产业发展、城乡布局、城乡基础设施、城乡公共服务、城乡社会事业、城乡生态建设“六个一体化”，把竹房城镇带建设成为全省山区城乡一体化的样板。

（一）推进城乡产业一体化，构建竞争力较强的特色产业带

把发展特色产业作为竹房城镇带城乡一体化发展的根本支撑，调整产业结构，优化产业布局，增强产业实力，促进产业互融互补、良性互动，形成竞争力较强的特色产业带。一是发展壮大特色农业。围绕区域资源优势，加快农业农村产业结构调整，培植壮大茶叶、烟叶、魔芋、食用菌、林果等优势产业，建设一批优势农产品和特色农产品生产基地，提高农业生产的标准化、优质化、专业化、产业化、品牌化发展水平。二是加快发展特色工业。加强对传统支柱工业的改造升级，重点培育水电能源、绿色食品加工、医药化工、矿产建材等特色产业集群。引导项目向城镇带内集中，企业向城镇带内聚集，建成一批有规模、有品牌、有带动能力、有市场竞争力的骨干企业。抓好工业园区建设，不断改善园区基础设施条件，提升园区产业承载能力。三是突破性发展第三产业。大力发展边贸市场和城镇集贸市场，努力把竹房百公里城镇带建设成为湖北有机绿茶产销集散地、鄂渝陕周边地区中药材集散地、魔芋生产加工聚集区、商贸流通中心区。大力发展生态文化旅游产业，构建武当山—野人谷—神农架—大九湖—十八里长峡—武陵桃花源—楚

古长城—西安旅游精品线路，打造房县野人谷和野人洞、竹山桃花源和女娲山风景区、竹溪楚长城等旅游景区景点，主动融入鄂西生态文化旅游圈。

（二）推进城乡布局一体化，形成“一带三心三区”的总体布局

科学制定竹房城镇带总体规划及分区域规划，加快形成竹房城镇带“一带三心三区”的总体布局。“一带”，即沿305省道及谷竹高速城镇发展带，重点是加快生产要素向带内的重要节点地区的聚集，引导城镇和产业在城镇发展带地域内的优先发展，形成带动整个区域均衡发展的空间“骨架”。“三心”，即建设以竹溪中心城区、竹山中心城区、房县中心城区为中心的城镇集聚发展核，重点是发挥三县的资源优势，壮大优势产业，完善基础设施，带动城镇建设，更好地发挥县城对县域经济社会发展的辐射带动作用。“三区”，即统筹竹溪发展示范区、竹山发展示范区、房县发展示范区，重点是依据三个示范区的地区自然条件、资源禀赋及发展现状，合理布局产业，实现优势互补，打破地域界限，加强区域协作，实现协调发展。试验区内各镇、村要按照“一带三心三区”的总体布局，合理确定功能定位。

（三）推进城乡基础设施一体化，构建完善的基础设施体系

一是加强城乡道路建设。按照“建设主动脉、提升支干线、硬化入院路”的思路，建设百公里城镇带内通外联、畅通便捷的公路网。建设两条主动脉，完成房县县城至竹溪关垭一段305省道改造升级，达到山区一级路建设标准；完成谷竹高速建设任务。积极争取竹巫高速公路和郑万铁路、房康铁路过境房县、竹山、竹溪并设置站点。提升支干线，完成所有行政村通村水泥路建设，加快推进连村循环路和中心村入户路建设。二是加强农田水利建设。完善农田水系统工程，加大病险水库除险加固改造、防洪河堤、节水灌溉、万亩灌区工程的实施力度，实施低

丘岗地改造和低效林改造工程。三是加强城乡公共基础设施建设。大力推进城镇化，完善城镇功能，增强城镇人口承载能力。提升城乡电力、通信、广播电视等设施体系建设水平，实现城乡全覆盖。推进城市供水、燃气、污水和垃圾处理等基础设施向农村延伸，使城镇化和新农村建设形成良性互动。

（四）推进城乡公共服务一体化，构建城乡公共服务均等化体系

一是推进城乡就业一体化。完善覆盖城乡的就业信息网络，建立城乡统一规范的人力资源市场。健全面向城乡劳动者的职业技能培训制度，加强创业培训和推动创业促就业，提高城乡劳动者就业率。二是推进城乡社会保障均衡发展。不断扩大区域内城镇养老、医疗保险、失业保险、工伤保险、生育保险参保面，开展新型农村养老保险；力争区域内城乡居民最低生活保障率达100%；每个乡镇有一所标准化农村福利院，农村五保集中供养率达到60%以上；城乡困难群众医疗救助率100%，城乡困难群众临时救助率100%。三是推进城乡基本公共服务均等化。政府公共服务向农村覆盖，加大农村教育、卫生、文化投入力度，加快新型社区和中心村建设，引导人口向新型社区和中心村集中，建设一批综合服务中心，让农民享受与城镇居民同质化的基本公共服务。

（五）推进城乡社会事业一体化，促进经济与社会协调发展

一是推进城乡教育均衡发展。优化中小学布局结构，稳步发展农村教育，加快发展城区教育，突出发展高中教育，积极发展职业教育，公办民办相结合发展幼儿教育。加强城乡教育资源的统筹管理和合理配置，不断提高教育教学质量，促进城乡义务教育阶段学校办学条件标准化、师资配备均衡化、教育质量一体化。二是大力发展城乡医疗卫生事业。合理配置城乡医疗卫生资源，推进城区医疗卫生资源向农村延伸，

提高公共医疗服务水平，完善医疗保障制度，深入推进新型农村合作医疗建设，不断提高农民参合率。三是繁荣城乡文体事业。加强县城群众健身文化活动广场、乡镇综合文化站和村文化活动室建设，实施广播电视村村通、文化信息资源共享、农村电影数字化放映、农家书屋等重点文化惠民工程建设，加快形成完备的农村公共文化服务体系。广泛开展群众健身活动，推动农民健身工程向社区和自然村延伸。四是强化社会管理。深化户籍制度改革，放宽城镇落户条件，促进农村人口向城镇聚集落户并享受与城镇居民同等的权益。加强农村基层组织建设，完善乡村治理机制。广泛开展法制宣传教育，完善各类矛盾调处化解机制，依法打击各种犯罪活动，为人民群众营造安居乐业的良好环境。深入开展文明村镇、平安村创建活动和星级文明户创建活动，不断提高农民思想道德水平和农村文明程度，塑造文明健康乡风。

（六）推进城乡生态建设一体化，建设人与自然和谐相处的人居生态环境

一是实施生态修复治理工程。实施以水土保持为主的生态修复工程，巩固退耕还林成果，争取将示范区25度以上坡地全部纳入国家“十二五”退耕还林计划；实施天然林保护、长江中上游防护林、石漠化土地治理、低产林改造、坡改梯、林区基础设施、森林防火等工程建设，加快生态脆弱区植被恢复。实施以水污染防治为主的生态修复工程，建设污水、垃圾处理厂，减少污染源排放量，净化水质。实施工业点源综合治理，加大工业尾矿治理力度，切实加强生态保护。到2015年，区域内森林覆盖率提高到90%以上。二是实施城乡污染防治工程。按照生态环保、低碳降耗要求，加大县城垃圾处理和重要集镇污水、垃圾处理设施建设力度，加强医药化工、矿产冶炼等企业污染治理，发展清洁生产，减少城乡污染物排放。三是实施环境卫生整治工程。合理规划村镇卫生设施布局，落实环境卫生和公共设施“三包”（包绿化、包保洁、包管护）制度，倡导文明生活方式；实施“乡村清洁”工程，开展村镇户院“三清三拆三建”活动（清垃圾、杂物、路障，拆临路猪圈、厕所、废弃设施，建水泥场坪、门前花坛、沼气池），建设整洁亮丽新家园。

（七）加快改革创新力度，建立有利于城乡一体化发展的体制机制

赋予竹房城镇带城乡一体化试验区先行先试权，加快重点领域和关键环节的改革创新。一是创新以城带乡发展机制。完善农业支持保护力度，扩大公共财政覆盖农村范围，建立健全促进城乡基本公共服务均等化的政府投入机制。推进强农惠农政策的规范化和制度化，不断加大强农惠农政策实施力度。实行企业联村开发，引导企业到农村投资开发农业资源，共同推进新农村建设。深入推进农村信用社改革，扩大农户小额贷款和农户联保贷款覆盖面改革。二是创新试验区建设的投入机制。探索建立政府主导、农民主体、社会参与的多元化投入机制。以试验区内各优势产业和重点建设项目为平台，整合各部门、各渠道安排的涉农专项资金，围绕试验区总体规划，整合各部门、各渠道安排的涉农专项资金，按照“性质不变、渠道不乱、统筹安排、集中投入、各负其责、各记其功”的原则，统筹使用。引导社会工商资本、民营资本等社会资金投入农村基础设施和公共服务建设中。三是创新土地流转机制。在稳定现有土地承包关系的前提下，按照“依法、自愿、有偿”的原则，采取农户自主协商流转、集体组织委托流转、土地使用权入股、转让、租赁等方式，促进农村土地合理流转，发展多种形式的土地适度规模经营。探索建立集体土地使用权流转市场，允许农村集体建设用地通过出让、出租、抵押、入股等方式进行流转。四是创新公益性服务设施建设与管护机制。积极运用市场机制，通过实施城乡基础设施和公共服务设施产权改革等有效办法，探索建立农村道路、水利、安全饮水、林网等农村公益性服务设施建设与管护的长效机制。五是创新社会服务机制。巩固农村税费改革成果，深化农村综合改革，完善“以钱养事”新机制。

加快发展农民专业合作组织，建设村级综合便民服务体系，提高农村社会化服务水平。

（八）加大政策扶持力度，增强试验区建设的动力

建设竹房城镇带城乡一体化试验区，一方面要靠自力更生、改革创新，充分发挥市场机制的作用；另一方面要靠政策扶持，引导和整合社会资源。建议从三个方面加大政策扶持力度。一是国家和省现行相关优惠政策向竹房试验区倾斜。竹房山区是多重政策覆盖地区，省在安排国家和省已出台的包括西部大开发政策、东北老工业基地振兴政策、中部崛起政策、南水北调水源区生态保护政策、鄂西生态文化旅游圈政策项目时，可向竹房城镇带倾斜。二是比照仙洪试验区制定优惠政策。对调整和完善分税制，省集中税收增量返还给试点县市，其中25%用于试验区新农村建设，从省级农业土地开发资金中安排一定资金用于试验区373个小型项目建设补助。对竹房试验区“万村千乡”超市和农家店、农资综合服务社和邮政“三农”服务站等建设给予支持。支持试验区15个乡镇各兴建一座污水处理厂和一座垃圾处理厂，加大城镇基础设施项目建设力度，允许先行开征小城镇基础设施配套费，征收标准由物价部门审定。支持试验区“一建三改”工程建设，提高沼气入户率。加大对试验区的林业扶持力度，继续支持退耕还林、低产林改造。加大试验区水利工程和小型农田基础设施建设支持力度，每年安排一定资金用于试验区小流域治理及小型水利设施建设项目补助，支持试验区城乡供水管网建设。进一步加快试验区通乡通村道路建设，打通3条省级出口路。支持试验区抓好6个中心镇和农产品加工园区建设，对农产品加工园区基础设施建设给予贷款贴息支持，对园区内重点企业贷款提供政策性担保。支持试验区100个比较偏远、相对困难的村开展村庄整治。引导和鼓励电信、广播电视等企业在实施村村通宽带、通有线电视工程中实行联合建设、资源共享。三是根据竹房城镇带实际制定一些特殊扶持政策。包括城镇建设优惠政策、特色产业发展优惠政策、基础设施建设优

惠政策、土地整理优惠政策、发展社会事业优惠政策、生态建设优惠政策、促进农民集中居住的优惠政策；还应比照陕西省支持平利县政策，提高试验区内新农村建设政策性补助标准。

四、关于近期工作的几点建议

（一）尽快出台一个文件

根据《省委专题办公会纪要》关于“参照仙洪试验区政策，将两竹百公里城镇带纳入全省城乡一体化规划，作为山区城乡一体化建设试验区”的要求，在本报告基础上，尽快以省委、省政府名义制定、印发《竹房城镇带城乡一体化试验区总体规划实施纲要》文件，明确竹房城镇带城乡一体化试验区的战略地位、总体思路、目标任务、主要举措、机制保障等。

（二）成立一个领导小组

省委、省政府成立竹房城镇带城乡一体化试验区建设领导小组，下设办公室，实行省级领导挂点联系制度，加强对竹房试验区的组织领导、综合协调和检查督办，竹房试验区所涉及的市、县和乡镇成立专门机构，以市县为主，推动竹房试验区建设各项具体工作的开展和实施。

（三）指导和帮助十堰制定一套高水平的规划

将竹房城镇带城乡一体化试验区的规划纳入省级规划层面进行安排，由省直有关部门指导和帮助十堰对竹房百公里城镇带进行高起点、高标准规划。

（四）建立一个帮扶机制

实行省级领导挂点联系和省直部门对口帮扶制度，按照竹房试验区的规划和实施方案，组织省直机关、企事业单位开展多种形式的对口帮建活动，明确牵头部门，做到有工作专班、有目标任务、有帮扶计划、有配套项目，形成推动试验区建设的强大合力。

（五）出台“一揽子”扶持政策

建议省直各部门加强对竹房试验区的调研，根据各部门职能和工作实际，提出扶持竹房试验区建设的具体政策，由竹房试验区建设领导小组审定后集中下发。

（六）召开一次高规格的动员大会

由省委、省政府组织，在竹房试验区现场召开一次高规格的动员大会，动员全省上下统一思想，明确目标，落实任务，合力推进竹房试验区建设。

调研组成员：吕东升、张世华、郑黎明、王宇华、张利、姜晓晓

【点评】

在我国地方省、市、县乃至乡的层级中，发展都是由各个区域的子系统决定的。如何制定好子系统的区域发展战略特别是示范、样板战略，关系到整个地区发展的良性互动和最大效益的发挥。这份调研报告思路清晰、分析深刻、可操作性强，其总体构架可作为区域发展战略调研报告的一个示范样板。

工作调研类

阅鉴8

立足国情最大的实际

——关于土地规模经营的几个问题

吕东升

（1988年5月20日）

【导读】本报告摘要发表于《人民日报》1988年6月4日第2版头条（见图6），1989年10月在京获得经中共中央批准举行的“全国纪念农村改革10周年理论研讨会优秀征文奖”。

这篇报告之所以具有较长的“生命周期”，体现出很强的前瞻性，主要得益于两个方面：首先，调研立足中国国情这个“最大的实际”。中国“人多地少”，是个农业大国。这就导致两个问题：一个是农户家庭土地经营规模不可能很大；另一个是若要土地流转，人往哪里安置、靠什么维持生计？这么多农民都离开土地拥挤在大城市甚至特大城市是不是治本之策？这都是亟待回答的重大现实问题。其次，本篇研究把握了农业的特点。与机器大工业不同，农业作为“自然再生产过程”[①]，就是说它受自然环境影响大、生产周期较长。要求经营者在全部生产过程中，根据自然条件的变化，随时采取相应的对策。这些特点说明，家庭经营方式对于农业具有长期的适应性（包括大户经营、家庭农场）。正是“人多地少”的基本国情和农业“自然再生产过程”的特性，支撑了这篇研究报告全文四个部分尤其是第四部分建言的成立。

① 《资本论》第二卷，人民出版社1975年版，第398—399页。

人民日报　1988年6月4日、星期六、第二版

关于土地规模经营的几个问题

吕东升

实行土地适度规模经营，是一项涉及面较广、政策性很强的工作。如不加以正确引导，势必事与愿违，适得其反，最终有碍农村生产力的发展。

一、发展土地适度规模经营是实现农业现代化的内在要求。

党的十一届三中全会以后，农村普遍推行家庭联产承包责任制，从生产关系上革除了过去吃"大锅饭"的弊端，农民多年压抑的积极性像火山一样爆发出来，农业生产实现了超常规的全面增长。但是，由于这种责任制是以"均田制"的分散经营为特征的，地块过小，分布零散，对以机械化为主体的科技进步和提高农业劳动生产率，客观上起了一定的抑制作用。这是当前农业进一步发展的新情况、新问题。土地规模经营正是在这样的历史背景下提出来的。

二、发展土地规模经营，必须坚持以家庭承包为基础。

必须指出，逐步实行土地适度规模经营，并不是要动摇家庭联产承包制这个基础，也决不是要回到过去那种"大呼隆"的老路。恰恰相反，发展土地规模经营必须以家庭联产承包为基础。这是因为：首先，它是土地经营自身的特点决定的。土地经营，劳动场所分散，生产周期较长，受自然界影响大。因此，它要求经营者在全部生产过程中，根据自然条件的变化，随时采取相应的对策。这些特点说明，家庭承包制的经营方式，对于农业生产具有长期的适应性。其次，坚持以家庭承包为基础，是适应现阶段生产力水平的。目前，我国农业生产力水平还比较低，经营管理还比较落后。今后相当长的时期内，农业生产在很大程度上，还需要充分依靠和利用蕴藏在家庭内部的各种劳动潜能和经济潜能。如果抛开家庭承包去搞规模经营，就会使得许多存在于家庭内部的生产要素得不到充分发挥。再次，只有坚持以家庭承包为基础，才能满足农民在经营和分配上自主权的要求，从而保护农民的生产积极性。最后，只有坚持以家庭承包为基础，才能适应现阶段农民的心理。目前在农村坚不坚持家庭承包，是一根最敏感的神经，触动它，就可能给整个农村经济带来动荡。所以，发展任何形式的规模经营，都不能脱离家庭承包这个基础。

三、发展土地规模经营要具备一定的条件。

土地规模经营的形成，并非是一蹴而就的事情。只有在改从它业的农民愿意转让耕地和善于经营的农民愿意接包更大面积的耕地的条件下才能实现。两者缺一不可。而这"两厢情愿"能否形成，又受耕地资源条件（如人均耕地或劳均耕地）、社会经济条件（如农村商品经济，第二、三产业的发展水平，劳动力的转移程度，社会化服务体系的健全程度等），以及物资技术装备条件（如机械化水平和实现机械化的作业项目，等等）、政治历史条件（如生产资料所有制、政府的农业立法和政策）等多种因素的影响和制约。

各种经济条件必须聚集到一定的程度，土地规模经营才有可能发生和发展。因此，土地集中的速度是一个渐进性的较长的经济过程。

除了集中速度以外，还有一个集中的程度即适度的问题。适当的经营规模是一个相对的和动态的概念，即在保证劳动生产率提高的前提下，使每个务农劳动力经营的耕地面积，与当时当地社会经济发展水平相适应，实现劳动效益、技术效益和规模效益的最佳结合。

四、发展土地规模经营需要采取正确的方针加以引导。

一是因地制宜，循序渐进。土地规模经营是伴随农村商品经济的发展而出现的，从本质上来看，它是由生产力水平决定的经济过程。现阶段农村生产力水平还比较低下，而且不同地区差异很大，因此，一定要坚持因地制宜的原则，宜实行的则实行，不宜实行的不实行。由于规模经营的实行需要一定的条件，而这些条件的形成需要一个渐进的较长的经济过程，而不能"突变"，因而土地规模经营的形成也只能是渐进的。三十多年的经验教训证明，那种无视生产力的发展，频繁变更生产关系和违背直接生产者——农民意愿的做法，最终结果只能是阻碍了生产力的发展和社会进步。二是要坚持多种形式并存，切忌千篇一律。由于各地生产条件和经营水平的不同，农业规模经营还不能统一规定一个模式。目前一些地方出现的种粮大户看，主要有三种形式。这三种形式分别具有不同的适应性，也反映了不同地区的经济特点。一是家庭农场，它便于发挥各户的劳动潜能和经济潜能，但对社会服务的条件要求较高。二是合作农（林）场，它的特点是一户牵头，联户承包，统一经营，按劳分配，可以使农户之间的生产要素得到合理组合。此外，还有少量的农业专业队。三是积极慎重，切忌草率从事。

即使是在那些农民已有要求的地方，一般也应该采取分步进行的办法，即，给所有的农户都保留一些近地、好地作为口粮田。这样做的好处是：适应现阶段农民把土地当成社会保险的心理，免除他们的后顾之忧；同时，也适应农民家庭劳动力的多层次。

图6 《人民日报》1988年6月4日第二版摘要发表《关于土地规模经营的几个问题》

当前，土地规模经营（土地的相对集中）已在湖北省局部地区展开。由于其涉及面广、政策性强，如不加以正确引导，势必事与愿违，最终有碍农村生产力的发展。为此，本文拟结合湖北的实际，对几个有关问题作简要的分析研究。

一、发展土地规模经营是实现农业现代化的内在要求

党的十一届三中全会以后，湖北省农村普遍推行的家庭联产承包责任制，从生产关系上革除了过去吃“大锅饭”的弊端，极大地调动了农民的生产积极性，全省农业生产全面增长。但由于这种责任制是以“均田制”的分散经营为特征的，地块过小，分布零散，在生产力方面，对

以机械化为主体的科技进步和提高农业劳动生产率，客观上起了一定的抑制作用，农村经济再上新台阶受到了一定的影响。这是当前农业进一步发展的新情况、新问题。土地规模经营正是顺应这样的历史潮流、在这样的历史背景下应运而生的。

土地规模经营的产生，具有明显的优越性：一是有利于以机械化为特征的农业科技进步。田块太小，过于零散，难以满足机械特别是大中型机械的作业条件，成了机械化的限制性因素。而规模经营的实行，可以提高机械设施、土地、劳动力的利用率，加速实现农业的科技进步，较大规模地提高经济效益。二是有利于克服小生产与大市场的矛盾。农业是周期较长的风险性生产。由于农村总面积大、信息不通、交通不便，分散经营的农户无法对市场作出正确、及时的判断，国家也难以实行网络化的宏观调控，导致农产品价格大起大落、紧缺与结构性过剩并存的现象不可避免。规模经营的实行，减少了农业的经营单位，扩大了生产的规模，合理地调整了生产布局，从而为坚持有计划的农业商品经济，保证生产的稳定发展创造了条件。三是有利于消除和克服“自然经济”意识。过于分散、狭小的规模经营，往往是“家家小而全，户户粮油棉”，自然经济意识浓厚。随着非农经营收入的不断增加，农民将逐步丧失农业商品生产者的经济行为，在小块土地上满足于自给性生产，农业生产的增长就会停滞。而土地规模经营的实行，打破了“小而全”的格局，解体了“兼业”经营结构，有利于农业生产向专业化、社会化和商品化方向发展。四是由于土地相对集中，使种植业收入成为承包户的主要来源，势必使专业户为提高经济效益而千方百计采取先进生产手段和新工艺、新措施，努力提高科学种田水平。因而，规模经营也是改变目前农业劳动力素质下降、种田积极性不高状况，消除可能导致农业萎缩的潜在危险的重要途径。由此可见，土地规模经营代表着我国农业的发展方向，是农村经济进一步发展的必然趋势。

二、发展土地规模经营，必须坚持以家庭承包为基础

必须指出，提倡土地规模经营，并不是说要动摇对家庭联产承包责任制的“信誉度”，更不是对家庭联产承包制的否定，也绝不是要回到过去那种“大呼隆”的老路。恰恰相反，发展土地规模经营必须以家庭联产承包为基础。这是因为：首先，农业生产周期较长，受自然环境影响大。因此，它要求经营者在全部生产过程中，根据自然条件的变化，随时采取相应的对策。这些特点说明，家庭承包的经营方式，对于农业生产具有长期的适应性。其次，坚持以家庭承包为基础，是适应现阶段生产力水平的。目前，我国农业生产力水平还比较低，经营管理还比较落后。今后相当长的时期内，农业生产在很大程度上，还需要充分依靠和利用隐藏在家庭内部的各种劳动潜能和经济潜能。如果抛开家庭承包搞规模经营，就会使许多存在于家庭内部的生产要素得不到充分发挥。再次，只有坚持以家庭承包为基础，才能满足农民在经营和分配上自主权的要求，从而保护农民的生产积极性。假如脱离家庭承包这一基础，就有可能使土地的规模经营回到“一大二公”的老路上去。最后，只有坚持以家庭承包为基础，才能适应现阶段农民的心理。几千年来，在农村，家庭不仅是一个生活单元，也是一个生产和经营单位。这种由血缘关系形成的经济细胞，在广大农民的传统心理中是根深蒂固的。实行家庭承包以后，虽然赋予了家庭承包以新的内容，但在一定程度上又强化了这种心理。因此，目前在农村是否坚持家庭联产承包制，这是一根最敏感的神经，若触动它，就可能给整个农村社会带来动荡。所以，发展任何形式的规模经营，都不能动摇家庭承包这个基础。

但是，土地规模经营不是家庭联产承包制的简单“等同”，而是一种更高级的形式。一方面，它吸取了家庭联产承包制生产关系的“内核”，实现了“责、权、利”的紧密结合，和以土地为主体的基本生产资料所有权、使用权、经营权的适当分离，其经济利益最直接，自主权得到了充分发挥；另一方面，它扬弃了家庭联产承包制在生产力上制约

着农业科技进步的因素，为农村生产力的进一步发展扫清障碍。所以，土地规模经营是家庭承包制在新形势下的进一步完善和发展。

【重要链接】 中共中央、国务院根据党的十九大有关精神，为充分保障农民土地承包权益，进一步完善农村土地承包经营制度，推进实施乡村振兴战略，于2019年11月颁发了“关于保持土地承包关系稳定并长久不变的意见”，共5个部分17条。

（来源:新华社）

三、发展土地规模经营要具备一定的条件

土地规模的形成，必须同时具备两个条件，即只有在改从他业的农民愿意转让耕地、善于经营的农民愿意接包更大面积耕地的条件下才能实现。而这“两相情愿”能否形成，又受耕地资源条件（如人均耕地或劳均耕地）、社会经济条件（如农村商品经济，第二、三产业的发展水平，劳动力的转移程度，社会化服务体系的健全程度等）、物资技术装备条件（如机械化水平和实现机械化的作业项目等）、政治历史条件（如生产资料所有制、政府的农业立法和政策）等多种因素的影响和制约。其中，社会经济条件是至关重要的。因为，只有农村第二、三产业得到较大的发展，农业的劳动力有广阔的就业门路，改从他业有较高的和稳定的收入，并在口粮等基本生活资料方面有保障，农民才愿意转让土地；同时，也只有改善农业的劳动生产条件，相应地提高机械化水平，建立健全农业社会化服务体系，为农户提供产前、产中、产后优质系列化服务，有效地解决“种田难”的问题，并使从事专业化农业生产的农民收入略高于农村社会的平均收入水平，善于经营农业的农民才愿意接包更多的耕地。各种经济条件必须聚集到一定的程度，土地规模经

营才有可能发生和发展。因此，土地集中的速度是一个渐进的较长的经济过程。

与此相关的，还有一个集中的程度即适度问题。适当的经营规模是一个相对的和动态的概念，即在保证劳动生产率提高的前提下，使每个务农劳动力经营的耕地面积，与当时当地社会经济发展水平相适应，实现劳动效益、技术效益和规模效益的最佳结合。而这最主要的制约因素仍然是大量农村剩余劳动力的就业问题。就湖北省来看，据预测，到2000年全省农村劳动力将达到2000万人左右。如果按过去讲20世纪末1/3的劳动力种地，那么，20世纪末需累计转移出劳动力1340万人，从事土地经营的仍有660万人。这就有两个严峻的问题摆在面前：一是1340万劳动力的就业问题。要想吸收如此惊人数量的劳动力，就必须搞多种经营，第二、三产业和小城镇建设相当发达。二是仍有660万劳动力留在田间。即使按现有耕地5300万亩计算，届时劳平耕地面积也只有8.2亩；如果考虑耕地面积减少因素，按5000万亩计算，劳平耕地则只有7.5亩。再按平均每户2个至3个劳动力计算，平均每个农户的土地面积为15—25亩。看来，就全省而言，对土地规模扩大程度的估计不容乐观。但即便如此，在这样一种土地规模条件下，实现以机械化为特征的农业科技进步，也是完全可能的，日本现今平均每个农户的土地规模也不过如此。

四、发展土地规模经营需要采取正确的方针加以引导

一是因地制宜，切忌照搬硬套。土地规模经营是伴随农村商品经济的发展而出现的，从本质上看，它是由生产力水平决定的经济过程。由于现阶段农村生产力水平还比较低，而且山区与平原、丘陵与湖区、城郊与边远存在着地区差异，即使在同一地区内，情况也千差万别。因此，一定要坚持因地制宜的原则，宜实行的则实行，不宜实行则不实行，不能强求一致。从目前来看，规模经营应首先在那些乡镇企业基础

扎实、集体经济实力较强，农外产业收入稳定的地方开始。

二是循序渐进，切忌揠苗助长。土地规模经营是农业现代化的“内在要求”和“必然趋势”，我们应当给予提倡、鼓励和支持。但是，由于规模经营的产生需要具备一定的条件，而且这些条件的形成需要一个由量变到质变渐进的、较长的经济过程，因而土地规模经营的形成也只能是渐进的。我们不能违背客观经济规律，操之过急，揠苗助长；更不能违背群众意愿、搞“捆绑夫妻”、强迫命令，而应积极帮助他们创造条件，因势利导地促成土地规模向适度方向转化。

三是要坚持多种形式并存，切忌千篇一律。由于各地生产条件和经营水平不同，农业规模经营还不能统一规定一个模式。从目前湖北省少数地方出现的1720多个种植大户来看，主要有三种形式。这三种形式分别具有不同的适应性，也反映了不同地区的经济特点。一是家庭农场。这种形式的适应性很强，好处是便于发挥各户的劳动潜能和经济潜能，但对社会化服务的条件要求较高，否则，即使户营的规模扩大了，也不易巩固。二是合作农（林）场。这种形式主要出现于人均土地较多、社会化服务条件较差的地方。它的特点是，趋向一户牵头，联户承包，统一经营，按劳分配。其好处是，可以使农户之间的生产要素得到合理组合。三是少量的农业专业队。这种形式主要发生在集体经济发达、经济实力较强的地方。其好处是，可以直接运用集体经济的实力来调节工农业从业人员的利益。这说明，由于各地的经济特点和农业条件存在很大差别，土地规模经营多种形式并存的局面是长期的。

四是积极慎重，切忌草率从事。土地的适度集中，是一项政策性很强的工作。既要积极引导，又要慎重从事。在积极引导方面，一是在已经具备条件的地方，应当有领导地加以组织。各地事实证明：单靠农户之间的自由转包，是很难实现规模效益的。一来会造成地块更加零散，不便经营；二来转包双方缺乏足够的信誉保证。因此，在群众已经产生转包要求的地方，有领导、有组织地帮助群众搞好转包，是实现土地集中的一条重要措施。二是对于已经出现的规模经营大户，要给予热情扶持。要像对待乡镇企业的专业大户一样，给予其必要的物资支持和政治鼓励。应该用于补农的资金，不能因土地集中而减少，要继续用于承包大户改善农业生产条件和增加服务设施。

同时要十分注意政策，尤其要处理好土地集中和原订承包合同的关系。即使是在那些农民已有要求的地方，一般也应该采取分步进行的办法，即：给所有的农户都保留一些近地、好地作为口粮田，以适应现阶段农民把土地当成社会保险的心理，免除其后顾之忧；同时，也适应农民家庭劳动力的多层次性。目前，以工为主的兼业户，兼营少量土地的条件还是具备的。从湖北省已转出的11925个农户看，几乎都保留一定数量的口粮田，全部土地转出的不足1%。这种情况说明，保留口粮田的做法，可能成为土地集中过程中一个较长期的过渡形式。

（作者时系湖北省人民政府研究室副处长）

【点评】

作者立足我国“人多地少”这个最大的实际和农业生产特点，所提建言具有极强的前瞻性和生命力，无愧是一篇工作研究的佳作。其治学研究精神和思考问题的方法，都是值得实际工作者和理论工作者学习借鉴的。

阅鉴9

建设社会主义新农村的若干问题

吕东升

（2006年9月21日）

【导读】本文是笔者为贯彻落实党的十六届五中全会精神所撰写的工作研究报告，受到时任湖北省委副书记“很好！有见地。可发得广些”的批示，即以湖北省委办公厅《决策参考》印发省直机关、各市州县，后发表于全国核心期刊《江汉论坛》2006年第10期，2009年5月被湖北省人民政府授予“湖北省第六届社会科学优秀成果”二等奖。

撰写此类宣讲贯彻落实中央会议（包括上级党委会议）精神的工作研究报告，除在结构布局上采用“递进式”（纵向思维）之外，笔者体会，还须从三个方面下深功夫：第一，要在认真学习、深刻领会中央和上级决策指示精神上下深功夫。既要“知其然、知其所以然”，还应“知其所以必然”。浅尝辄止、照本宣科是说服不了别人的。比如，新农村建设内涵特征分析的“四性”（异质性、时代性、系统性、长期性）都是笔者的思考。第二，要在深入调查研究、紧密结合实际，抓主要矛盾上下深功夫。在“实现途径”上破解“培育新农民、钱从哪里来、收入怎么增、机制怎么建”这四大难题，问题和答案都来自基层。第三，要在运用理论和理论思考上下深功夫。比如，本报告在阐述新农村建设的政治意义时，就引用了毛泽东同志在作党的七大政治报告时对全党语重心长地告诫“不要把‘农民’这两个字忘记了；这两个字忘记了，就是读一百万册马克思主义的书也是没有用处的，因为你没有力量”；在阐述中央决策的理论、实践依据时，就运用了国际发展经验“两个趋向”的重要论断；在阐述农民增收严峻性、艰巨性时，就引用了西方经济学的“收入分配倒‘U’形曲线图”。这就增加了报告的理论含量和厚重度。

党的十六届五中全会提出了建设社会主义新农村的重大历史任务，这是以胡锦涛同志为总书记的党中央继提出树立和落实科学发展观、构建社会主义和谐社会之后，从党和国家事业发展全局出发而作出的又一重大决策，也是我国社会主义发展史上一件具有重大历史意义的事情。认真学习领会、坚决贯彻落实中央的重大决策，对于开创“三农”工作新局面、全面建设小康社会、推进中国特色社会主义伟大事业，具有重大而深远的意义。本文拟从理论与实践的结合上，谈几点初步的认识。

一、关于中央决策的背景分析和重大意义

中央之所以要在现阶段作出建设社会主义新农村这一重大决策，主要是基于对当前国际国内形势的深刻分析、对我国经济社会发展阶段性特征的全面把握，具有深邃的马克思主义战略眼光。

（一）关于中央决策的经济社会背景分析

当前，我国经济社会发展总体形势是好的，但“三农”工作中面临着以下突出矛盾和问题。

第一，近些年来城乡居民收入差距越拉越大。由于历史原因和城乡二元体制的影响，我国农村居民收入一直明显低于城镇居民。1984年城乡居民人均可支配收入的比例为1.71：1，2003年扩大为3.23：1，2005年进一步扩大为3.26：1。如果考虑城市社会福利方面的差异，城乡居民人均实际收入之比在6：1左右。在农村约有1/5的五保户得不到供养。这样的发展是难以持续的。

第二，“三农”工作的基础很不稳固。表现有三：一是从硬件来看，基础设施建设严重滞后。有关方面统计，目前全国有1/2的行政村未通

自来水，6%的行政村还没有通公路，2%的行政村还没有通电，6%的行政村还没有通电话，60%以上的县没有标准的污水处理场等。所以有人说，中国的城市和欧洲差不多，农村和非洲差不多，“欧洲+非洲”就是今天的中国。二是从软环境来看，随着科技革命和经济全球化的推进，经济重心向大城市转移，农村客观地濒临相对边缘化的景况，农业很难改变弱势产业的现状。此种状况，关系着党和国家发展的全局。特别是从2005年开始，我国加入WTO的过渡期基本结束，中国农业已经融入经济全球化进程，我们小规模、分散经营的传统农业很难与国外大规模、现代化农业进行公平竞争，而且此种局面在较长时期内不可能得到根本改变。三是从基本国情来看，我国农村人多地少、农业资本有机构成低下，农业和农村经济发展将会长期处在艰难的爬坡阶段，解决“三农”问题不可能一蹴而就，是一项长期的战略任务。

第三，农村有效需求严重不足。近些年来，我国工业生产能力迅速增长，部分产品开始出现供大于求的情况。目前，全国钢铁、水泥和铝的生产能力已经出现过剩，电力、煤炭的生产能力也将出现过剩，电视机、冰箱等家用电器和多种日用品严重积压。造成这种状况的重要原因之一是农民收入水平低，购买力较弱，农村市场规模较小。我国农村人口约占总人口的70%，农村消费品零售额占全社会消费品零售额的比重，由1980年的65.7%下降到1992年的42.0%、1996年的39.6%、2001年的37.4%、2004年的34.1%、2005年的32.9%。农村有效需求严重不足，极大地制约了工业生产能力的充分发挥，影响了扩大内需方针的落实。

第四，农村公共服务明显滞后。上学难、看病难等问题还相当突出。农村文化教育水平仍然较低，还有不少不识字或识字很少的人口。全国4.9亿农村劳动力中，具有高中及以上文化程度的只占13%，小学文化程度的占29.2%，不识字或识字很少的占7.5%。卫生医疗方面的情况，可能更加触目惊心：全国60%的农户用的是传统厕所，1.5亿农户做饭用的是柴火，7000多万农户住在低温潮湿的危房中；许多农民看不起病，一旦有病只能在家硬挺着。

以上矛盾凸显的后果：一是容易导致各种社会风险；二是极大地制约了经济的健康和持续发展；三是危害全社会的和谐稳定。这些问题，看起来是农村问题，但实质上是全社会的问题。

（二）关于中央决策的理论依据和实践依据

党的十六届四中全会提出了“两个趋向”的重要论断：纵观一些工业化国家发展的历程，在工业化初始阶段，农业支持工业、为工业提供积累是带有普遍性的趋向；但在工业化达到相当程度以后，工业反哺农业、城市支持农村，实现工业与农业、城市与农村协调发展，也是带有普遍性的趋向。2004年召开的中央经济工作会议又明确提出，我国总体上已进入以工促农、以城带乡发展阶段的重要判断。一个重要论断、一个重要判断，表明我们党对现代化建设规律的认识达到了新的高度，是解决“三农”问题的重大理论创新，也是我们建设社会主义新农村的理论和实践依据。

“两个趋向”的重要论断，是对国际发展经验的精辟总结。纵观世界各国发展历程，进入工业化中期阶段以后有三大特征：一是国民经济的主导产业由农业转变为非农产业；二是国民经济增长的动力主要来自非农产业；三是农业不再为工业发展提供积累，而成为接受“补助”的部门。根据国际经验，在此阶段不同国家从各自国情出发，都采取相应措施，以工业反哺农业。直到现在，一些发达国家的现代化水平已经很高，但依然非常重视对农业的保护和支持；而且是现代化水平越高，支持力度越大。美国和欧盟农业增加值占GDP的比重、农民在就业中的比重都已经很小，但这些国家通过扩大公共服务的范围和增加投入，采取各种高补贴和免税政策，一直保护农业的发展，不断提升农产品的竞争力，增加农民收入。欧盟每年用于农业和农村发展的支出占预算、总支出的50%左右。日本政府每年对农业和农村的支出相当于农业净产值的50%。

现在作出建设社会主义新农村的重大决策，条件已经具备。一方面，我国经济发展在总体上已进入工业化中期阶段，这是不争的事实。2005年我国人均国内生产总值按当前汇率计算，已突破1700美元；农业与非农产业的产值结构为12∶88；农业与非农产业的就业结构大约为50∶50；城镇化水平已达到43%（城镇人口比重）；全国税收已突破3万亿元，各类金融机构的居民储蓄存款总额已突破14万亿元。上述四项指标，是作出我国已进入工业化中期阶段，乃至总体进入“以工促农、以城带乡的发展阶段”重大判断的依据，也是推进社会主义新农村建设的重要的物质技术基础。另一方面，重视、关爱“三农”的良好氛围已经形成。广大农民迫切要求改变农村落后面貌，解决“三农”问题已成为全党全国的共识，并被列为各级党委和政府工作的“重中之重”，全社会关心农业、关注农村、关爱农民，这些都为建设社会主义新农村营造了广泛的群众基础和社会条件。

（三）关于建设社会主义新农村的重大意义

第一，政治意义：建设社会主义新农村是巩固执政之基的紧迫要求。马克思主义经典作家从来都强调建立和巩固工农联盟，认为这是无产阶级政权的基础。列宁指出，工农联盟是苏维埃政权的力量所在，是我们取得成就、取得最终胜利的保证。毛泽东同志在作党的七大政治报告时，语重心长地告诫全党：“不要把‘农民’这两个字忘记了；这两个字忘记了，就是读一百万册马克思主义的书也是没有用处的，因为你没有力量。”[①]邓小平同志指出：“中国有百分之八十的人口住在农村，中国稳定不稳定首先要看这百分之八十稳定不稳定。”[②]江泽民同志认为：农业、农村和农民问题，始终是一个关系我们党和国家全局的根本性问题。我国的政体是工人阶级领导的、以工农联盟为基础的社会主义国家。建设社会主义新农村，使广大农民共享改革开放的成果、走上富裕

① 《毛泽东文集》第三卷，人民出版社1996年版，第305页。
② 《邓小平文选》第三卷，人民出版社1993年版，第65页。

文明的道路，关系到政权的稳固，关系到党和国家的长治久安。

第二，社会意义：建设社会主义新农村是贯彻落实科学发展观、构建和谐社会的重大举措。落实“五个统筹”最紧要的是实现城乡统筹。国际经验表明，能否保持工农和城乡之间的协调发展，是现代化建设成败的重要前提。构建和谐社会，最重要的是平衡利益关系和调整收入分配结构，缩小城乡居民收入差距。若不采取有力的调整措施，加快农民收入增长，遏制城乡居民收入差距扩大的趋势，就会给社会稳定和谐带来极大隐患。党中央作出建设社会主义新农村的重大部署，对贯彻落实科学发展观、构建社会主义和谐社会而言，其要义至少有三：一是找到了“从何处抓”的问题；二是解决了“关键抓什么”的问题；三是抓住了主要矛盾和矛盾的主要方面（从一定意义上讲，中国是“三农”中国）。只要我们把建设社会主义新农村卓有成效地进行下去，实施科学发展与社会和谐这两大战略就一定能落到实处。

第三，经济意义：建设社会主义新农村是保持国民经济平衡较快发展的持久动力。众所周知，国民经济发展是靠投资、消费、出口这“三驾马车”拉动的。长期以来，我国经济社会发展一直有国内市场乏力、有效需求严重不足的突出矛盾，这已成为制约国民经济协调发展的主要障碍。特别是1997年亚洲金融危机以来，国民经济增长主要靠投资和出口拉动。2004年GDP增长9.5%，4.2个百分点是由净出口带动增加的，3.6个百分点是由投资拉动的，消费只拉动1.7个百分点。从长远来看，此种状况不利于国民经济的持续健康发展。国内需求不足、消费不旺，关键是农村市场没有培育起来。占全国总人口近2/3的农村人口，仅消费了社会消费品零售额的1/3，所占有的居民储蓄总额不到1/5。农民是我国潜力最大的消费群体，是我国经济增长最可靠、最持久的动力源泉。新农村建设一头牵着9亿农民的手，让他们过上好日子；另一头牵着国民经济增长的引擎——持续扩大的内需。9亿农民的需求将给中国下一轮经济增长带来不竭的动力。可以说，推进社会主义新农村建设，激活农村的巨大需求，不仅是解决当前经济发展突出矛盾的应对之策，更是保持国民经济平衡较快发展的长久之计。

第四，理论意义：建设社会主义新农村是对马克思主义“三农”理论的重大发展。在我国革命与社会主义建设时期，以毛泽东同志为代表的中国共产党人高度重视“三农”问题，深入实际调查研究，其重大理论贡献是：强调农民在中国革命和建设中的地位与作用；主张走“农村包围城市”的革命道路；明确提出农业是国民经济的基础；主张改造小农、实现农业社会化。以邓小平同志为代表的中国共产党人继承和发展了毛泽东同志的“三农”思想，在建设与改革的实践中积极探索，其重大理论贡献是：倡导推行了家庭联产承包责任制，从而开创了社会主义市场经济的先河；强调农村稳定是社会稳定的基础；指出粮食问题是农业问题的核心和关键；强调发展农业要有“两个飞跃”。在建立社会主义市场经济体制的新形势下，以江泽民同志为代表的中国共产党人针对新时期我国“三农”工作的新情况、新问题，创造性地提出了一系列解决“三农”问题的思想，其重大理论贡献是：提出“三农”问题是关系全局的根本问题；主张以市场为导向，发展农业和农村经济；强调保护农民利益、调动农民积极性；重视解决农村贫困问题，等等。以胡锦涛同志为总书记的党中央，从我国经济社会发展进入新阶段的实际出发，提出了一系列新的论断、新的思想理论，其重大理论贡献是：完整地、系统地提出了科学发展观；提出了解决好“三农”问题是全党工作重中之重；提出了工农、城乡关系存在“两个趋向”的重要论断；作出了建设社会主义新农村的重大历史性决策。至此，我们党已形成了以农民利益为价值取向、以社会主义市场经济为导向、以建设社会主义新农村为载体、以实现农业可持续发展为目标的中国特色社会主义的“三农”理论体系，极大地丰富了马克思主义理论宝库。

二、关于新农村建设目标的内涵特征分析

党中央提出的“生产发展、生活宽裕、乡风文明、村容整洁、管理民主”的建设社会主义新农村的总体要求，蕴含着十分丰富、十分深刻

的内涵，具有以下四大显著的特征。

（一）异质性：中国特色的新农村建设道路

这是我国社会主义新农村建设的质的规定，也是确定这一战略方针的基本前提和出发点。我国现阶段的新农村建设道路，同日本、韩国等发达国家相比，其异质性或独特性体现在三个方面：一是我们要建设的是社会主义新农村。“社会主义”这四个字“画龙点睛”，决定了新农村的性质，决定了新农村建设必须与我国社会主义基本制度相适应。二是我们是在社会主义初级阶段建设新农村。“初级阶段”就是“不发达阶段”。从我国工业化进程来看，依据美国经济学家H.钱纳里1975年提出的经济增长阶段划分模型（见表1）来分析，我们已基本走完了前一个趋向的路程，正处在转向第二个趋向的拐点上（因为钱纳里提出的进入工业化中级阶段的重要标志是按1980年价格水平计算的人均GDP为1200美元，而我国目前的人均GDP剔除价格因素所差无几）；同时，我国农业尚处在艰难的爬坡阶段。三是我们要建设的是“立足于中国国情”的社会主义新农村。当前我国最大、最基本的国情就是农村人口众多（9亿人），超过了非洲人口总和（8.6亿人），某种意义上讲这是一个沉重的包袱。

表1　钱纳里经济增长阶段划分模型表

人均GDP（按1980年价格水平）/美元	时期	阶段	
300—600	1	初级产品生产	
600—1200	2	初级阶段	工业化
1200—2400	3	中级阶段	
2400—4500	4	高级阶段	
4500—7200	5	初级阶段	发达经济
7200—10800	6	高级阶段	

以上这三种特性，决定了我们建设社会主义新农村必须坚持以下几条原则和要求：第一，在建设的目的和依靠力量上，必须一切为了

农民群众，一切依靠农民群众，尊重农民的主体地位。第二，在标准和指标设定上，不能盲目行事、任意拔高。否则脱离了社会主义初级阶段的实际，脱离了我们现在拥有的物力和财力，而脱离实际的事从来都是“劳民伤财”、不可能实现的。假如硬要脱离现实，强力推进，那只能是把“新建设”搞成“新破坏”。第三，在建设步骤上，不能操之过急、急于求成。与社会主义初级阶段相适应，建设新农村也是一个较长的奋斗过程，需要几十年或更多的时间，要作长期的努力。我们制定政策、出台措施乃至做具体工作，都必须作较长的打算，不能企求毕其功于一役。

（二）时代性：老命题赋予新内涵

新中国成立以来，我们党在不同时期曾多次提出建设社会主义新农村的任务和要求。党的十六届五中全会进一步明确提出建设社会主义新农村，既是对我们党关于农村改革发展方针政策的继承，同时又赋予老命题以崭新的时代内容。

此次提出建设社会主义新农村究竟“新”在哪里？首先，“新”在有更明确的指导方针。这次强调建设社会主义新农村，必须始终贯彻落实科学发展观和构建和谐社会的指导思想，推动农村全面小康建设进程。第二，“新”在有更高的起点。这次强调建设社会主义新农村是我国进入以工补农、以城带乡的新阶段，在经济实力不断增强、农村生产力持续发展和农村经济体制日趋完善的新形势下提出的。第三，“新”在有更全的工作布局。这次强调建设社会主义新农村，提出了生产发展、生活宽裕、乡风文明、村容整洁、管理民主的总体要求，体现了有机的统一。第四，“新”在更加关注城乡之间良性互动。这次强调建设社会主义新农村，改变了以往一味加快城市化的倾向，坚持“促进城镇化健康发展”的方针政策，而不是简单地强调“加快城市化”。第五，“新”在有更大的扶持力度。这次强调建设社会主义新农村，明确提出要加大国家投入，实行工业反哺农业、城市支持农村，并动员全社会广泛参与。第六，“新”在体现了“以人为本”的价值取向。强调广大农民是建设社会主义新农村的主体，要让广大农民共享改革发展的成果，培养和造就新型农民，使农民真正成为这个伟大事业的价值主体和创造主体。

（三）系统性：“五大建设”的有机统一

“十一五”规划建议用“生产发展、生活宽裕、乡风文明、村容整洁、管理民主”这5句话、20个字描绘出了一幅新农村的美好蓝图，是建设社会主义新农村的总要求，也是党和政府解决“三农”问题的新线路图。这个总要求，同农村全面小康的目标是一致的，是经济建设、政治建设、文化建设、社会建设和党的建设在农村工作中的具体体现，体现了我国广大农民群众的根本利益和强烈愿望，涵盖了当前和今后一个时期“三农”工作的主要方面，是一个有机的整体。

这个总要求，也体现了“五新”：一是产业发展要形成“新格局”。加快建设现代农业，繁荣农村经济，提高农村生产力水平，是建设新农村的首要任务。二是农民生活水平要有“新提高”。千方百计增加农民收入，提高农民生活质量，是新农村建设的根本目标。三是乡风民俗要倡导“新风尚”。加强农村精神文明建设，发展农村社会事业，培养造就新型农民，是新农村建设的重要内容。四是乡村面貌要呈现“新变化”。搞好乡村建设规划，加强农村基础设施建设，改善农村人居环境，是新农村建设的关键环节。五是乡村治理要健全“新机制”。深化农村各项改革，加强基层民主和基层组织建设，创建平安乡村、和谐乡村，是新农村建设的有力保障。

需要特别指出的是，上述5句话的目标要求，绝不是等量齐观的，发展农村生产力是根本任务和核心所在。马克思主义认为，生产力的发展是人类社会发展的最终决定力量。社会主义初级阶段的主要矛盾，是人们日益增长的物质文化需要同落后的社会生产之间的矛盾。在“三农”诸多矛盾中，农村生产力发展严重滞后是影响全局的突出矛盾。只有不断解放和发展农村生产力，才能为农村社会的全面进步、提高农民物质和文化生活水平、实现农民全面发展奠定坚实的物质基础。否则，新农村建设成了无源之水、无本之木。进一步解放和发展农村生产力，是建设社会主义新农村的首要任务、中心任务、根本任务。

（四）长期性：与现代化建设同步的历史过程

从根本上来讲，建设社会主义新农村的长期性，是由我国基本国情下的“反哺力度”“工作难度”及生产力的不平衡性、复杂性所决定的。其一，从反哺力度来看。如前所述，我们是在社会主义初级阶段、在工业化进程正处在转向第二个趋向的拐点上建设新农村的。这就决定了国家“反哺”“支持”的力度、以工促农和以城带乡的力度还很有限（我们现有的“蛋糕”还不是很大，GDP总量占世界GDP总量的比重仅略高于4%），期望值不能太高。从农村内部来看，由于生产力的发展具有继起性的特征，不可能“一口吃成个胖子”。因此，新农村建设不可能一蹴而就，需要几十年，有些地方甚至需要上百年的艰苦努力。其二，从工作难度来看。一方面，难在众多的农业人口。一是阻碍了土地规模化、集约化经营，制约了农业劳动生产率的提高。二是抵消了农村创造的财富总量和国家的反哺力度。我们创造的财富和扶持财力总量不少，但往往“人均”起来就大打折扣、反哺杯水车薪。三是分散、狭小的规模经营难有参与国际化的竞争力。可以这样说，我国农业人口众多是推进新农村建设的第一位的制约因素，而问题的解决要有一个相当长的过程。另一方面，难在农村人力资源素质低下。劳动力要素具有非同质性，低下的劳动力素质直接影响和阻碍着新农村建设的进程。其三，从生产力的不平衡性、复杂性来看。我国地域辽阔，东南沿海和中西部地区不一样，同一个地区的山区、丘陵、平湖地区不一样，城郊与边远地区乡村不一样，各地情况千差万别。全国有60多万个行政村、300多万个自然村，各地自然条件和经济文化状况差别很大。这也增加了建设的难度。对此，应当有清醒的认识和充分的思想准备。

三、关于新农村建设的实现途径

建设社会主义新农村既是理论问题，更是重大实践问题，关键是要求真务实、克难攻坚，在破解难题上下功夫。

（一）采取系统措施，破解“培育新农民”的难题

农民群众是建设社会主义新农村的主体。提高农民的综合素质，是建设社会主义新农村的基础工程和重要保证。从总体上看，我国农民的整体素质是好的。但面对改革开放、发展社会主义市场经济、经济全球化“三大考验”，农民的素质面临严峻的挑战。从调查的情况看，只讲权利、不尽义务等问题经常有之。“没事不见你，有事就找你；解决不好就怨你，解决不了就骂你；有了困难就找你，关键时候不选你。”（此为调查座谈时基层干部的发言。）目前，我国农民受教育程度比较低，文盲率仍高达10.7%，受教育年限人均不足7.7年。毛泽东同志曾经指出，严重的问题在于教育农民。从提升素质而言，时至今日，这个论断仍是颇有现实意义的。

韩国“新村运动”的首要任务就是“农村启蒙”，改造农民精神面貌。

第一，加强“三大教育”，提高农民的思想政治素质。一是加强形势政策教育。通过宣传讲解当前的国际国内形势和党在农村的各项方针政策，进一步激发农民群众热爱家乡、建设家乡的热情，积极投身于新农村建设。二是加强思想道德教育。大力倡导和树立以“八荣八耻”为主要内容的社会主义荣辱观，坚持把社会主义、爱国主义、集体主义教育作为重点。按照《公民道德建设实施纲要》的要求，在农民群众中广泛开展移风易俗、文明新风教育，倡导科学、文明、健康的生活方式，坚决反对和抵制封建迷信及邪教活动。三是加强民主法治教育。以提高农民群众的民主法治意识为核心，进一步提高村民自治的能力和水平。通过组织农民群众学习与他们的日常生活密切相关的法律法规，剖析发

生在他们身边的典型案例，教育引导他们知法懂法、遵纪守法、依法办事。

第二，深化体制改革，提高农民的科技、文化素质。一是要把农村义务教育和技能培训作为重点来抓。着力普及和巩固农村九年义务教育，尽快实现农村义务教育阶段全部免除学杂费，对贫困家庭学生免费提供课本和补助寄宿生活费，让每个农民子女都能上得起学。要整合各类培训资源，大力加强各类实用技术培训，确保每户有一个科技致富明白人、带头人。二是要把大力发展职业教育、推进农科教结合和“三教统筹”（基础教育、职业教育、成人教育）作为重大战略来抓。传统教育“寒窗苦读十几年，一朝回家傻了眼”“种田不如老子，做饭不如嫂子，养鸡不如妹子，打柴不如小子”（此为座谈时基层干部总结反映当时基础义务教育的弊端）的状况必须改变。农科教结合，特别是农村基础教育、职业教育、成人教育的统筹，虽然有一定的难度，但务求突破体制障碍，取得实质性进展。从一定的意义上讲，培育新农民的着力点和希望在于此。三是发展农村文化事业。要扎实抓好乡镇文化站的改革，切实抓好乡村文化中心示范户的建设，引导文化工作者深入乡村，开展多种形式、生动活泼的文化活动，满足农民群众多层次、多方面的精神文化需求，使社会主义先进文化牢固占领农村阵地。

第三，采取切实措施，提高农民身体素质。建立健全农村医疗卫生体系，改善农村医疗卫生条件，加强农村公共卫生和基本医疗服务体系建设，加快建立新型农村合作医疗制度，解决农民看病难、看病贵的问题。切实搞好地方病的防治工作。组织城乡医疗机构和人员对口支持农村，建立城市医生取得职业资格和晋升职称必须先到农村服务一定期限的制度。

（二）建立多元化的投入机制，破解“钱从哪里来”的难题

有人说韩国“新村运动”是水泥铺起来的，此话不无道理。国家发展和改革委有关专家调查，当前开展社会主义新农村建设，若按照一定

标准满足农村道路、安全饮水、沼气、用电、通信、广播、电视等基础设施建设，全国需要投入资金约4万亿元。从农村现实情况来看，相当多的乡村债务沉重，有一部分是“空壳村”，而农民收入除维持正常生活、子女读书和婚丧嫁娶之外，所剩无几。如何破解“钱从哪里来”的难题是新农村建设的核心问题。

第一，调整国民收入分配结构，将新农村建设作为公共财政支出的重点。从发达国家的实践来看，在解决这个问题上，政府的作用至关重要。应按照存量适当调整、增量重点倾斜的原则，不断增加对农业和农村的投入，建立健全财政支农资金稳定增长机制，真正实现公共财政的阳光普照广大农村。今后，要做到财政新增教育、卫生、文化等事业经费主要用于农村，国家基本建设资金增量主要用于农村，政府征用土地出让收益主要用于农村。为筹集更多的建设资金，需要开辟新的资金来源，可以考虑发行新农村建设特别国债，专门用于农业基础设施建设，改善农民的生产生活条件；设立新农村建设财政转移支付专项，重点支持农村公共事业发展。

第二，政府投入引导，激活社会资金。要充分发挥政府投入的引导作用，通过多种途径和形式，在全社会筹集建设资金。在这方面，江西赣州的一些做法值得借鉴，当地政府除在各级财政设立新农村建设专项资金外，还建立了“财政投一点、涉农资金捆绑使用倾斜一点、包扶单位助一点、受益群众出一点、社会各界捐一点、政府优惠减一点”的筹资机制。在这里，政府的资金起到了“四两拨千斤”的作用，有效地激活了社会各方面的投入。通过这个办法，2005年赣州累计整合资金4.9亿元投入新农村建设。由于所建项目农民捐了一点钱，他们参与决策、监督的积极性高，结果没有一例是“豆腐渣”工程。实践证明，这样做可以“一石三鸟”：一是可以弥补资金的不足，二是有利于民主管理和监督，三是有利于确保工程质量。

第三，加强资金管理，提高投资效益。一是落实配套资金。鉴于农村公共基础设施建设规模小、投资分散，中央和省难以直接操作，需要依靠地方政府和基层组织去落实。可以考虑采取中央和地方财政共同出资的办法，中央政府下拨资金专款专用，同时规定地方各级政府必须追加一定比例的配套资金。这可以增强地方政府的责任感，有助于抓落实。二是确定合理投向。根据不同阶段、不同区域，农民的需求和要解决的问题，从实际出发，确定公共财政覆盖农村的优先顺序，以确保重点需要。三是整合资金使用。总的来说，应采取“项目打包”的办法。对部门内的资金，可以围绕新农村建设任务，整合项目，集中投放，捆绑使用；对部门之间的资金，可以按照“集中使用、渠道不变、用途不改、各司其职、各记其功”的原则，集中解决一批关系农民群众切身利益的大事实事；对不同层级的资金，采取“事权不混、性质不变、上下配套”的办法，形成相互联动机制。四是改革拨付方式。要改变过去政府拨付资金的办法，实行“实物补贴”，引导和激励农民出资、出力建设家园。这有两个好处：一是避免了资金挪作他用，有利于说服农民即刻动手；二是政府统一招标采购，有利于降低成本、确保质量。

（三）拓展增收渠道，破解“收入怎么增”的难题

第一，充分认识农民增收的严峻性和艰巨性。一方面，按照全面建设小康社会的要求，国家统计局测算，到2020年农民人均纯收入要达到6000元，实现这一目标还有很长的路要走；另一方面，增收形势十分严峻。根据1954年西蒙·库兹涅茨提出的“倒‘U’形假说”(在由低收入国家向中等收入国家提升的过程中，经济发展具有扩大差距的倾向，但随着收入水平的提高差距会缩小）和日本经济学家建佑次郎绘制的“收入分配倒‘U’形曲线图”(其临界点为人均GNP2700美元)，我国城乡居民收入差距将面临扩大的可能性(见图7)。

我国农民增收难，除体制原因外，还受制于以下三个深层次的因素制约：其一，农产品需求制约越来越明显，来自农业的收入减少。影响农产品需求的恩格尔系数和食品的收入弹性系数这两个指标都呈急剧下

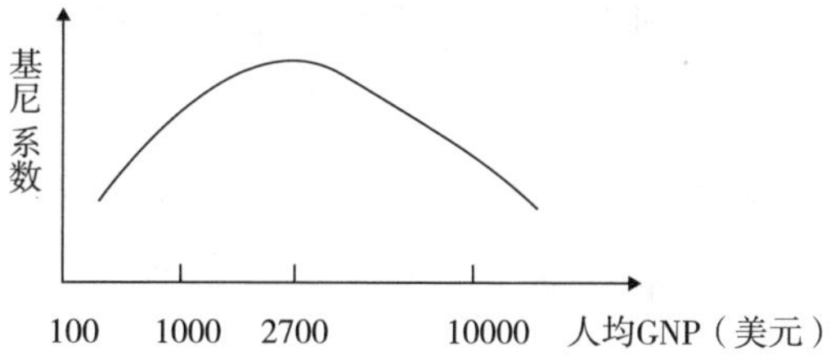

图7　收入分配倒“U”形曲线

降趋势。1998—2004年，城市居民每增加1元收入，只增加0.04元用于购买食品，即食品收入弹性仅为0.04。其二，农业劳动生产率和非农产业劳动生产率的差距拉大。农业与非农业人均创造的GDP，由1990年的1∶3.9，扩大到2004年的1∶7.6。在步入新型工业化道路之后，差距还会进一步扩大。其三，农村富余劳动力向非农产业转移的难度日益增大。由于资本有机构成呈明显提高趋势，现代化过程是一个“技术排挤农民”的过程，我国GDP每增长1个百分点对就业增长的拉动比例由20世纪80年代的0.32个百分点下降到目前的0.1个百分点以下。农村劳动力转移速度，由1982—1997年的年均转移501万人，降至1997—2004年的年均转移363万人，农村富余劳动力转移的速度已呈减缓趋势。

第二，挖掘农业内部的增收潜力。调查表明，农业生产性收入仍然是农民收入的重要组成部分，农业内部的增收潜力仍然很大。挖掘农业内部增收潜力，关键是要做好调整结构和科技兴农两篇大文章。按照“四化”的现代农业理念调整农业产业结构，在“特色、拓展、延伸”上下功夫。一是品种特色化。按照国内外市场需求，积极发展品质优良、特色鲜明、附加值高的优势农产品，实行以特取胜、以优取胜。二是生产专业化。推进“一村一品”“一乡一品”，提高专业生产和管理水平。三是种植规模化。按照因地制宜的原则，合理规划布局，推进板块式种植，改变“家家‘小而全’、户户‘粮油棉’”的状况，提高土地适度规模和服务型规模的集约经济效益。四是经营一体化。大力推进农业产业化经营，延长农业产业链条，构建生产、加工、销售有机结合的高效农业产业体系，不断提高农产品附加值。从市场需求和资源条件分析，畜牧业发展潜力很大，增收前景广阔。要把畜牧业作为一个重要的支柱产业做强做大，为农民持续增收培育新的增长点。要大力推广优良育种、科学种养和施肥节水等模式，以科技破解增收大难题。

第三，广辟就地就近转移就业的途径。农村富余劳动力向非农产业转移，通常有“离乡不离土”“离乡又离土”“离土不离乡”这三种模式。实践证明，前两种模式负面效应甚多。据调查，现在一些地区农村青壮年劳动力一窝蜂地涌向东南沿海和大城市，留守在家的大多是“386199”部队（妇女、儿童、老年人），导致新技术推广难度增大，土地粗放经营有所抬头，村组公益性体力活无人干，老人赡养、子女教育、婚姻家庭和社会治安等一系列社会问题日益凸显。我们基本国情、省情决定了“离土不离乡”这种就近就地转移，才是最可靠、最具生命力的增收之路，应当作为转移的主导模式来抓。一是要坚持“一主三化”的方针，大力发展县域经济。实践证明，凡是农民生活比较宽裕、农村比较繁荣的地方，都是民营企业、县域经济活跃的地方。要坚持县域经济以民营经济为主体，大力推进农业产业化、农村工业化、城镇化，不断壮大县域经济实力。着力发展、建设县城和重点镇，从财政、金融、税收和公共品投入等方面为小城镇发展创造有利条件。二是加强产业引导，转变企业机制和增长方式。注重发展就业容量大的劳动密集型产业和服务业，扩大农村劳动力就近就地转移就业的容量。要彻底改变“村村点火、户户冒烟”的状况，积极引导企业和要素向园区集聚，以方便农民就业。三是坚持把培育产业化龙头企业作为重大战略来抓。龙头企业在农民就业增收、创新经营体制、培育新型农民、与市场对接等方面，发挥着巨大的带动作用，是就地就近转移的主要吸纳体。以枣阳市吴店镇为例，这几年全镇60%的农村富余劳动力被镇办龙头企业吸纳，农民增收的60%来源于龙头企业。

【重要链接】 县城是城乡融合发展的关键支撑。为更多吸纳县域内农业转移人口，促进新型城镇化建设，有效服务“三农”，中共中央办公厅、国务院办公厅2022年5月印发《关于推进以县城为重要载体的城镇化建设的意见》，文件共分9个部分39条。

（来源：新华社）

第四，加强对农业的扶持和宏观调控。农业是弱质产业，农民拿不到社会平均利润。我国的基本国情决定了在市场经济和经济全球化的大潮下，此种格局将会长期存在、难以改变。鉴于此，国家应采取“多予”（扶持）、“调控”、“服务”相结合的方针，着力解决好以下几个问题：一是加强农业基础设施建设。现在，很多地方基础设施还是20世纪50年代至70年代修建的，病险水库增多，渠道失修严重。以枣阳为例，60%的水库存在安全隐患；泵站能正常使用的只占61%，出水力不足60%；灌区渠道淤塞严重，目前能正常使用的只占65%，渠系水利用系数不到0.4。这个问题如果单纯依赖地方政府和农民解决，则显然是不合理的，也是无济于事的。国家应加大对农业基础设施建设的投入力度，尽快解决湖库水利失修、排涝、提灌等问题，提高农业特别是粮食综合生产能力。二是加强农业的宏观调控。要认真负责地做好信息指导工作，引导分散的农民与大市场“对接”，改变农产品种植“少了、少了、多啦多”的状况，平抑市场风险。完善和强化对农民的直接补贴政策，加大对种植农民的补贴力度，保持农产品价格的合理水平，有效保护农民的收益。

（四）勇涉改革的“深水区”，破解体制机制难题

国家取消农业税后，客观上催生和形成了一种“倒逼”态势，把农村各项改革的时间表大大提前，推进和深化农村改革已成为当务之急。

第一，稳步推进农村综合改革。温家宝总理告诫我们，不能以为农业税取消后农民负担问题就解决了，如果改革不彻底也可能前功尽弃。一是以减人减支出为目标，改革乡镇机构。难点和关键是乡镇事业单位改革问题。要坚持“以钱养事”的改革思路，部分可由社会承担的服务项目，逐步以项目招标、合同管理、服务考核的方式，建立公益服务向社会购买的“以钱养事”新机制，以精简机构和人员。二是加快转变政府职能。社会主义市场经济体制下，政府应履行经济调节、市场监督、社会管理和公共服务四项基本职能。乡镇政府属政府治理结构的最基层，应着重强化为农村经济发展创造环境、为农民提供更多服务、为农村构建和谐社会创造条件三个方面的职能，把不应该由政府承担的经济活动和社会事务交给市场、中介组织和村民自治组织。三是加快农村义务教育体制改革。依据新《中华人民共和国义务教育法》落实义务教育经费投入，使农村实行真正意义上的义务教育；同时深化农村学校人事和财务等制度改革。四是搞好县乡财政体制改革。有条件的地方，可加快推进“省直管县”财政管理体制和“乡财县管乡用”财政管理方式的改革。

第二，坚持和完善农村基本经营体制。土地不仅是农民重要的生产资料，而且是他们最基本的生活保障。中国农民视土地如“命根子”。以家庭承包经营为基础、统分结合的双层经营体制，具有广泛的适应性和旺盛的生命力。要通过推进显隐结合的“两化”扩大农业经营规模，实现农业的“第二次飞跃”[①]。一是土地集约化。按照“强化所有权、稳定承包权、放活经营权”的思路，有条件的地方，可以在承包经营权自愿、依法、有偿流转的基础上逐步扩大土地的经营规模。这是一个渐进的过程，不能揠苗助长，不能不顾条件地强制推行。二是农民组织化。世界各地的经验证明，合作经济是分散弱小的农户面对广阔的市场经济海洋、争取最大利益的普适性组织形式，是巨大的“内生力”。要大力

① 《邓小平文选》第三卷，人民出版社1993年版，第355页。

发展各类农民合作经济组织，提高农民的组织化程度，扩大隐形经营规模。从我国国情、湖北省情来看，这是一条最现实的实现“第二次飞跃”的有效途径。

第三，深化农村金融体制改革。造成农村基础设施建设和社会事业发展滞后的重要原因之一，是资金“失血”严重。从宏观层面上讲，我国城乡金融存在八大不平衡（改革进度、资金投入、网点覆盖、业务发展、风险程度、人员素质、管理水平、经营环境），农村金融落后城市金融10年甚至更长，农村人均贷款余额不足城市的1/10（2005年末，农村地区人均贷款余额不足5000元，城市人均贷款余额超过50000元）。当前，存在的突出问题是：信贷资金投入不足，农村资金外流严重；农户从金融机构获得贷款难，贷款满足率不高；小额信用贷款不能完全满足农户需要。鉴于此，要巩固和发展农村信用社改革试点成果，进一步完善治理结构和运行机制。扩大邮政储蓄资金的自主运用范围，引导邮政储蓄资金返还农村。在保证资本金充足、严格金融监管和建立合理有效的退出机制的前提下，鼓励在县域内设立多种所有制的社区金融机构，允许私有资本、外资等参股。引导农户发展资金互助组织。规范民间信贷。稳步推进农业政策性保险试点工作，加快发展多种形式、多种渠道的农业保险。各地可通过建立担保基金或担保机构等办法，解决农户和农村中小企业贷款抵押担保难问题。

第四，改革和完善乡村治理结构。一是要落实各项民主制度。健全农村民主选举、民主决策、民主管理、民主监督等制度，尤其要做好监督检查工作，确保广大农民群众真正享有法律赋予的各项权利。二是要搞好村民自治。加强和改善党对农村基层民主选举的领导，健全党组织领导的充满活力的村民自治机制，保证农村基层民主健康发展。三是要健全财务公开制度。不断丰富和拓展村务公开的内容。四是要创新治理机制。江西赣州新农村建设的最大亮点是成立了理事会，村里基础设施及公益事业的建设，都通过新农村建设理事会来组织实施和监管。这个做法，既真正体现了“以农民为主体”，同时也避免了国家的资金投入被截留和挪用，还确保了工程建设质量，值得借鉴。

四、需要正确把握和处理好几个重要关系

推进社会主义新农村建设是一个庞大的社会系统工程。从指导思想和理论层面上看，正确把握和处理好以下几个关系至关重要。

（一）社会主义新农村建设与城镇化的关系

目前，在两者关系问题上存在着“对立论”“排斥论”“分割论”几种倾向。比较典型的是以下两种截然不同的看法：一种认为，农村落后都是因为农业的资金、资源都被城市拿走了，城市利用农村的廉价土地、廉价劳动力和廉价产品发展起来了，所以现在需要放慢城镇化步伐，加快农村发展。持这种看法的人，把我国“三农”问题归罪于城镇化。另一种认为，现代化的发展趋势是城镇化，农村凋敝和衰落是难以避免的，现在应主要推进城镇化，而不应把精力放在发展农村上。这两种观点都具有片面性。

建设社会主义新农村与推进城镇化是现代化过程中的两个重要方面，是相辅相成、相互促进的。一方面，城镇化是经济社会结构转变的大趋势，是推进社会主义新农村建设的前提。只有加快工业化、城镇化进程，才能为农民转移就业提供条件，才能为反哺农业、带动农村提供经济基础，才能构建以工促农、以城带乡的长效机制。据国外经济学家的研究，从1000年到1820年，800多年间全球人均收入只增长50%。而工业革命后，从1820年到1998年，人均收入增长了8.6倍。这个数据也说明，走新型工业化道路，加快城镇化进程，是实现现代化的必由之路。另一方面，建设社会主义新农村是促进工业化、城镇化的巨大力量。这既体现在劳动力、生活必需品的支持上，更体现在消费需求上——农村蕴藏着巨大的消费需求潜力。没有农业、农村的发展，工业化、城镇化就失去了支撑。同时，要看到我国有庞大的农村人口，要把他们都转移到城镇完全不可能。即使将来基本实现现代化，我国城市

化率达到60%，仍然有5亿至6亿人口留在农村。如此之多的人口在农村，岂能不管不问、任凭农村凋敝呢？！因此，推进社会主义新农村建设不是战略的改变，而是战略重点的转变，目的是要加快改变农村经济社会发展滞后局面，通过城乡统筹、区域协调发展，加快我国现代化进程。

当前处理好两者关系，关键是要打破城乡二元结构，大力推进“五个一体化”：一是推进城乡发展规划一体化。要按照建立工业反哺农业、城市支援农村新体制的要求，打破分割的格局，高标准、高起点地编制城乡一体化发展规划。二是推进产业布局一体化。紧密结合各地实际，大力发展产业集群，构筑以工补农、以城带乡的物质基础。三是推进城乡基础设施建设一体化。一方面，要将城镇的基础设施向广大农村延伸；另一方面，要将财政投入向农村倾斜，引导各类社会资源参与农村基础设施建设和农业开发，对口支援农村。四是推进城乡社会事业发展一体化。巩固农村九年义务教育成果，实行城市教师到农村交流支教制度。深入开展科技、文化、卫生“三下乡”活动，加强农村公共文化设施建设。整合城乡卫生资源，建立以中心卫生院为核心的乡村卫生服务网络。五是推进城乡政策一体化。建立城乡统一的新型户籍管理制度，从根本上消除身份歧视和就业障碍；建立城乡统一的社会保障制度，加快推进农村社会保障与城乡社会保障接轨；建立统一、开放、竞争、有序的现代市场体系。

（二）政府主导作用与市场机制作用的关系

一方面，推进社会主义新农村建设，必须充分发挥政府的主导作用，这是我们的优势所在，也是取得建设成果的根本保证。主导作用应该体现在四个方面：其一，要切实加强党的领导。充分发挥党管“三农”工作的传统和优势，牢牢把握其政治方向，使其卓有成效地进行，绝不能放任自流、撒手不管。其二，要组织认真制定战略规划，使其具有科学性、前瞻性、可操作性。“百年大计，规划为首”，这是取得成功的前提和关键。其三，要扩大公共财政覆盖农村的范围，为农村提供与城市大体均等的公共产品和服务。从世界一些发达国家和发展中国家的经验看，这是保护农民的生存权和发展权、实现城乡和谐发展的基本途径，也是政府应尽的义务。只有这样，政府才能真正体现"社会性"和"公共性"。其四，要认真研究和制定政策，加强制度建设，为新农村建设探索更活的机制、创造更好的环境。

另一方面，推进社会主义新农村建设，必须充分发挥市场机制的作用。其切入点重点是三个方面：其一，配置资源。在社会主义市场经济条件下，市场在资源配置中发挥基础性作用，各种资源根据市场经济的内在规律进行流动和配置。虽然这几年我国财政收入增长很快，但国家需要花钱的地方很多，能够用于"三农"的财政支出与实际需要仍有很大差距。只有充分发挥市场机制作用，将社会上各种资源和资金引导到建设社会主义新农村的伟大事业中，才能从根本上解决农村资金短缺问题。据报道，截至2005年底，我国城乡居民存款已突破14万亿元。如果能通过建立合理的利益诱导机制，哪怕引导10%用于新农村建设，也是一个可观的数字。其二，市场运作。从一定的意义上讲，政府主导是侧重宏观的生产关系的范畴，而市场运作侧重微观的生产力组织管理的范畴。要将市场经济理念引入新农村建设，凡是能用市场机制运作的就不能用行政办法来运作。要实行民有、民营、民治、民享，给建设主体以活力；要推行股份制、股份合作制和招投标制，给建设项目、服务以利益捆绑和责任；要大力推行理事会等形式的管理，确保建设的质量和效益。其三，尊重主体。农民既是新农村建设的"主人"，又是建设的"主体"。农民需要什么、期盼什么，他们自己最有发言权。不能违背农民的意愿，搞强迫命令；不能超越实际，以各种名义加重农民的负担；不能搞花架子，搞劳民伤财的政绩工程、形象工程。要承认、尊重、维护农民的主体地位，切实把建设的自主权还给农民。

总之，要将政府"有形之手"（英国经济学家凯恩施在《就业利息和货币通论》中提出的著名理论）与市场"无形之手"（英国经济学家亚当·斯密在《国富论》中提出的著名理论）有机结合起来，分工合作，协调配合，合力推进新农村建设。

（三）经济发展与其他要件的关系

新农村建设千头万绪，任务繁重。在具体实施过程中，如何处理好各要件之间的关系，谋划和摆布好工作力量，非常重要。

生产力的发展是新农村建设的首要任务。只有生产力发展了，新农村建设才有雄厚的物质基础。现在，农村公共基础设施建设严重不足，在相当一部分农村地区还存在行路难、用电难、饮水难、居住难等问题，说到底还是资金问题。没有经济的发展和农民收入的持续提高，就不能很好地解决广大农民的基本生产生活问题；没有经济的发展和农民收入的持续提高，农村教育卫生文化等社会事业发展就会成为无源之水、无本之木，农村人居环境和村容村貌就难以根本改善，农村健康文明和谐的新风尚就难以持久，农村民主政治的发展就会受到制约。坚持以经济建设为中心，进一步解放和发展生产力是建设社会主义新农村各项工作的中心任务。

但是，发展是全面的发展；发展又是一个系统工程，受诸要素的制约。从建设内容来看，涉及政治、经济、文化、社会和党建等各个方面，每项建设内部还有很多子系统；从生产方式来看，既有生产力的范畴，也有生产关系的范畴，是二者相互作用、相互依存的统一体；从要素来讲，既有发展、建设的范畴，又有改革的范畴；既有“硬件”，也有“软件”。这些要素都是互为影响、互相依存、互相制约的。单就农民增收而言，至少要受农民素质、政策环境、科技进步、二三产业发展等因素的影响。静止的、孤立的思维定式，搞单兵出击、单项冒进，必然事倍功半、难以奏效。

因此，对于领导者而言，尤应树立系统论的理念，把新农村建设真正作为系统工程来抓。要运用“弹钢琴”的工作方法，穷尽系统内诸要素，牢牢抓住主要矛盾及矛盾的主要方面，倾力攻克难关，实行整体推进、重点突破。

（四）当前发展与长远发展的关系

建设社会主义新农村是一个需要长期为之奋斗的重大历史任务。这就有一个如何处理好“当前”与“长远”的关系问题。一方面，要摒弃“悲观论”的倾向，任何“无所作为”或借口长期性而放弃眼前每一步努力的论调，都是贻误时机，都是错误的；另一方面，要摒弃“速胜论”和“跑步论”的倾向，任何无视实际情况，搞“投机取巧”“花架子”的想法和做法也是错误的。当前，有必要解决好以下三个问题。

第一，教育和引导基层干部群众树立艰苦创业、长期奋斗的思想，处理好当前利益与长远利益的关系。现在，一些地方新农村建设是“上热下冷”，一些地方“等靠要”思想严重，“一事一议”很难开展起来。如前所述，我们是在社会主义初级阶段、工业化进程转向第二个趋向的拐点和农村人口众多的基本国情下建设社会主义新农村，务必要有自力更生、艰苦创业的思想准备。只有这样，才能让国家扶持和社会各界支持的外因“内化”为建设的结晶。如果坐等要靠、坐享其成，即使政府有再多的扶持也是杯水车薪、无济于事。新农村建设应当立足让农民得到实惠。唯其如此，才能得到广大农民的响应和支持。但是，农民得到实惠也有一个眼前实惠与长远实惠的问题。我们不能只顾眼前而忽视长远，既要让农民得到现实利益，更要让他们得到长远利益。要注意解决长远发展中的根本性问题，增强农村的后续发展能力。

第二，坚持把解决农民群众最关心、最迫切的问题作为切入点。特别要突出抓好两个方面：一是大力加强农村基础设施建设。主要是加强以小型水利设施建设为重点的农田基本建设，改善农业生产条件；加强农村道路、饮水、沼气等基础设施和人居环境建设，重视解决农村环境污染问题，逐步改善村容村貌。二是大力发展农村教育、卫生、文化等社会事业。上学难、上学贵、看病难、看病贵是当前农民反映强烈的突出问题，要从让农民享受国民待遇、巩固工农联盟的政治高度来认识，并切实加以解决。推进广播电视“村村通”、农村电影放映工程和全国文化信息资源共享工程，加强农村公共文化设施建设，丰富农民的精神文化生活。

第三，建立适应新农村建设需要的干部人事工作新机制。鉴于新农村建设周期较长、生产力发展又具有一定的继起性，尤其要从保障机制上做好两方面的工作：一方面，建立永续发展的干部工作机制。县（市）、乡（镇）党政“一把手”应保持相对的稳定性和连续性；党政干部交流不能过于频繁，同时要采取措施解决“候鸟型”“走读生”问题；对县、乡两级党政“一把手”任职年龄、文化程度不宜“一刀切”。另一方面，建立科学的干部政绩考核体系。既要看经济建设，又要看政治、文化、社会和党的建设；既要看当前的发展，又要看可持续发展；既要看经济总量，又要看人民群众得到的实惠；既要看“显绩”，又要看“潜绩”；既要看主观努力，也要看客观条件。唯其如此，建设新农村的举措才能落到实处。

推进社会主义新农村建设是一项艰巨而重大的历史任务。中国共产党率领人民群众，在新民主主义革命时期，推翻了三座大山；在改革开放新时期，开创了社会主义市场经济的先河，使中国成了醒来的雄狮。我们坚信，在党中央的坚强领导下，经过全国人民的艰苦努力，一定能够完成这一重大历史使命，实现中华民族伟大复兴！

（作者时系中共湖北省委副秘书长、省委政研室主任）

【点评】

无论是省、市、县、乡还是企事业单位，贯彻落实中央和上级党委决策精神是首要职责。这篇工作研究报告力求深刻领会中央精神，紧密结合本地实际，分析问题有自己的真知灼见，提出的建议求真务实，对贯彻落实上级指示精神起到了解惑释疑、春风化雨、营造氛围的作用，其写作方法也值得学习借鉴。

阅鉴 10

换道超越正当时

——对加快推进绿色发展的调查与建议

专题调研组

（2016年8月26日）

【导读】湖北地处祖国腹地，“长江干流横贯境内1062千米，约占从四川宜宾到上海入海口干流全长的1/3”和“丹江口水库是南水北调中线水源区”这两个最大的实际，决定了当地推进生态保护和绿色发展使命重大、任重道远。为深入贯彻落实党的十八届五中全会精神，总结各地推进绿色发展的经验，推动湖北实现省委提出的生态保护与经济发展双赢，2016年6月笔者带队深入省内六市和浙江、江西两省做了为期一个多月的调查研究，形成了《关于加快推进绿色发展的系列调研报告——对浙江、江西和省内六市的考察》，时任湖北省委书记作了重要批示，该报告2018年12月获中共湖北省委“2016至2017年度湖北省优秀调研成果”一等奖。这份系列调研报告共分4篇、约3万字，前两篇《东风吹开花千树》（变化·经验篇）、《万紫千红竞风流》（典型模式篇）《湖北日报》用两整版全文发表，本书选编的是《换道超越正当时》（建议篇）。

选编的这篇调研报告，是根据湖北省内各地的意见和呼吁，结合两省考察所获起草的。撰写这一篇报告，尤其注意了三个方面：第一，带着问题、围绕问题、有的放矢外出取经考察。带着问题、内心急切需要知道答案，是一所“最好的大学”。急切、渴望找到答案，效率会更高、效果会更好。第二，潜心学习、钻研绿色发展理论。因为推进绿色发展既是一场深刻的变革，又是一项艰巨、复杂、永续的自然社会系统工程，我们的本领还很欠缺。第三，学习考察虚心、用功。跟读者讲一句很朴实的心里话：组织派我们外出调研考察，花了宝贵的时间，坐飞机、火车等差旅费和住宿费花费的都是纳税人的血汗钱，若未达到预期目的，那将是一种“失职”甚至是“犯罪”！因此，每到一个考察点我们都是“四勤”：脚勤，多跑一些地方，该看的点都要看到；眼勤，认真观察事物典型，阅读每一份材料；心勤，善于琢磨思考，不放过每一个问题；手勤，及时记录有关情况和调研组的“头脑风暴”、闪光点。譬如，这次为期一个多月的考察调研，笔者阅看的文字材料有五六十厘米厚，若干好资料至今还保存着。其中，在浙江省海盐县考察“零碳屋”花了一个多小时，增长了诸多知识和见识；研究《海盐县绿色发展报告（2015年度）》及其《县域绿色发展评价指标》，熬了两个深夜。在这里，我们淘了很多“金子”，使解决问题心中有谱。讲心里话，报告的分量也是调研者“人”的分量。

湖北是生态大省，长江干流横贯境内1062千米，约占从四川宜宾到入海口全长的1/3，又是南水北调中线水源区，在绿色发展方面肩负着特殊的使命。为推动湖北省实现省委提出的“生态保护与经济发展双赢”，吕东升同志带领省委办公厅调研室同志赴宜昌、襄阳、十堰、黄石、鄂州、咸宁六市及浙江、江西两省进行了为期一个多月的调查研究。通过调研，我们感到：六市推进绿色发展虽然取得了巨大成就，但从全省来看，不够平衡；它是一场深刻的变革和一项艰巨、复杂、永续的自然社会系统工程，任重道远。根据各地反映的意见和呼吁，结合两省考察所获，现就湖北省进一步加快绿色发展提出五个方面的建议。

一、进一步办好全民“绿色大学”，让绿色发展理念扎根于荆楚大地

理念是行动的先导。从调研的情况看，绿色发展理念在湖北省虽

然逐渐深入人心，但要真正成为全社会的共识和自觉行动，还需下深功夫。各地反映，在党政干部层面，普遍对绿色发展理念比较重视，但由于受长期以来粗放经济发展模式的惯性影响，推动绿色发展的本领还比较欠缺，工作上仍然不同程度地存在着不合时宜甚至相悖的决策行为（越往基层，这种现象越突出）；在企业、市场主体层面，由于利益的冲突，一些企业仍然存在对绿色转型发展主动性不强、路径不明的问题；在社会大众层面，还有关切度不高、参与积极性不高的问题，甚至存在一定的“盲区”，调研中，我们亲眼所见，嘉鱼有的菜农把腐烂的南瓜直接扔进水沟，造成水体污染，无所谓“绿色”和文明的概念。

各地建议省委、省政府采取有力措施，进一步办好全民“绿色大学”，用绿色理念引领发展价值观，让绿色政绩观成为全省各级干部的一致追求，让绿色生产观成为广大企业的一致追求，让绿色消费观成为广大市民的一致追求，真正将“绿色决定生死”理念落到实处。一是进一步抓好党校培训。将绿色发展理念作为各级党委（党组）中心组学习、党校教学、干部培训、网上课堂等的必修课，在各级领导干部中进一步树牢绿色发展理念；举办专题培训班，深化学习教育内容，提升绿色发展能力和水平。要把上好“绿色大学”向基层延伸，一直覆盖到乡村干部。二是广泛开展宣传教育。深入开展各领域、各层级的绿色创建活动，推动绿色理念普及。充分发挥各类媒体、宣传载体作用，深入学校、企业、社区、乡村、机关开展绿色宣传教育活动，创新手段，丰富载体，增强针对性，提升效果。调研组在浙江海盐学习考察时看到，该县运用“零碳屋”作为示范教育基地，引导市民体验和参与低碳生活，在潜移默化中增强环保意识，收到很好效果。这种零碳屋采用光伏发电和风力发电相结合的方式，实现能源消耗零排放，年发电量6万千瓦时左右，年耗电量在2.2万千瓦时左右，“自发自用，余电上网”，可实现年减少碳排量55吨，相当于种植3000棵树。这种宣传方式形象直观，生动活泼，寓教于乐，深受欢迎，来自全国各地的参观考察组络绎不绝。湖北省可借鉴类似的方式，通过政府购买服务等途径，着力把各类绿色基地打造成为普及绿色理念和知识的宣传教育基地，形成全社会崇尚绿色、呵护绿色、发展绿色的浓厚氛围。三是开放引领。调研组在浙江看到，该省引进荷兰、英国、德国等国代表世界级先进水平的工业、农业、现代服务业等项目落户，极大地提升了当地绿色发展水平。有鉴于此，建议湖北省进一步加大与绿色发展领域领先国家和地区在人才引进、招商引资等方面的合作，进行高起点示范教育，全面提升推进绿色发展的能力和水平。

二、加强顶层设计，尽快制定实施省级绿色发展规划和若干意见

绿色发展，规划先行。在调研中，各地强烈呼吁省委、省政府加强绿色发展的顶层设计，尽快制定出台省级绿色发展规划和若干意见，明确推动湖北省绿色发展的指导思想、总体目标、重点任务、工作举措等，以引领指导全省绿色发展。目前，湖北省已实施生态省建设规划；并在“十三五”规划中单列第八章，对“推进绿色低碳新发展”做了专门部署；还在编制《湖北长江经济带生态保护和绿色发展规划》，包括“1+5+N”规划体系。但是，湖北省尚未制定全省绿色发展专项规划。在市州层面，除襄阳落实建设“四个襄阳”的重要指示，制定了绿色襄阳专项规划，咸宁提出打造中国中部“绿心”目标，在全国率先编制出台绿色发展规划外，其他市州都未制定绿色发展规划，一个重要原因是缺乏省级顶层设计的指导。

我们所调研的市县，在推进绿色发展上，有的凭着一腔热血自发大建园区；有的一味等待观望，希望省里先出台规划；有的无所作为，缺乏思路和办法。各地认为，绿色发展是湖北的战略，是换道超越的必然选择，具有全局性、根本性、基础性，应加强省级层面顶层设计，明确对各地的定位和要求，避免各自为政、无序开发、低水平重复建设、走弯路。建议由省发展和改革委牵头编制省域层面的绿色发展规划，把目前已有的相关规划、要求整合起来，形成全省统一的绿色发展“行动路线图”。

在加强绿色发展顶层设计方面，一些省市的成功做法可供借鉴。江西建设生态文明示范区的实施意见确定了推进绿色发展的目标任务，明确了工作重点是构建“六大体系”、推进“十大工程”。“六大体系”即国土空间开发体系、绿色产业体系、资源能源利用体系、生态环保体系、生态文化体系、生态文明制度体系。“十大工程”即现代农业体系建设工程、十大战略性新兴产业重点工程、现代服务业集聚区建设工程、旅游强省基础工程、清洁能源重大工程、推行绿色循环低碳生产方式重大工程、生态建设重点工程、环境保护重点工程、生态文化推广工程、绿色生活引导工程。该意见用50页的篇幅，将“十大工程”细化为60个子工程、子项目，明确了责任部门、时间节点。襄阳绿色发展战略规划将总体目标定位为生态环境绿色化、生产生活低碳化、能源资源节约化，将任务明确为建设“一个空间布局结构、四大体系”，即绿色空间布局结构，绿色产业发展体系、绿色生态环境体系、绿色生活消费体系、能源资源节约体系；将实现路径聚焦“十大工程”，即绿色建筑工程、绿色能源工程、新能源示范工程、绿色交通工程、碳汇林业建设工程、绿色汉江工程、湿地保护工程、生态乡村工程、绿色产业工程、低碳旅游工程。由于目标明确、任务具体、责任落实，该规划对推进绿色发展起到了较好的指导作用。

三、制定推进绿色发展的有关政策

各地普遍反映，推进绿色发展要求高、任务重、压力大，涉及错综复杂的现实利益重大调整和发展格局构建，必须建立相应的体制机制作保障，特别是要从省级层面健全推进绿色发展的政策体系，切实加大对绿色发展的保障力度。

（一）进一步完善县域经济考评体系这个指挥棒

多个地方向调研组反映，从2014年起，湖北省由经信委牵头改进了县域经济工作考核办法，按不同考核体系分三类对县（市）进行考核，激发了各地加快绿色发展的积极性。但在具体考核指标设置上，除个别指标不同外，对三类县市区的考核基本相同，没有充分体现绿色发展要求。有鉴于此，各地强烈呼吁：省委、省政府制定新的县域经济考评体系。一方面，这个考核体系不应是修补式的，而是应按照中央绿色发展的要求，以“绿色”为底色、一步到位；另一方面，可继续将全省分为三类地区考核，但每一类内部在考核指标设置、权重上还应充分体现差别。特别是对重点生态功能区的县（市），要以考核绿色发展为主，淡化对工业增加值占GDP比重、社会消费品零售额、外贸出口、招商引资等指标的考核，可进一步增加空气质量优良率、PM2.5等生态环境指标考核。调研组在浙江海盐考察时了解到，该县制定了全国第一个县域绿色发展评价指标体系，分为绿色生产、绿色生态、绿色生活三大类指标，权重分别为34%、26%和40%。绿色生产包括高新技术产业增加值占规模以上工业比重等7项指标；绿色生态包括集中式饮用水水源地水质达标率等7项指标；绿色生活包括城乡居民人均可支配收入比等6项指标。三大类共20项分指标，重点突出、简洁明了、操作性强，可供湖北省学习借鉴。

（二）加快建立完善生态补偿机制

各地反映，近年来，湖北省积极探索建立生态补偿机制，已取得了一定成效，比如，《湖北省环境空气质量生态补偿暂行办法》自实施以来，各地共奖励补偿资金2.56亿元，调动了空气质量治理的积极性；但同时，流域性生态补偿机制尚未建立。各地对此反映强烈，建议省委、省政府尽快建立实施全方位的流域性生态补偿机制。调研组在考察中了解到，江西已于2015年11月出台流域生态补偿办法，主要解决“谁来补、补给谁、补多少、怎么补”的问题。实施范围：以县（市、区）为单位计算、考核和分配转移支付资金，涉及全省100个县（市、区）。基本原则：整体推进、稳步实施，政府主导、多方筹资，责任共担、区别对待，水质优先、多方兼顾，规范运作、公开透明。资金筹集：采取

“五个一块”的办法，即中央财政争取一块、省财政安排一块、整合各方面资金一块、市县财政筹集一块、社会与市场募集一块。考核权重：水环境质量因素占70%，森林生态质量因素占20%，水资源管理因素占10%。资金使用：分配到各县（市、区），由各县（市、区）统筹安排使用，主要用于生态保护、水环境治理、森林质量提升、水资源节约保护和与生态文明建设相关的民生工程等，强化跟踪问效，对发生重大或重大以上级别环境污染事故或生态破坏事件的县（市、区），扣除当年补偿资金的30%～50%，将其纳入次年全省流域生态补偿资金总额。

（三）推出系列激励支持政策

在财税支持政策方面，稳步提高用于生态建设、污染治理、节能改造等的“绿色”财政支出比例，并保证其增长幅度高于财政支出总额增长幅度；积极探索促进节能减排的环境税收制度；实施绿色补贴政策，对绿色低碳产业、节能减排新技术新产品等给予一定财政补贴，比如支持咸宁氢燃料电池项目等。在金融扶植政策方面，实行绿色信贷，限制对高耗能高污染企业的信贷发放，为企业的绿色产业技术研发、循环经济等项目提供优惠利率；开拓支持绿色发展的直接融资渠道；在易发生污染事故的行业加快推行环境污染强制保险等。在价格调节政策方面，更好地运用价格机制促进资源节约、污染物排放约束和生态环境建设。如对超标的高耗能企业实行惩罚性电价、探索实行分类水价和超定额累进加价制度等。在科技促进政策方面，以推进绿色制造、绿色能源、绿色交通、绿色建筑等为重点，加大政策支持力度，推进绿色科技创新和应用，加强环境技术的研发、示范和推广，增强科技对绿色发展支撑作用。在开放引进政策方面，支持引进促进绿色发展的各类资源、推进国际合作与对外交流。

四、加大统筹力度，切实解决跨流域治理和绿色发展问题

各地反映，近年来对治理水污染问题投入力度不可谓不大，但是效果并不明显。其原因在于，流域上下游区域各自为政，容易发生跨行政区水污染事件，“上治下不治，治了也白治”。各地强烈要求，借鉴湖北省开展长江非法码头整治、沿江重化工及造纸行业企业专项集中整治行动等做法经验，加强省级层面的统筹协调，建立流域和跨界湖泊水污染防治联动机制，做到工作共商、信息共享、资金共筹，形成拳头、凝聚合力，更好地解决跨流域治理和绿色发展问题。

（一）建立汉江生态经济带共建机制

汉江生态经济带是连接长江经济带和新丝绸之路经济带的战略通道，也是南水北调中线工程的核心水源区和重要影响区。加快汉江生态经济带建设，对促进中部崛起、西部开发，带动区域协调发展和绿色发展具有重要战略意义。2015年6月，湖北省制定出台了湖北汉江生态经济带“一总四专”规划，但由于上下游之间各自为政、联动配合不够，规划落实无人问津，很多工作难以推进。各地建议：在省级层面成立“湖北汉江生态经济带科学发展工作领导小组”的基础上，进一步加大工作力度，明确和细化工作措施，对规划实施紧盯不放、一抓到底，确保规划有效落地实施。

（二）加快清江流域保护立法

清江是鄂西地区的母亲河，流经恩施、宜昌两市州的11个县（市）。近年来，由于清江水布垭—隔河岩—高坝洲电站梯级开发及支流水坝造成的阻隔，清江库区水流变缓，加之流域内水污染防治补偿机制没有建立，上游地区治污缺乏积极性，下游政府也往往把原因归咎于上游来水的污染，这样层层下泄导致了“公地悲剧”，使清江水质总体下

滑、局部恶化，水环境受到较大威胁。对于清江流域而言，应该积极进行事前立法防御，形成一个完整的清江流域资源保护的法律体系。各地建议：省人大常委会以立法的形式制定并颁布《清江水污染防治条例》，省政府出台《清江水资源综合管理办法》，成立清江流域的区域环境保护协调组织，相对集中水资源和水环境保护的行政管理，为清江保护提供坚实保障。

（三）建立梁子湖全流域生态保护联动机制

梁子湖流域涉及武汉、咸宁、黄石、鄂州四市，对梁子湖的保护与开发缺乏统一和强有力的联动机制。鄂州反映，由于区域间湖泊管理不协调，东梁子岛区域污染较其他地方更为严重，近年来甚至出现湖泊湿地面积不断萎缩、水质不断退化、生物物种不断减少的情形，湖泊生态系统遭到破坏。其原因在于梁子湖的综合治理中，省级层面没有统一权威的专门管理机构。现有的梁子湖管理局，只是省农业厅水产局的一个下属单位，主要职能是湖区养殖、捕捞作业，无法胜任保护、监管和执法工作。梁子湖的综合治理迫切需要四市统一协调行动。各地建议：在省级层面建立梁子湖全流域生态保护机制，明确一名省领导牵头，一个专班具体负责，设立专门管理机构或改变梁子湖管理局的职能，明确由其具体负责梁子湖流域生态保护与治理各项行政执法权，协调四市共同做好生态环境保护工作，并适时申报国家生态文明试验区。

五、进一步加强和改进对绿色发展的领导

推进绿色发展往往是跨区域、立体式、复合型的，联动性强，传统的部门分工过细、“九龙治水”的工作格局，已经远远不能适应新形势的需要。同时，在日益繁重的环保任务面前，基层环保监管执法能力相对不足，“小马拉大车”现象比较普遍。借鉴浙江、江西两省的先进经验，可以考虑在不改变部门归属前提下，整合相关职能，“集中权限办大事”，合力推进绿色发展。

（一）成立委员会加强领导和协调

各地建议：对于跨流域、牵涉面较广的综合性环境治理任务，可以成立委员会，并将办公室设在相关职能部门，以利于总体设计、协调各方、整合力量、督办落实。我们在调研中了解到，浙江为了推进“五水共治”（治污水、防洪水、排涝水、保供水、抓节水），成立了由省委书记、省长任组长，以31家省级部门为成员单位的工作领导小组，对全省治水领域的政策法规、方案计划、标准规范等统筹考虑、总体谋划，并对各地各部门的工作开展监督检查。十堰市成立了由市委书记任第一主任、市长任主任、6名市委常委任副主任的高规格市环境保护委员会，办公室设在市环保局，通过整体制度设计和重大事项协调督办，引导干部群众争创绿色城市。这些经验相对比较成熟，可供全省借鉴。

（二）实行项目化或工程化推动

各地反映，在实际工作中，推进绿色发展还比较缺乏工作载体和具体抓手。大家建议，从省级层面谋划一批推进绿色发展的工作载体，提出相应的工作目标、时间节点和责任单位，真正把绿色发展的要求落实到工作中、体现在成效上。我们在江西考察时看到，在江西出台的建设生态文明先行示范区的实施意见中，用了26页的篇幅对“十大工程”建设任务逐一进行了细化、分解，并明确牵头责任部门、配合部门和时间节点要求。宜春市编制的《昌铜高速生态经济带总体规划》共包含“金桥、金牌、金山”项目185个，总投资达509亿元。江西的做法，给我们以深刻的启示。

（三）采取“1+X”挂帅领导模式

各地反映，绿色发展工作千头万绪，为确保其顺利推进，必须有坚强有力的领导。大家建议，对绿色发展中的重大项目、重点任务，可采取“1+X”领导挂帅模式，由各级党政“一把手”挂帅，“四大家”领导领衔，以有效形成组织合力。调研组在浙江学习考察时了解到，该省在省市县三级都建立了“五水共治”工作机构，党政“一把手”担任领导小组组长，党委或政府分管领导担任治水办主任，各级人大、政协领导领衔负责相关方面工作，做到四套班子齐上阵，形成强有力的组织推进格局。正是这种组织优势，使浙江的“五水共治”取得了明显效果。

（四）借鉴“河长制”管理，具体到人，分段负责

各地反映，湖北省自2012年实行“湖长制”以来，各地明确政府“一把手”为本辖区内湖泊的“总湖长”，每个湖泊明确一位领导干部为湖长，将湖长的责任精确到每一米岸线，对湖北省的湖泊保护起到了重要作用。调研组在江西考察时了解到，该省在全省范围内实施“河长制”，由省、市、县委和省、市、县政府主要领导分别担任行政区域“总河长”“副总河长”，其他相关领导分别担任各级河流“河长”，“河长”名单在当地政府网站公布，推动了河湖保护管理责任全面落实。各地强烈呼吁，在全省推进“湖长制”的基础上，湖北省应尽快全面推行江（河、库）长制，由省委、省政府相关领导分别担任省级“总江（河、库）长”“副总江（河、库）长”，各地各部门主要负责同志分别担任相关流域江（河、库）长，将保护责任明确到每一个人、每一段水体，把最严格的水资源保护制度落到实处。

（五）实行“晒网式”监督

调研组在浙江、江西了解到，两省均对主要河流实行分段监测、实时监控、网上公开，群众可以随时查看水质状况。江西省宜春市靖安县创建“互联网+”监管模式，在该县政府网站即时、动态地公布水体质量分段监测结果，并对相关责任人实施奖惩。各地建议，湖北省应在省政府门户网站等平台开设绿色发展督查专栏，即时动态发布各类水体、空气、土壤等监测结果，按周按月结账，全省曝光、兑现奖惩。通过

“晒网”督查，晒出责任、晒出压力，让不作为者或作为不力者胆战心惊、无处遁形！

调研组成员：吕东升、陆建义、冷和珍、宋歌、胡颖、段存华、高陈

【重要链接】 **绿色发展是党的重要发展理念。党的二十届三中全会决定强调：“聚焦建设美丽中国，加快经济社会发展全面绿色转型，健全生态环境治理体系，推进生态优先、节约集约、绿色低碳发展，促进人与自然和谐共生。”**

（来源：新华社）

【点评】

这篇调研报告“引他山之石攻己之玉”，具有很强的针对性、创新性、可操作性。推进绿色发展、建设美丽中国，是一项伟大而艰巨的事业。报告提出的五个方面的建议，尤其是加强和改进领导，原则上可供地方党委和政府学习借鉴。导读中的“四勤”难能可贵，没有一种高度负责、奋力打拼、精益求精的精神，是出不了好调研报告的。“报告的分量也是调研者‘人’的分量”，颇具哲理。

经验调研类

阅鉴11

用“一体化”推倒“二元墙”

——鄂州市统筹城乡发展调研报告

省、市联合调研组

（2010年4月16日）

【导读】鄂州，旧称吴都。2008年5月，湖北省委、省政府决定在这里打响全国“将城乡融为一体进行全域规划”改革试点的第一枪。本文是笔者为做好省委、省政府在此召开现场会的筹备工作，带队调研12天后联合撰写的专题经验总结报告，时任湖北省委书记和有关领导均作了重要批示，国家建设部给予充分肯定，后印发与会代表和各市州县，《政策》杂志2008年第6期以“本刊特稿”形式予以发表，中央在鄂媒体也作了宣传报道。

鉴于本报告是“经验调研类”的开篇，笔者谨向读者略作宽泛一点的交流说明：首先，采取“1+3”或“四步曲”模式。报告成功与否取决于总结的经验有无推广价值、有无生命力。好经验都是基层创造的。本报告坚持了“一个来源”（尊重基层实践与创造）、“三个结合”（领导与群众相结合、上级与下级相结合、实际工作者与专家意见相结合），或者表述为“基层创造、专班调研、上下结合、加工制作”的调研总结方法。当然，最终还是专班兜底。第二，用好结构“四君子”。写总结经验之类的调研报告，在结构布局上都要与做法、经验、启示、规律这“四君子”打交道。诸君子的来源、形成、侧重点、地位均有别，譬如做法、经验、启示侧重于总结实际工作层面，规律侧重于理论层面，同时做法与经验、经验与启示又有内在联系，应当根据实际需要准确选其而用之。第三，试点总结意义重大。统筹城乡发展是继家庭联产承包责任制之后一场深刻的革命，使城乡发展由传统的“加法效应”变成了“乘法效应”，在此地出现了“非转农”的“城乡倒流”可喜现象，吴都大地这块改革开放的热土再次焕发出亮丽新姿。这是真正推进农村人口城市化根本举措，是防止农村“空心化”和西方国家“大城市病”的希望所在、根本所在！

根据时任湖北省委书记意见，最近，由吕东升同志牵头，省委办公厅、省委政研室、省委财经办（省委农办）和鄂州市委组成联合调研组，就鄂州城乡一体化试点工作进行了专题调研。正是春暖花开的好时节，调研组沐浴着细雨轻风，往来穿梭在1593平方千米的鄂州大地上，看主城、赏新城、访乡镇、进社区、问农户，上上下下开了多场座谈会，里里外外看了几十个乡和村，方方面面接触了上百名干部群众，总的感觉就是一句话——鄂州城乡一体化试点已经取得“一年重点突破”的明显成效，发展态势良好。

一、鄂州城乡一体化试点主要做法

鄂州市委、市政府贯彻落实科学发展观，按照省委、省政府关于统筹城乡一体化试点要求，坚持把工业和农业、城市和乡村、城镇居民和农村居民作为一个整体，统筹谋划，系统研究，着力推进城乡规划一体化、产业发展一体化、基础设施建设一体化、公共服务一体化、社会保障一体化、市场体系一体化和基层党建一体化。

（一）统筹城乡规划，推进空间布局一体化

科学规划是推进城乡一体化的前提和基础。鄂州坚持“全域鄂州”的规划理念，面向全国借脑借智，邀请多家知名专业机构，对鄂州城乡发展进行高水平设计，以科学规划引领城乡一体化进程，相继编制完

善了四个层次的规划：一是鄂州市域“一主三新十特百新村（新社区）”总体规划。把市域作为一个整体科学布局、科学定位，构建以主城区为中心，葛华科技新城、红莲湖旅游新城、花湖工贸新城3座新城为支撑，10个特色镇为节点，106个中心村（新社区）为基础的城乡空间格局，建设宜居宜业组群式大城市。二是3座新城和乡镇规划。3座新城在参与鄂州城市功能分工的同时，主动与圈内其他城市对接，增强发展实力；加快基础设施的配套，提升产业的承载能力；按照各自的功能定位尽快形成文化特色和产业特色；做强做大支柱产业，进一步强化支撑作用。10个特色镇和其他建制镇根据各自的区位优势、资源优势、产业优势和经济结构、人口分布、社会发展水平等因素进行合理定位，建成各具特色的商品集散型城镇、工业主导型城镇、特色旅游型城镇、交通枢纽型城镇。三是长港示范区规划。按照“生态长港、吴楚水乡”的发展理念，围绕“五位一体”（产业发展、基础设施、生态环境、镇村建设、特色旅游）精心规划设计。以建设特色旅游示范村为重点，打造民居大观园。规划建设的百里长港示范区，将彰显“百湖之市”的水乡特色、“江、湖、港”交融相映的生态特色，建成后力争成为起点高、特色明、效果好的城乡一体化样板。四是中心村（农村新社区）规划。在全市现有320个行政村的基础上，顺应农村人口、产业、生产要素聚集的规律和经济社会长远发展的要求，重点规划建设106个中心村。2010年4月各中心村的规划全部完成。鄂州试点规划得到方方面面的充分肯定。建设部专家说：“将城乡融为一体进行全域统筹规划的城市，鄂州在全国是第一家。”

（二）统筹产业发展，推进城乡产业一体化

产业一体化是城乡一体化的支撑。鄂州市按照省政府主体功能区规划和武汉城市圈产业分工安排，大力推进特色优势产业发展，加快形成互融互补的城乡一体化产业发展格局。一是着力推进优势工业和高新技术产业集群式发展，打造全省新型工业化示范区。加大招商引资、项目

建设力度，强力推进优势工业和高新技术产业集群式发展。2009年，全市续建和新开工的亿元以上项目达80个，共完成投资135亿元，同比增长77.0%；工业完成投资141亿元，同比增长51.6%；高新技术产业实现产值83.5亿元，同比增长25.1%。冶金、能源、建材、模具材料、纺织服装五大产业集群形成规模。二是着力发展现代农业，打造“武汉城市圈”都市型农业示范区。加快农业结构战略性调整，进一步壮大水产、畜牧、蔬菜、林果四大特色支柱产业。大力推进农业产业化经营，培育龙头企业，初步形成了粮食加工、水产品加工、畜牧加工等多条产业链。水产品加工在全省保持领先地位，大中型水产品加工企业发展总数达276家，转化水产品总量达50.02%。三是着力发展生产和生活性服务业，打造全省现代服务业发展示范区。重点支持现代物流业、旅游业、金融保险业、信息服务业等现代服务业发展。加快建设三江港区、主城区和花湖工贸新城三大物流基地。围绕“一都两湖”，打造三国吴都文化游、梁子湖休闲度假游、红莲湖运动健身游。现代服务业成为鄂州经济快速增长点。四是着力推进节能减排，打造省级循环经济示范区。优化能源结构，提高环境保护标准，减少污染物排放和能源消耗。建立多部门联动的减排工作机制，实行环境准入制度。2009年，实施了葛店开发区和梁子岛污水处理、鄂州电厂脱硫、鄂钢烧结脱硫等一批节能减排重点工程，全面完成省政府下达的9个专项整治任务，淘汰小水泥、小炼铁等落后产能136.6万吨。

（三）统筹基础设施建设，推进城乡生产生活基本条件一体化

基础设施建设是城乡一体化的基础环节和重要内容。鄂州市积极构建城乡统一的基础设施体系，把农村基础设施建设纳入公共财政范围，取得了良好的效果。一是加强城乡交通网络建设。构建对接武汉城市圈周边城市的交通网络体系，形成以中心城区为主轴，区、乡（镇）、村相互通达的区域交通“半小时经济圈”。提升农村主干路建设标准，在基本实现村村通水泥路的基础上，将硬化道路向大的自然垮和产业基地

延伸。2009年，市财政投入资金2000万元建设10个特色镇，投入2400万元建设中心村，主要用于以道路交通为主的基础设施建设。二是加强城乡公用设施建设。搞好统一布局规划，建设公用设施，完善服务功能。加大农业生产基地的电网建设和村庄路灯建设，做好安全饮水工程，加快推进电话、电视、宽带三网融合和基站延伸，积极推进城市天然气管道向城乡接合部村庄延伸，加大沼气池的建设力度。2009年市政府承诺的为民“十件实事”中，公用设施建设有四个方面。筹资4000万元，解决80个村10万人饮用自来水问题；筹资3060万元，建设大中型沼气工程4处，建成农村户用沼气池8000口；筹资1318万元，建设农村村级卫生室36个、乡镇卫生院5所、社区卫生服务中心2处；筹资2800万元，按规划布局完成22所农村初中寄宿制学校建设。三是加强农村生态保护和农业生产基础设施建设。现已启动梁子湖流域生态修复工程，开展洋澜湖、花马湖、三山湖水网整治和生态修复。开展农村绿化工程建设，开展“清洁乡村、美化家园”活动，改造排涝泵站，发展农业机械化，建设农产品质量安全检测监测系统、病虫害和动物疫病监测防治系统。鄂州市委主要负责同志介绍说，城乡基础设施统筹建设是鄂州城乡一体化的一个重要着力点和主要突破口，这些年农村基础设施欠账太多了，政府应该“一往情深，倾力投入”来还债，通过重点开展“六网”建设，“六网打尽，无缝覆盖”，农民生产生活条件上了一个新台阶。

（四）统筹社会事业发展，推进城乡公共服务一体化

公共服务与公平正义紧密关联，“比太阳更要有光辉”。鄂州市按照推进公共服务均等化的要求，加快农村公共事业建设步伐，让公共财政的阳光普照农村大地。一是建立城乡一体的公共财政制度。调整和优化财政支出结构，扩大公共财政覆盖农村范围，确保财政支农投入总量和比重逐年增加，建立健全促进城乡基本公共服务均等化的政府投入机制。2009年对区乡镇财力补助4171万元，安排城乡经济一体化建设资

金24973万元，城乡基础设施一体化建设资金106808万元，城乡社会发展一体化资金3082万元，社会保障一体化资金12814万元。二是推进城乡教育均衡发展。着力调整农村教育布局和结构，促进农村小学及幼儿教育向乡（镇）和农村中心村集中，初中向乡镇集中，高中向市、区政府所在地集中。计划用5年左右时间，重点建设103所规范化的中小学，逐步将全市农村中小学由现有的284所调整为103所。加大投入力度，改善农村办学条件，加快建设22所农村寄宿制学校，对布局调整的重点中学进行标准化建设。建立全市教师合理流动机制。大力发展职业教育，完善职业教育助学机制。三是大力发展农村卫生事业。合理配置城乡医疗卫生资源，推进城市医疗卫生资源向农村延伸。提高公共医疗服务水平，完善医疗保障制度。深入推进新型农村合作医疗制度，提高农民“参合率”。建立完善卫生服务网络，计划安排3年内完成市中心医院、中医医院、妇幼保健院、二医院、市精神病医院改扩建工程。正在建设3个区的社区卫生服务中心和4个街道的社区卫生服务站，完成新一轮乡镇卫生院三项建设和所有村卫生室建设。四是繁荣城乡文化体育事业。建设三国吴都博物馆、综合体育馆、图书馆、体育职业艺术学校等城市文体设施。仅博物馆的投资就是1亿元。以乡镇为依托，以村为重点，以农户为对象，建设“乡有站、村有室、组有户”的文化网络，增强先进文化对农村的辐射力。计划到2011年，建成各区综合文化馆，维修改造和新建20个乡镇综合文化站，实现农民体育健身工程全覆盖。

（五）统筹公共管理体制机制，推进城乡社会管理一体化

社会管理一体化涉及城乡一体化最根本的制度改革。鄂州市在户籍管理制度、社会保障制度等方面积极改革，为推进城乡社会管理一体化作出了可喜的探索。一是建立城乡无差别的新型户籍管理制度。改革户籍二元结构，实行城乡一体的新型户籍管理制度。以居住地登记户口，以合法固定住所和稳定职业为基本入户条件，实行法治化、证件化、信息化管理。将流动人口纳入整个社会服务和管理体系。二是建立城乡

一体的社会保险体系。建立个人缴费、集体补助、政府补贴相结合的农村养老保险筹资机制，加强城乡养老保险制度衔接，建立适应劳动力在城际、城乡间流动的养老保险关系转移绿色通道。梁子湖区2万名60岁以上老人自今年1月开始享受每月55元的基础养老金。按照统一经办机构、统一服务流程、统一政策体系、统一网络平台的要求，稳步推进城镇职工医疗保险、城镇居民医疗保险、新型农村合作医疗保险、医疗救助“四网合一”，居民参保不分城乡，不按身份，不设门槛，逐步实现可衔接、可选择、可转换。全市医疗保险覆盖人数达99.13万人，综合参保率93%，居全省领先水平。落实农民工参加工伤保险“平安计划”，落实失业人员保险待遇，完善生育保险政策，扩大参保范围。完善经济适用住房和廉租房制度。全面启动非公有制企业建立住房公积金制度，帮助农村特困家庭改造危房、新建住房，解决城乡低收入家庭住房困难。三是建立城乡一体的社会救助体系。完善城乡低收入群众救助办法，将城市低收入群众救助制度延伸到农村，并统一救助标准。完善城乡一体的医疗救助制度，加强医疗救助制度与医疗保险制度的衔接，逐步扩大救助范围，提高救助标准。大力加强福利院建设，建立城乡一体的“三无”对象集中供养制度。

（六）统筹要素流通体系，推进城乡市场体系一体化

市场流通体系建设在城乡一体化建设中像血液一样重要。鄂州市积极采取有力、有效措施，大力推动生产要素在城乡之间自由流动。一是完善城乡流通体系。一批设施先进、功能完善、交易规范的鲜活农产品二级批发市场正在建设，初步形成了以物流中心为核心，以二级批发市场为辐射点，以集贸市场、连锁超市便民店为基础，布局合理、辐射力强的农产品流通体系。投资6.5亿元建设的蟠龙市场被商务部核准为“双百市场”工程项目。二是培育市场流通主体。引导和鼓励农民发展各类农产品流通合作组织、协会，发展运销大户和农民经纪人队伍。武汉中百、中商百货在鄂州农村开设了60多个直营店、加盟店。武昌鱼

集团等10多家企业与家乐福、武商、中商等大型商贸企业建立了稳定的合作关系。三是推进城乡要素流动。大力培育和发展物流配送、便民超市等新型流通业态，推进零售业城乡连锁化。鼓励外地和本市的大中型商贸流通企业到农村发展综合性服务网点，建设和改造农资农家店。

（七）统筹党组织和党员队伍建设，推进城乡基层党建一体化

统筹城乡，关键在党。鄂州市积极加强基层组织和党员队伍建设，为统筹城乡协调发展提供了坚强保障。一是统筹推进城乡基层组织建设。创新组织设置模式，健全城乡基层组织网络，实现城乡基层党组织动态延伸和全方位覆盖。在全市开展“组织联建、队伍联带、活动联办、服务联动、保障联体，创建统筹城乡党建工作新格局”（简称“五联一创”）活动。按照“一主三新十特百新村（新社区）”的城乡空间布局一体化要求，合理调整基层党组织设置，以106个中心村（新社区）和43个城镇新社区为重点。依托龙头企业、行业协会和农业板块，建立“产业型”党组织。加强城乡基层组织阵地建设，实现村级组织活动场所向组级延伸、向社区延伸。建立城乡党建经费保障机制，健全稳定农村基层干部队伍的激励保障机制和相应的社会保障制度。扎实开展城乡组织结对共建活动，全面提升城乡基层党组织建设水平。二是统筹加强城乡党员队伍建设。实施城乡党员干部“素质提升工程”，计划3年内将全市党员干部普遍轮训一遍。完善流动党员“双联双管”制度，建立健全流动党员信息库，构建城乡一体的党员动态管理机制。配置城乡干部人才资源，扎实开展选聘高校毕业生到村任职工作，大力实施“一村（居）一名大学生”计划和“乡土人才”工程。设立全市党内帮扶基金，对城乡特困党员实施跟踪式帮扶救助。2009年11月，在郑州召开的街道社区党建工作经验交流会上，鄂州市推进社区活动场所建设、搭建服务党员群众综合平台的经验，得到时任中共中央政治局委员、中央书记处书记、中组部部长的充分肯定。

二、鄂州城乡一体化试点初见成效

通过全面实施城乡一体化战略，鄂州先行先试的改革初见成效，长期存在的城乡二元经济结构和公共政策的差异开始走向一体，经济发展提速，经济结构优化，城乡差别缩小。2009年，鄂州实现地区生产总值313.6亿元，比上年增长15.2%，增幅居武汉城市圈第一位；地方一般预算收入连续三年保持20%以上增幅；农民人均纯收入增速连续两年快于城镇居民人均可支配收入增速，城乡居民收入比由2007年的2.47缩小为2009年的2.35。

（一）主体产业基本形成，发展后劲明显增强

一是新型工业化稳步推进。鄂州因工而建、因工而立、因工而兴。2009年，鄂州市工业化率已达49%，位居全省第一；工业就业人口达到16万人，占总就业人口的25.5%。鄂州在巩固发展壮大传统产业的同时，突破性发展电子信息、生物医药等新兴产业，工业发展由冶金一业独大向多业并举转变，逐步形成与城市功能区定位相适应的产业集群和产业体系，在未来区域竞争中形成了自己的特色和优势。近年来新引进了比克电池、宝业、华中科技、嘉吉烯王等一批大企业，逐步形成冶金、能源、建材、电子信息、生物医药、新材料、石化深加工、装备制造、纺织服装、农产品加工十大产业集群。二是现代农业加快发展，形成畜禽、水产、蔬菜、林果四大支柱产业和休闲农业、体验农业。畜禽规模化养殖率为59.7%，位居全省前列；连续三年被农业部评为全国生猪调出大市，被省农业厅评为畜牧业标准化先进市。水产板块已发展到60万亩，其中“吨鱼塘”精养鱼池面积达到23.7万亩；2009年水产品人均占有量296千克，渔民人均纯收入9417元，连续多年位居全省第一。蔬菜、林果等优质农产品集中连片发展，特色农产品加工业不断发展壮大。三是现代服务业加快发展。围绕“一都两湖”，形成了三国吴都文化游、梁子湖休闲度假游、红莲湖运动健身游等精品旅游线路。社

区服务业、房地产业加速发展。2009年现代服务业实现增加值68.22亿元，同比增长10.2%。鄂州市市长陶宏同志高兴地介绍说：鄂州现代工业、现代农业和现代服务业互相促进的产业体系正在形成。这种城乡一体化现代产业形态是鄂州经济社会发展强大的生命力，它让鄂州充满活力，充满魅力，充满持续发展的后劲和潜力。

（二）农民向城镇转移加速，城镇化步伐加快

在“一主三新十特百新村（新社区）”规划的引导下，鄂州的工业向园区集中，土地向规模经营集中，农村人口向城镇集中，农民居住向中心村（新社区）集中，城镇化步伐明显加快。2009年，鄂州城镇化率已达57%，在全省排第二位，呈现全方位推进的态势。城市发展摆脱对主城区的单纯依赖，由一城带动向多城带动转变。主城区加快提升城市功能，巩固政治、经济、文化中心的龙头地位，建成面积达到40平方千米，常住人口40万人左右；葛华新城、红莲湖新城、梧桐湖新区与武汉对接，成为带动西部、南部区域发展的龙头；花湖新城与黄石相融，成为带动东部发展的龙头。三座新城摆脱了过去对区行政中心的依赖，根据经济流向和发展潜力重新规划、布局、定位，成为鄂州加快发展的重要支撑，也正在成为鄂东城市群发展最快的增长极。一批特色镇迅速崛起，带动辐射作用明显增强。在市、区、乡三级财政的强力支持下，特色镇拉开骨架，改善基础设施，完善服务功能，建设产业园和农民创业园，打造各具特色的工业强镇、旅游名镇，成为本区域农民进城务工居住的载体、龙头企业连接农民和基地的桥梁，辐射带动能力大大增强。譬如，燕矶镇被誉为“中国金刚石刀具第一镇”，碧石渡镇被誉为“楚天建材明星镇”，梁子镇是著名的水产品加工基地。中心村（新社区）建设还带来土地资源和公共设施建设成本的节约。据规划、国土部门测算，106个中心村（新社区）建成后，可节约耕地5.1万亩，相当于一个乡镇的面积，人均耕地可由现在的0.69亩提高到0.73亩。拆迁户向中心村（新社区）集中安置还避免了因规划的短期性造成的农民二次

甚至三次拆迁，有利于降低社会成本，有利于密切干群关系，有利于鄂州长远发展。

（三）农民生产生活条件明显改善，村容村貌焕然一新

通过推进农村路网、供排水网、电网、通信网、供气网及农村新社区“1+8”综合服务中心建设，农民的生产生活条件大大改善，农民享受到与城里人一样公共设施和服务。实现了交通网络全覆盖，村村通了水泥公路，硬化道路向大的自然垮和产业基地延伸；公交车开进了小村庄，95%的行政村通了客车。实现了供水网络的全覆盖，85%以上的农民喝上了城里来的自来水。城镇供气、供电等公用设施向农村延伸。主城区和新城区管道燃气使用率达到92%，乡镇用气率超过50%，农村沼气入户率在30%以上。在农村新社区，农民不出社区就能享受卫生医疗、就业培训、文化娱乐等公共服务。农村生态保护得到加强，农业生产基础设施不断完善。完成重点堤防及病险水库整险加固工程、国土整理和低丘岗地开发工程，重点水系得到整治，重点区域生态得到修复。长港河道开始呈现出河畅、水清、岸绿、坡稳、景美的水生态自然风光。以一建（建沼气）、三改（改水、改厕、改圈）、四清（清垃圾、清路障、清渠道、清庭院）、五通（通路、通水、通电、通信、通宽带）为主要内容的村庄整治，改变了村容村貌，改善了人居环境。调研中我们深切感受到：鄂州城乡基础设施近年来确实有很大改善，城市比过去漂亮多了，印象中早些年的鄂州是个“光灰城”，现在马路宽阔，楼台别致，公园幽静，是个“宜居城”。农村面貌也发生了根本性变化，路变平了，河变宽了，树变多了，水变清了，房变高了，村变美了，生产生活条件变得比过去好多了。大家都说，乡村调查如同乡村旅游。

（四）农村社会事业加快发展，城乡公共服务均等化水平显著提升

通过深化改革、创新体制机制，农村的教育、卫生、文化、体育、

社会保障等事业全面发展，向城乡居民提供的公共服务逐步实现均等化。附加在户籍管理上的歧视性政策和不合理限制规定基本消除。农村办学条件得到明显改善，基本形成义务教育均衡化、高中教育普及化、职业教育多元化、成人教育终身化的现代国民教育体系。城乡医疗卫生资源得到合理配置，形成覆盖城乡的公共卫生服务体系。城乡文体设施更加完备，并对城乡居民开放。在全省率先完成乡镇综合文化站改造、农家书屋建设，“乡有站、村有室、组有户”的文化网络基本形成，农民体育健身工程开始向自然塆和社区延伸。启动新型农村社会养老保险工作，城乡养老保险制度实现无缝对接，适应劳动力需求的养老保险关系在城际、城乡间自由转移。城镇职工医疗保险、城镇居民医疗保险、新型农村合作医疗、医疗救助实现“四网合一”。有了医保“撑腰”，农民敢看病，看得起病，一改过去“小病拖着，大病扛着，得了绝症就等着（死）”的“不敢看病”状况，现在“有病‘岔’到去看”，基本实现“病有所医”。城市低收入群众社会救助制度向农村延伸，城乡实行统一救助标准。城区符合集中供养的“三无”对象全部纳入城市福利中心供养，乡镇符合供养条件的全部纳入乡镇福利院集中供养。城乡统一的劳务用工、子女入学等政策更加完善。城乡劳动者社会保障实现全覆盖。调研座谈会上，横山村支书罗修安用一首顺口溜表达了农民的心声：“种田不要税，读书免了费，看病不大贵，老了还装个保险带（养老保险），农村政策确实好，农民感谢党关怀。”

（五）农村精神文明建设得到加强，民主管理不断推进

新的农村社区居住模式打破了以家族、宗族为特点的传统居住格局，从源头上减少了邻里矛盾、家族矛盾，为建设“乡风文明”的社会主义新农村创造了条件。一批农村新社区和自然村塆积极开展“文明新村”“和谐农家”等创建活动，提升了村民素质，树立了文明新风尚。庙岭镇某社区制定居民文明守则，倡导科学、文明、健康的生活方式，倡导崇尚科学、尊老爱幼、邻里和睦、勤劳致富、扶贫济困的社会风

尚；成立文体协会、腰鼓队、篮球队等文体队伍，利用文化活动中心、文化广场等阵地开展读书周、书画展、听楚剧、扭秧歌、篮球赛等文体活动；举办文明楼栋、五好文明家庭、好婆媳、好妯娌、好邻里、美德少年等精神文明创建评比和“居民文明素质教育培训班”活动，居民的文明意识和水平不断提升。新庙镇英山村被省文明办评为全省十个文明新村典型之一。一些新社区以村务公开、村民自治为基本要求，建立新型乡村治理机制，提高了民主管理水平。新社区建立以党支部为核心、以居民代表大会为民主决策机构、以“一事一议”为决策方式、以居民委员会为执行机构的社区自治管理体系；由村民代表选举产生理事会、监事会成员，负责对社区各项事务的管理和监督，推进了社区的民主化管理。

（六）农村基层组织建设进一步夯实，党在农村的执政地位进一步巩固

全市普遍推行了“两委”议事决策制度和党风廉政建设制度，健全和落实发展党员“两票一公示”、党员“设岗承诺”、流动党员“双联双管”、党员“三评”制度，大力实施“领头雁工程”、“人才工程”和“一村（居）一名大学生工程”，为加快推进城乡一体化奠定干部基础，提供人才支撑。城乡一体化试点让乡镇干部找到了“三农”工作的抓手和为老百姓办事的最好舞台。新村（社区）建设、均衡城乡公共服务、国土整理和农业基础设施建设让农民得到了实惠，干群关系得以改善，基层组织的凝聚力和战斗力得以提高。

鄂州城乡一体化试点虽然时间不长，但变化很大，农民的感受最真切，也最权威。有老百姓总结了这么几句话：“通过城乡一体化建设，产业火起来了，口袋鼓起来了，村庄亮起来了，新风树起来了，服务实起来了，农村与城市条件差不多，当农民同当市民一样牛！”

三、鄂州城乡一体化试点基本经验

鄂州城乡一体化试点之所以进展顺利、初见成效，从根本上讲，是省委、省政府正确决策、加强领导，省直有关部门积极参与、鼎力支持，鄂州市统筹谋划、强力推进的结果。一年多的实践有力证明，统筹城乡发展，是继家庭联产承包制之后一场深刻的革命。从试点工作本身来讲，有许多经验值得推广。

（一）突破传统的二元发展模式，坚持“统筹城乡、以城带乡”的根本方针

统筹城乡发展，实现城乡一体化，是破解农业、农村、农民工作难题的根本出路，是推动城乡生产要素优化组合、促进城乡协调发展的根本举措，是缩小城乡差别、实现城乡共同繁荣的根本途径。这是科学发展的第一条根本方法，是我国整体跨入“以工促农、以城带乡”阶段建设新农村的全新理念，它突破了长期形成的城乡二元体制的束缚，摆脱了传统的就“三农”抓“三农”的固有思维，将农村建设置于城乡大系统中来谋划，将农业发展置于工农大系统中来推进，将农民问题置于社会大系统中来思考，以城乡规划、产业布局、基础设施、公共服务、社会管理、市场体系“六个一体化”为推进路径，既能促进公共资源在城乡之间均衡配置，又能促进生产要素在城乡之间自由流动，农村的发展因此增添动力，城市的发展因此增添后劲，城乡发展的“加法效应”（甚至“减法效应”）变成了“乘法效应”。毛泽东同志打过这样一个比方，过河首先要解决“桥”和“船”的问题。统筹城乡发展，实现城乡一体化，就是建设社会主义新农村的“必经之桥”和“必乘之船”。

鄂州城乡一体化实践，实现了革命性的转变。一是在总体思路上突破二元结构，坚持城乡统筹。坚持以科学发展观为指导，用统筹理念促进城乡资源、生产要素的优化配置和互动融合，用城市理念改造农村，

用居民理念转化农民；以体制机制创新为突破口，大胆破除城乡二元结构，不断缩小城乡差别，率先在全省实现城乡一体化。鄂州城乡一体化既不单纯是新农村建设，又不单纯是新型城镇化，更不单纯是新型工业化，而是新形势下推动区域发展的新理念、培育新的竞争优势的新战略、搭建科学发展平台的新举措。二是在重大体制上突破二元结构，坚持城乡统筹。制定城乡规划、产业发展、基础设施建设、公共服务、社会保障、市场体系建设和党的基层组织建设七个一体化文件，改变长期以来城乡分割的政策差异，实现城乡在政策保障上平等、产业发展上互补、国民待遇上一致。三是在发展路径上突破二元结构，坚持城乡统筹。坚持以城镇化带动城乡一体化。城镇化是城乡一体化的引擎，鄂州提出“1311”四位一体的空间布局就是着力发展城镇化，带动新农村建设，并且是变过去一城带动为多城带动，变过去中等城市带动为中小城镇和农村社区多极带动。坚持以工业化推动城镇化和农业产业化。无工不兴，兴工既兴城又兴农，工业化既是城镇化的马达，又是农业产业化的动力。鄂州一方面大力发展高新科技型工业企业，促进主城新城的发展壮大；另一方面积极发展农产品加工业，发展生态环保型企业，形成农业产业化龙头，带动农村产业发展、群众致富。坚持以新农村建设促进城镇化、工业化发展。从长远看，鄂州在国家耕地总量平衡的刚性约束下，土地资源不足、发展腹地不够是最大的隐忧和软肋。为此，鄂州在注重城区、开发区土地资源集约、节约利用的同时，统筹城乡发展推进迁村腾地和中心村、中心社区建设，为城镇化和工业化发展提供后备土地资源。与此同步，通过加大农村基础设施建设和促进公共服务均衡发展，提高农村投资回报率和农业产出率，吸引更多城市资本流向农村，解决新农村建设严重投入不足的难题。

（二）突破传统的城乡规划模式，坚持“全域鄂州”整体布局

规划是龙头和先导，规划是品牌和形象，规划是生产力，科学的规划是实现城乡一体化的灵魂。统筹城乡发展，必须首先统筹城乡规

划；城乡一体化，第一位的工作应该是城乡规划一体化。以“全域鄂州”的规划理念统筹城乡空间布局，是鄂州城乡一体化试点“亮点纷呈”中的“第一颗星”。有这样一个例子让我们比较清晰地看到从过去“城乡各自规划”到现在“全域鄂州规划”的突破：前些年鄂州市在主城区“超前规划”建了一个自来水厂，设计供水能力是30万吨，但主城区实际需要只有12万吨，而主城区的周围农村，却苦于没有能力普遍建水厂，只能做“小打小闹”的“穷规划”。老百姓说：“城乡两张图，隔着一堵墙；有水流不动，无法去共享！”现在鄂州安全用水统筹规划，全市筹资1.42亿元，将主城区自来水公司和各区自来水厂供水管网向农村延伸，24个乡镇（街道）有23个连通了自来水主管网，52万农村人口喝上了与城市同质同价的自来水。那个“超前规划”的自来水厂真正起到了“水龙头”作用，18万吨的闲置生产能力得到“尽情发挥”。这就是全域规划带来的资源平等配置所产生的“神奇效应”！

分析“全域鄂州”规划理念，其内涵就是建立统筹城乡发展的城乡规划机制，统筹土地利用和城乡规划，合理安排市县域城镇建设、农田保护、产业聚集、村落分布、生态涵养等空间布局，使政府站在城乡经济全局的视角来有效配置城乡要素资源，实现“城市乡村共繁荣，农民市民同发展”。其实质就是打破传统的城乡分割规划的格局，把城市和农村“统起来规划”，把一、二、三产业，经济、政治、文化社会生态和党建“统起来规划”，形成“二元一体”“三业一体”“六位一体”的规划格局。其核心价值是对城乡一体化的两大根本性标志“公共资源的均衡配置、生产要素的自由流动”，起着十分重要的引领作用和调控作用。

“全域鄂州”规划成功地做到了“四个改变”“三个实现”。“四个改变”：一是改变过去城乡分割规划为城乡统筹规划；二是改变过去区域分割规划为区域联动规划；三是改变过去产业分割规划为产业协调规划；四是改变过去注重按行政层级编制规划为按经济流向和发展潜力编制规划。“三个实现”：一是实现地理区位与经济区位匹配。鄂州城乡一体化的“城”不仅仅局限于鄂城，还包括黄州、黄石，特别是武汉。借助“试点”所形成的倒逼机制，可以打通鄂州城乡与周边城市的“界限”，密切城际之间的联系，达到区域生产要素为我所用的目的。二是实现行政格局与开发格局兼容。鄂州城乡一体化试点以破解“二元”体制为改革的核心，打破现有的行政区划，按照“三区三城”六大功能区的城市架构，构建与之相匹配的“市级政府、功能区、街道办事处三级管理”的体制，不断推动行政管理扁平化、行政职能配置合理化。城乡一体化以迁村腾地为关键措施，能极大缓解城市发展过程中的要素制约矛盾。三是实现一方水土与一方产业和谐。鄂州是“百湖之市”，是武汉城市圈的重要生态屏障，梁子湖处于武汉、鄂州、黄石这一经济、人口最为密集的区域，对缓解经济密集区高速发展给生态带来的影响，形成城市圈基本生态框架和生态调节功能，具有不可替代的作用。鄂州把环境和产业有机结合，把保护与发展有机结合，实现可持续发展。

（三）突破传统的就农业谋划农业模式，坚持发展城乡融合的现代产业

产业一体化是城乡一体化的基础和依托，是统筹城乡发展的重要内容。它不仅是产业融合趋势的需要，也是改变城乡二元结构的突破口，还是优化产业结构的重要途径。城乡融合的现代产业在新型工业化、新型城市化和城乡一体化进程中起着巨大的推动作用。

鄂州市按照省政府主体功能区规划和武汉城市圈产业分工安排，大力推进特色优势产业发展，加快形成互融互补的城乡一体产业发展格局。一是树立城乡产业联动发展的理念。摒弃传统的城乡产业“划江而治”、三次产业“各自为战”、农业产业“孤军奋战”的分割观念和做法，发掘城乡产业之间的“姻缘关系”，发展三次产业之间的“血脉联系”，以现代工业理念提升农业产业化水平，以特色农业的发展促进二、三产业的升级，以现代服务业的发展推动三次产业的融合，形成三次产业相

互促进、城乡产业联动发展的格局，促进农业发展、农村进步和农民增收，增强城乡经济社会发展的活力。二是完善城乡产业一体化布局。按照省政府主体功能区规划、武汉城市圈产业分工安排和本地产业互融互补的需要，进一步调整和优化城乡产业布局。引导特色优势产业重点向主城区、开发区、三座新城和特色镇聚集。主城区以沿江物流、生态空间布局为重心，大力发展现代服务业；城东新区、鄂州经济开发区、葛华科技新城、红莲湖旅游新城、花湖工贸新城和梁子岛生态旅游区六个地区各自有自己的产业定位。比如，城东新区重点发展现代港口物流园和金刚石工具制造业，而红莲湖旅游新城重点发展健身休闲旅游业和商住房地产业、大力发展商贸物流业。十个特色镇做精做特产业园区，着力打造产业突出、特色明显的工业重镇、商贸强镇、旅游名镇。其他乡镇利用自身条件，发展特色优势产业。农村地区依托资源特点，发展壮大水产、畜牧、蔬菜、林果四大支柱产业，建设一批农业特色板块，加快农业产业化经营，发展现代农业。三是突出城乡产业发展的重点。在统筹城乡产业发展过程中，重点推进优势工业和高新技术产业集群式发展，重点发展现代农业，重点发展生产和生活性服务业，重点推进节能减排。

（四）突破传统的计划分配模式，坚持城乡基础设施建设一体化和公共服务均等化

坚持城乡基础设施建设一体化和公共服务均等化，是统筹城乡经济社会发展的两大着力点，是促进城乡共同繁荣的关键，是提高农民国民待遇的保障。传统的计划分配模式实际上是城市偏向模式，公共财政向城市倾斜，生产要素向城市聚集，导致城乡差距越来越大，以致出现“城市像欧洲，农村像非洲”的现象，这种城乡差别突出表现在基础设施和公共服务上。统筹城乡必须从“基础”做起，必须着力推进城乡基本公共服务均等化。

鄂州市特别注重基础设施建设和公共服务“两手抓”。一是政府资

源向农村倾斜，加大农村基础设施建设。主要着力点放在三个方面：第一，着力加强交通建设和村庄整治；第二，着力改善农民生产生活条件；第三，着力解决农民切身利益问题。全市重点推进农村路网、电网、供排水网、广播电视电话互联网、供气网和市场网“六网”工程建设。二是公共服务向农村倾斜，推进城乡公共服务均等化。主要体现在“十项改革”和“八个全覆盖”上，市委、市政府颁发了《均衡城乡公共服务推进城乡一体化的意见》，进行了户籍管理、就业、教育、医疗等十个重点领域和关键环节的改革，实现了城乡一体的供水、交通、医保、社会救助、文化体育、低保、社会保险、就业服务八个方面的全覆盖。三是目标定位向农村倾斜，实现城乡“两个基本一致”。努力做到城乡资源配置的基本一致。在基础设施建设和公共事业上，合理配置城乡资源，让农民与市民同享公共财政的阳光。努力做到城乡公共服务标准和水平基本一致。均等化的目的是保障城乡居民都享有一定标准之上的基本公共服务，实质是“底线一致”，但基本公共服务均等化不是一样化，是在承认城乡现实差别的前提下，尽可能使城乡居民享受水平均衡的基本公共服务。鄂州市坚持城乡居民享受养老保险的标准一致，享受低保的标准一致，享受医疗保险的标准一致，享受城乡就业服务标准一致，同时努力实现城乡公共教育的均衡发展、城乡公共卫生事业的均衡发展、城乡公共文化体育事业的均衡发展。

比较完善的基础设施和比较完备的公共服务，让农民在不离土、不离乡、不离业的情况下，实现向“居民”的转变，生活质量和幸福指数大大提高。在鄂州，已经出现了“非转农”的“城乡倒流”可喜现象。一部分早些年通过多种途径从村里走出去转成了市民的干部职工，现在竟想方设法要求再转回来成为村民。这种“城乡倒流”现象“流”出一个算式，那就是“鄂州村居≥都市城居”，“＝”指的就是基础设施改善了和公共服务配套了，“软”的、“硬”的与城市差不多了；“＞”指的是“两好一低”，即乡村比城市风景好、空气好，房价低。

（五）突破传统的城镇化建设模式，坚持发展中小城镇和农村新型社区

“三农”问题核心是农民问题，农民问题核心是收入问题，收入问题核心是就业问题。从一定意义上讲，就业矛盾核心是城镇化滞后。城镇化的主要目的是实现农村人口向城市转移，逐步优化城乡人口结构，为建设现代农业、发展农村经济、增加农民收入创造必要的环境条件。而传统的城市化发展道路，不仅没有很好地考虑农业、农村和农民的发展问题，反而以牺牲“三农”利益为代价。其结果是，城市化发展到一定程度后出现了多方面的瓶颈，导致农村问题更加突出。城乡一体化提出了一个全新的城镇化发展理念，那就是统筹城乡发展，把城镇化的推进和新农村建设紧密结合起来，实现城乡一体化发展。

鄂州市正在走一条“具有鄂州特色的城镇化道路”。一是在整体部署上坚持把城镇化和新农村建设结合起来。用统筹城乡、实现城乡一体化的科学思想来指导新型城镇化发展道路，“1311”的全域鄂州规划，既是全域鄂州城镇化规划，也可以当成全域鄂州新农村建设规划，准确地说，是把城镇化发展和新农村建设有机结合起来的发展规划。所以，时任湖北省委书记评价说：“一旦‘1311’的布局实现了，不仅鄂州市的新农村建设提高到很高的水平，而且还探索出了一条符合我国农村实际、具有鄂州特色的城镇化建设道路。”二是在战略措施上坚持把城镇化和武汉城市圈发展结合起来。从大都会发展的观念来讲，鄂州就是武汉的一部分，而且是处于核心层。所以鄂州提出的“两个率先”战略目标中有一个就是率先融入武汉城市圈，率先融入必须率先对接，鄂州的城镇化是放在武汉城市圈这个战略层面上来谋划的。这是鄂州城镇化的又一特色，更是鄂州城镇化的巨大优势和战略举措。鄂州的三座新城已经打造成了对接武汉、黄石的三座桥头堡，开始发挥重要的前沿阵地作用。葛店和红莲湖，一个创业基地、一个休闲场所，与武汉东湖高新区形成了“三城对接”态势；花湖与黄石已经联结并形成产业与人居功能

的良性互补，这三座新城不仅成为鄂州城镇化和鄂州经济社会发展的增长极，也是武汉城市圈中最具发展潜力和活力的板块。三是在重点要求上坚持把发展中小城镇和建设农村新社区结合起来。鄂州城镇化发展是两轮驱动，一轮是大力发展中小城镇，一轮是着力建设农村新社区。通过发展中心城镇扩大劳动就业，增加农民收入，吸引农民进城居住，从而带动农村新型社区发展；通过建设农村新社区节约土地，提高劳动力素质，提高土地产出率，提高产业发展水平，解决中小城镇发展的一些制约因素。鄂州通过新社区建设能够节约5万多亩土地，这将是未来鄂州城镇化发展和工业化发展的最大空间、最大资源、最大本钱。

鄂州农村新社区建设是就地转移农民、提升农业、美化农村的一大创举。它既是城镇化特别是小城镇建设的一个“末级完善”，又是新农村建设的一个“模式发明”，具有特别的理论研究价值和实际推广价值。它通过迁村腾地，推动土地向规模集中；通过产业布局调整，引导加工、流通、储运设施建设逐步向优势突出和特色鲜明的产业带聚集；通过改造旧村和建设新村，引导农民向社区集中；通过加大基础设施建设，改善老百姓的生产生活条件；通过实现公共服务的均等化，提高农民的国民待遇。按照“全域鄂州”规划，按照新农村建设“五句话”要求，鄂州市将全市320多个行政村、1780个自然村塆打造成106个新社区。主要采取“六种模式”：规划引导模式、迁村腾地模式、项目拆迁模式、城中村改造模式、产业培育模式、环境整治模式。坚持“五个统一”：统一整村规划、统一产业布局、统一基础设施、统一公共服务、统一建筑风格。产业发展上实行“四个转变”：单干向专业合作转变，分散向规模经营转变，传统种植向现代种养加转变，增产向增效增收转变。村庄建设上实行“三个结合”：改造老村和建设新村结合，政府引导和市场运作结合，群众主体和社会支持结合。资源利用上做到“三个整合”：整合部门力量，整合各路资金，整合政策优势。建筑风格上提供“六种样式”：徽式、欧式、中式、别墅式、复式、其他式。选择一个样式，集合成一个群落。每个新村设立“1+8”综合服务中心。“1”

是指村（社区）党支部、村委会和农民经济组织综合办公场所；“8”是指便民服务中心、维稳站、文体活动中心、劳动就业培训中心、卫生服务站、计划生育服务站、农村党员群众电教中心、村级综合服务社，为农民群众提供基本公共服务。建设过程中着力解决“四大难题”：钱从哪里来、人往哪里去、房在哪里建、地往哪里调。坚守“四条底线”：不加重群众负担，不增加村级债务，不损毁基本农田，不破坏生态环境。这种新社区，应该说还是农村，但住进去的老百姓都说，跟城市差不多，甚至比城市还好，农民感觉非常满意。调研座谈会上，桐山社区支部书记柯中新说：“我们已经在新社区‘就地转身’了，不想再往大中城市‘长途转移’了！”

（六）突破传统的行政管理模式，坚持体制机制创新

二元结构的主要症结在体制机制上，它是统筹城乡发展的主要制约因素。推进城乡一体化，关键是要破除造成城乡分割的各种体制障碍，形成有效促进城乡协调发展的体制机制，这是试点工作的重点和难点，也是试点工作的核心。城乡一体化要求我们建立城乡统一的基本制度，包括建立城乡统一或城乡相互衔接的公共财政制度、财产制度、土地制度、户籍制度、劳动就业制度、福利保障制度、教育制度、财税金融制度，等等。除基本制度创新外，领导体制、工作机制和保障措施等方面的创新也是非常重要、不可或缺的。

鄂州市充分利用先行先试权，加大改革力度，突破传统的二元计划体制和行政管理模式，从体制机制上进行创新。一是根本制度上创新。按照统筹城乡、实现城乡一体化的指导思想和“以城带乡、以工促农”的根本方针，出台了《关于统筹城乡发展推进城乡一体化的决定》《城乡一体化三年行动方案》，以及《关于均衡城乡公共服务的意见》，编制了社会保障、社会救助、供水、交通、文化体育、教育、金融服务、市场建设8个城乡一体化改革试点方案。这是城乡一体化试点最具本质意义的制度创新。具有经典开拓价值的是以鄂州市委、市政府下发的《关

于均衡城乡公共服务的意见》(鄂州干部群众把它简称"30条")。这份文件值得全省各地认真学习研究、借鉴参考。这里面包括"十大改革"。比方说户籍制度改革,这个"顽固堡垒"攻下来了,城乡一体化便有"豁然开朗"的境界。鄂州一地不可能攻下这个"大碉堡",但他们勇敢探索的精神、务实求是的态度及地域性、阶段性的成果都是十分可贵的。二是保障制度上的创新。加强党的领导是做好农村一切工作的根本保障。一方面,加强和创新对试点工作的领导。市委、市政府成立了高规格的推进城乡一体化工作领导小组,由市委书记、市长任组长;组建市统筹城乡发展办公室加强对推进城乡一体化工作的督促检查;建立健全新农村建设和城乡一体化政绩考核体系,市区领导带头挂点28个城乡一体化示范村;与35家省直部门建立"厅市共建"合作机制;市直机关抽调1000多名机关干部进驻中心村开展"结对共建"工作。另一方面,加强和创新农村基层组织建设。在全市开展了"五联一创"活动。按照"一主三新十特百新村(新社区)"的城乡空间布局一体化要求,以106个中心村(新社区)和43个城镇新社区为重点,合理调整基层党组织设置。依托龙头企业、行业协会和农业板块,建立"产业型"党组织。最有特色的地方是在农村新社区建立"1+8"的管理和服务模式,这一模式以党组织为核心、村民自治组织为主体、经济组织为支撑,理事会联手监事会进行社会管理和服务。这一模式突出了基层党组织的领导作用,发挥了基层民主作用,明确了经济支撑作用,并且把三者有机结合起来,是新时期农村基层组织建设的一大创举。三是在操作层面上创新。全市统一出台了城乡一体化资金管理、农村新区规划建设管理、国土整理管理3个管理办法,着力探索解决资金投入、劳动力转移、土地流转等一些实际问题,并且从制度层面上加以推进和规范。比方说新村建设资金投入问题,探索了资源整合建新村、政策引导建新村、民间投入建新村、部门帮扶建新村、乡情回报建新村等多种模式。体制机制创新激发了城乡一体化活力,促进了农村经济社会发展,提高了农民国民待遇,缩小了城乡差别。农民兄弟对此有最直率、最朴实的表达,横台社区老百姓家家门前挂着一串红灯笼，上面写着同一副对联：“红红火火新生活，幸福感谢共产党！”

四、加快推进全省城乡一体化几点建议

鄂州市城乡一体化试点正按照“一年重点突破，三年明显变化，五年大变化”的既定目标奋力推进。试点开展的时间不长，工作中遇到了一些体制机制、政策导向、资金投入等方面的困难和问题，主要包括：如何解决好破除城乡二元体制机制的问题，如何解决好土地流转、节约和利用的问题，如何解决好农村产权制度改革的问题，如何解决好推进城镇化过程中政策导向问题，如何解决好建设资金哪里来问题，等等。需要进一步在大胆探索中有效破解，也需要上上下下结合起来研究解决。总结鄂州试点经验，思考如何加快推进全省城乡一体化进程，我们提几点建议。

（一）强化认识

统筹城乡发展、促进城乡一体化是党中央提出的重大战略部署，是贯彻落实科学发展观、转变经济发展方式的重要内容。当前，城乡发展不平衡，居民收入差距较大，要素配置不均衡，公共服务不均等，二元结构矛盾突出，已成为制约科学发展的突出问题。大力推进城乡一体化是解决这些问题的根本途径。各级党委和政府应当充分认识推进城乡一体化的重大意义，将它摆在贯彻落实科学发展观、转变经济发展方式的重要位置，纳入重要议事日程。

（二）制定规划

推进城乡一体化，离不开科学规划。有了科学的规划，就能够突破时空、地域和产业限制，从更大范围更高层次来谋篇布局，从宏观大局中把握局部发展的各种优势和特色，确定正确的发展思路；有了科学的规划，就能够从战略高度坚持正确的发展方向和目标一以贯之，体现可持续发展的内在要求，同时又能够对近期改革和发展的重点内容进行

具体安排、有效突破。统筹城乡发展是国家今后一个时期的重要发展战略，城乡一体化是统筹城乡发展的终极目标。有鉴于此，要把促进城乡一体化作为重点内容纳入湖北省“十二五”规划之中，着手制定促进湖北省城乡一体化发展的具体实施纲要。要在发展路径、体制机制、工作思路上大胆创新，对全省逐步推进城乡一体化进行统一规划，有效指导。

（三）扩大试点

省委、省政府把鄂州确定为全省城乡一体化试点城市，旨在通过在鄂州先行先试，为全省统筹城乡发展和区域发展积累经验、探索新路。鄂州城乡一体化试点经验是完全可以推广的。各地应当学习和借鉴鄂州的经验，选择城镇化水平较高、工业基础较好、有一定区位优势的地方积极开展试点，为进一步推进城乡一体化探索路子。目前，武汉市汉南区、荆门市东宝区等地已经开始了城乡一体化试点，取了很好成效，积累了经验。省里应对这些试点地区在资金上给予奖励和支持，在政策上给予倾斜，以激发各地开展试点的积极性。

（四）制定政策

要下大力破除城乡二元体制的障碍，鼓励试点地区大胆创新，先行先试。一是学习借鉴成渝地区的成功经验，启动农村产权制度改革。可以首先在城乡一体化试点地区开展以为农民承包地、宅基地、房屋确权、登记和颁证，建立农村产权交易机构为核心内容的产权制度改革，建立归属清晰、权责明确、保护严格、流转顺畅的现代农村产权制度。通过市场之手，充分发挥市场配置资源的基础性作用，让农民手中的“死”资产变成“活”资本，使农民成为真正的市场主体，使农村的生产要素自由流动起来。二是适应新情况新变化，制定农村土地合理流转、节约使用的相关政策。在推进新农村建设和城乡一体化过程中，土地问题已经成为农民关注的热点、影响农村社会稳定的焦点、推进城乡一体化的难点。农村土地问题之所以复杂，其根源在于产权不明晰。要在农村产权制度改革的基础上，按照公平交易、保护耕地、节约用地、维护农民的合法权益、合理补偿的原则，调整、完善农村土地政策。三是突破现行政策，为试点地区创新体制机制创造条件。鄂州试点出台了一系列方案和办法，有的在实施过程中遇到了一些阻力，主要是与国家、省里的大政策不能“对接”，省里应当责成相关部门研究此类问题，制定相应的政策措施，配合试点地区建立城乡一体化的新体制、新机制。垂直管理部门要配合试点地区开展城乡一体化工作，及时调整过去城乡二元的工作思路和方法，形成城乡一体的管理模式。

（五）加大投入

资金投入问题是城乡一体化向纵深推进的“瓶颈”。破解资金难题需要多方面入手，创新机制和办法，充分调动各方参与的积极性。一是借鉴仙洪试验区整合项目资金、集中投入建设的发展经验。仙洪试验区采取“性质不变、渠道不乱、统筹规划、集中使用、各负其责、各记其功”的办法，把土地整理、通村公路、水利建设、血防工程、“一建三改”等项目资金捆绑起来使用，充分发挥项目资金的整合聚集效应。基层的同志形象地喻之为“各炒一盘菜，共办一桌席”。这条经验是仙洪试验区建设的一个突出亮点，在城乡一体化试点中可以充分借鉴使用。二是先行垫付“迁村腾地”项目补偿资金。通过“迁村腾地”建新社区节约出来土地还耕后可以获得国家的资金补偿，这是鄂州市推动农村新社区建设的重要资金来源。但这个项目实施周期比较长，需要迁村腾地完成、土地还耕后国家才下拨补偿款。建议省里出台政策，通过银行贷款、财政贴息的方式，先行垫付“迁村腾地”启动资金，待国家补偿资金到位后再归还银行贷款，以鼓励试点地区加快“迁村腾地”项目实施进程。三是吸引金融资本和社会资本投入。关键是通过农村产权制度改革，使农村生产要素自由流动，吸引金融和社会各类资本积极投入农村新社区建设和产业发展中。四是引导农民投入。农村新社区建设是节约土地资源、公共基础设施向农村延伸、城乡公共服务均等化的重要载体，是改善农村生产生活条件，提高农民生活质量和水平的重大举措。但由于资金投入量大，一定程度存在“上热下冷”的现象，农民群众的积极性发挥不够。要通过规划带动、示范引导和政策激励，充分发挥农民的主体作用，调动农民向新社区聚集的积极性。农民群众的积极性调动起来了，推进城乡一体化过程中的很多难题都可以“迎刃而解”。

调研组成员：吕东升、夏航、梅学书、张世华、郑黎明、张爱剑、余爱民、孙瑜、徐建军、宋歌

【重要链接】 为贯彻落实党的十九大作出的重大决策部署，2019年4月15日，中共中央、国务院颁发关于建立健全城乡融合发展体制机制和政策体系的意见。主要内容包括总体要求、建立健全有利于城乡要素合理配置的体制机制、建立健全有利于城乡基本公共服务普惠共享的体制机制、建立健全有利于城乡基础设施一体化发展的体制机制、建立健全有利于乡村经济多元化发展的体制机制、建立健全有利于农民收入持续增长的体制机制、组织保障等7个部分36条。党的二十届三中全会决定：“完善城乡融合发展体制机制。”

（来源：新华社北京2019年5月5日、2024年7月21日电）

【点评】

这篇总结专项经验的调研报告内容深入翔实，结构全面完整，坚持城乡“区域统筹规划”和“六个突破、六个坚持”的基本经验，具有很强的前瞻性、指导性，是一份重要的理论成果。该报告为贯彻落实党的二十届三中全会精神、深化研究，奠定了良好的基础。

阅鉴12

用奋斗的青春托起明天的太阳

——全国文明单位、湖北省省直机关第三幼儿园解读

吕东升

（2022年7月17日）

【导读】这是应学校征文而自定文体写的“典型推介”类调研报告。荆楚网首发后，“学习强国”学习平台、光明网等中央媒体均发表，阅读量近500万。一位年近八旬、长期分管幼教事业的专家型领导欣然点赞：“这是一篇现代幼教学的序言，这是一份用青春托起明天太阳的最佳美篇，这是一篇永远写在‘省三幼’历史上的光辉文献，这是一位学者对幼教事业的倾注，这是一片理论与实际完美结合的精神家园，这是一篇长者对后来人的寄语。”2022年8月23日教育部发文，将“迎接党的二十大，培根铸魂育新人”作为我国第38个教师节的主题，其中关键词“培根铸魂”与本报告第一个标题中心词不谋而合（见图8）。

如何写好这篇文稿，谨向读者交流5点体会。

第一，要用好“懂”这个大爱。写任何对象，第一位的是要“懂”他，懂他才能热爱他，热爱他才能催生执着的、坚韧不拔的写作能量。欣悉这位党委书记、园长袁芒同志执教30年，“视幼儿为‘江山’、为幼教事业而生”的热度和境界；刚入职两年的小老师腹腔肿瘤增大到7厘米都不舍离开工作岗位；看了“道德讲堂”上“孩子，我们真是有缘：我的职业选在三幼，而你的人生在这里起航！你幸福，因为有新的希望；我幸福，因为有爱的守望”，“虽然站在讲台上慢慢老去，我依旧喜欢和孩子们一起；阳光洒满你们的笑脸，幸福映在我的心里”这段师爱誓言；

机构 新闻 公开 服务 互动 文献

迎接党的二十大，培根铸魂育新人

教育部部署庆祝2022年教师节工作

2022-08-24 来源：《中国教育报》 ☆收藏

本报北京8月23日讯（记者 林焕新）2022年9月10日是我国第38个教师节，也是党的十八大以来第10个教师节。今年教师节的主题是“迎接党的二十大，培根铸魂育新人”。近日，教育部发布《关于做好庆祝2022年教师节有关工作的通知》。

《通知》明确，教育部将会同中央有关部门和媒体举办“教育这十年”教师主题新闻发布会，开展教育系统“时代楷模”选树宣传活动、全国教书育人楷模推选活动、“闪亮的名字——2022最美教师”大型公益活动（9月9日晚播出）、教师节主题“感人瞬间”微视频展播、全国优秀特岗教师事迹宣讲活动、乡村优秀青年教师奖励宣传活动、“为教师亮灯”公益活动、新时代教师新形象线上宣传活动、《中国基础教育》创刊系列活动等。各地各校要围绕主题，结合本地实际，认真组织开展系列宣传庆祝活动。

光明地方 difang.gmw.cn

用奋斗的青春托起明天的太阳——全国文明单位、湖北省省直机关第三幼儿园解读

来源：荆楚网
2022-07-17 12:38

湖北省省直机关第三幼儿园大门

园的风骚？为什么能斩获“全国文明单位”的殊荣？其成功密码和基本经验究竟在哪里？弄清楚、回答好这些问题，对于社会层面广泛认知省三幼，对于更好地发挥其示范引领效应、推动党的幼教事业发展，均具有重要的意义。

一、培根铸魂：牢牢传承红色基因

有言道，“孩子是从小看到大”。幼儿教育是一张白纸，处在启蒙阶段，扣好“人生的第一颗扣子”至关重要。省三幼党委书记“园长妈妈”袁芒同志讲：“幼儿教育就是培根，就是施以甘露。树高叶茂系从根发，幼苗不正难以参天！”这个认识颇具哲理、精辟

图8　我国第38个教师节主题关键词“培根铸魂”
与本报告第一个标题中心词不谋而合

再看看自1955年创园以来收获的600余项集体荣誉、2020年斩获国字号综合大奖“全国文明单位”的殊荣，实现了“永久红”，怎么能不感人肺腑、产生崇敬？！这种“懂”的大爱驱使，是写好本文的前提。

第二，为什么用“解读”这种文体。笔者的学习经历是从“中文”（20世纪70年代读师范、当教师）、“经济学”（恢复高考上大学）到“法学”（1998年攻读政治学博士学位）的，自然对“文体”有过研究。写此对象究竟用什么文体，笔者反复琢磨过：先考虑用“纯调研报告”，但缺乏鲜活性——PASS！也考虑过用“纯新闻”，笔者不是记者身份不说，且新闻看似热闹但写不出应有的深度——同样PASS！鉴于该园是全国文明单位，在业内久负盛名，而在社会层面鲜为人知，或至少是关注、了解不够，所以笔者选用了“解读”的文体。“解读”一般用于解读会议、文件精神，用于解读全国文明单位和党的幼教事业也未尝不可。

第三，选用“第一人称”。“第一人称”同“第二人称”“第三人称”相比，它是一种更为直接的表达方式，所叙述的都像是亲身经历的或者是亲眼看到的、亲耳听到的，谈的都是自己的感受，使文稿更具说服力、

真实性、亲切感，可以拉近与读者的距离，使语言不僵硬、更生动。

第四，用“通讯”文体“嫁接”公文。在“后理论”和“新媒体”时代，公文（含调研报告）如何摆脱“骨化”、板着面孔，是一大难题。而通讯具有严格的真实性、完整性、文学性、评论性和形象性等特征，也可谓是其独有的。真实性，是其基本前提；完整性，就是相对全面、系统地阐述事物，容量比新闻、消息大；文学性，即可以描写、抒情、对话，或使用比喻、拟人等修辞手法，具有一定的文学色彩；评论性，即运用夹叙夹议的方法对人或事作出直接的评论，表达自己的感情与思想倾向；形象性，即通过多侧面、多方式来反映人物和事件，表现力和感染力强。把这“五性”融入调研报告，文风就自然鲜活。

第五，在学习研究上下深功夫。作为写“解读”稿的作者，在对写作、解读对象的认知上与读者相比，应该是“一桶水”与“一碗水”的关系。譬如，如何慧眼识珠，从平凡中认知其伟大？如何把复杂问题抽象化、把众多的经验系统化，使作品有温度、深度、厚度，让读者能“读一文而知先进典型之全貌”、乐学好学易学？这绝不是一般化的调查了解、摸摸情况就能解决问题的，要在研究、吃透其经验基础上，用哲学语言表达，就是从“内化”“升华”上下苦功夫。说心里话，本文的难点不在“写”，而在“谋”，就是谋划布局。

在武昌区水果湖东三路张家湾小区内，有一所隶属省机关事务管理局管理的“红墙航母型”公办园——湖北省省直机关第三幼儿园（以下简称“省三幼”），园大门上端镶嵌着曾被毛泽东同志赞誉为“我们的作家和才子”[①]的湖北省老领导李尔重“托起明天的太阳”的题词。省三幼

① 引自刘天昌、王颖：《被毛主席誉为“我们的作家和才子”的李尔重，七次陪伴毛主席畅游长江》，《党史博览》2021年7月27日。李尔重同志1913年1月生于河北丰润，1932年加入中国共产党，曾先后任中共中央中南局常委、宣传部长，中共陕西省委常务书记，中共河北省委书记兼省长，中共湖北省顾问委员会副主任。著有《李尔重文集》共20卷1000万字，长篇小说《新战争与和平》（480万字）曾获全国图书二等奖。

创办于1955年，自1996年起被授予“第一批湖北省示范幼儿园”的称号，有着首批荣获并蝉联17届“省级文明单位”、连续8届获评“省级最佳文明单位”、2020年斩获国字号综合大奖“全国文明单位”的殊荣。这样一所名园，在业内久负盛名。

实话说，我的家与省三幼只是“一墙之隔”，由于在职时长期干的是以文辅政、经常“熬夜”的工作，对其无暇顾及、知之甚少。退休后经常享受接送小孙子上幼儿园的天伦之乐，加之主题教育、党史学习教育期间应邀去那里作讲座报告，听取园领导介绍和实地参观考察，使我逐步读懂了省三幼。哲人有言，“懂”是一种大爱，大爱必将产生大能量。省三幼为什么能行稳致远、独领迄今26年全省示范幼儿园的风骚？为什么能斩获“全国文明单位”的殊荣？其成功密码和基本经验究竟在哪里？弄清楚、回答好这些问题，对在社会层面广泛认知省三幼，对更好地发挥其示范引领效应、推动党的幼教事业发展，均具有重要的意义。

一、培根铸魂：牢牢传承红色基因

有言道，“孩子是从小看到大”。幼儿是一张白纸，处在启蒙阶段，扣好“人生的第一颗扣子”至关重要。省三幼党委书记、“园长妈妈”袁芒同志讲：“幼儿教育就是培根，就是施以甘露。树高叶茂系从根发，幼苗不正难以参天！”这个认识颇具哲理、精辟到位。他们以培中华民族之根、育具有中国心的现代儿童为最高使命。

走进省三幼校园，满园“红色”映入眼帘，那万里长城升旗台、植被式中国地图、二十四节气娃、互动式的社会主义核心价值观教育（见图9），让孩子们在环境浸润中根植中国心。

尤其是四项“雷打不动”的红色集体活动，抓得有声有色，甚是感佩。一是每学期的“团结起来，爱我中华”开学第一课雷打不动。二是每季度的“讲述英雄故事”“送你一朵小白花”，让幼儿们崇敬英雄雷打不动。三是每月一次的红歌串联唱党史系列活动雷打不动。四是每周一

图9　省三幼儿童奔向广场参加升旗仪式

次的“童心向党”娃娃听党史升旗活动雷打不动。通过这四项活动，培育幼儿崇敬英雄、“团结起来，爱我中华”的中国情。丝毫没有夸张地说，在那朝霞满天的早晨，每当听到幼儿园小朋友们伴乐合唱着“五星红旗迎风飘扬，胜利歌声多么响亮；歌唱我们亲爱的祖国，从今走向繁荣富强……”和“五十六个星座五十六枝花，五十六族兄弟姐妹是一家；五十六种语言汇成一句话：爱我中华、爱我中华、爱我中华……”的嘹亮红歌时，即使自己在潜心研究问题或写作，思绪也很快融入小朋友的合唱里，收获的是激情、自豪和欣慰。《歌唱祖国》《爱我中华》的经常伴乐合唱，在天真可爱的幼儿心灵中种下了“童心向党、爱我中华”的幼芽！此外，省三幼长期坚持用好传承创新非遗文化“娃娃莲香”、水墨画、二十四节气和中国武术这“四大抓手”，在“玩”中潜移默化培育幼儿的红色之根。

“红”是培根之本、铸魂之本，是幼儿教育一项带根本性的奠基工程，关乎党和国家的未来。此举，实为省三幼的第一密码。

二、恪守“保纯真童心、育健全人格”办园理念

理念，是对目标、原则、方法的认定和追求，也是指导思想和基本遵循。步入省三幼，你会发现正大门上端和园内城堡楼顶部这两个显著位置，镶嵌着灿烂夺目的园徽——三个憨态可掬而又灵动飞舞的“三宝”世界娃，园徽下面铭刻着“保纯真童心、育健全人格”的办园理念。园徽与办园理念图文并茂、形理互补，贯穿省三幼文化的全景。他们把贯彻落实这个办园理念作为“中心工作”“第一要务”来抓，从“精细保育、专业教育”“双向发力”，让“三宝”世界娃灵动飞舞起来。

一向发力是坚守“幼儿第一、爱心至上”的园训，“野蛮其体魄”。用袁芒同志的话讲：希望省三幼的男孩阳刚绅士、女孩阳光淑雅。三幼人将精细保育做到极致：根据育儿生长需要和季度变化精心设计饮食结构，后疫期及时调整膳食结构，增加蛋白质牛肉、鹌鹑蛋等；建立六大特殊儿童专案管理；持续十年推进“爱护小五官”行动，2022年三幼娃“九眼位”亮眼操全市推广，回应了习近平总书记牵挂的“小眼镜”问题，等等。我发现几乎每天放学时，小孙子的背上都隔着汗巾。后来才知道“保育细节”入微，幼儿户外活动结束进入教室后，保育老师要帮助每个孩子擦干汗并换成干衣后才开空调，以保证幼儿对温度过渡的适应。有一次，小孙子神秘地告诉我们，有天中午午睡，他没睡着，睁眼一看，老师这个时候才吃盒饭，而且经常如此。小家伙观察到这些细微之处，应该是心灵有所触动吧！还有一次放学回家一进门就对他奶奶说：“袁妈和老帅像妈妈一样爱我们！”

另一向发力是坚守“生活启蒙游戏激趣”的课程理念，“文明其精神”，让幼儿在“玩”中释放天性、自由生长。省三幼把“游戏精神”作为课程建设的灵魂，立足中心城区幼儿视角，探索了十年的“室内外游戏一体化”模式，倡导在自由精神生长下“有教养自由”的游戏品质，让幼儿启智润心、健康成长。我看了几张三幼娃游戏的视频图片，孩子们从平面塑形到立体造型、从单一材料的运用到多种材料的组合、从简

单场景到多元化场景（包括搭建神舟飞船发射基地），其设计思维、规划能力、空间感水平都是超出想象的。

天道酬勤，有辛苦的付出必有良好的回报。总结小孙子三年的入园学习，他从当年稚嫩的幼儿成长为“善观察、乐交往、会表现”的帅小伙，令人欣慰。具体而言：（1）阳光健康，积极向上；（2）热爱老师，把师者的话当“圣旨”，布置的任务及时完成；（3）热爱幼儿园，每天入园像快乐的小鸟飞奔而去；（4）善于团结同学，关心同学；（5）性格专注，认真执着；（6）水墨画画得好，有些我都做了收藏；（7）拼积木、摆变形金刚模型，思维敏捷，应变自如，那是我望尘莫及的；（8）跳舞姿态优美，可笑可爱；（9）在家用餐“光盘行动”做得好，懂得不能浪费；（10）穿衣、穿鞋、戴口罩勤动手，自己的事自己做；（11）特别注意卫生，不随便吃零食；（12）有较强的安全防护意识。上述12个方面，我与其他家长曾聊过，他们觉得自家的孩子变化也很大，有同感。应该说，这是对省三幼办园理念最好的诠释。

最近，我看了三幼“道德讲堂”一段感人肺腑、催人泪下的师爱誓言：“孩子，我们真是有缘：我的职业选在三幼，而你的人生在这里起航！你幸福，因为有新的希望；我幸福，因为有爱的守望。”“虽然站在讲台上慢慢老去，我依旧喜欢和孩子们一起；阳光洒满你们的笑脸，幸福映在我的心里。”又看了孩子们在毕业季的一段视频自述：“三年前，我来到这里。感谢敬爱的老师，给我无穷的知识，陪伴我长大……”三年时间，孩子们发生如此大的变化、取得这么快的进步，直接原因和真谛在哪？师者和育儿的双向心声道出一个答案——师者爱的奉献！

三、追求卓越、锐意创新：插上腾飞翅膀

创新是兴旺发达的不竭动力，“惟创新者进、惟创新者强、惟创新者胜”，这是被实践证明了的铁的真理。省三幼之所以能长期独领风骚、行稳致远，追求卓越与锐意创新的结合也是一条重要经验。

创新之一：以标准化推进园所治理能力现代化

2020年，省三幼开创全国幼教传统文化标准化建设的先河，《幼儿园传统文化教育活动指南》获省级地方标准创新项目。2021年，《幼儿园内部管理》《幼儿园安全标识使用指南》，先后立项国家级标准化试点项目和省级地方标准项目，树立幼教标准化建设行业标杆，将省三幼管理制度固化、简化、优化，不断提高“航母型”三幼的治理效能。

创新之二：推进信息化建设，让孩子们从容地迎接未来

作为中国教育技术协会中小学专业委员会学前常务理事，袁芒同志引领学前教育信息技术化发展，提出打造数字环境、数字教学、数字服务于一体的“智慧三幼”，将最好的信息化理念奉献给孩子，让他们从容地成为未来的主人。2019年，省三幼作为幼教唯一代表获评“湖北省中小学数字校园试点学校”。在2020年这一特别的战疫年，三幼人信息化技术创建的疫情网校架起了家园亲子沟通的空中桥梁，成为全国第一个教育单位搭建的防疫专题云平台，完成了特殊时期线上传师爱的师者使命，发挥了省级示范园在战疫年的示范辐射作用。

创新之三：研发“教学、保教”教材，形成幼教示范乘数效应

与基础教育不同，幼儿教育处在启蒙阶段，国家对此并无统一教材。2017年，袁芒同志荣任第一届湖北省“学前教育”学科指导委员会主任委员，她根据省三幼在多年实践中探索的成功经验，加以系统化、规范化，主持专业指导委员会研制出台《湖北省幼儿园教育教学指南》，2019年研发了具有湖北学前教育特色的《湖北省幼儿园保教工作实施指导意见》。这两部教材的印制发行，不仅成为本园一线老师实践操作的蓝本，更重要的是推动了全省乃至全国学前教育专业的发展，使其由自我探索到有章可鉴。如前所述，她在全省首届“幼儿园课题建设”论坛中应邀作的《“室内外游戏一体化”十年思与行》主题报告，为全国幼教人在课程研究上提供了有益借鉴，论坛直播人气火爆，阅读量达到170万人次，点赞突破20万。

我还有一点深切感受：谁都知道，在后疫情时代，疫情防控与经济社会发展是统筹兼顾的一大难点。对于幼儿聚集、具有1000多名师生的校园来说，很容易产生“蝴蝶效应”①，即一只蝴蝶翅膀的扇动（这里指一个幼儿或家长“患疫”或“密接”），就会引起一场龙卷风——一个班级甚至全园停课。这种家长和学校最不愿发生的事例在全国各地时有发生。然而，省三幼坚持底线思维、精心部署、指挥若定、沉着应对。这种严的作风、铁的管理，换来了三幼人的安危无恙，一个大规模的红墙校园，仍呈现出一派勃勃生机。如是说，这来之不易、实在不易！

四、坚持党建统领，催生“（1+3）＝5”动力效应

恩格斯在《论权威》中指出，一个乐队须有一位总指挥。一所学校也不例外。文明三幼的底色是红色。“三幼红”之所以实现“永久红”，加强党的领导和党的建设是根本保证。用数据将其内在逻辑关系形象表述，就是催生了“（1+3）＝5”的动力效应。

“一个极核”：矢志不渝加强党的建设

三幼共有305名教职工，最引以为豪的是有一支119人组成的党员队伍。在省机关事务管理局党组的坚强领导下，全省优秀共产党员、省三幼党委书记袁芒同志致力红色引领，多年来持之以恒地用好并打响“书记大讲堂”“道德大讲堂”“主题党日活动（专题党课）”三张名片。仅2020年以来，她就组织党委中心组学习30余次、举办书记讲堂30余次、带领集中学习百余次。2020年11月，袁芒同志原创党课微视频《在思政课堂中讲述“红色三幼”》获省直机关工委“书记开讲啦”评比第

① 《混沌学》术语，指在一个动力系统中，初始条件下微小的变化能带动整个系统巨大的连锁反应。

三名。继2015年保教一支部获省直工委首批红旗党支部之后，红旗二支部、红旗后勤支部与其争相斗艳、交相辉映，让三幼以“一个红”带动“一片红”。

图10　2020年10月，园党委书记袁芒同志
在作《全面从严治党“加减乘除”》党课报告

“三个带动”：党建产生强辐射

一是“党建带妇建”。从性别上讲，“红色娘子军”是三幼教职工的主力。抓党建既是抓妇建的主体，同时又独立开展许多适合“巾帼英雄”特点的建设，不断做优这支主力队伍。二是“党建带团建”。三个红旗党支部采取党团联手等方式，举办青年沙龙、联谊活动，启迪62位共青团员青春力量的觉醒。一位刚入职两年的年轻老师，腹腔肿瘤增大到7厘米都不舍离开工作岗位，制订出15项术前工作计划清单，每完成一项就用红笔标注一项，她说：“一定要在手术前把这些工作全部出色地完成！”青年教师自发谱写园歌《三幼之歌》。三是“党建带园建”。一方面，坚持党对园建工作的绝对领导，把握方向、精准决策、建设队

伍。另一方面，紧紧依靠、充分发挥共产党员在省三幼建设中的先锋模范作用。

“一核”“三带”产生物理、化学效应，催生巨大的恒能量：党建催生使命力。向往是金色的梦，有梦才有远方，追梦才能成功；“思想有多远，就能走多远”。这些经典之言蕴含着深刻的哲理。读过几份表彰材料，袁芒同志视幼儿为“江山”“为幼教事业而生”，这些传递着她对幼儿教育的热爱。正是这个崇高的思想境界和使命驱使，她咬定青山、义无反顾、矢志不渝，她30年坚守、30年耕耘，在幼教专业道路上逐光而行、燃烧梦想。正是这个使命的驱使，带动了省三幼党委“一班人”和“一园人”。

党建催生原动力。爱默生有句名言，“热爱是事业成功的大门”；激情是吹动帆船的风，没有风船就不能行驶。在党的事业中，积极主动地干与消极被动地干、追求卓越地干与勉强应付地干、快乐愉悦地干与苦其心志地干，结果迥然不同。走进省三幼，你会深切地感受到：教职工对事业的热爱、执着几乎到了忘我的程度，这里是激情燃烧的精神家园，他们对幼教事业的“爱”已化作永恒的激情，在熊熊燃烧幼教事业这束希望之火。

党建催生凝聚力。“海纳百川，有容乃大。”发展之路是兼容。透过省三幼“三维层次”：（1）党委核心领导层内部，由于“班长”亲和力强，班子团结和谐。6月11日凌晨2时许，“一班人”在集体挑灯夜战加班却其乐融融，这种团结的氛围是非常可贵的。（2）教师、保育、后勤三个层级之间，分工不同、互相尊重、密切配合。（3）今年“迎七一”主题党日活动期间，现任班子与离退休的党员代表合影时满面春风、相敬如宾。可以看到整个单位精诚团结，同频共振，高度契合。

党建催生战斗力。省三幼党委把落实力、执行力作为履行初心使命的重大载体来抓，党委书记干练果断、务实求真，以“抓铁有痕、踏石留印”的精神抓落实。党委的重大决策一经确定，便全力以赴、克难奋进、所向披靡、凡干必成。看了两份材料，十分感人：第一例是省三幼一支平均年龄50多岁的党员小分队，每年都带着娃娃们的淘宝节义卖款，奔赴贫困山区，将1000多名三幼娃的爱心实实在在传递给大山的孩子。第二例是在援疆号令中，30多名老师报名出征，7名热血青年“以青春之名，立鸿鹄之志”主动请愿，其中两名50多岁的教师满怀幼教梦想启航，开启省三幼援疆里程碑式的横向拓展新纪元。这是一个战斗的集体，在这里没有攻克不了的“上甘岭”“摩天岭”。

党建催生坚韧力。毛泽东同志曾经说过，一个人做一件好事并不难，难的是一辈子做好事。省三幼自1955年创办以来，之所以能够收获600余项集体荣誉，实现“永久红”，近5年还树立全国幼教标准化建设行业标杆，靠的是使命初心的追求、驱使，他们把传承与创新结合起来，拿好接力棒，一茬接着一茬干。哲人有言，一个永远朝着自己目标前进的人，整个世界都给他让路。不言而喻，这也是“三幼红”的一项真谛。

（本文应省三幼征文而作）

【点评】

作者将通讯文体的写法引入、嫁接“典型推介”类的调研报告，而且采用“第一人称”，使作品客观、具体、鲜活、生动、可读性强，达到推介典型、讴歌党的幼教事业之目的。磨刀不误砍柴工。为了写好此稿，作者深入研究该园的经验及幼教事业发展规律，在“内化”“升华”上下苦功夫，从而实现“懂”的大爱，其精神也是值得读者学习的。

考察调研类

阅鉴13

社会主义市场经济的成功实践

——广东省经济社会发展的考察报告

吕东升

（1992年6月28日）

【导读】本文是笔者1992年5月在湖北省政府研究室任处长期间，参加华中师范大学湖北省县市长培训班学习后，自己选题赴广东考察撰写的报告，发表于《改革纵横》第2期。该文鲜明地提出了“以人为本”的观点。1994年1月获“湖北省政府系统优秀调研成果”一等奖。

这篇考察报告是“轻骑兵”“小钢炮”。从撰写、起草的角度来讲，主要交流以下几个方面：第一，自选考察题目，干自己下决心干的事。这也是邓小平同志1992年南方谈话把计划和市场从社会制度属性中剥离出来之后，笔者研究社会主义市场经济的“处女作”。第二，切入点富有个性且鲜活、典型。譬如：第一部分捕捉了某份材料中的“爆炸性的经济繁荣”这句话做标题。第二部分用自己考察以后的深切感受“‘放’是广东的‘第一真经’”做标题，且把广东做法经验归纳为“七放”，呈现其显著特点，揭示其发展快的根本原因。第三，在第三部分“实践的启示”第四条，结合实际、深入思考，鲜明地提出了“坚持‘以人为本’的原则，调动一切积极因素，这是经济振兴的重要保证”。“以人为本”的提出，前瞻性较强。

最近，笔者赴广东做了为期10天的社会考察，先后听取了广东省经济与社会发展的情况介绍，参观了珠江三角洲的部分企业，并同有关人员进行了座谈。通过这次活动，我们开阔了视野，吸取了经验，对振兴湖北经济形成了一些初步的看法，受到了较多的启示。

一、“爆炸性的经济繁荣”

党的十一届三中全会以前，广东作为南国的海防前哨，未得到中央的充分投资，其经济实力和工业基础远远落后于全国的平均水平。在改革开放中，广东人创造了惊人的“奇迹”。

——发展速度突飞猛进

整个20世纪80年代，广东省GDP增长了7.2倍，平均每年递增约20%。进入90年代，这里的经济更加显示出勃勃生机。1991年GDP增幅达21.5%，1992年1—3季度GDP增幅达22.4%。全省有望于1993年实现第二个翻番，珠江三角洲则有望翻四番。这较之“亚洲四小龙”在60年代起飞时的增速，亦是有过之而无不及的！

——经济实力显著增强

1991年，广东省GDP由1980年的443亿元增至3770.2亿元，居全国榜首，同期占全国的比重由5.4%上升到9.2%；出口创汇达136.6亿美元，占全国的1/4，已经连续6年居全国之“冠”；城乡居民存款突破1022亿元，居全国第2位。在经济大发展的同时，工业物质技术力量显著增强，1978—1991年，仅全民所有制工业累计完成固定资产投资超过800亿元；至1991年末，全省乡及乡以上独立核算工业企业固定资产原值比1978年增长近10倍。

——对国家的贡献殊大

广东继陆续摘取GDP、出口创汇总额“桂冠”以后，百尺竿头更进一步。1991年，实现省本级预算内财政收入108.2亿元，一跃成为全国财政收入的“首户”。其中，纯缴中央财政69.2亿元，仅次于上海。同期，中央在粤企事业单位直接上缴国家收入达100多亿元，比1979年增长20多倍，11年间累计上缴近700亿元。

——社会面貌焕然一新

伴随着经济的腾飞，城乡经济结构和人们相袭千年的传统观念出现了根本性的变革。目前，珠江三角洲的城市化水平超过50%，接近世界城市化平均水平。在这里，传统意义上的农民在消失，城市与农村难以分辨。过去，珠江三角洲是走后门进工厂，找窍门进城市。而今情况颠倒过来，农民不愿进城市、基层干部不愿上调、大批城里人往乡下走。仅顺德市，这些年不算从内地大城市迁入人口，单从澳门返回定居的就不下1000人。在宝安县，有近1100名已落了城市户口的居民正式向县长提出申请，强烈要求“非转农”。

更令人欣羡的是，各级基层党组织由于手中有“米”，威信越来越高、凝聚力越来越强，镇党委书记、村党支部书记，说话算数，能做到一呼百应，令行禁止。

广东的繁荣兴盛，为我国改革开放立下了汗马功劳，显示出社会主义市场经济有着光明的前途。

二、“放”是广东的“第一真经”

广东经济的发展，除了得益于某些外在条件，从根本上说，就是他们能动地实现了外因条件的“内化”，从指导思想到实际工作，始终坚持一个“放”字，放出了千万个发展商品经济的积极性。概括起来有“七放”。

（一）解放思想，实事求是

广东人的真本事，首先在于能够从自己的实际出发，坚定不移地、创造性地贯彻党的路线和方针。用他们自己的话说，对上级文件或指示精神，脑袋“进笼子”（全听），而屁股和身子不进，敢于灵活变通。一是根据自己的省情实际（侨乡，但原材料和科技人才短缺），扬长避短，确立了外向市场经济的发展路子；二是在作风上求真务实，只干不说，多干少说，不参与争论，少惹麻烦；三是针对经济“转轨”时期秩序不规则又缺乏经验的实际，对各级领导班子成员宽严有度，触犯党纪国法的决不姑息，而对工作中的问题“一肩挑”，对非原则性问题不予追究，从而保证了稳定性与连续性。

（二）敢于放开价格，扩大市场调节

早在1980年，广东就放开了绝大部分农产品的价格，迄今95%的生活消费品和生产资料都是靠市场调节的。价格的及时调放，走出了扭曲价格的误区，使人们自觉地运用价值规律去指导经济工作，这既从根本上打破了经济“短缺”的局面，促进了工农业生产向优质、高效方向发展，又避免了结构性的“过剩”。以水产品、水果为例，目前全国各大城市中，广东的水产品品种最多、质量最好、价格最低，死鱼无人买；各种以前被称为“贡品”的珍贵水果，已经或正在形成大批量的生产能力。广东的价格补贴在全国是最少的，只有一点“明补”（粮食），没有“暗补”。

（三）放开投资市场，实行滚动发展

前些年，广东交通运输、能源、通信问题很大（仅以交通为例，珠江三角洲是河网地带，只有一两座桥，却有1000多个渡口），如果单靠国家投资建设，不知要等到何年何月。有鉴于此，他们在全国开创了“向市场要钱，负债建设，通过受益收费还本付息来‘以桥养桥，以路养路’”的先例。例如，广州大桥从市场筹资8000万元建成，之后每天过桥收费就不下15万元，不到两年就“回本”，以后的收费再用于别的建设。东莞市靠向市场筹集资金，实现了能源、交通、电信的初步现代化。仅市电话局一年营业额即达1.5亿元。据统计，1980—1991年广东

共完成的2058亿元的基本建设投资中，除15%是中央和省财政拿钱外，其他资金都是靠向市场筹集和收费“增值”的。投资建设市场化，不仅解决了传统计划经济体制下建设资金不足的矛盾，使基础设施建设不再成为政府财政支出的“无底洞”，而且实现了有投入有产出、滚动发展的资金利用良性循环。

（四）放权基层，“细胞分裂”

广东省委、省政府，在指导经济工作时有一种基本思路：就是尽可能地让更多的人和组织成为有自己独特责任和权限的主体，使其在瞬息万变的经济生活中，及时、主动、负责、有效地行动。他们的精彩和独特之处在于己之所求、均施于人，即对中央赋予的权力，都尽可能地往下放，放到地（市）、县（市）、乡（镇）乃至每一个基层组织。最典型的是在行政建制上，他们将原行政村全部“升格”为管理区，原1.9万多个村民小组便自然成为13.7万多个村。这种行政建制的“放”，就如同一种生命力极强的“细胞分裂”，将以往经济独立性极弱的自然村，“放”成了独立的经济发展主体，不到2万个积极性，变成了13万多个积极性。

（五）放活企业，重塑微观主体

广东的企业，大部分是地方国营、集体、乡镇、“三资”联户和私人企业。14年来，他们对这些企业实行“三放”：一是“放养”。国家不包销企业产品，不保证原材料供应，让企业在“圈”外“练摊”。二是“松绑”。按照“政企分开”的原则，改革工业管理体制（主要是改工业口各主管局为行业公司，其行政管理职能由经委统一行使），使其真正成为“四自”生产、经营者。三是“放水”。地方政府对企业采取“积极不干预”的参与方式，实行政策引导，创造环境、协调服务。正因为如此，企业增强了活力、提高了素质，在前两年许多地方为经济持续下滑而一筹莫展时，广东的经济却在稳步地“爬坡”。

（六）放活人才，“抢占”科技、产业制高点

在珠江三角洲，市县人事部门用人的标准不是传统的“论资排辈”，而是“论功行赏”。这就把一个人的最佳年华在最佳的时刻展现出来，将其能量最大限度地贡献给社会（用他们自己的话说，这是搞活经济相当核心的一条）。也正因为如此，1991年1月至10月，全国各大中城市就有2500多名科技人员、知识分子来顺德定居。由于广东人如饥似渴地招揽大量的人才，他们消除了结构“趋同”的劣势，遥遥领先地“抢占”了优势产业和产品，在经济舞台上站稳了脚跟，取得了主动。以“抢占”电子产品出口为例，目前广东电子工业有半数以上参与出口创汇，1991年出口创汇达5.8亿元，占全国同期电子产品创汇总额的42.4%。1992年6月，国家公布的全国机电产品出口额前100名企业中，广东就占了40家。不少省份尾随其发展电子行业，却始终未能取得“抢先发展”的优势地位。

（七）放开省门，大力发展外向型经济

广东凭借其紧靠国际市场、华侨港澳同胞众多的优势，以发展“三来一补”和“三资”企业为突破口，走以消化、积聚、拓展、巩固来发展社会生产力的路子。改革开放14年来，在利用外资、引进技术和对外贸易等方面取得了突破性进展。1991年，全省实际利用外资和外贸进出口总额，分别比1978年增长27.4倍和8.9倍；对外贸易的依存度达到了42.5%的高水平。外向型经济的发展，既提高了经济素质乃至参与国际市场的竞争能力，对国内外经济波动的抗冲击能力也得到了强化。这是广东经济能够保持持续、稳定发展势头的重要原因。

三、实践的启示

广东的发展，给人们诸多深刻的启示。我们认为，从湖北的实际来看，领悟和把握以下几点将是大有裨益的。

（一）坚持从实际出发、实事求是的思想路线，是地区经济振兴的前提条件

广东经济之所以发展很快，首要的是因为各级领导在思想、方法、作风上，坚持“不唯上，不唯书，只唯实”①，坚持对领导负责和对群众负责的一致性，敢于和善于把上级制定的政策、计划、规定及领导人的指示，同本地、本企业的实际情况紧密地结合起来，“照办不照搬”，创造性地开展领导工作，从而使自己的决策更加合乎客观实际。再一个是因为真抓实干。各级领导班子以实为首、以勤为乐、以廉为荣、以绩为准，言出必行、行必有果。

在我国，各地区乃至各县（市）、乡（镇）企业之间，其情况是千差万别的；在经济发展上没有统一的模式和现成的路子可走。坚持“唯实”，就在于找准本地、本企业的经济发展“位置”“路子”，并动态地加以调节，以求事半功倍；坚持“务实”，就是按照既定的思路扎扎实实地“干”下去，一步一个脚印。只有从思想路线上坚持“唯实”与“务实”的统一，经济发展才能收到好的效果。

（二）抓住契机，加快市场经济步伐，是实现经济振兴的根本途径

广东之所以能在全国独领风骚，说到底就是在发展市场经济上率先走出了一步。现在，各省市都在筹划自己的发展招数，我们应当主动创造条件，走“放活”而非“卡死”经济的路，而且早走早主动、越缓越被动。

鉴于湖北的实际及广东的经验，目前应当着手做好下列工作：（1）全面放开粮食市场，尽快地扭转农民种（田）不起、国家贷（款）不起、企业背（利息）不起、财政补（亏损）不起的被动局面。工业方面，除

① 《陈云文选》第三卷，人民出版社1995年版，第371页。

极少数关系国计民生的企业外，其他绝大多数企业的原材料、能源和产品都应全面推向市场，政府不再当“保姆”。（2）面向市场筹资，负债建设交通、能源、通信等基础设施，通过受益收费还本付息、滚动发展，实现建设资金利用的良性循环。（3）加快政府职能转变，使企业能真正自主经营，按照市场规则运作。（4）积极稳妥地实行股份制，进一步强化和完善目标管理责任制，像首钢那样，把公有制落实到人。

（三）面向市场，着力培植有竞争力的地方“拳头”产品和支柱产业，是经济振兴的主导环节

当今经济发展的增长极主要在工业，说到底要看有无打得响的“拳头”产品。在顺德，一个不到2100名职工的容声电冰箱厂（乡镇企业），去年的产值达10.2亿元，实现利税1.1亿元，其产品占领了全国40%的销售量。这个县级市的电饭煲、电风扇、微波炉的销售量，各占全国1/3左右。全国有40多家洗衣机企业，中山市威力洗衣机厂一家市场占有率即达20.4%。相比之下，湖北省地方“拳头”产品紧缺，以致在激烈的市场竞争中处于被动的受制于人的地位，经济难以实现优质高速的增长。

分析原因，主要是在一些地方和部门缺乏战略眼光和存在小农意识及分割体制。因此，各级政府及有关部门，一定要面向市场，树立“超前”意识（主要是考虑产品生命周期），从全国、全省经济发展的象限中找准自己工业发展的“坐标点”。坚决克服“大而全”“小而全”的思想，集中主要生产要素将重点保住。要以“拳头”产品厂家为“龙头”，按照“一统三分”（统一计划，分产值、分利润、分税收）的原则，组建跨地区、跨行业、跨所有制的企业集团，使之不断上规模、上档次、上水平。

与此同时，要进一步增强工农业生产的关联度，贴着农业办工业，加快农工商、贸工农一体化步伐，将湖北大农业的优势充分发挥出来。

（四）坚持“以人为本”的原则，调动一切积极因素，这是经济振兴的重要保证

目前，湖北省政通人和，主流是好的。但也应当清醒地看到，一些地方的领导班子，尚未形成应有的“合力”；机关工作人员中，由于诸种因素的影响，缺乏积极性；人才外流现象比较严重。这些问题不解决好，势必影响经济腾飞的进程。

为此建议：（1）像珠江三角洲那样，从体制上解决好县（市）党、政班子人为的“分割”问题，实行分工不分家、两副担子一肩挑，从而保证党的方针、政策有效地贯彻执行。（2）采取政治、经济、教育的系统措施，最大限度地激发和调动机关工作人员的积极性，保证机关工作卓有成效地正常运转。（3）要真正树立“尊重知识、尊重人才”的良好氛围，采取切实措施，扭转多年来存在的“孔雀东南飞”“一江春水向东流”的状况，以稳住人才、争得市场、求得发展。总之，只要把“人”的潜能发掘出来，汇成一股强大的发展洪流，湖北经济的振兴就大有希望！

（作者时任湖北省人民政府研究室处长）

【点评】

这篇调研报告短小精悍，文风鲜活，可读性强。作者思维敏捷、见微知著，从对湖北20世纪80年代至90年代初期的深刻反思与广东的鲜明对比中，第一次提出“坚持以人为本的原则”难能可贵。本文虽然是20世纪90年代写的，但其写作方法尤其是思考问题的精深程度仍不过时，值得读者学习借鉴。

阅鉴14

齐鲁大地竞风流

——山东省“三农”工作考察报告

联合调研组

（2013年11月6日）

【导读】本文是笔者2013年11月主持赴山东考察所写的报告，时任湖北省委书记、副书记均作了重要批示，后以省委办公厅《决策参考》印发各市州县和省直各单位，有关建议已转化为省委、省政府决策，2015年9月获中共湖北省委“全省优秀调研成果”一等奖。

其一，这是一篇临时动意调整主题、拓展内容的报告。历史上，素有“湖广熟，天下足”之称。实话说，在笔者考察撰写这篇报告时，甚至湖北至今只是农业“大省”，“大而不强”的状况并没有完全改变。1997年4月，笔者参加湖北省党政代表团考察山东农业，深感其农业产业化水平之高，与湖北相比简直是两个世界。16年以后笔者带队去考察，未成行前确定的主题（包括《湖北省发电》致函）是考察学习山东农业转型发展的经验，谁知实地考察后，眼界大开，根本不是在家想象设计的那一套。所以，返程后讨论报告起草提纲时，笔者动意提出将报告的主题由“农业转型”调整为整个“三农”工作。坚持从实际出发，调整主题和写作方案，择其优而选之，不失为一策。

其二，这篇报告运用“并列式”（横向思维）的结构布局，但又不是简单的、单一的“并列式”。因为农业现代化、农村城镇化、农民市民化三者之间存在“三性”：（1）关联性。现代农业迈向高端化是基础，无农不稳，农业收入未上去，农民不富裕，一切都无从谈起；新型社区、产业园区“两区”共建催生农村城镇化，是重要“载体”和“支撑”；城乡统筹助推农民市民化，是体制机制保障。(2)因果性。农业现代化以后，必然要求且才有可能推进农村城镇化，而推进农村城镇化的目标、归宿必然要求农民市民化，三者之间存在一定的递进性，是一个环环紧扣的链条。(3)整体性。这三者是“三农”工作一个完整的系统，互为影响、互相依存、缺一不可。从这种意义上讲，本报告又似一个“复合型”的结构布局。

其三，山东的经验代表了中国农村城镇化的发展方向。因为山东之路切合我国“农业大国、人多地少”最大的实际，走的是良性循环的、农民就近就地转移为主的城镇化道路，避免了一些地区农村人口蜂拥特大城市和大城市而导致的农村“空心化”现象。

山东的“三农”工作在全国处于领先地位，是农业产业化的发源地，农产品加工业产值长期位居全国第一。为了深度了解山东“三农”工作经验，拓展决策服务思路，吕东升同志带领湖北省委办公厅、省农业厅联合调研组赴山东淄博、潍坊、青岛开展了学习考察，先后参观了21个考察点，与当地农民、企业家和农业部门的同志开展深入交流。齐鲁大地向我们展示了一幅新时期农业现代化、农村城镇化、农民市民化的生动图卷，让我们深感震撼、受益匪浅。

一、现代农业迈向高端化

一只包装精美的火腿3800元、一颗胶州大白菜260元、一个潍坊萝卜10元……这些不可思议的价格背后，蕴含的是山东农业科技、质量、品牌、安全等高端化的元素。坚持以安全、优质、高效、品牌为主攻方向，持续推进农业规模化、产业化、标准化、品牌化、国际化进程，促进现代农业率先发展、实现农产品高端化，是山东农业持续领跑全国的成功之道。

规模化，是山东农业迈向高端化的基础

高山起于垒土。山东致力于转变农业发展方式，致力于产业布局规模化、产业链条规模化、组织规模化、服务规模化和设施农业规模化。在区域布局规模化上，形成了一批跨村、跨乡、跨县的区域化、规模化生产基地。潍坊市以寿光为中心，辐射带动昌乐、青州等周边县市，形成了100多万亩的保护地蔬菜生产基地；以安丘为中心，辐射带动诸城、昌邑等县，形成了近100万亩出口蔬菜生产基地等。在产业链条规模化上，青岛市以打造百亿级农业产业链为目标，以培育国际知名、国内领先、具有强大市场竞争力的“航母型”农业综合企业为主攻方向，形成粮食、蔬菜、花生、畜禽、水产品5条百亿级产业链，全市规模以上龙头企业达到550家，国家级产业化龙头企业9家，2012年，农产品加工销售额1025.6亿元，实现利润12亿元，上缴税金203亿元。在组织、服务、设施农业规模化上，邹平县以土地流转为基础，发展适合规模化、

图11　山东寿光蔬菜产业集团

机械化生产的现代农业园，形成了46家现代农业科技示范园、10余家家庭农场、500余家农业合作社，近50万亩耕地实现了园区生产。

产业化，是山东农业迈向高端化的关键

农业产业化发源于山东，更在山东枝繁叶茂、开花结果。20年来，山东坚持把深化农业产业化经营作为农业农村工作中全局性、方向性的大事来抓，农业产业化从初级阶段不断向高级阶段迈进，始终在全国独具特色、独领风骚。但他们并不满足于已有的成就，2008年，山东省启动实施“515工程”(用5年时间，投入财政信贷资金100亿元，重点支持500家龙头企业做大做强)；2013年，又在巩固“515工程”发展成果的基础上，启动实施农业产业化“五十百千万工程”(用5年时间，在10个优势主导产业中培育100家在国内具有行业领先地位的国家级龙头企业，扶持1000家骨干型省级龙头企业，发展10000家各类农业产业化组织)，形成“百龙领千强、千强带万家、万家连农户”的产业化经营大链条。在山东，对农业产业化的重视和支持已在全省上下形成广泛共识，“论功行赏”的理念在齐鲁大地深入人心。各县市召开相关会议，参会人员座次不是“论资排辈”，而是由年度考核结果说了算，成绩最好的坐“头把交椅”。经过多年的厚积薄发，山东省率先在全国实现了规模以上农业产业化龙头企业销售收入突破万亿元、企业原料基地面积突破6000万亩、进入产业化经营体系的农户数量占全省比重突破70%“三个突破”。2012年山东省农业龙头企业达到8120家，农产品加工销售收入28719亿元，高居全国第一位。

标准化，是山东农业迈向高端化的根基

在山东有一个口号，“一个标准胜过十万精兵”。“安丘模式”就是山东农产品标准化的一个缩影。2007年6月，安丘市总结多年农产品标准化实践经验，在国内率先实施了农产品质量安全区域化管理体系，2011年出台《初级农产品安全区域化管理体系要求》国家标准。6年来，

安丘紧紧围绕农产品质量安全这一核心目标，逐步建立和完善了“一套机制”“八大体系”“三道防线”，即建立政府主导、科学指导、部门联动、龙头带动、全民行动的“两导三动”工作推进机制，明确各方面的职责；健全完善了组织领导、质量标准、控制管理、检测监控、查询追溯、多元化市场、科技服务、诚信管理的“八大体系”；从农产品产前、产中、产后三个环节入手，形成源头控制、过程监管、末端检测环环相扣的三道质量安全监管防线，保证了农产品质量安全。安全体系建立以来，安丘的出口农产品质量大幅提高，以其安全优质的品牌形象，对日韩、欧美等高端市场的出口保持了年均20%以上增长速度。目前，“安丘模式”已在山东全省推广，标准化和全过程管理为山东农产品进入高端市场和国际市场打开了闸门。

品牌化，是山东农业迈向高端化的重要推手

2012年，各地大白菜丰收，价格大跌，批发价只有一两角一斤，多地陷入了滞销困境，而一直走高端路线的胶州大白菜依然能卖到五六元一斤，价格是其他大白菜的30多倍。品牌的魅力可见一斑。山东省以品牌创建提高农业综合效益，鼓励和支持企业树品牌、创名牌，提高品牌产品覆盖率，着力提高龙头企业自有品牌比例，支持企业申报和推介驰名商标、名牌产品、原产地标记、农产品地理标志并给予适当奖励。寿光蔬菜就是山东农业品牌建设的一株奇葩。20年来，寿光依托自身蔬菜种植的优势，高定位瞄准种苗研发、高品位提升蔬菜质量、高价位推进农民增收，走高端农产品生产的路子，造就了一大批知名品牌。目前，寿光具有自主知识产权的蔬菜品种达到10个，拥有11个国家地理标志产品、10多个知名商标、587个专业镇村，寿光蔬菜产业已成为全国农业发展的“金质标杆”。

国际化，是山东农业迈向高端化的重要途径

2012年，山东农产品出口总额超150亿美元，约占全国农产品出口

的1/4，连续13年领跑全国。更让人惊叹的是，山东150亿美元的出口额中，高端产品市场份额的贡献率在60%以上。出口农产品以占用耕地少、地产优势明显、附加值高的经济作物为主，基本实现了“三个转变”，即出口农产品由数量型向质量型转变；出口企业由单纯的贸易型向贸工一体化转变，从过去的单打独斗甚至是不良竞争向相互合作、抱团发展转变。青岛以高端、高质、高效农业为发展方向，大力实施“现代农业十大重点工程”建设（现代农业园区建设工程、农业产业化促进工程、智慧农业建设工程、农产品质量品牌提升工程、现代种业振兴工程、生态循环农业示范工程、农业机械化促进工程、农田节水灌溉工程、远洋渔业培育工程和现代林业生态建设工程），着力提升农业产业化、专业化、标准化、品牌化、国际化水平，预计今年农产品出口将突破50亿美元，继续保持全国领先。

二、“两区”共建催生农村城镇化

在齐鲁大地的许多村庄，丝毫看不到传统“村”的景象，传统农村与城市的分界线日渐淡化，“下楼上班、下班上楼”的城市生活逐渐扩展到广阔农村。鳞次栉比的高楼大厦，宽阔整洁的街道，层次分明的绿化带，一应俱全的城市设施……映入眼帘的，是现代化的城市生活；扑面而来的，是浓郁的都市繁华气息。推动农村新型社区和产业园区“两区”同建，实现农民就近转移、农村就地城镇化，是山东农村变城市“惊人一跳”的重要经验。

新型社区建设是山东农村实现城镇化的重要载体

山东省把农村新型社区纳入城镇体系，制定了《农村新型社区纳入城镇化管理标准》《关于加强农村新型社区建设推进城镇化进程的意见》等，统筹谋划与布局农村新型社区建设和小城镇建设。明确了推进农村新型社区建设的四条基本原则：坚持以人为本，尊重群众意愿；坚持统一规划，分步实施；坚持因地制宜，突出特色；坚持统筹兼顾，综合配套。加大资金、用地保障、税费和信贷等方面政策倾斜力度，整合积聚各方面资源支持新社区建设。提高农村新型社区管理水平，对以非农产业为主、人口达到一定规模、符合标准的农村新型社区，逐步纳入城镇化管理。各地在总的要求下，结合实际编制规划、确定模式，着力建设布局合理、环境优美、功能完善、服务便捷、管理高效的农村新型社区。青岛市按照农民居住区、现代农业区、产业经济区、基础设施区和生态保护区五大功能区要求，将全市6018个村庄规划整合为1057个社区，分为城中村改造型、小城镇积聚型、功能区整合型、龙头企业带动型、中心村融合型五种类型，每年开工建设100个。诸城市按照地域相近、规模适度、方便群众的原则，把全市1249个村庄规划建设成208个农村新型社区，形成“多村一社区”的诸城模式。截至2012年底，山东省整体改造村庄1.2万个，建成新型农村社区5190个，基本实现路、水、电、信等“村村通”，1000多万农民开始实现居住社区化、生活城市化。

产业园区是山东农村城镇化的重要支撑

山东抓住农村向城镇转变的关键环节，以产业为支撑推进新型城镇化。坚持宜农则农、宜工则工、宜商则商、宜旅游则旅游，突出专业分工和规模经营，积极发展特色优势产业，加快建设产业园区，促进产业集聚、土地集约和人口集中，方便社区居民就业创业，极大提高了村民的生活质量。邹平县西王村（社区）发展成为拥有4家上市公司、6家民营企业、15家三产企业的大型产业集团，总资产达304.8亿元，吸纳就业16000多人，是亚洲最大的淀粉糖、玉米油生产基地，并分别被中国食品工业协会冠名“中国糖（淀粉糖）都”“中国玉米油城”。村民人均年纯收入已超10万元，建立了从出生到去世全过程的福利保障体系，村民上学、工作、养老都不需要花1分钱。目前，山东省已发展了一大批由龙头企业集聚形成的农业产业化示范基地，形成了粮油、果菜、畜禽、水产、林木花卉等优势产业带，全省一村一品专业村发展到6330家，省级一村一品示范村镇40家。首批认定的6个国家级产业化示范基地聚集龙头企业总数达556家，实现农产品加工业产值1725亿元，带动农户80万户，户均增收2650元。产业的发展也极大促进了就业，2004年以来山东连续9年城乡新增就业均过百万。

社区服务中心是山东农村城镇化的重要依托

山东把农村城镇化作为系统工程来抓，在“两区”共建过程中，高度重视建立健全社区服务中心建设。大力发展便民利民服务和公益性服务，推动城镇公共服务向社区延伸，把政府公共服务送到了村民身边，让他们的城镇化生活“不打折扣”。社区服务中心原则上按照每千人200平方米的标准建设，最低不少于500平方米；将流动人口管理、医疗卫生、计划生育、人民调解、社区教育、人民就业、社会保险、社会救助、信息咨询、文化活动等纳入社区服务中心，实行“一站式”服务；整合“农民信箱”、“农技110”、移动农信通等资源，逐步推进城市服务热线向农村新型社区延伸覆盖。同时，吸引县城科技信息、商贸物流、信用保险等各类经营性服务组织到社区设立网点，发展面向“三农”的各类服务组织，形成专业化、系列化、规模化的经营服务网络。建立健全社区党组织，实现党组织全覆盖；按照法定程序设立社区委员会，每500户居民配备1名社区管理人员，每个社区不少于3名管理人员；实施“网格化”管理和市场化物业管理，农民足不出村便能享受到日常生产生活方面的便捷服务。青岛规划建设1000个新型农村社区服务中心，实现镇级公共服务中心全部下沉到社区，就近开展为农服务。潍坊市建成农村社区综合服务中心972个，辐射村庄6306个，受益农民600多万人，农村社区化服务管理覆盖率达到100%。

三、城乡统筹助推农民市民化

出济南、过淄博、到潍坊、下青岛，一路纵横千里，蔚然而深秀、丰足而和美，农民市民化的美好图景在这里徐徐展开。“绿树村边合、青山郭外斜”，农村宛如城市公园；社区服务中心功能齐全，群众足不出村便可满足生活需求；燃气、暖气管网四通八达，农民告别低矮平房住进楼房；“泥腿子”摇身变为上班族，完善的社会保障体系让农民领到退休金；农民工与城镇职工同工同酬，成为名副其实的产业工人：文体广场设备齐全，农民与城里人一样扭起了秧歌，打起了腰鼓……问渠那得清如许，为有源头活水来。山东的农民市民化，不是简单的土地城市化，不是户籍上的“农业户口”转变为“非农业户口”，不是形式上的走出平房上高楼，而是有着更加深刻的内涵。山东省人民政府在全国率先出台了《关于进一步做好新形势下农民工工作的意见》，这是一个推动农民进入城镇、融入城市、实现农民向市民转变的系统性政策规定，最显著的特色是通过城乡统筹推动农民向市民的根本性嬗变。

建设城乡通开的基础设施体系

各地按照城市化的理念和标准建设小城镇和社区，形成了一个社区一个微系统、一个乡镇一个小系统、一个县市一个中系统、一个地级市一个大系统，全省各地有机联结构成宏观系统，为农民变市民构筑一个城市化的优良环境，大量依然是农业户口的农民在“家门口”过上了地道的城市生活。在山东随便走进一个农村社区，规划有序的社区建设、宽敞笔直的硬化道路、排列有序的垃圾箱、设施齐全的文化活动场所、功能齐备的社区服务……俨然一个个高品位的城市小区，昔日随处可见的草垛、粪堆、猪圈、杂草和残垣断壁不见踪影，代之而起的是现代化的城市风貌。

形成城乡均等的公共服务体系

如果说优良的基础设施建设是为农民市民化创设一个城市化的环境，公共服务的均等化才是山东农民市民化的核心。省政府出台了打造“半小时就业服务圈”、落户城镇后5年内仍执行原户籍地生育政策、农民工与同岗位职工同工同酬、农民工维权服务等政策，全面实施居住证制度，实现劳动就业、子女入学、升学考试、医疗卫生、住房租购、社会保障等领域“一证通”，使农民工与城镇居民逐步平等享受基本公共服务。放开中小城镇户口限制、基本实现同工同酬、农民基本享受就业服务、随迁子女教育、医疗卫生、文化生活、社区服务等公共服务，这些都是山东各地通行的做法。诸城市充分发挥市、镇（街）、农村社区三级社区学院作用，每年免费培训万名农村劳动力、转移2.5万人以上；健全农村社会保障标准持续增长机制，新农合参合率达到100%，新农保实现全覆盖并与城居保合并实施，农村五保集中供养率达85%：推动城乡学校共建和城乡教师交流，完成社区幼儿园、学校标准化和校舍安全工程建设；所有镇街卫生院和农村社区卫生室均达到省规范化标准；将108项审批管理权限下放到镇街，增强了镇街、社区管理服务功能；深化农村集体资产产权制度改革，依法选举产生1238个经济联合社；成立“蔬菜保姆”队伍，通过视频互动、发放明白纸、举办专家讲座、入户指导等手段，对种植户进行技术指导。青岛市全面实施“一书两金一卡”制度：上级政府与下级政府、企业与当地政府分别签订防范处置企业拖欠工资目标责任书；在建设领域和欠薪多发行业普遍建立用人单位缴纳工资保证金制度，在欠薪多发市、县（市、区）建立完善欠薪应急周转金制度；全面推行农民工实名制工资支付银行卡。寿光市政府出资为全市975个行政村和13个社区的988支文艺队伍免费配发音响设备，全市“10分钟文化活动圈”（步行10分钟以内）实现了全覆盖。

构建城乡一体的社会保障体系

着眼于农民工在城镇“进得来、安得下、有保障、有尊严”，推进社会保障均等化。农民工在城镇户籍身份没有变，但享受的社会保障与城里人是均等的，因而能够有尊严地在城镇和社区生活。青岛市将住房公积金制度逐步覆盖到在城市中有稳定工作的农民工；将农民工随迁子女全部纳入输入地教育发展规划，保障农民工随迁子女在输入地平等接受学前教育、义务教育和参加中考、高考的权利；实行城乡统一的就业失业登记制度，享受免费公共就业服务和相关就业创业优惠扶持政策；实施农民工社会保险全覆盖行动计划，对有稳定劳动关系的农民工，用人单位要为其办理基本养老保险、职工基本医疗保险、工伤保险、失业保险和生育保险。在邹城，走进西王村，映入眼帘的是一幅完全城市化的图景，更令人叹为观止的是它的内涵，从就业到教育、医疗、住房，再到养老保障，这里是“一条龙”、全覆盖。年满65岁的老人均可免费入住老年公寓，从吃、住、用到老年文化生活一应俱全。每年除夕，全村村民在一起吃团年饭，共度新春佳节。山东省以“三农”为基、农民为本，在农业高端化、农村城镇化、农民市民化方面进行了卓有成效的体制创新和实践探索，走出了一条切合国情、良性循环的农民就近就地城镇化道路，不仅实现了由“农业大省”向“农业强省”的跨越，也极大地推动了全省城乡一体化的进程，其经验非常宝贵、可资借鉴。

联合调研组成员：吕东升、孙必会、马礼会、李世卫、胡颖、高陈

【重要链接】山东省农业强、乡村美、人民富！2020年全省农业总产值突破1万亿元，达到10190亿元，成为全国首个农业总产值过万亿元的省份。

【点评】

作者从实际出发，临时动意调整主题撰写的这篇考察报告，认真总结了山东“三农”工作的基本经验，符合中国的国情实际，我们亦赞成作者的认识——它代表了我国城镇化的发展方向，意义重大。在谋篇布局上采用了“并列式”（横向思维）为主体的结构，逻辑性较强，语言表达简洁流畅。总体上看，是一篇很好的考察报告。

阅鉴 15

让阅读为发展壮行

——关于深圳市全民阅读活动的调查报告

联合调研组

（2011年4月6日）

【导读】本文是笔者2011年3月带队赴深圳考察所写的报告之一，时任湖北省委相关领导同志均作过重要批示，《政策》杂志以“本刊特稿”发表于2011年第5期，中央驻鄂有关媒体予以摘发报道。

这里，简要向读者交流三个方面情况：第一，在党政机关从事决策服务工作，按照惯例更多的是围绕推进中心工作、经济社会发展和党的建设进行调查研究，以“阅读为发展壮行”为主题实属“蓄意而作”，因为众人忽略之处往往容易取胜。第二，报告运用了“递进式”（纵向思维）结构布局，依序写变化、做法（经验）、启示，而重点、难点、亮点都在“启示”上。因为阅读的启示，是笔者的阅读功力、对深圳的考察认知、对现状的了解和研究三方集成发力之果，非酷爱阅读者是无法写出此报告的。第三，文中的几条启示之所以堪称“宝贵”，是因为其跨越时空、千真万确、务实管用，几乎接近“真理性”。

三月的鹏城，花团锦簇，春意盎然。省委办公厅、省委政研室、省政府驻深圳办事处组成联合调研组，就深圳市开展全民阅读活动进行了深入的学习调研。

一、读书月——深圳闪亮的名片

从2000年11月开始，丰富多彩的读书活动逐步发展成为深圳一张闪亮的名片。深圳读书月，这个全国参与人数最多、持续时间最长、影响最为广泛的读书文化节庆，已经走过了11个年头。十年坚守，十年耕耘，十年创新，6000余万人次的参与，2000多项活动的展现……读书月不仅成为深圳彰显文化魅力的独特品牌，更见证了深圳人对知识的不懈追求。

的确，在这样一个以“时间就是金钱、效率就是生命”闻名的城市，文化、读书甚至写作等“形而上”的风雅之事风靡全城，是有些出人意料的。在外人看来，这个从小渔村发展起来的经济特区，可以发行新中国第一只股票，可以用最快的速度建设第一高楼，可以成为第一个人均GDP超过1万美元的城市……但唯独文化，需要代代积累沉淀、需要信念价值坚持的文化，深圳可能永远排不上座位。可事实是，这座仅有30年历史的新兴城市，“十年磨一剑”，打造了一件与文化相关的盛事——“读书月”。如今，读书月活动被写进政府工作报告、纳入城市精神文明建设的整体规划，成为这座城市不可或缺的一部分，深圳也因此成为一个因热爱读书而受人尊重的城市！

（一）引领全国的新鲜风气

“腹有诗书气自华”，这不仅对于人而言，对于一座城市也是如此。对一个城市的认同往往开始也着眼于对这个城市的文化认同，书香浸润的城市往往具备高屋建瓴的精神气度和卓尔不群的文化气质。

很多人认为，深圳的城市气质其实并不适合阅读。这里飞快的节奏、忙碌的人群、激烈的竞争、喧嚣的氛围都是一种“反读书”的力量，阅读需要的是舒缓有致，是足够的闲暇，是平静与安宁。然而，自2000年以来的十来年，也就是深圳经济社会高速发展的这十来年，深圳用读书月这样一种形式，在繁忙的都市中开辟出了一块文化净土，营造出了“满城飘佳句，相逢说读书”的动人情景。这是一座热爱读书的城市，18年来人均购书量全国第一。作为世界单店经营面积最大的书店，深圳书城中心城每年都有4万人到5万人的人流量，还吸引着香港的读者来书城购书。深圳读书月让外界在经济指标之外更多地从文化指标上考量深圳。2009年，“全国全民阅读活动经验交流会”在深圳召开，会议高度评价深圳读书月的成功经验，读书月组委会被评为“全民阅读先进单位”，读书月活动成为全国书香城市建设的成功典范。广东的南国书香节、湖南的三湘读书月、上海的世博读书、北京的读书庙会、天津的50天读书节、内蒙古的读书大接力、新疆的天山读书节……深圳的读书星火已成全国燎原之势，崇尚读书的新鲜风气输出到全国60多个城市，再开风气之先。

物质文明、精神文明能否在深圳得到共同发展？这是特区建设初期人们争论的焦点问题之一。今天的深圳用实践作答：深圳人是坚定的“统一论”者，在社会主义的土地上，物质文明和精神文明可以协调发展，经济和文化可以比翼齐飞。读书月活动就是明证。

（二）千万市民的文化盛宴

市民文化生活中，阅读是最普遍也最持久的文化需求，是市民最基本最重要的文化权利之一，而举办读书月正是有效实现市民文化权利的一种途径和载体，是深圳保障和实现市民文化权利的一项大胆探索和创新，2000年首届读书月的三大板块50项主题活动，到2010年已发展成五大板块403项主题活动，11届读书月举办读书主题活动累计达2000余项，直接参与者超过6000万人次。读书的内涵和外延不断丰富和扩展，读书月的活动形式不断翻新，读书月深深扎根于社区和基层，深入市民群众生活，实实在在地办成了老百姓自己的事，丰富多彩的活动使知识插上了飞翔的翅膀，进入了千家万户，真正实现了让市民共享文化成果。

在深圳百花二路和五路转角处，坐落着一家名为“物质生活”的书吧。小书吧坚持了11年并被选为“华语世界最具影响力人文书店”。创始人晓昱说：“如果不是深圳读书的人越来越多，城市阅读的气氛越来越浓厚，书吧绝对不会开到今天。”

在深圳，“可以不用带钱包到图书馆”，遍布城市和社区的624家图书馆和图书室对任何人都免费开放。每天清晨排队等候入馆的读者，某种意义上已经成为深圳独有的文化景观。中心书城的24小时书店“星光阅读栈”，被誉为“黑夜里温暖读者心灵的一盏灯”。

书香的因子已融入深圳市民生活方式中，“以读书为荣、以读书为乐”的理念深入人心。一项调查结果显示，60.3%的读者认为读书月刺激了购书欲望；65.7%的读者认为读书月产生了良好读书气氛；61.2%的读者表示读书月期间，读书时间有较大增加。

在深圳，人们在阅读中领悟，在探讨中思考，追求内心宁静和谐。每年11月的读书月被市民亲切地称为“文化闹钟”。这期间，一大批如经典诗文朗诵会、青工书屋、读书论坛、年度十大好书评选等专家称赞、百姓称道的原创品牌性读书活动，让市民群众的生活因读书而充实，生命因读书而精彩。

（三）城市文化的知识积蓄

爱读书的人是美丽的，书香馥郁的城市也必然是美丽的。如果说十年前，深圳美在她青春之城的外表、活力奔涌的创造、飞速发展的经济，如今则更美在品位和气质、文化和内涵。十年坚持，深圳读书月拾级而上，不断超越，让城市由“文化沙漠”变成了“文化绿洲”。深圳政府舍得拿出最好的土地、投入巨资、倾注最大的心血来建设图书馆和书城，为市民营造一个充满诗意的温馨家园。目前，深圳已拥有4个经营面积达1万平方米以上的特大型书城，全市各级公共图书馆600余家，在国内率先实现每1.5万人拥有一个社区图书馆。为了方便市民能随时随地阅读，深圳图书馆自主研发出世界上第一台“城市街区24小时自助图书馆”。凭着身份证和100元押金办的读者证，任何时间，只需要2分钟就可以让这个“市民身边永不关闭的图书馆”吐出你想要的书。对于一个家庭而言，“家有书声不怕穷”；对于一个城市来说，“读书的城市有品位”。阅读不仅关乎个人修身养性，更关系一个国家的国民素质和竞争力。知识积累，将决定一个人的最终高度，也将决定一个城市的最终意义。在这个意义上，全民阅读的重要性怎么强调都不过分。通过读书月的举办，深圳表明了自己的文化态度、文化追求，表明了自己的远大志向，这也是深圳软实力的源泉。正如2010年11月1日发布的《深圳读书月发展规划（2011—2020）》展示的读书月美好未来：到2020年，力争把读书月打造成为与东方魅力相匹配的特色文化品牌，市民阅读率提高到75%，每届读书月的总参与人数达到1200万人次，倡导并实现“每人每天阅读1小时”，争取成功申办“世界图书之都”。通过阅读，用沉静大气压制浮躁，用优雅驱除粗俗。书香社会，如约而至。

二、十年之路——年轻城市的高贵坚持

可以说，读书月走过的十来年时间正是深圳文化形成的关键时期。一座年轻的城市，为何能够将一项全民阅读活动坚持十年之久？

我们在调研中了解到，深圳之所以能够如此长久、年复一年地坚持举办一项大型读书公益活动，是由于一批有知识、有理想的深圳人怀揣信念、默默奉献，是由于一批蜚声文坛、思想理论界的学者积极参与，更是由于形成了一套“政府倡导、专家指导、社会参与、企业运作、媒体支持”的成功运作模式。经过十来年的锤炼，深圳逐渐摸索出了一套委托承办的成熟制度：深圳读书月交由深圳出版发行集团总承办，市有关部门和新闻单位等联合承办，并由专家学者对活动的主题、主题活动评估及书目推荐进行论证，媒体宣传报道，市民踊跃响应，举全市之力办读书月。同时还吸引了深圳移动、万科等知名品牌企业参与协办或特别支持。整个活动中，政府的拨款微乎其微。读书月专项资金前五届每年只有区区80万元，第五届以后逐年递增，最

高每年四五百万元。正所谓“10年读书月，总开支不够修1千米的高速路”。

（一）政府倡导

读什么书政府也许管不了，在什么地方读书政府也许也管不了，但是，让更多的人来读书，为更多的人读书创造更好的条件，这是政府应该承担的责任。这样的观点已经在深圳成为社会的共识。我们在考察中了解到，党委和政府的倡导在深圳读书月活动中的作用极为重大，不但体现了一种文化责任的担当，体现了公共服务的创新，更重要的是在读书月活动中发挥着主导作用，把握着读书活动的整体定位、目的与方向。读书月的各项活动，都是在深圳市委宣传部指导下，由深圳市新闻出版局精心策划、组织落实的。每届读书月的筹备期间，深圳都会根据新的任务、新的要求成立和调整深圳读书月组委会，由市领导亲自挂帅，有关部门领导为组委会成员，形成“领导亲自督阵、部门协同作战”的格局，在其号令下，调动起深圳全部文化单位的力量。到去年为止，仅读书月的承办单位就达31家。深圳一方面建设图书馆之城，每年拨出2000万元的图书购置经费，使市民有地方可去、有书可读，为市民读书创造条件，创造好的读书环境、氛围；另一方面通过读书月活动把人们的兴趣引导到读书上来，让更多的人喜欢读书，有更多的地方可以去读书，有更多的好书可以去读。

（二）专家指导

读书月不仅要让大家“好读书”，同时也要让大家“读好书”。可是什么样的书是好书？政府说了不算。好书需要专家、教授、学者来推荐。深圳的同志介绍说，深圳读书月十分重视专家的作用，从第一届读书月筹备开始，就成立了读书指导委员会，聘请了十几位专家，集中在读书月期间开展一系列的新书、好书、好文章推介与评选活动。每逢读书月，深圳读书月组委会都要向社会公布专家推荐的100种藏书与当年出版的十大好书，受到市民的普遍关注与欢迎。读书月组委会还聘请知名作家为特别顾问，对读书月主题论证、主题活动评估、阅读与藏书书目推荐等进行把关。在专家的悉心指导下，读书月各项主题活动开展得丰富多彩、有声有色、引人入胜，广大市民特别是青少年的阅读能力与质量得到了进一步的提高，逐渐形成了健康阅读的氛围。

（三）社会参与

组织、动员社会各阶层参与读书月活动，将活动策划、组织、实施、参与等各个环节向公众开放，积极吸纳各方意见，不断增加社会各界参与读书月活动的深度和广度。这是深圳读书月活动取得成功的一个重要因素。我们在调研中了解到，读书月的承办单位既有市、区各级宣传文化教育部门，又有工、青、妇等群团组织和各类文化协会等社会组织。随着读书月活动的推广与壮大，越来越多的机关、团体、社会组织主动参与到活动中来，如深圳市纪委、监察局联合读书月组委会举办了“清风伴我好读书”廉政建设推荐书目活动；深圳市社会劳动保障局举办了“青工讲坛”系列活动；深圳出版业协会组织了“企业老总写读书心得”的活动，等等。众多社会团体和机构合作，为读书月带来了新的气象，以更专业的服务、更有效率的运作、更充足的资源，使读书月的各项活动更加精彩纷呈、引人入胜，也吸引了更多的市民积极参与。

（四）企业运作

我们在调研中发现，深圳读书月能够“花小钱，办大事”的诀窍是企业运作，即选择具有社会责任感、文化担当感的企业作为读书月活动的主要承办单位，在保障基本投入的基础上，聚合全社会热爱读书的力量，持续而广泛地开展各种主题活动。可见，在深圳，真正“运作”读书月的是企业。读书月组委会从第五届开始，实行委托承办制——由深圳出版发行集团总承办，此举不但转变了政府职能，有效地理顺了运作程序，也让企业的自主性和积极性得到了有效发挥。政府在资金方面对读书月活动每年最多只有400万元的投入，读书月活动开展范围愈加扩大、内容愈加丰富，每年存在相当一部分资金缺口。为此，深圳出版发行集团再以总承办名义寻找企业加盟，将运作市场化。正是在这样的运作机制下，万科地产、卓越地产、农业银行、中国移动、杭州银行等品牌企业都先后成为深圳读书月的合作伙伴。在深圳，政府把黄金地段给了书城，而没有给房地产商，这里显然隐含了一个设定，文化企业不仅是一个营利机构，还必须能够更多地带动城市的阅读、承担一定的社会责任。深圳市充分利用社会团体和机构，尤其是企业的力量，在发展文化事业、举办大型公益性文化活动方面，走出了一条市场化、社会化的新路子。

（五）媒体支持

深圳读书月的成功举办，离不开各类媒体的大力支持。深圳市充分发挥媒体在全民阅读推广中的作用，加大对读书月活动的宣传报道，积极吸引媒体参与活动的策划和组织，在全社会营造出了浓郁的书香氛围。深圳报业集团和广电集团是读书月始终一贯的宣传者、推动者和组织者，《人民日报》、新华社、《光明日报》《中国青年报》等中央媒体也陪伴着读书月一路走来，这些媒体的支持使读书月影响更广泛，更加深入人心。

三、向阅读致敬——宝贵的启示

（一）用读书提振精神，为我们的奋斗壮行

一个城市的阅读史，折射着城市精神发育、心灵成长的历史。摩挲书页、捧卷而读，正是深圳人澡雪精神、涵育气质的重要方式。阅读所产生的思考力、创造力和转化力，将使国家、民族、时代永远充满

活力、永远迸发朝气、永远持续前行。这次来深圳，我们听到了一个号召——再造一个激情燃烧、干事创业的火红年代！让读书月为这种激情鼓劲助力，让全民阅读为这种燃烧输氧加油，让阅读行为成为这个火红年代中最鲜明的注脚、最显著的特征、最醒目的标志。当前，湖北的发展已经站在了新的历史起点上，跨越式发展的大势已成，最需要的就是必胜的信心和良好的精神状态。湖北的地理位置处于全国的中部，但我们的“精神区位”一定要处于全国的前列，通过阅读和学习，我们可以不断冲破传统观念的束缚，不断推动思想的大解放，以更加开阔的视野、更加宽广的心胸，清醒地分析形势，理智地把握机遇，振奋精神，开拓创新，推动各项工作再上新台阶。读书月活动中，深圳强调在打造智慧型、创新型文化的同时，要积极打造力量型的文化，因为只有有力量的文化才能使城市永远免于沉沦，永远保持自强不息的进取精神，永远具备强大的竞争力和辐射力。现在全国各地的竞争发展已成百舸争流之势，“狭路相逢勇者胜”，我们应把学习作为实现跨越式发展的先导，通过阅读和学习产生坚强信心、昂扬斗志、火热激情和实干精神，为跨越式发展提供强大动力。

（二）用读书提升能力素质，不做“空头政治家”

书籍是人类知识的载体，是人类智慧的结晶，是人类进步的阶梯。读书决定一个人的修养和境界，关系一个民族的素质和力量，影响一个国家的前途和命运。温家宝总理曾提到，他愿意看到人们坐地铁的时候能够手里拿上一本书，因为知识不仅给人力量，还给人安全，给人幸福。但现实情况不容乐观。2009年《人民论坛》杂志的“万名党政干部阅读状况调查”显示：有七成多的党政干部由于工作忙等，每周用于读书的时间在6小时以下，甚至更少；五成多受访者表示每年的阅读量不足6本。据我们了解，有的县市领导干部甭说读书，连省委、省政府的一些重要文件都没有看过，这种状况令人担忧。对各级领导干部来讲，热爱读书和学习体现政治信念，反映事业追求。一个热爱读书和学习的领导干部，把读书和学习作为一种生活需要、一种精神境界，生活就会充实，追求就会远大。我们应该从党和人民事业兴衰成败的高度，从推动科学发展、促进社会和谐的高度，认识加强读书学习的极端重要性，活到老学到老，在读书学习中提高领导发展的本领、做好群众工作的本领和应对复杂局面、处理复杂问题的本领。如果各级领导干部的知识老化、思想僵化、能力退化，就无法跟上经济社会发展的需要，就是一个“空头政治家”！对此，我们应该高度警惕，一定要深刻认识现代领导活动与读书学习的密切关系，深刻认识领导干部的读书学习水平在很大程度上决定着工作水平和领导水平，在坚持加强理论学习的同时，坚持干什么学什么、缺什么补什么，有针对性地学习掌握做好领导工作、履行岗位职责必备的各种知识，努力使自己真正成为行家里手、内行领导。

（三）用读书推动转型，为再出发积蓄力量

科技进步和自主创新是加快转变经济发展方式的重要支撑。读书和学习是不断创新的起点和基础，是向着科技创新高峰不断攀登的阶梯和基石。当爱读书成为一种社会时尚，成为一个地区人民群众的素质和品格，那么这个地区创新的活力和潜力将不可估量，经济的转型发展就会水到渠成。深圳在全社会营造浓厚的读书学习氛围，大力发展文化创意产业，从而推动经济发展方式转型的经验就很值得我们学习。深圳明确提出打造创意设计之都，高度重视新知识的学习和培训，高度重视人才的引进和培养，引导文化创意产业从一片空白迅速成为第四大支柱产业。湖北是农业大省、传统工业大省、科教大省，正处于经济转型、产业升级的战略调整期，建设学习型、知识型社会是推动经济转型的重要内容或重要路径。我们要真正落实科学发展观，就必须从主要依靠消耗物质资源取得高速增长向主要依靠开掘知识资源和创意力量的新型发展路子转变，就必须比以往更加倚重知识的力量，更加依靠广大群众文化素质的提高。在知识经济时代，文化创意和科技创新已成为经济增长的

两大“引擎”，只有促进知识结构的转型升级才能推动产业结构的转型升级，不读书就会“穿新鞋走老路”。我们应该进一步在全社会形成爱读书的良好风气，让人人爱读书读好书，以知识来武装我们的头脑，用知识给湖北科学发展的马车披上金黄的战甲，向着自主创新的制高点大步挺进。

（四）用读书提升幸福指数，让社会共享和谐

“积财千万无过读书”，养成良好的阅读习惯，一生都会受用无穷。读书虽不能改变人生的长度，但可以拓展人生的宽度和深度。读书不仅是在获得知识、汲取智慧，也是在借鉴经验、接近真理，还是在陶冶情操、滋养人格。读书是促进人类全面发展的需要，更是推动和谐社会发展的需要。一个健康、和谐的社会应该是一个亲近书籍的社会，是一个学习型的社会。然而，功利主义与浮躁心理让人们远离读书，人文精神的缺失导致社会道德滑坡，各种社会问题不断出现。深圳市连续11年坚持开展读书月活动，不仅极大地激发了深圳人的读书热情，提升了城市的文化内涵，而且在净化人们心灵、提升文化水准、推动公民道德建设方面发挥着巨大的作用。通过读书，深圳市民的生活少了一点烟酒味、一丝浮躁，多了一点书卷香、一些祥和。我们在调研中真切地感受到：爱读书的人，往往拥有灿烂的心情；爱读书的城市，充满着快乐和阳光。湖北是楚文化的发祥地，诞生过一批又一批的文化名人，这片历史厚重的土地，理应是读书的沃土。我们应该鼓励大家翻开书页，在浓浓墨香中，细细体味读书的喜悦，静静感受知识带给我们的力量和道德水平的提升。如果人人都爱上读书，整个社会则必将多一分和谐与安宁。

调研组成员：吕东升、曹松、张世华、郑黎明、谢红、宋歌

【重要链接】“领导十三亿多人的社会主义大国，我们党既要政治过硬，也要本领高强。要增强学习本领，在全党营造善于学习、勇于实践的浓厚氛围，建设马克思主义学习型政党，推动建设学习大国。”“现在，党团结带领中国人民又踏上了实现第二个百年奋斗目标新的赶考之路。……我们一定要继续考出好成绩，在新时代新征程上展现新气象新作为。”

——摘自党的十九大报告、党的十九届六中全会决议

【点评】

书是人类进步的阶梯，书是时代的生命。这篇考察报告选择的主题“让阅读为发展壮行”颇为新颖；“十年之路——年轻城市的高贵坚持”五条做法经验具体实在、可学可鉴；尤其是“向阅读致敬”的“四条宝贵启示”(用读书提振精神，为我们的奋斗壮行；用读书提升能力素质，不做“空头政治家”；用读书推动转型，为再出发积蓄力量；用读书提升幸福指数，让社会共享和谐)，从总结经验的角度上讲，在新的赶考中更具有长远的借鉴意义。

附录：调研报告修改手稿

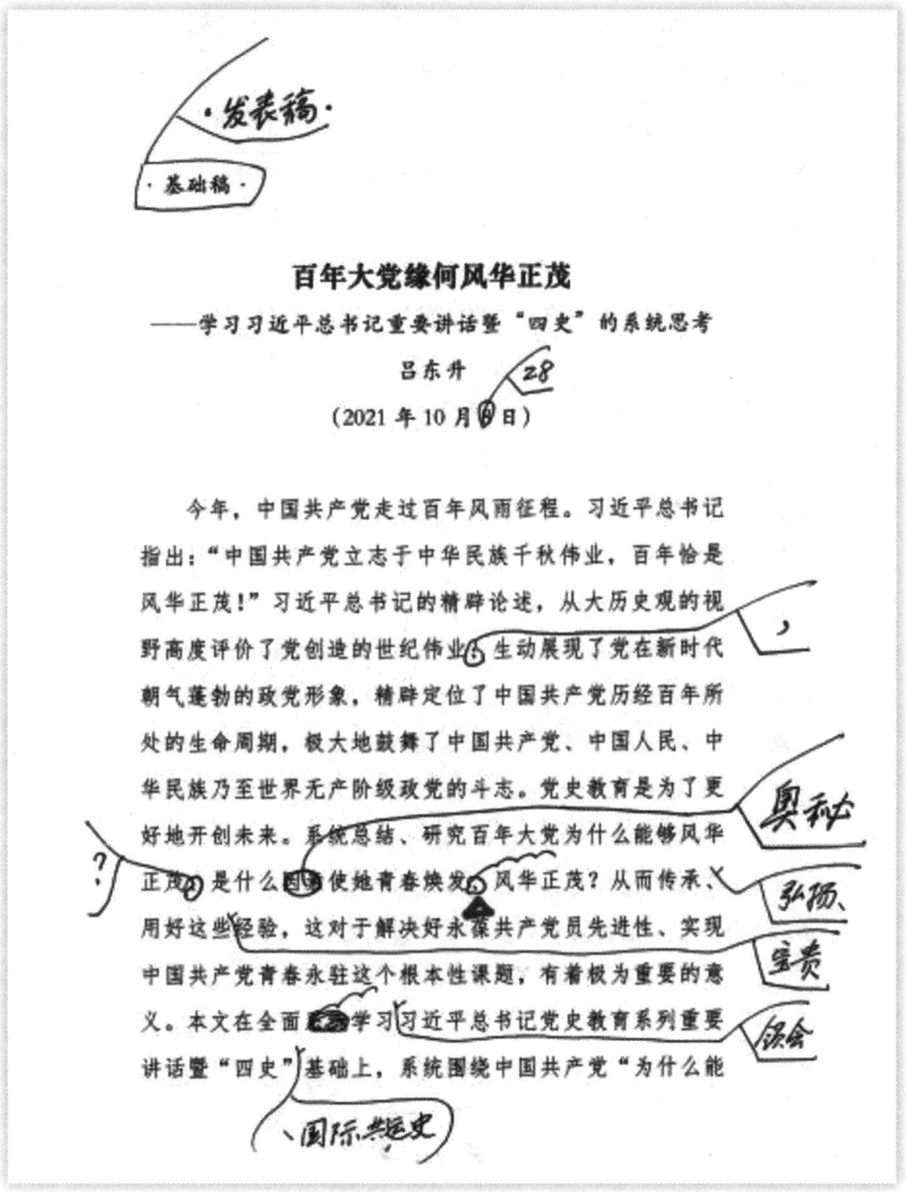

·基础稿·

百年大党缘何风华正茂

——学习习近平总书记重要讲话暨“四史”的系统思考

吕东升

（2021年10月[illegible]日）

今年，中国共产党走过百年风雨征程。习近平总书记指出：“中国共产党立志于中华民族千秋伟业，百年恰是风华正茂！”习近平总书记的精辟论述，从大历史观的视野高度评价了党创造的世纪伟业，生动展现了党在新时代朝气蓬勃的政党形象，精辟定位了中国共产党历经百年所处的生命周期，极大地鼓舞了中国共产党、中国人民、中华民族乃至世界无产阶级政党的斗志。党史教育是为了更好地开创未来。系统总结、研究百年大党为什么能够风华正茂，是什么因素使她青春焕发、风华正茂？从而传承、用好这些经验，这对于解决好永葆共产党员先进性、实现中国共产党青春永驻这个根本性课题，有着极为重要的意义。本文在全面[illegible]学习习近平总书记党史教育系列重要讲话暨“四史”基础上，系统围绕中国共产党“为什么能够”风华正茂，谈9个方面的认识。

一、坚持学习立党、理论强党，始终把思想政治建设放在首位，始终保持旺盛的生命力

中国共产党是在中国的先进分子学习马克思主义过程中诞生的。自党成立以后，历来非常重视学习、善于学习。党领导中国革命、建设和改革的历史，就是一部创建性学习的历史。

（一）“把全党变成一个大学校”。早在新民主主义革命时期，我们党一开始就深刻认识到“指导一个伟大革命运动的政党，如果没有革命理论，没有历史知识，没有对于实际运动的深刻了解，要取得胜利是不可能的。”1938年10月，毛泽东同志在六届六中全会上号召“来一个全党的学习竞赛”“要把全党变成一个大学校，全党同志都要进这个无期大学”。从六届六中全会开始，经过延安整风运动，“全党干部学习运动”广泛深入、扎实有效地开展起来。如果没有通过这次学习，大大提高全党的马克思主义理论水平，实现思想上政治上高度统一，就不会有抗日战争和解放战争的胜利，就不会有新中国的建立。

（二）“必须学会我们原来不懂的东西”。1949年3月，中共中央从西北坡移驻北平。毛泽东深有寓意地将其比喻为“赶考”，就是赶建立和建设新中国的考试。毛泽东同来、富起来、强起来的强大精神力量”“是我们战胜一切强敌、克服一切困难、夺取一切胜利的强大精神力量。”

坚守崇高的信仰——中国共产党的核心竞争力！

三、坚持实事求是的兴党之魂，确保党的事业乘风破浪、行稳致远

实事求是，是马克思主义活的灵魂。回顾党的历史，我们党是靠实事求是起家，也是靠实事求是兴旺发展起来的。

（一）开辟“农村包围城市、武装夺取政权”的革命道路。1927 年大革命失败以后，中国革命应当走什么道路？这个问题十分尖锐、紧迫地摆在中国共产党面前。此时，有三个“重大背景”在影响、干预着中国革命道路的确立：一是有俄国十月革命“走城市包围农村道路”（即通过首先占领中心城市来取得革命在全国的胜利）的成功经验。二是共产国际的干预。1928 年 2 月，共产国际执委会第九次扩大会议作出的《共产国际关于中国问题的议定案》，要求中国共产党“反对对于游击战争的溺爱”，强调要以城市为中心。6 月，共产国际领导人布哈林在中共六大上作报告，仍认为中国共产党应以城市为中心，反对在农村建立巩固的根据地。三是 20 年代后期至 30 年代前期，

“海纳百川，有容乃大”，这是中国共产党得以成功、走向辉煌的一条宝贵经验。

七、坚持严守钢铁制度纪律，以执行力永葆党的生命力（坚守严明的制度纪律）

习近平总书记引用毛泽东同志经典文章：路线是“王道”，纪律是“霸道”，这两者都不可少。中国共产党作为9000多万党员的大党，团结得像一个人一样，历经磨难而焕发青春，完成如此辉煌的事业，与我们党的钢铁制度、铁的纪律密切相关。在这方面，连蒋介石1949年检讨失去大陆原因时也大发感叹，将我们党成功的原因总结为七条，其中组织严密、纪律严厉作为一、二条。

中国共产党作为无产阶级执政党，在组织、纪律方面具有鲜明的特点和独特的优势：

（一）坚持“总揽全局、协调各方”的领导原则。新宪法规定，中国共产党的领导是中国特色社会主义最本质的特征，是中国特色社会主义制度的最大优势。党政军民学，东西南北中，党是领导一切的。党必须按照总揽全局、协调各方面的原则，在同级各种组织中发挥领导核心作用。这种领导体制，从效率而言具有两大优越性：一方面，可以避免西方国家多党竞争经常造成的因利益争而采取

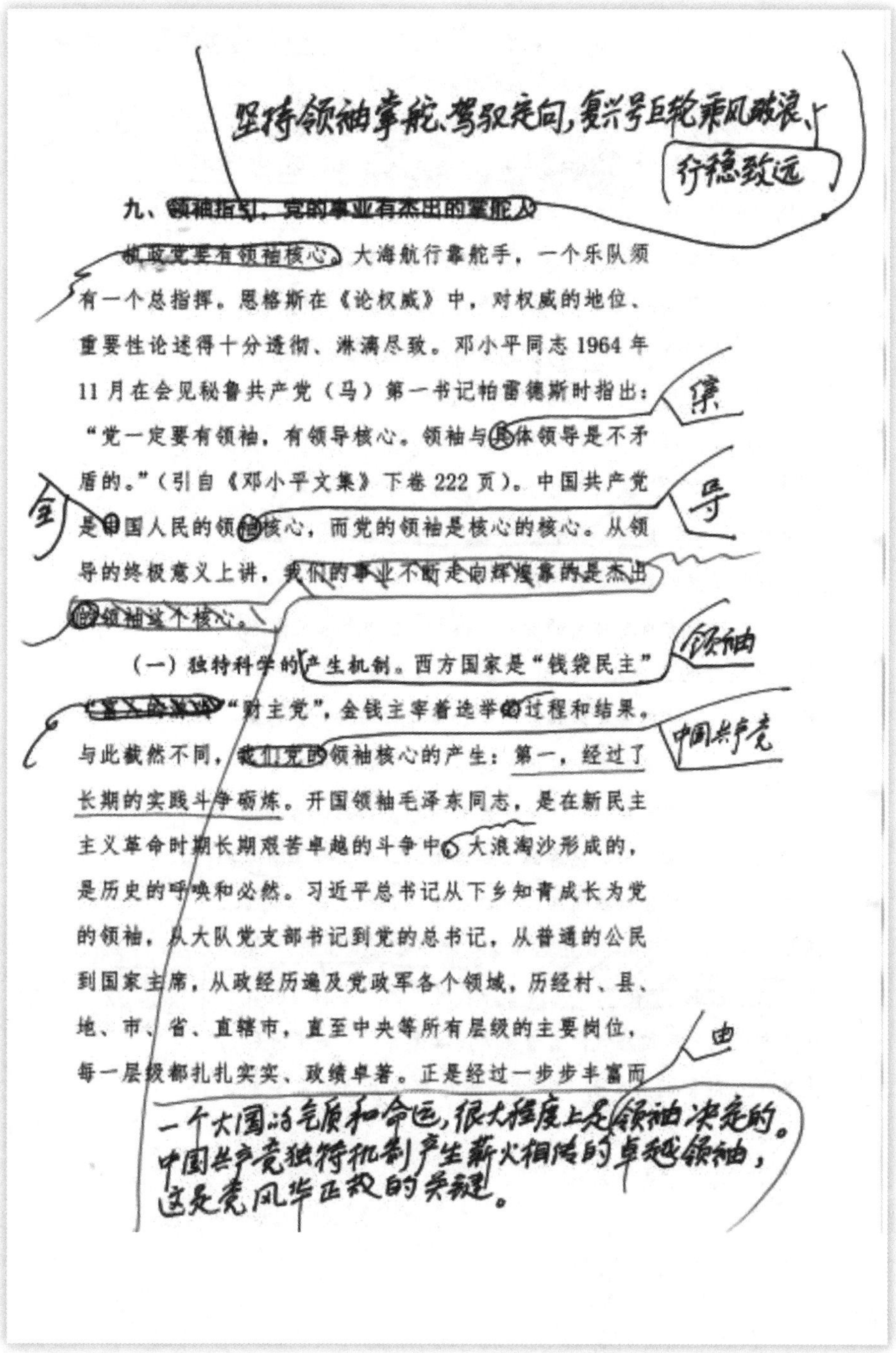

坚持领袖掌舵、驾驭定向，复兴号巨轮乘风破浪、行稳致远

九、领袖指引，党的事业有杰出的掌舵人

执政党要有领袖核心。大海航行靠舵手，一个乐队须有一个总指挥。恩格斯在《论权威》中，对权威的地位、重要性论述得十分透彻、淋漓尽致。邓小平同志1964年11月在会见秘鲁共产党（马）第一书记柏雷德斯时指出：“党一定要有领袖，有领导核心。领袖与集体领导是不矛盾的。”（引自《邓小平文集》下卷222页）。中国共产党是中国人民的领导核心，而党的领袖是核心的核心。从领导的终极意义上讲，我们的事业不断走向辉煌靠的是杰出的领袖这个核心。

（一）独特科学的产生机制。西方国家是“钱袋民主”“富人的游戏”“财主党”，金钱主宰着选举的过程和结果。与此截然不同，我们党的领袖核心的产生：第一，经过了长期的实践斗争砺炼。开国领袖毛泽东同志，是在新民主主义革命时期长期艰苦卓越的斗争中，大浪淘沙形成的，是历史的呼唤和必然。习近平总书记从下乡知青成长为党的领袖，从大队党支部书记到党的总书记，从普通的公民到国家主席，从政经历遍及党政军各个领域，历经村、县、地、市、省、直辖市，直至中央等所有层级的主要岗位，每一层级都扎扎实实、政绩卓著。正是经过一步步丰富而

全　集　导　领袖　中国共产党　由

一个大国的气质和命运，很大程度上是领袖决定的。中国共产党独特机制产生薪火相传的卓越领袖，这是党风华正茂的关键。

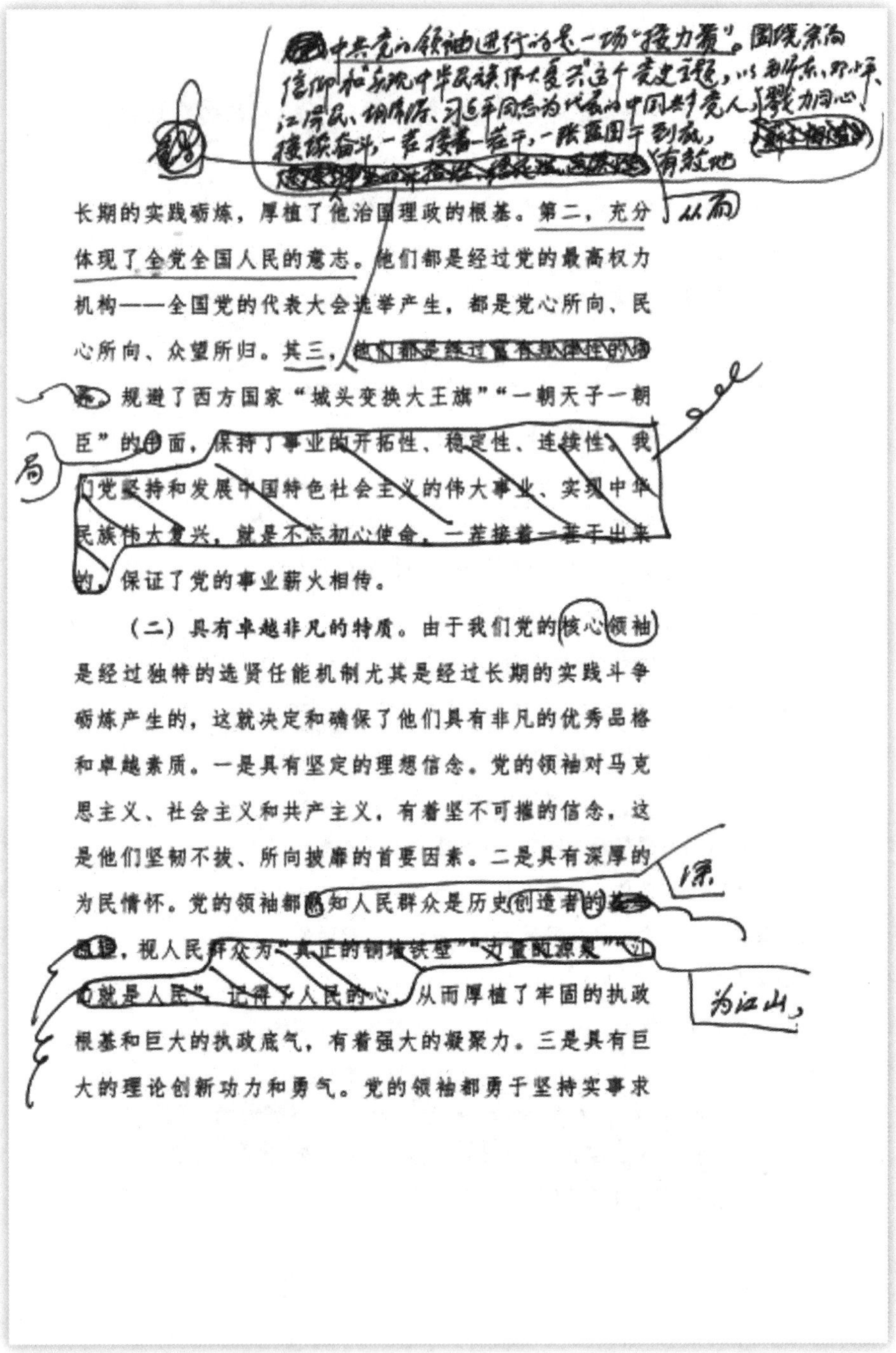
长期的实践砺炼，厚植了他治国理政的根基。第二，充分体现了全党全国人民的意志。他们都是经过党的最高权力机构——全国党的代表大会选举产生，都是党心所向、民心所向、众望所归。其三，[illegible] 规避了西方国家“城头变换大王旗”“一朝天子一朝臣”的局面，保持了事业的开拓性、稳定性、连续性。我们党坚持和发展中国特色社会主义的伟大事业、实现中华民族伟大复兴，就是不忘初心使命，一茬接着一茬干出来的，保证了党的事业薪火相传。

（二）具有卓越非凡的特质。由于我们党的核心领袖是经过独特的选贤任能机制尤其是经过长期的实践斗争砺炼产生的，这就决定和确保了他们具有非凡的优秀品格和卓越素质。一是具有坚定的理想信念。党的领袖对马克思主义、社会主义和共产主义，有着坚不可摧的信念，这是他们坚韧不拔、所向披靡的首要因素。二是具有深厚的为民情怀。党的领袖都深知人民群众是历史创造者的[illegible]，视人民群众为“真正的铜墙铁壁”“力量的源泉”“江山就是人民”，记得了人民的心，从而厚植了牢固的执政根基和巨大的执政底气，有着强大的凝聚力。三是具有巨大的理论创新功力和勇气。党的领袖都勇于坚持实事求是，善于把马克思主义的普遍真理与中国的实际紧密结合起来，不断推进马克思主义中国化、时代化，使科学理论产生强大的指导力量。四是具有卓越的领导才能（领导雄才大略）。党的领袖都具有深邃的马克思主义历史眼光、国际化战略眼光，善于高瞻远瞩、运筹帷幄、指挥若定，有着强大的领导力。五是具有过硬的工作作风。党的领袖都言传身教、以身作则、以上率下，发挥着榜样无穷的力量。

（三）党的领袖核心的巨大作用。纵观党的历史和现实，我领会，党的领袖以其卓越非凡的特质在开创和推进党的事业、推动历史前进上发挥了无与伦比的巨大作用。第一，引领方向。党的领袖是大海航行的“舵手”。遵义会议在中国革命濒于生死攸关的危急关头，党的十一届三中全会在思想僵化迷惑的关键时刻，南方谈话在姓“社”姓“资”的束缚严重、难以迈开步伐的背景下，党的十八大以后在世情、国情、党情发生深刻变化的大背景下，都是领袖把脉定向、拨正航向，让中国革命、建设和中国特色社会主义的巨轮穿云破雾、乘风破浪到达或驶向胜利的彼岸。第二，驾驭全局。领袖具有极强高超的辩证思维、底线思维能力，审时度势、见微知著，成竹在胸、科学决

·第三稿·

作了一些修改，请清稿核稿。

吕东升
22/8—2016

换道超越正当时

进一步加快绿色发展的若干建议

——对我省六市加快推进绿色发展的调研报告（下篇）

建议

省委办公厅调研组

为深入贯彻落实党的十八届五中全会精神，总结各地推进绿色发展的经验，更好地服务省委决策、推动实现生态保护与经济发展双赢，6月20日至7月14日，吕东升同志带领省委办公厅调研组深入宜昌、襄阳、十堰、黄石、鄂州、咸宁六市以及浙江、江西两省作了为期一个多月的调查研究。省内各地反映，我省在推进绿色发展中还存在产业层次不高、绿色转型升级迫在眉睫；资源要素紧缺；水体、空气、土壤出现不同程度污染；体制机制障碍等问题。大家呼吁，推进湖北绿色发展，必须直击"痛点"、综合施策，才可能尽早实现换道超越、再创辉煌。现根据各地反映的民意和意见建议，结合浙江、江西两省考察所得，就我省进一步加快绿色发展提出5个方面的建议。

和呼吁

获视

一、进一步办好全民"绿色大学"，让绿色发展理念扎根于荆楚大地

理念是行动的先导。推进绿色发展，既是一项任务艰

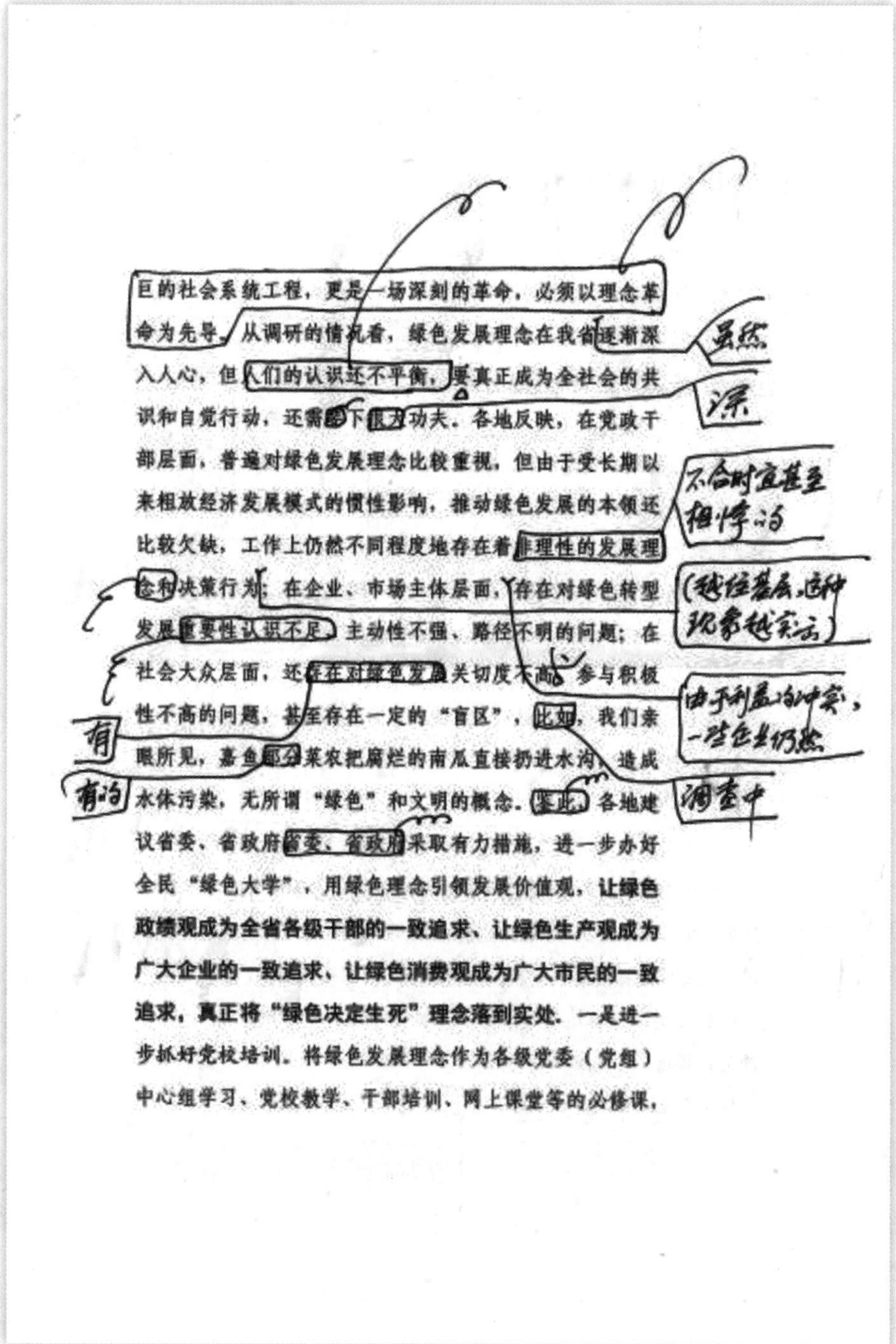

巨的社会系统工程，更是一场深刻的革命，必须以理念革命为先导。从调研的情况看，绿色发展理念在我省逐渐深入人心，但人们的认识还不平衡，要真正成为全社会的共识和自觉行动，还需要下大力功夫。各地反映，在党政干部层面，普遍对绿色发展理念比较重视，但由于受长期以来粗放经济发展模式的惯性影响，推动绿色发展的本领还比较欠缺，工作上仍然不同程度地存在着非理性的发展理念和决策行为；在企业、市场主体层面，存在对绿色转型发展重要性认识不足、主动性不强、路径不明的问题；在社会大众层面，还存在对绿色发展关切度不高、参与积极性不高的问题，甚至存在一定的“盲区”，比如，我们亲眼所见，嘉鱼部分菜农把腐烂的南瓜直接扔进水沟，造成水体污染，无所谓“绿色”和文明的概念。鉴此，各地建议省委、省政府省委、省政府采取有力措施，进一步办好全民“绿色大学”，用绿色理念引领发展价值观，**让绿色政绩观成为全省各级干部的一致追求、让绿色生产观成为广大企业的一致追求、让绿色消费观成为广大市民的一致追求，真正将“绿色决定生死”理念落到实处。**一是进一步抓好党校培训。将绿色发展理念作为各级党委（党组）中心组学习、党校教学、干部培训、网上课堂等的必修课，在各级领导干部中进一步树牢绿色发展理念；举办专题培训班，深化学习教育内容，组织干部到国内外绿色发展的先进地区考察学习，开阔视野，增强信心决心，提升绿色发展能力和水平。二是广泛开展宣传教育。深入开展各领域、各层级的绿色创建活动，推动绿色理念普及。充分发挥各类媒体、各类宣传载体作用，广泛开展绿色理念宣传教育，深入学校、企业、社区、乡村、机关开展绿色宣传活动，创新手段，丰富载体，增强针对性，提升效果。调研组在浙江海盐学习考察时看到，该县运用零碳屋作为示范教育基地，引导市民体现和参与低碳生活，在潜移默化中增强环保意识，收到很好效果。这种零碳屋采用光伏发电和风力发电相结合的方式，实现能源消耗零排放，年发电量6万千瓦时左右，而年耗电量在2.2万千瓦时左右，“自发自用，余电上网”，可实现年减少碳排量55吨，相当于种植3000棵树。这种宣传方式形象直观，生态活泼，寓教于乐，来自全国各地的参观考察组络绎不绝，深受欢迎。我省可借鉴类似的方式，通过政府购买服务等途径，着力把各类绿色基地打造成为普及绿色理念和知识的宣传教育基地，形成全社会崇尚绿色、呵护绿色、发展绿色的浓厚氛围。三是开放引领。我们在浙江看到，该省积极

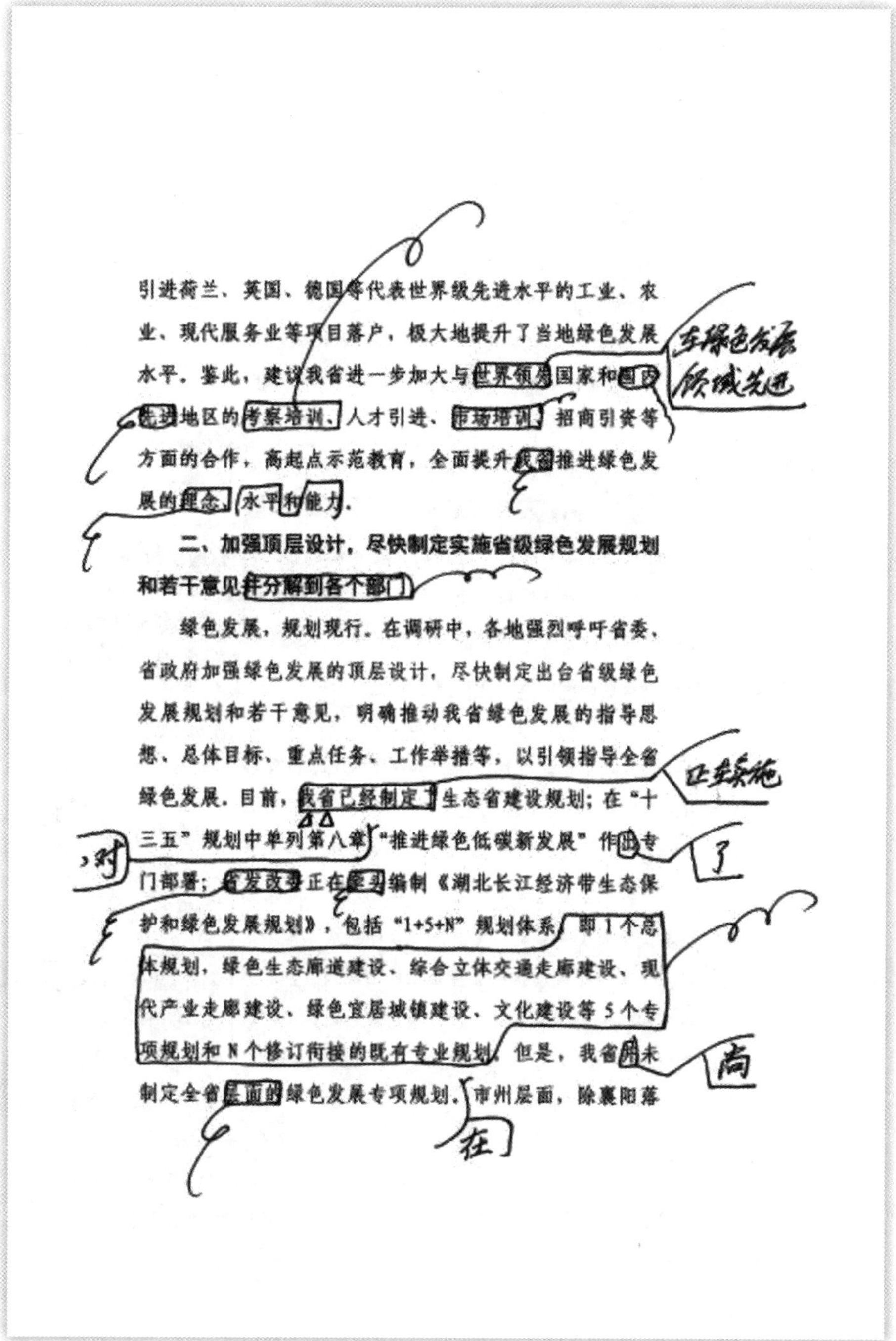

引进荷兰、英国、德国等代表世界级先进水平的工业、农业、现代服务业等项目落户，极大地提升了当地绿色发展水平。鉴此，建议我省进一步加大与世界领先国家和国内先进地区的考察培训、人才引进、市场培训、招商引资等方面的合作，高起点示范教育，全面提升我省推进绿色发展的理念、水平和能力。

二、加强顶层设计，尽快制定实施省级绿色发展规划和若干意见并分解到各个部门

绿色发展，规划现行。在调研中，各地强烈呼吁省委、省政府加强绿色发展的顶层设计，尽快制定出台省级绿色发展规划和若干意见，明确推动我省绿色发展的指导思想、总体目标、重点任务、工作举措等，以引领指导全省绿色发展。目前，我省已经制定了生态省建设规划；在“十三五”规划中单列第八章“推进绿色低碳新发展”作出专门部署；省发改委正在牵头编制《湖北长江经济带生态保护和绿色发展规划》，包括“1+5+N”规划体系，即1个总体规划，绿色生态廊道建设、综合立体交通走廊建设、现代产业走廊建设、绿色宜居城镇建设、文化建设等5个专项规划和N个修订衔接的既有专业规划。但是，我省尚未制定全省层面的绿色发展专项规划。市州层面，除襄阳落实鸿忠书记建设"四个襄阳"的重要指示、制定了绿色襄阳专题规划，咸宁提出打造中国中部"绿心"目标、在全国率先编制出台绿色发展规划外，其他市州都未制定绿色发展规划，一个重要原因是缺乏省级顶层设计的指导。我们所调研的市县，有的凭着一腔热血、自发大建园区；有的一味等待观望，希图省里先出台规划；有的无所作为，缺乏思路和办法。各地建议，可由省发改委在前期编制《湖北长江经济带生态保护和绿色发展规划》的基础上，牵头编制省域层面的绿色发展规划，该规划应当包括绿色发展的目标任务、主要内容与工作重点，绿色发展示范工程和重点项目，绿色发展激励政策和保障措施等内容。在加强绿色发展顶层设计方面，一些省市的成功做法可供借鉴。**江西建设生态文明示范区的实施意见确定了推进绿色发展的目标任务，明确了工作重点是构建"六大体系"、推进"十大工程"。**"六大体系"即国土空间开发体系、绿色产业体系、资源能源利用体系、生态环保体系、生态文化体系、生态文明制度体系。"十大工程"即现代农业体系建设工程、十大战略性新兴产业重点工程、现代服务业集聚区建设工程、旅游强省基础工程、清洁能源重大工程、推进绿色循环低碳生产方式重大工程、生态建设重点工

后　记

2004年的春季，组织上安排我到中共中央党校地厅级领导干班培训班学习，担任政治体制改革课题组组长，一晃20年啦。几个月宝贵的学习研究生活，令我至今对这所中国共产党的最高学府由衷地酷爱、钦崇和眷恋。由此，我将践行共产党人世界观、方法论的这部著述，最终选定在中央党校出版集团出版。

在本书付梓之际，我颇感欣慰，然而荡漾在心头更多的是浓浓的谢意。出版界的挚友提出有关建议，使笔者动意拉开本书撰写的序幕。中央党校出版集团大有书局出版社严宏伟总经理重视本书出版工作，提出了很多修改意见。编辑室主任李瑞琪和团队相关同志，政治敏锐、业务精湛，为本书出版做了大量工作。“走得再远都不能忘记来时的路”，昔日的战友在当年的峥嵘岁月里，为编入本书“阅鉴”15篇的联合调研组获奖报告，一同实地调查、讨论切磋、撰写文稿，付出了辛勤的劳动。有的战友在工作十分繁忙的情况下帮忙核稿，让我感受到了友谊的温暖。所有这些，我将铭记于心、励己前行。

由于本书体例较为独特、内容涉及面广，不妥之处在所难免，敬请读者朋友批评指正。所赐高见，重印、再版时将进一步修改完善。

吕东升

2024年8月15日于武昌水果湖